Praxis
Sprache 8

Oberschule Sachsen

Herausgegeben von	Wolfgang Menzel
Erarbeitet von	Cindy Bittner
	Stefanie Fröhlich
	Regina Nußbaum
	Anett Pollack
mit Beiträgen von	Ursula Sassen
Illustriert von	Konrad Eyferth

westermann

Ergänzende Materialien für Lehrkräfte

Vorbereiten. Organisieren. Durchführen.
BiBox ist das umfassende Digitalpaket zu diesem Lehrwerk mit zahlreichen Materialien und dem digitalen Schulbuch. Für Lehrkräfte und für Schülerinnen und Schüler sind verschiedene Lizenzen verfügbar. Nähere Informationen unter **www.bibox.schule**

Diagnostizieren. Fördern. Evaluieren.
Die OnlineDiagnose zu diesem Lehrwerk testet die wichtigsten Kompetenzen und erstellt individuelle Fördermaterialien und Arbeitshefte zum Downloaden oder Bestellen. Nähere Informationen unter **www.onlinediagnose.de**

© 2023 Westermann Bildungsmedien Verlag GmbH, Georg-Westermann-Allee 66, 38104 Braunschweig
www.westermann.de

Für Verweise (Links) auf Internet-Adressen gilt folgender Haftungshinweis: Trotz sorgfältiger inhaltlicher Kontrolle wird die Haftung für die Inhalte der externen Seiten ausgeschlossen. Für den Inhalt dieser externen Seiten sind ausschließlich deren Betreiber verantwortlich. Sollten Sie daher auf kostenpflichtige, illegale oder anstößige Inhalte treffen, so bedauern wir dies ausdrücklich und bitten Sie, uns umgehend per E-Mail davon in Kenntnis zu setzen, damit beim Nachdruck der Verweis gelöscht wird.

Druck A[1] / Jahr 2023
Alle Drucke der Serie A sind im Unterricht parallel verwendbar.

Redaktion: Regina Nußbaum, Christian Becker
Typographisches Konzept: Janssen Kahlert Design & Kommunikation GmbH
Layout: Druckreif! Sandra Grünberg, Braunschweig
Umschlaggestaltung: Janssen Kahlert Design & Kommunikation GmbH
Druck und Bindung: Westermann Druck GmbH, Georg-Westermann-Allee 66, 38104 Braunschweig

ISBN 978-3-14-**101946**-9

Medienbildung

Kapitel und Aufgaben mit diesem Symbol vermitteln dir Kompetenzen, mit denen du die digitalen Medien und Werkzeuge selbstbewusst, kritisch und erfolgreich handhaben kannst.

In fast allen Kapiteln findest du INFO-Kästen.

In diesen Kästen kannst du alle wichtigen Informationen zu dem Schwerpunkt, an dem du gerade arbeitest, nachlesen.

INFO

 **Vor einigen Aufgaben oder Überschriften steht ein Ⓜ.**

Dieses Ⓜ bedeutet: **METHODE**.
In solchen Kapiteln oder Aufgaben erwirbst und vertiefst du Methoden für das selbstständige und für das gemeinsame Arbeiten mit anderen, z. B.:
- Think! Pair! Share!
- Schreibkonferenz
- Präsentationsfolien gestalten
- Gut und sicher vortragen

Auf vielen Seiten findest du eine LUPE mit einer Seitenzahl.

(24)

Diese Lupe ist wie ein Link. Wenn du die angegebene Seite aufschlägst, dann findest du dort Informationen, die dir beim Lösen deiner Aufgabe helfen.

Hinter einigen Texten steht ein LAUTSPRECHER.

Von diesen Texten gibt es eine Hörfassung auf der BiBox zu Praxis Sprache.

Am Ende des Buches findest du ein REGISTER.

In diesem Register findest du für jedes Schuljahr alle Fachausdrücke, die für dich beim Lernen und Arbeiten im Fach Deutsch wichtig sind.

Inhalt

Über mich und andere: Recht und Unrecht

Entdeckungen: Printmedien

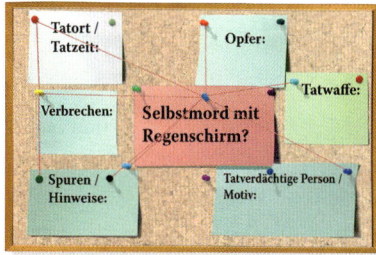

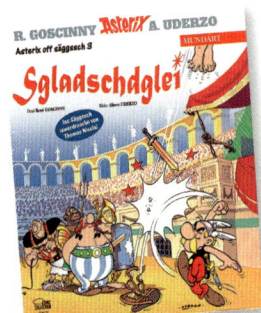

Miteinander sachlich diskutieren
Diskussionen untersuchen

Euren Schultag verbringt ihr nicht nur in den Unterrichtsräumen.
In den Pausen oder auch mal nach dem Unterricht halten sich viele Schüler
und Schülerinnen auf dem Schulhof auf. Manche möchten sich dort
auspowern, andere suchen lieber eine schöne Ecke zum Quatschen oder
Entspannen. Der Schulhof ist also ein Ort, wo sich Schülerinnen und Schüler
mit ihren verschiedenen Interessen wohlfühlen sollten.

1 Denkt zuerst einmal über euren Schulhof nach: Gefällt euch euer Schulhof
oder würdet ihr etwas ändern wollen? Tauscht euch darüber aus.

> Die Schüler und Schülerinnen der 8. Klassen der Pestalozzi-Oberschule
> möchten etwas an ihrem Schulhof ändern.
> In einer Schülerratssitzung diskutiert **Julia**, die Vertreterin der Klassenstufe 8,
> den Wunsch mit den anderen Teilnehmerinnen und Teilnehmern.

2 Lest euch die Diskussion erst einmal durch.

Amal: Unser erstes Thema betrifft die Schulhofgestaltung. Die achten Klassen
haben dazu einen Wunsch. *(lächelt Julia an)* Julia, willst du gleich vorstellen,
was ihr euch überlegt habt?

Julia *(steht auf)*: Okay, mach ich. Aber zuerst sollt ihr mal über den Schulhof
5   nachdenken: Seid ihr in den Pausen gern auf dem Hof oder geht ihr nur raus,
weil ihr müsst? *(schaut in die Runde und wartet kurz)* Hebt mal die Hand,
wenn ihr nicht so gern auf dem Hof seid.
(Mehrere Schüler heben sofort die Hand).

Julia: Georg? Was meinst du zu unserem Hof?

10 **Georg:** Ja, also ich finde es öde, dass wir den Sportplatz nicht nutzen dürfen.
Wir sitzen schon in den Stunden rum und dürfen dann nicht mal richtig
Fußball spielen.

Marie: Und uns nervt, wenn ihr mit eurem Ball zwischen uns rumrennt!
Es fehlt einfach eine ruhige Ecke, wo man mal abschalten kann.

15 **Julia** *(lächelt)*: Danke euch! Anscheinend sind nicht alle glücklich mit unserem
Hof. In unseren Klassen finden viele den Hof ganz schön grau und langweilig.
Deshalb möchten wir den gern mit einem Graffiti schöner machen.

Georg: Da würde ich auch gern mitmachen!

Marie: Graffitis? Sieht das schön aus?

20 **Julia** *(schaut Marie an)*: Na klar. Wir wollen ja nicht nur Buchstaben hinschmieren.

Paul: Was stellt ihr euch da vor?

Julia: Richtig coole und bunte Bilder. Wollt ihr mal ein Beispiel sehen?
(zeigt auf ihr Handy)

Marie: „Coole Bilder" – das wollt ihr hinkriegen?

25 **Julia** *(nachdenklich):* Warum nicht? Okay, du glaubst da nicht dran.
Aber ich kann dich beruhigen: Wir hatten das Thema gerade in
Kunst und haben da schon geübt.
Marie: Naja, wenn du meinst.
Christian: Aber es ist doch Tradition bei uns, dass sich die Abschluss-
30 klassen etwas für den Schulhof überlegen! Ihr seid erst in der Achten.
Julia *(lacht freundlich):* Damit habe ich gerechnet, dass das kommt.
Aber es macht doch auch Sinn, wenn sich die jüngeren Schüler
den Schulhof schöner machen. Wir haben den noch ein paar Jahre …
Amal *(stellt sich neben Julia):* Okay. Julia hat den Wunsch der achten
35 Klassen vorgestellt: Sie möchten auf dem Hof ein Graffiti sprühen.
Aber eigentlich dürfen nur die Zehner den Hof gestalten.
Wer von euch hat dazu noch eine Meinung oder Fragen an Julia?

3 Fasst zusammen, welchen Wunsch die Schülerinnen und Schüler der 8. Klassen haben.

4 Sucht heraus und lest noch einmal vor, wie Julia den Wunsch im Schülerrat begründet.

5 Untersucht, wie Julia das Anliegen ihrer Klassenstufe in die Schülerratssitzung einbringt.
• Wie beginnt Julia die Vorstellung des Wunsches?
• Welche Informationen erhält Julia durch diesen Einstieg?
Was kann sie mit dem Einstieg bei ihren Zuhörern erreichen?
• Woran erkennt ihr, dass sie sich vor der Schülerratssitzung Gedanken
über den Inhalt und den möglichen Verlauf der Diskussion gemacht hat?

6 Julia stößt mit der Vorstellung des Wunsches nicht nur auf Zustimmung.
Manche Schüler äußern Einwände oder stellen Fragen.
• Lest den Einwand von Christian vor.
Welchen Standpunkt bringt er Julias Idee gegenüber zum Ausdruck?
• Sucht die Fragen heraus, die Julia gestellt werden. Überlegt zu jeder Frage,
ob die Sprecher damit eher ihr **Interesse** an der Idee oder ihre **Bedenken** ausdrücken.
• Beschreibt, wie Julia auf diese kritischen Einwände ihrer Mitschüler reagiert.

Sprechen und Zuhören

Miteinander sachlich diskutieren

Diskussionsverlauf und Diskussionsverhalten reflektieren

Nachdem Amal um weitere Meinungen und Fragen zu Julias Idee gebeten hat, nimmt die Diskussion an Fahrt auf.

1 Lest den Fortgang der Diskussion mit verteilten Rollen.
Setzt dabei auch eure Stimme und Körpersprache ein,
um deutlich zu machen, wie die Schüler und Schülerinnen miteinander sprechen.
Hinweise geben euch die Regieanweisungen.

Max: Also Julia hat da schon Recht, finde ich. *(abwägend)* Klar, einerseits ist es
cool, wenn wir Großen was dürfen und die Kleinen nicht. Aber wenn
die da was Eigenes machen, achten sie vielleicht auch mehr auf den Hof.

Christian *(ruhig)*: Aber ein Graffiti ist schon eine andere Hausnummer als das,

5   was die Zehnten bisher gemacht haben – mal eine Bank anmalen oder so.
Das kann man ja nicht einfach wieder von der Hauswand entfernen.

Amal: Christian hat da einen wichtigen Gedanken.
(wendet sich an Julia, bestimmend) Julia, habt ihr euch dazu etwas überlegt?

Julia *(etwas unsicher)*: Nee, noch nicht so richtig. Aber es muss

10   ja nicht gleich die Hauswand sein. Wie wäre es mit der
Wand an den Mülltonnen?

Georg *(entsetzt)*: Och nee, da spielen wir immer Fußball!

Max *(beruhigend)*: Chill mal, Georg, ihr könnt auch vor einer
Graffitiwand Fußball spielen.

15 **Marie** *(kreischt auf)*: Ey, die mit ihrem nervigen Fußball!

Amal *(streng)*: Das ist doch gerade nicht das Thema.
Und könnt ihr bitte normal sprechen?

Christian: Für mich wäre das Graffiti an einer anderen Stelle
okay, eben nur nicht an der Hauswand. Wir Zehner haben

20   eh was anderes geplant. *(Wendet sich an Julia)* Kannst du
noch mal die Bilder von vorhin zeigen?

Julia *(zeigt einige Bilder auf ihrem Handy)*: Man kann schon einiges schöner
machen mit Graffiti, finde ich. Es muss ja keine perfekte Kunst sein.

Marie *(abfällig, winkt ab)*: Graffiti ist ja eh nur Malen nach Zahlen.

25   Echte Kunst ist was anderes.

Christian *(verärgert)*: Sag mal Marie, was ist eigentlich dein Problem?
Von dir kommt gar nichts Sinnvolles.

Max *(wendet sich Marie zu, freundlich)*: Ich habe das Gefühl, dass dich
etwas grundsätzlich an der Idee von Julia stört?

30 **Marie** *(leise)*: Naja, wir reden hier ewig über Graffiti ... Mir wäre halt was
anderes auf dem Schulhof lieber, was zum Chillen oder so.

Amal *(verständnisvoll)*: Das ist ja okay. Aber gerade diskutieren wir Julias Vorschlag und es wäre nett, wenn du da deinen Frust zurückhältst.

Paul *(skeptisch)*: Jetzt muss ich mich doch mal einklinken. Irgendwie verstehe
35   ich Marie schon. Sie hat am Anfang ja gesagt, was sie am Hof stört.

Georg *(reinrufend)*: Ey, ich auch!

Paul: Ja, jedenfalls wünscht sie sich eine ruhige Ecke und ihr diskutiert hier
über ein bissl Farbe an der Wand?

Julia *(protestierend)*: Jetzt mach mal unsere Idee nicht schlecht. Ich kann ja
40   nichts dafür, dass WIR uns kümmern und Marie und Georg nicht.

Max *(bestimmend)*: Wir sollten hier echt nicht streiten, welcher Wunsch
wichtiger ist.

Christian *(zustimmend)*: Stimmt. Vielleicht ist die Idee der Achten erst
einmal ein guter Anfang. Und später können andere Wünsche wie
45   Chill-Ecke und Fußballkäfig dazukommen.

Amal *(begeistert)*: Das sind doch gute Aussichten! Aber trotzdem müssen wir
uns zuerst einigen, ob wir als Schülerrat die Graffiti-Idee unterstützen.

Paul *(nachdenklich)*: Ich sehe das noch kritisch, lasse mich aber auch umstimmen. *(wendet sich Julia zu)* Vielleicht könnt ihr noch einmal eure Argumente
50   aufschreiben und euch informieren, was man alles beachten muss, wenn man
auf dem Schulhof Graffiti sprühen will.

Amal: Super! *(an Julia)* Dann kümmert ihr euch um die Informationen und wir
stimmen dann das nächste Mal ab. *(an alle)* Danke, dass ihr euch alle so gut
an der Diskussion beteiligt habt.

2   Schätzt ein, ob Julia am Ende mit dem Verlauf der Diskussion zufrieden ist
oder nicht. Denkt dafür noch einmal daran, was ihr Ziel war.

3   Julia wird später von ihren Mitschülern gefragt, wie das Gespräch verlaufen ist.
Was könnte sie antworten? Wählt aus den folgenden Antworten eine passende aus.

*Unsere Argumente konnte ich
gut rüberbringen. Aber auf manche Einwände
hätte ich besser reagieren können.*

*Es war ganz schön schwierig,
die anderen zu überzeugen. Aber ich denke,
das ist mir gut gelungen.*

*Leider war ich sehr aufgeregt und
konnte nicht gut diskutieren.*

*Das war eine hitzige Diskussion!
Ich konnte viele überzeugen. Einige Einwände
waren ganz gut. Dazu müssen wir uns
noch Gedanken machen.*

*Es gab schon Zustimmung,
aber auch einige Fragen und Einwände.
Die waren aber alle ganz
schön unsachlich.*

*Die anderen haben
unsere Graffiti-Idee eigentlich
alle abgelehnt.*

Geht nun dem Diskussionsverhalten der Schülerinnen und Schüler auf die Spur:
Sie beteiligen sich in sehr unterschiedlicher Weise an der Diskussion und
beeinflussen damit deren Verlauf positiv oder eher negativ.

4 Wähle zwei Diskussionsteilnehmer aus und schätze deren Diskussionsverhalten ein.
Entscheide dich für einen, der deiner Meinung nach den Verlauf der Diskussion positiv
beeinflusst. Wähle einen zweiten, der auf den Verlauf eher negativ wirkt.
• Berücksichtige für deine Einschätzung, **was** gesagt wird, aber auch **wie** es gesagt wird.
  Achte dafür auch auf die Regieanweisungen.
• Für deine Einschätzung kannst den folgenden **WORTSCHATZ** nutzen.

· ·

WORTSCHATZ

achtet auf das Gesprächsverhalten	äußert sich emotional
fragt nach	begründet seine Meinung sachlich
geht auf andere ein	führt Gedanken von anderen weiter
kommt vom Thema ab	ist an der Meinung von anderen interessiert
moderiert die Diskussion	macht anderen Vorwürfe
spricht mit ruhiger, freundlicher Stimme	schlägt einen Kompromiss vor
unterbricht andere	spricht unsicher und leise
wägt zwischen verschiedenen Positionen ab	unterstützt andere
zeigt Verständnis	wendet sich direkt der Person zu, mit der er / sie spricht

· ·

5 Schreibe nun deine Einschätzung auf. So könntest du beginnen:
Ich finde, dass sich .... positiv in die Diskussion einbringt, denn …
Meiner Einschätzung nach beeinflusst … die Diskussion eher negativ. Das merkt
man daran, dass … .
… nimmt sehr gut an der Diskussion teil, da …

6 Stellt nun gemeinsam Regeln für eine sachliche und faire Diskussion in eurer Klasse auf:
Wie solltet ihr euch verhalten, was solltet ihr auf jeden Fall vermeiden?

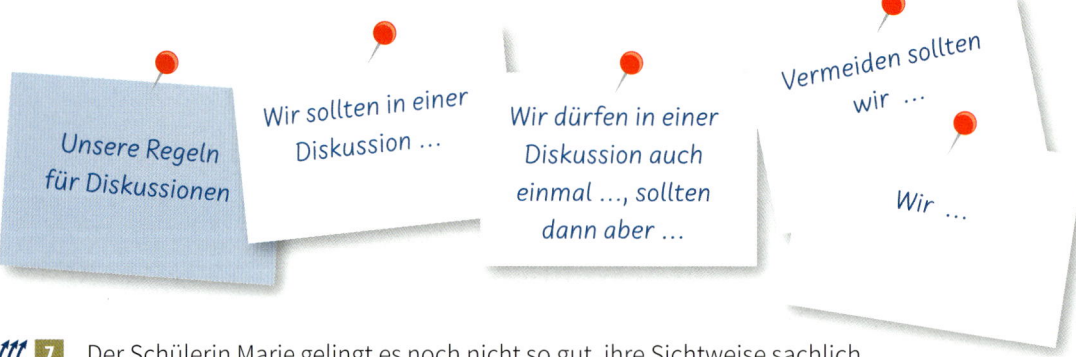

tttt **7** Der Schülerin Marie gelingt es noch nicht so gut, ihre Sichtweise sachlich
zu vertreten, da sie sich über etwas besonders ärgert.
• Vergleicht die Reaktionen von Christian und Max auf Maries Verhalten.
• Überlegt, warum es erst Max gelingt, Marie und ihr Anliegen ernst zu nehmen.

Miteinander sachlich diskutieren

Diskussionen leiten

1 Bestimmt ist euch aufgefallen, dass vor allem Amal die Diskussion moderiert. Dabei erfüllt sie verschiedene Aufgaben. Schaut euch erst einmal folgenden Infokasten an.

Eine Diskussionsleitung hat folgende Aufgaben

1. Sie benennt das Thema und leitet die Diskussion ein.

2. Sie achtet darauf, dass die Redner zum Thema sprechen, und fragt auch nach, wenn etwas unklar ist.

3. Sie achtet darauf, dass die Redner der Reihe nach sprechen und sachlich bleiben. Eventuell erteilt sie auch das Wort.

4. Sie fasst Zwischenstände und Ergebnisse zusammen und beendet die Diskussion.

2 Ordnet nun die folgenden Beiträge von Amal den Aufgaben einer Diskussionsleitung zu.

a Das ist gerade nicht unser Thema. Bitte kommt zum Thema zurück.

b Warte bitte, zuerst war … dran. Nicht immer unterbrechen!

c Danke, dass ihr euch alle so gut an der Diskussion beteiligt habt.

d Bisher haben wir zwei Standpunkte: Die achten Klassen möchten auf dem Schulhof Graffiti sprühen. Aber eigentlich dürfen nur die Zehnten den Hof gestalten. Wer von euch hat dazu noch eine Meinung oder Fragen an Julia?

e Julia hat das Anliegen vorgestellt. Nun eröffne ich die Diskussionsrunde für Fragen oder Meinungen.

f Sprecht ihr bitte ruhig und sachlich miteinander?

g Das müsst ihr genauer erläutern: Was habt ihr euch überlegt?

h Dann halten wir fest: Ihr sammelt erst noch einmal Informationen. Dann stimmen wir das nächste Mal ab.

i Unser erstes Thema betrifft die Schulhofgestaltung. Ich glaube, viele von euch wünschen sich da eine Veränderung.

3 Übt nun in Gruppen, eine Diskussion zu leiten.

- Überlegt euch zuerst Themen, über die ihr gern diskutieren möchtet. Geeignet sind Themen, zu denen ihr unterschiedliche Meinungen habt.
- Bestimmt einen Mitschüler oder eine Mitschülerin als Diskussionsleitung und führt die Diskussion durch.
- Gebt eurer Diskussionsleitung eine Rückmeldung darüber, was euch an ihrer Leitung gut gefallen hat und ob es eventuell noch etwas zu verbessern gibt. Orientiert euch dazu am Infokasten oben.
- Wechselt nun das Thema und die Diskussionsleitung.

Vier Tage Schule und ein Tag Homeschooling?

Pausenklingeln durch Musik ersetzen?

Für mehr Nachhaltigkeit: Gärtnern als neues Schulfach?

Miteinander sachlich diskutieren

Argumente für eine Diskussion sammeln

1 Schüler und Schülerinnen der achten Klassen haben den Auftrag bekommen, das Gespräch mit der Schulleitung vorzubereiten. Sie treffen sie sich im Computerraum, um die Argumente für ihr Anliegen zu sammeln und rechtliche Fragen zu recherchieren.
Lest, was die Jugendlichen miteinander besprechen.

Julia: In der letzten Schülerratssitzung wurde unser Wunsch mit den Graffitis intensiv diskutiert und entschieden, dass wir diesen erst noch einmal begründen, um die Schulleitung zu überzeugen.

Jakob: Der Hauptgrund ist, dass wir unseren Schulhof sehr langweilig und wenig einladend finden.

Luca: Ja, das ist alles sehr grau. Mit ein wenig Farbe wäre der Hof gleich viel freundlicher und es hätten vielleicht mehr Lust, sich da auch aufzuhalten.

Max: Außerdem hatten wir Graffitis im Kunstunterricht. Es heißt ja immer: Für das Leben, nicht für die Schule lernen wir. Also wäre das die Gelegenheit, das gleich anzuwenden!

Jakob: Immerhin ist es viel besser, legal auf dem Schulhof zu sprühen als illegal auf der Straße.

Julia: Hm, wann wäre es denn wirklich legal und wann nicht?

Max: Also hier steht: „Graffiti ist grundsätzlich dann eine Sachbeschädigung, wenn es eine Sache wie eine Wand dauerhaft verändert und es nicht vom Eigentümer erlaubt ist."

Tom: Also muss uns das nur unsere Schulleitung erlauben? Easy!

Luca: Meint ihr denn, dass der Schulleitung das Schulgebäude gehört? Das glaube ich nicht.

Max: Ich habe mal weiter gegoogelt: „Für Schulgebäude und Schulhof ist der Schulträger[1] verantwortlich. Die Schulleitung hat das Hausrecht und übernimmt für den Schulträger die Aufsicht über das Schulgebäude."

Luca: Bestimmt muss sich die Schulleitung auch noch das Okay beim Schulträger holen. Könnte schwierig werden. Graffiti ist ja eine andere Hausnummer als nur Bilder aufzuhängen. Sicher hat unsere Schulleitung da Bedenken: Man kann es nicht so leicht abnehmen wie Bilder. Besucher könnten unsere Schule dann schmuddelig finden ...

Julia: Dann müssen wir uns vorher überlegen, wie wir auf solche Einwände reagieren.

Tom: Also ich weiß, dass auch andere Schüler schon den Hof mit Graffitis gestaltet haben. Und das sieht voll cool aus.

Julia: Dann brauchen wir auch Beispiele dafür, dass Schüler was Tolles sprühen können!

Tom: Mach ich!

Luca: Super, damit können wir auch Kinder und Eltern für unsere Schule begeistern. Das muss unsere Schulleitung doch überzeugen!

Jakob: Und wenn die Schulleitung sich Sorgen macht, dass unser Graffiti nicht gut aussieht, können wir ja vorher einen Entwurf machen.

Julia: Ja, und unsere Kunstlehrerin hilft uns.

Max: Oh ja, die Kunstlehrerin mit ins Boot holen ..., das ist gut. Sie weiß bestimmt auch, wo man Spraydosen günstig bekommt. Oder sie hat Reste. Das kostet ja 'ne Menge Geld.

Jakob: Max, super dass du daran gedacht hast! Aufs Geld achtet auch die Schulleitung. Wir sollten uns vorher unbedingt noch mehr Vorschläge überlegen, wie wir Geld sammeln könnten, z.B. den Förderverein fragen.

Tom: Mit der Kunstlehrerin können wir ja auch überlegen, wo wir das hinsprühen.

[1] Der Schulträger einer Schule ist für den Bau, die Pflege und den Betrieb eines Schulgebäudes und des Schulgeländes verantwortlich und trägt dabei auch die Kosten. Für öffentliche Schulen ist das in der Regel die Kommune, z.B. die Gemeinde oder die Stadt, in der die Schule liegt. Bei freien Schulen hingegen ist z. B. der Verein, der die Schule betreibt, zuständig.

Oberschule Weixdorf, Dresden

Julia: Und was sagen wir, wenn der Einwand
kommt, dass sich bei uns nur die Abschluss-
klassen künstlerisch austoben können?

Max: Ich finde, wenn auch wir jüngeren
Schüler uns für UNSEREN Hof einsetzen
dürfen, kann das nur gut für die Identifika-
tion mit der Schule sein.

Luca: Identifi- was?

Max: Na, dass man sich als Teil der Schulge-
meinschaft fühlt und dafür dann auch lieber
Verantwortung übernimmt. Zum Beispiel,
dass der Schulhof schön bleibt.

Luca: Na, dann ist das doch geritzt!

2 Tauscht euch über diese Diskussion aus: Habt ihr den Eindruck, dass die Schüler und
Schülerinnen beim gemeinsamen Sammeln der Argumente erfolgreich sind?

3 Schaut euch diese Graffitis an. Welche Beispiele gefallen **euch** am besten?
Begründet, welches Graffiti ihr als Beispiel in das Gespräch mit dem Schulleiter mitnehmen würdet.

Wartburgschule, Eisenach

Fritz-Reuter-Schule, Hagen

64. Oberschule „Hans Grundig", Dresden

Sprechen und Zuhören

 4 Bildet nun kleine Gruppen und erarbeitet gemeinsam, wie die Schülerinnen und Schüler das Gespräch mit der Schulleitung vorbereiten.

 Schritt 1
Sucht gemeinsam die Gründe heraus, die die Schüler und Schülerinnen zusammentragen, um die Schulleitung von ihrem Anliegen zu überzeugen. Haltet diese in einer Liste fest.

> *Für Graffitis spricht:*
> * *mehr Schüler würden den Hof nutzen, weil er dann besser gefällt*
> * *…*

 Schritt 2
Wenn man sein Gegenüber von etwas überzeugen möchte, sollte man sich schon vorab überlegen, welche Einwände der Gesprächspartner vorbringen könnte und was man diesen entgegnen könnte.
* Lest noch einmal die Stellen, an denen die Schüler und Schülerinnen überlegen, welche **Einwände** die Schulleitung gegen Schulhof-Graffiti haben könnte.
* Lest vor, mit welchen **Argumenten** die Schüler diese Einwände **entkräften** wollen.
* Prüft, ob es auch **Kompromissvorschläge** gibt, die sich die Schüler überlegen.

Schritt 3
Haltet jetzt die Einwände und die passenden Argumente zur Entkräftung oder Kompromissvorschläge in einer Tabelle fest.

Einwand	Entkräftung oder Kompromissvorschlag
• Graffitis können auf Besucher abschreckend wirken.	• Es gibt viele gute und kreative Beispiele an anderen Schulen. • Graffitis zeigen, dass sich die Schüler am Schulleben beteiligen dürfen. So kann das Interesse an der Schule steigen.
• …	• …

 Schritt 4
Ergänzt weitere mögliche Einwände der Schulleitung gegen Graffitis. Wie könnte man diese Einwände entkräften? Ergänzt eure Tabelle.

 Schritt 5
Übt nun in eurer Gruppe das Gespräch mit der Schulleitung ein.
* Teilt die Rollen auf.
* Achtet darauf, wie ihr euch begrüßt und wie ihr das Anliegen der Schulleitung vorschlagt.
* Gestaltet nun die Diskussion über das Anliegen.
* Nutzt dafür eure gesammelten Argumente und Einwände aus Aufgabe 5.
* Versucht dabei, auf die Argumente und Einwände einzugehen. Nutzt dafür auch den **WORTSCHATZ**.

WORTSCHATZ

Auf Diskussionsbeiträge eingehen:
Wir sehen das etwas anders, denn …
Auch wenn Sie sagen, dass …, denken wir …
Sie sind der Meinung, dass …
Wir finden jedoch …
Wir verstehen Ihre Sorge.
Daher schlagen wir vor …

Miteinander sachlich diskutieren

 Eigene Argumente finden und in einer Diskussion vertreten

Hier findet ihr weitere Anregungen, wie man Schulhöfe schöner gestalten kann:

Wildblumen und Insektenhotel

Stämme zum Balancieren oder Sitzen

„Grüne Insel" zum Arbeiten im Freien

Boulderwand

1 Welche dieser Ideen könnt ihr euch auch für **euren** Schulhof vorstellen, welche eher nicht?

Jetzt seid ihr an der Reihe: Welche Schulhofgestaltung würdet ihr gern eurer Schulleitung vorschlagen? Mit welchen Argumenten möchtet ihr sie von eurer Idee überzeugen? Das könnt ihr euch Schritt für Schritt auf den nächsten Seiten erarbeiten und euren Mitschülern und Mitschülerinnen am Schluss in einer Diskussion vorführen.

2 Sammelt zunächst gemeinsam in der Klasse Vorschläge, auf welche Weise ihr euren Schulhof gern gestalten möchtet. Dabei kann euch auch die Mindmap auf der folgenden Seite helfen.
Weitere Anregungen könnt ihr bei einer Internetrecherche bekommen, z. B. auf der Seite https://www.duh.de/schulhoefe-toolbox/praxisbeispiele/.

Elemente zum Erholen

- Chillzonen
- Hängematten
- ...

Elemente auf einem Schulhof

Elemente zum Kreativ-Sein

- Graffitiwand
- Freiluft-Ausstellung
- ...

Elemente für Sport und Bewegung

- Tischtennisplatte
- Trampolin
- Slackline
- ...

Elemente für ein „Grünes Klassenzimmer"

- Sitzbereiche im Schatten
- ...

Elemente zum Natur-Erleben

- Kräuterbeet
- Teich
- ...

3 Bildet nun kleine Gruppen. Diskutiert, welche der gesammelten Ideen ihr der Schulleitung zur Gestaltung und Verschönerung des Schulhofes vorschlagen wollt.

4 Sammelt in eurer Gruppe Argumente, um die Schulleitung von eurer Idee zu überzeugen. Geht dabei folgendermaßen vor und notiert eure Gedanken am besten auf verschiedenen Karteikarten.
- Haltet möglichst konkret fest, **an welchem Ort** ihr euch **was** wünscht.
- Findet **Argumente für** eure Idee. Versucht dabei, nicht nur Begründungen zu finden, sondern auch Beispiele anzugeben oder positive Folgen zu benennen.
- Überlegt, welche **Einwände** die Schulleitung anbringen könnte. Denkt anschließend darüber nach, wie ihr diese **entkräften** könnt.
- Ein wichtiger Punkt – besonders für die Schulleitung – ist die **Finanzierung**. Macht euch deshalb auch Gedanken, wie ihr Geld für eure Idee sammeln könnt.

Vorschlag: Hängematten
- mehrere Hängematten - so groß, dass zwei bis drei Leute drin liegen können
- zwischen den Bäumen neben der Turnhalle

Ideen zur Finanzierung
- Förderverein anfragen
- Spendenlauf oder Kuchenbasar organisieren
- ...

Argumente dafür
- ältere Schüler wollen gern entspannen → gehen dann lieber auf den Hof
- man kann darin liegen, anstatt immer zu sitzen → ist gesünder
- ...

Mögliche Einwände, die wir entkräften wollen
- Einwand: nur Platz für wenige Schüler, es könnte oft Streit geben
- Kompromiss: Nutzungszeiten vereinbaren
- ...

5 Probt nun in der Gruppe eure Diskussion mit der Schulleitung.
Dazu sollten zwei Schüler oder Schülerinnen in die Rolle der Schulleitung schlüpfen
und mögliche Einwände formulieren.
Die anderen aus eurer Gruppe übernehmen die Rolle der Schüler / Schülerinnen:
Ihr wollt die Schulleitung mit guten Argumenten von eurer Idee überzeugen.
- Achtet in der Diskussion darauf, dass ihr eure Argumente sachlich austauscht.
  Geht auch auf die Einwände ein.
- Achtet auf eure Sprache: Wenn ihr sachlich und höflich argumentiert,
  sind eure Aussichten auf Erfolg umso größer.
- Der **WORTSCHATZ** kann euch dabei helfen, eure Meinung höflich einzubringen.

WORTSCHATZ

Schüler:

Als Vertreter der Klasse 8 möchten wir …
Unserer Meinung nach …
Aus unserer Sicht spricht auch dafür, dass …
Eine positive Folge wäre …
Das sehen wir ganz anders als Sie, denn …
Ihr Argument überzeugt uns nicht, weil …
Es kann natürlich sein, dass …, aber wir finden …
Wir verstehen Ihren Einwand, möchten aber darauf hinweisen …
Einerseits stimmt es, dass … – Andererseits …
Wir machen gern folgenden Vorschlag …
Vielleicht können wir uns darauf einigen …

WORTSCHATZ

Schulleitung:

Das ist eine interessante Idee. Aber …
Habt ihr schon einmal daran gedacht, dass …
Dagegen spricht aus meiner Sicht …
Ich muss aber an alle Schüler und Schülerinnen und auch an
die Lehrerinnen und Lehrer der Schule denken. Daher …
Teilweise kann ich euch zustimmen, aber …

6 Spielt die Diskussionen einmal durch.
Die anderen Schülerinnen und Schüler beobachten
die Diskussion und geben den spielenden
Mitschülerinnen und Mitschülern ein Feedback:
- Haben euch die Argumente der Gruppe überzeugt?
- Konnten die Vertreter der Schülerschaft sachlich
  auf die Einwände der „Schulleitung" reagieren?
- Sind eure Mitschülerinnen und Mitschüler
  in der Diskussion höflich geblieben?

Schreiben und Präsentieren

Erörtern
Einen Text erschließen — Sich einem Thema annähern

1 Einen Tierpark oder Zoo kennt ihr sicherlich alle.
Tauscht eure Erfahrungen dazu aus.

2 Lest nun den folgenden Text über zoologische Einrichtungen gemeinsam.
Fasst zusammen, mit welchem Schwerpunkt sich der Text auseinandersetzt.

In Deutschland gibt es rund 400 zoologische Einrichtungen, wie Tierparks, Wildgehege, Vogelparks, Aquarien und Zoos. In Sachsen befindet sich einer 5 der kleinsten Zoos Deutschlands, aber auch einer der artenreichsten Parks Europas.

Den Besuchern und Besucherinnen werden einheimische Tierarten, aber auch viele Exoten gezeigt. Der Einsatz für den Artenschutz steht für viele Einrichtungen im Mittelpunkt. Häufig ermöglichen die 15 Tierparks mit ihren Programmen auch einen Betrag zur Bildung und unterstützen die Forschung. Dennoch kommt es immer wieder zu Diskussionen über die Abschaffung von Zoos, weil es 20 Betreiber gibt, die den Wildtieren keine idealen Lebensbedingungen bieten können. Zoo ist also nicht gleich Zoo.

3 Wie steht ihr zu der Diskussion rund um die Abschaffung von zoologischen Einrichtungen?
Führt zu dieser Frage eine Blitzlichtrunde durch.

 Blitzlicht

Während einer Blitzlichtrunde äußern sich die Teilnehmerinnen und Teilnehmer reihum in ein bis zwei Sätzen zu einem bestimmten Sachverhalt.
Entweder bleibt dann das Blitzlicht als Momentaufnahme unkommentiert stehen.
Oder man wertet es in einer späteren Diskussion aus.

4 Sicherlich habt ihr auch schon einmal etwas über Artenschutzprogramme erfahren. Lest das folgende Interview mit Dr. Arnulf Köhncke. Er ist Fachbereichsleiter Artenschutz beim WWF[1] Deutschland.

(Text verändert)

Welche Rollen haben die Zoos beim internationalen Artenschutz? Schließlich leben die Tiere dort nicht in freier Wildbahn.
Gut geführte und international anerkannte Zuchtprogramme in Zoos können beispielsweise einen wichtigen Beitrag zum Artenschutz leisten. Außerdem
5 beteiligen sich viele Zoos an Programmen mit dem Ziel zur Auswilderung bedrohter oder ehemals fast in der Wildnis ausgestorbener oder extrem seltener Arten. Zusätzlich kann die Forschung der Zoos dazu beitragen, das Verhalten, die Biologie oder Krankheiten der bedrohten Arten besser zu verstehen.

Gibt es denn Tierarten, die ohne ihre Haltung in Zoos oder Tierparks heute aus-
10 *gestorben wären?*
Die gibt es. So lebten beispielsweise Anfang der 1970er Jahre nur noch etwa 200 Goldene Löwenäffchen in Freiheit. Verschiedene Umweltorganisationen wie der WWF setzten sich daraufhin gemeinsam mit Zoos für das Überleben dieser Krallenaffenart ein. Dank guter Zuchterfolge konnten seit 1993 über
15 200 in Zoos geborene Goldene Löwenäffchen zurück in die Wildnis freigelassen werden. Heute gibt es wieder mehr als 1000 Goldene Löwenäffchen. 2003 wurde die als „vom Aussterben bedroht" geltende Art sogar auf der Roten Liste[2] der Weltnaturschutzunion auf „stark bedroht" zurückgestuft.

Gibt es auch Beispiele in Europa?
20 Für das Überleben der Wisente waren Zoos in ganz Europa entscheidend beteiligt. Denn 1927 wurde der letzte freilebende Wisent im Kaukasus getötet und die Art wäre ausgestorben, hätten nicht insgesamt 12 Wisente in Zoos und Gehegen überlebt. Auf Grundlage dieser wenigen Tiere begann man mit der Nachzucht und konnte erste Wisente ab 1952 in Europas Resturwäldern
25 auswildern. Inzwischen leben wieder mehr als 3000 Wisente in freier Wildbahn. Seit 2013 gibt es sogar wieder wilde Wisente in Deutschland – eine kleine Herde wurde im Rothaargebirge bei Bad Berleburg angesiedelt.
Ähnliche Erfolge gab es beim Przewalski-Pferd. In Osteuropa verschwanden diese Pferde schon im 18. Jahrhundert, in der Mongolei in der 1960er Jahren.
30 Seit 1969 galten sie als in freier Wildbahn ausgestorben. Wie der Wisent wurden sie durch Nachzucht in Zoos und Gehegen vor dem vollständigen Aussterben gerettet.

[1] WWF (World Wide Fund For Nature) ist eine der größten internationalen Natur- und Umweltschutzorganisationen
[2] Rote Liste: Die von der Weltnaturschutzunion International Union for Conservation of Nature and Natural Resources (IUCN) geführte Liste zählt Tier- und Pflanzenarten auf, die bereits ausgestorben sind, vom Aussterben bedroht, stark gefährdet oder gefährdet sind.

Weltweit wird allerdings der kommerzielle³ Aspekt von in Gefangenschaft ge-
züchteten Tieren immer deutlicher. Vor allem erkennt man das bei vom Ausster-
35 *ben bedrohten Arten wie beispielsweise dem Tiger.*

Das stimmt. Dies gilt vor allem für Zoos in Teilen Asiens. Hinzu kommt auch
die unkontrollierte und mitunter illegale Entnahme von Tieren aus der Wildnis, beispielsweise für Delfinarien⁴. Aus diesem Grund ist es notwendig, die
verschiedenen Einrichtungen zu unterscheiden. Viele Einrichtungen, die sich
40 selbst den Titel Zoo geben, sind in Wirklichkeit Zirkusse oder Freizeitparks,
die keinen Beitrag zum Artenschutz leisten, sondern rein wirtschaftliche Interessen verfolgen.

Zoo ist also nicht gleich Zoo?
Der Begriff „Zoo" ist international rechtlich nicht definiert. Somit gibt es in-
45 ternational keine rechtlich verbindliche Regelung, die die für den Artenschutz
relevanten Aspekte in Zoos und Tierparks festschreiben würde.

³ kommerziell: geschäftlich, auf Gewinn bedacht
⁴ Delfinarium: Anlage zur Haltung und Vorführung von Delfinen

5 Fasst mit euren Worten zusammen, zu welchen Themen sich Herr Dr. Köhncke hier äußert.

6 Benennt den Standpunkt, den der WWF zu zoologischen Gärten und Tierparks einnimmt.
Werden Zoos eher abgelehnt oder eher befürwortet?
Begründet eure Entscheidung.

7 Schreibe deinen eigenen Standpunkt zur Diskussion rund um
zoologische Einrichtungen in einigen Sätzen auf.

8 Lest anschließend eure Texte im Plenum vor und tauscht eure Begründungen aus.

Argumente zu einem strittigen Thema untersuchen – linear erörtern

1 Der folgende Text betrachtet das Thema Zoos von zwei Seiten.
Lest den Beitrag aufmerksam – zunächst ohne die Fragen am Rand zu beachten.

Kritik an Zoos (Text verändert)

Tausende exotische Wildtiere leben in Käfigen und Gehegen der Zoos. Tierschützer bezeichnen die Gefangenschaft der Tiere als Quälerei und Isolationsfolter.

Von Susanne Wagner und Christian Görzel

Titanic oder Arche?

Wildtiere sind in ihrem Verhalten und Körperbau auf ein Leben in Freiheit ausgerichtet. Nach Meinung von Tierschützern verkümmern die Tiere in Gefangenschaft. Anzeichen dafür seien die
5 sogenannten Stereotypien[1], also die immer gleichen Bewegungsabläufe: etwa das Schwenken mit dem Kopf oder pausenloses Hin- und Herlaufen. Besonders häufig könnten solche Abnormitäten[2] bei Bären und Großkatzen beobachtet werden. Der Großteil der Zootiere, so der Vorwurf der Tierschützer, fühle sich von den Be-
10 suchermassen gestört und werde aggressiv. Manche töteten sogar ihre Artgenossen, verstümmelten sich selbst oder zeigten andere Formen von Verhaltensstörungen.

— Mit welchem Standpunkt beginnt der Text?

— Was ist unter dem Bild der beiden Schiffe in der Überschrift zu verstehen?
— Welche Behauptung wird in diesem Absatz aufgestellt?
— Mit welcher Begründung wird diese Behauptung gestützt?
— Welche Beispiele werden zum Verhalten der Tiere angesprochen?
— Welche weiteren Folgen führen die Tierschützer an?

[1] Stereotypien: In der Biologie meint der Begriff ständige, gleichförmige Wiederholung
[2] Abnormitäten: In der Biologie meint der Begriff Abweichung vom Normalen, Fehlbildung

Aber Tierpark ist nicht gleich Tierpark. Natürlich existieren Zoos, in denen die Tiere unter schlechtesten Bedingungen gehalten werden – aber es gibt auch positive Beispiele. Viele Zoos versuchen
15 die Tiere so artgerecht wie möglich zu halten. Durch größere, den Bedürfnissen der Tiere angepasste Gehege haben sich die Haltungsbedingungen in den vergangenen Jahren deutlich verbessert. Zudem wird versucht, die Tiere auf verschiedene Art und Weise
20 zu beschäftigen, indem es ihnen zum Beispiel erschwert wird, an ihr Futter zu gelangen. So müssen Eisbären Fleischbrocken erst aus großen Eiswürfeln holen oder Schimpansen ihre Rosinen aus einem ausgehöhlten Baumstamm.

Zuchthaus[3] oder Zucht-Haus?

25 Im Unterschied zu früher können Zoologische Gärten heute auch größere Zuchterfolge verzeichnen. Zoogegner argumentieren jedoch, dass die in Tierparks geborenen und aufgewachsenen Tiere nicht mit ihren in der Wildnis lebenden Artgenossen zu vergleichen seien. Erbkrankheiten und andere Anomalien[4] seien häufig
30 die Folge der mangelnden genetischen Vielfalt durch Inzucht.

Dagegen spricht allerdings, dass es mittlerweile weltweit operierende Netzwerke zwischen den Zoos gibt, um Tiere untereinander auszutauschen. Dabei achten die Zoos genau auf den Stammbaum der Tiere, um Inzucht zu vermeiden. Denn auch unabhängig vom
35 Tierschutz liegt es im Interesse der Zoobetreiber, möglichst gesunde Tiere zu züchten. Kein Besucher möchte sich kranke Tiger, Elefanten oder Eisbären ansehen.

[3] Zuchthaus: im Vergleich zum Gefängnis, eine Haftanstalt mit besonders harten Bedingungen für die Häftlinge
[4] Anomalien: In der Biologie meint der Begriff körperliche Fehlbildung

---

Randnotizen:

– *Wie wird das nächste Argument eingeleitet?*
– *In welchem Satz steckt die zweite Behauptung?*
– *Beispiel und Begründung stecken in welchem Satz?*
– *Mithilfe welcher Wörter werden inhaltliche Verbindungen zwischen den Sätzen in diesem Absatz hergestellt?*

– *Worin besteht der Unterschied zwischen den beiden Begriffen in der Überschrift?*
– *Der Absatz enthält sowohl die Behauptung für als auch die Behauptung gegen den Erhalt von Zoos.*
– *Wie lautet die Begründung der Tierschützer?*
– *Mit welcher Folge argumentieren sie?*

– *Welches Wort verdeutlicht den Gegensatz zum vorangegangenen Absatz?*
– *In welchem Satz steckt die Begründung für den Zuchterfolg?*
– *Welcher Satz enthält sowohl das Beispiel als auch die Folge?*
– *Wie machen die Schreiber ihren Standpunkt klar?*

Zootier ist nicht gleich Wildtier

Die Rolle der Zoos als Zuchtstation und Artenschutz-Pension
40 wird von Tierschützern in Frage gestellt. Bei der Wiederauswilde-
rung ergeben sich oft Schwierigkeiten: Zootiere sind in der freien
Wildbahn kaum überlebensfähig, da sie nicht gelernt haben, sich
durchzusetzen. Außerdem können Zoos keinen Beitrag zum Artenschutz leisten, solange nicht gleichzeitig die natürlichen Le-
45 bensräume geschützt werden.

Dass viele Zoos genau das tun, übersehen einige Tierschützer
dabei. Auswilderungsprogramme, internationale Naturschutzpro-
gramme und die Wildhüter in den Heimatländern der Tiere werden von vielen großen Zoos unterstützt. Denn dass die Nachzucht
50 und Auswilderung von bedrohten Tierarten nur Sinn macht, wenn
es in den Heimatländern noch einen natürlichen Lebensraum
für die Tiere gibt, ist auch den Zoobetreibern klar. Zusammen mit
Naturschützern können Tierparks so einen Beitrag dazu leisten,
das Überleben einer Spezies in freier Wildbahn zu sichern. Aus
55 diesem Grund arbeiten auch große Naturschutzorganisationen
wie zum Beispiel der „World Wide Fund For Nature" (WWF) mit
Zoos zusammen.

Vergnügungspark und Volksverdummung?

Schon lange sind Zoos ein wichtiger Bestandteil unserer Kultur.
60 Neben der Erholung und Unterhaltung sollen sie heute vor allem
der Bildung dienen, um den Besuchern sowohl die Tierwelt als
auch die Probleme des Arten- und Naturschutzes nahezubringen.
Tierschützer kritisieren aber, dass Zoos ein völlig falsches Bild
der Natur vermitteln. Zum einen werde die Gefangenschaft von
65 Tieren als völlig unproblematisch dargestellt, zum anderen seien
die in Gehegen und Käfigen lebenden Tiere keine echten Vertreter
ihrer freilebenden Artgenossen. Im Zoo wie auch im Zirkus neige
man dazu, die Tiere zu vermenschlichen und sich auf ihre Kosten
zu amüsieren. Während die meisten Besucher nur einmal im Jahr
70 für ein paar Stunden in den Zoo gehen, müssten die Tiere ihr Leben lang hinter Gittern und auf wenig Raum ihr Dasein fristen.
Den perfekten Zoo wird es wahrscheinlich nie geben, aber in
der Regel sind Zoologische Gärten darauf bedacht, dass ihre Tiere
möglichst artgerecht gehalten werden, und sie verbessern die Hal-
75 tung ihrer Tiere immer weiter.

2 Fasst zusammen, welche Einstellung gegenüber Zoos
dieser Text zum Ausdruck bringt.

3 Begründet, ob der Text eher informiert, unterhält oder appelliert.

*— Wie könnte diese Teilüber-
schrift als Frage lauten?*
*— Welche Behauptung wird
aufgestellt?*
*— Welche beiden Begründungen
stützen die Argumentation?*
*— Zwischen beiden Begründun-
gen versteckt sich das Beispiel.*

*— Wie knüpft dieser Absatz an
den vorhergehenden an?*
*— Welche Begründung geben die
Autoren für den Erhalt der
Zoos an?*

*— Welche Folge ergibt sich aus
der Zusammenarbeit?*
*— Mit welchem Beispiel un-
terstützen die Autoren ihr
Argument?*

*— Was könnte hier wohl mit dem
Begriff „Volksverdummung"
gemeint sein?*

*— Wie lautet der Standpunkt
der Tierschützer?*
*— Wie wird die Behauptung
begründet?*
*— Mit welchem Beispiel wird das
letzte Argument der Tier-
schützer belegt?*

Schreiben
und Präsen-
tieren

4   Besprecht nun in kleinen Gruppen die Fragen am Rand des Textes:
ɩ ɯ die markierten Fragen,   *ɯɯ* alle Fragen.

5   Überlege noch einmal, welchen Standpunkt du zum Thema **„Tierparks"**
vertrittst: eher **pro** oder eher **contra**?
   • Nutze den Text und sammle in einer Tabelle die Argumente,
     die **deinen** Standpunkt stützen.
   • Ergänze auch eigene Argumente.

Argumente die gegen den Erhalt von zoologischen Einrichtungen sprechen

	Behauptung	Begründung	Beispiel	Folge
1. Argument	Tiere in Gefangen-schaft verküm-mern.	Sie zeigen immer gleiche Bewe-gungsabläufe.	schwenken mit dem Kopf	töten Artgenos-sen, verstümmeln sich selbst
2. Argument	?	mangelnde ge-netische Vielfalt durch Inzucht	?	?

Argumente die für den Erhalt von zoologischen Einrichtungen sprechen

	Behauptung	Begründung	Beispiel	Folge
1. Argument	Versuch artgerech-ter Haltung	Haltungsbedin-gungen in den letzten Jahren deutlich verbes-sert	Gehege den Bedürfnissen an-passen, Beschäfti-gung der Tiere	Abwechslung
2. Argument	?	?	?	Inzucht vermeiden

6   Verfasse nun eine lineare Erörterung
zum Thema:
Sollten Zoos abgeschafft werden?
   • Stelle deinen persönlichen Stand-
     punkt zu diesem Thema dar.
   • Nutze den folgenden **WORTSCHATZ:
     TEXTBAUSTEINE** zum Schreiben.

WORTSCHATZ: TEXTBAUSTEINE

Zoologische Einrichtungen abschaffen?

Medien berichten immer wieder von … Ich bin der Ansicht,
  dass es richtig / falsch ist, wenn…
Viele Besucher sehen Zoos als …
Tierschützer hingegen erklären, dass … weil …
Zum Beispiel hat …
Außerdem darf man nicht vergessen, dass …
Ich kann mir beispielsweise sehr gut / überhaupt nicht vorstellen, dass …
Andererseits spricht auch einiges für / gegen …, weil …
So können Tierschützer / Zoobesucher …
Obwohl ich diese Gründe teilweise verstehen kann,
  bin ich trotzdem dafür / dagegen, dass …
Ich bin nämlich der Meinung …
Ich selbst …

Argumente in einer linearen Erörterung

Mit einer linearen Erörterung möchte man andere von einem bestimmten **Standpunkt** überzeugen. Das **Thema** ist oft eine **Streitfrage**, der man entweder zustimmt **(pro)** oder die man ablehnt **(contra)**.
Dabei nimmt man den **Pro-** oder den **Contra-Standpunkt** ein.

Man untermauert diesen Standpunkt möglichst überzeugend mit **Argumenten (Behauptungen + Begründungen)** sowie **Beispielen** aus eigener Erfahrung oder Diskussionsbeiträgen und möglichen **Folgen**.

Überzeugen kann man auch, wenn man sich mit einem Argument der Gegenseite auseinandersetzt. So kann man z. B. ein **Gegenargument** anführen, um es anschließend zu **entkräften** und den **eigenen Standpunkt** nochmals zu **bekräftigen**.

Der **Aufbau** einer Erörterung ist für das Überzeugen der Leser / Leserinnen von großer Bedeutung:
- **Überschrift**
- **Einleitung:**
  Thema, Bezug zum Thema, Problemfrage
- **Hauptteil:**
  Mehrere überzeugende Argumente
  (Behauptung, Begründung, Beispiel, Folge)
  bilden eine Argumentationskette.
- Nach einem Argument sollte ein Absatz
  eingefügt werden. So können sich die Leser
  und Leserinnen leichter im Text orientieren.
- **Schluss:**
  Zusammenfassung, Meinung
- Einleitung, Hauptteil und Schluss sind dabei optisch
  voneinander durch Leerzeilen getrennt.

INFO

Schreiben und Präsentieren

Erörtern

Sachinformationen nutzen – Standpunkte erarbeiten

Lebensmittelverschwendung – Jeder sollte etwas dagegen tun!

1 Führt zu diesem Streitthema spontan ein Blitzlicht durch. 20

2 Verschafft euch nun einen Überblick über die Materialien auf den Seiten 28, 29 und 30.

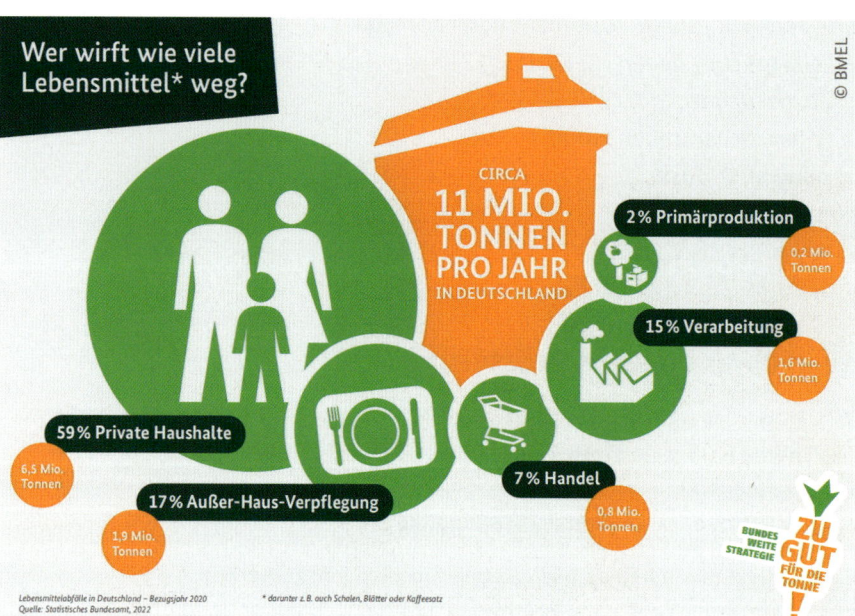

Wer wirft wie viele Lebensmittel* weg?

© BMEL

A

CIRCA 11 MIO. TONNEN PRO JAHR IN DEUTSCHLAND

2% Primärproduktion — 0,2 Mio. Tonnen

15% Verarbeitung — 1,6 Mio. Tonnen

59% Private Haushalte — 6,5 Mio. Tonnen

17% Außer-Haus-Verpflegung — 1,9 Mio. Tonnen

7% Handel — 0,8 Mio. Tonnen

BUNDESWEITE STRATEGIE ZU GUT FÜR DIE TONNE!

Lebensmittelabfälle in Deutschland – Bezugsjahr 2020
Quelle: Statistisches Bundesamt, 2022
* darunter z. B. auch Schalen, Blätter oder Kaffeesatz

Micha (Abteilungsleiter, 36):

Ich arbeite sehr viel und lange, da komme ich überhaupt nicht zum Kochen. Also hole ich mir mein Mittagessen in der Kantine in unserer Firma oder beim Restaurant um die Ecke. Häufig schaffe ich es aber nicht, mir genug Zeit zum Essen zu nehmen. Da geht es mir wie den anderen Kollegen. Also fliegt ein Teil des Essens meist in die Tonne. Ich habe mich noch nicht damit beschäftigt, was mit den Resten wird. Aber ich habe gehört, dass sich einige Kollegen in der Firma mit dem Thema „Verpflegung" befassen und für mehr Nachhaltigkeit einsetzen wollen. Vielleicht sollte ich wirklich auch mal über mein Essverhalten nachdenken. Und wenn überall neue Konzepte für Kantinen, Mensen, Schul- und Kitaküchen entwickelt werden würden, könnte sich sicher einiges verändern. Die Masse macht's.

Leni (Schülerin, 15):

Food-Blogger und Influencer gibt es im Netz richtig viele. Die Leute teilen ihre Erfahrungen und Ideen zum Thema Nachhaltigkeit beim Essen. Wenn ich auf den Seiten stöbere, bekomme ich immer richtig Appetit. Die Tipps und Rezepte sind meist auch gar nicht so schwer. Was viele der Blogger beim Kochen beachten, ist, auf regionale Produkte und auf Gemüse und Obst der Saison zurückzugreifen. Neulich habe ich eine mega leichte Anleitung für das Einkochen von Apfelmus gefunden und gleich nachgemacht. Die Gläser hatte ich schon gesammelt. Statt Schokopudding aus dem Plastikbecher gibt es also selbstgemachtes Apfelmus zum Nachtisch. Und das hält sich lange. Ich war richtig stolz auf mich – und meine Mutter auch.

Kerstin (Oma, 63):

Von meinem Enkel höre ich immer: „Mensch Oma, das ist doch schon abgelaufen!", wenn er vor dem Kühlschrank steht. Es ist wirklich schwierig, ihn davon zu überzeugen, dass das Mindesthaltbarkeitsdatum eben kein Wegwerfdatum ist. Obst schneide ich ihm dann meist auf, sodass er die kleinen Stellen gar nicht erst bemerkt. Ich habe mir jetzt auch angewöhnt, alles fertig zu kochen, bevor er kommt. So kann er nicht meckern. Das Essen ist ja schließlich nicht schlecht. Ich prüfe sehr sorgfältig, ob noch alles schmeckt. Die Jugend von heute ist da aber scheinbar wirklich empfindlich. Die kaufen lieber neu. Es sollte mehr Aufklärung her, warum nicht in den Schulen?

Isabell (Mutter, 42):

Ich passe schon auf, was ich einkaufe, aber am Ende muss ich auf den Preis schauen. Die XXL-Packungen sind in der Summe nun mal günstiger. Wenn ich für meine Familie koche, geht es in erster Linie darum, alle satt zu machen. Ich schaue also, was in der Packung drin ist. Besser mehr, als zu wenig. Wenn ich also was wegwerfe, ist es nicht so schlimm. Auf Vitamine versuche ich zu achten, aber gerade frisches Obst und Gemüse ist mir zu teuer. Und wenn es dann liegenbleibt oder Flecken bekommt und ich es wegschmeißen muss, ärgere ich mich sehr.

Fairteiler: Foodsharing-Stationen sind immer häufiger zu sehen.

Bundesministerium für Ernährung und Landwirtschaft, Mindesthaltbarkeitsdatum

5 Tipps für den Alltag

1. Haltbarkeit beim Einkauf bewusst wählen
Wenn klar ist, dass ein Lebensmittel bald gegessen wird, braucht es kein fernes Mindesthaltbarkeitsdatum (MHD).

2. Packungsgröße beachten
XXL-Packungen locken mit günstigen Preisen, sind aber für kleine Haushalte nicht geeignet. Wenn sie geöffnet und über einen langen Zeitraum nicht aufgebraucht werden, landen die Reste oft im Müll.

3. Vorräte kontrollieren und richtig lagern
Darauf achten, welche Lagerungshinweise auf der Verpackung angegeben sind. Bei richtiger Lagerung bleiben Lebensmittel länger frisch und landen nicht so schnell im Müll. Generell gilt: Auch im Kühlschrank sind Lebensmittel nur begrenzt haltbar.

4. Achtung bei schimmeligen Lebensmitteln
Durch Feuchtigkeit kann sich auf Backwaren wie Brot Schimmel bilden. Im Gegensatz zu einigen Käsesorten mit Edelschimmel ist dieser auf Backwaren aber kein positives Qualitätsmerkmal. Schimmeliges Brot sollte nicht mehr verzehrt werden.

5. Gucken, riechen, schmecken
Das gilt für alle Lebensmittel nach Ablauf des MHD. So kann sich beispielsweise auf Joghurt eine dünne Wasserschicht bilden, die dadurch entsteht, dass sich Molke absetzt. Das ist gesundheitlich jedoch unbedenklich – in der Regel ist der Joghurt trotzdem noch genießbar. Im Gegensatz zum MHD sollten Lebensmittel, deren Verbrauchsdatum überschritten ist, entsorgt werden.

Schreiben
und Präsen-
tieren

Was sind die Ursachen für Lebensmittelverschwendung?

 In der **Landwirtschaft** verderben Erzeugnisse durch falsche Lagerung, Schädlingsbefall, sie werden durch Unwetter zerstört oder müssen entsorgt werden, weil es nicht genügend Abnehmer*innen am Markt gibt.

 In der **Industrie** entstehen die meisten Lebensmittelverluste durch Transportschäden, falsche Lagerung und technische Ursachen in der Produktion. Auch die interne Qualitätssicherung und Überproduktion tragen hierzu bei.

 Im **Groß- und Einzelhandel** sorgen Kundenwünsche nach einer breiten und optisch ansprechenden Auswahl sowie Produktvorgaben dafür, dass viele Erzeugnisse durchs Raster fallen und entweder nicht vermarktungsfähig sind oder liegen bleiben und entsorgt werden.

 In der **Gastronomie** ist vor allem die unkalkulierbare Nachfrage ein entscheidender Faktor, der zusammen mit falscher Lagerung, strengen Hygiene- und Produktvorschriften sowie schlecht definierten Portionsgrößen (Kantinen) für Speiseabfälle sorgt.

 Verbraucher*innen – das sind wir alle. Wir haben uns daran gewöhnt, dass Lebensmittel im Überfluss verfügbar sind, und das Bewusstsein dafür verloren, welche Leistung und welcher Ressourcen- bzw. Energieverbrauch eigentlich hinter den vollen Regalen steht.

3 Vergleicht die Gedanken der vier Personen auf Seite 28–29 mit euren eigenen. Sind euch solche Situationen bekannt? Tauscht euch darüber aus.

4 In den Texten werden ganz unterschiedliche Standpunkte deutlich. Lest noch einmal in den Aussagen der vier Personen nach und gebt ihre Meinungen wieder. 28–29

5 Einen großen Einfluss darauf, die Lebensmittelverschwendung zu reduzieren, haben Verbraucher selbst. Nutze die Aussagen von Micha, Leni, Kerstin und Isabell, um herauszufinden, welche Standpunkte es gibt. Lege eine Tabelle an, die zeigt, welche Chancen und Hürden es gibt, der Lebensmittelverschwendung entgegenzuwirken. 28–29

Gegen Lebensmittelverschwendung sollten alle etwas tun.	Lebensmittelverschwendung kann man nicht immer verhindern.
eigene Gewohnheiten umstellen	keine Zeit zum Kochen
?	?

6 In den Materialien **A** bis **D** sind weitere Gedanken zu finden, wie der Lebensmittelverschwendung entgegengewirkt werden kann. Zählt auf:
- Wer kann etwas tun?
- Fasst zusammen, **was genau** getan werden kann.

7 Ergänze deine Tabelle mit für dich wichtigen Gedanken aus den Materialien. Notiere auch Meinungsäußerungen aus deiner Klasse.

8 Lies in deiner Tabelle noch einmal nach und markiere die Stichpunkte, die **du** für besonders wichtig und überzeugend hältst.

Erörtern

Standpunkte sprachlich entfalten

Standpunkte werden klarer und überzeugender für andere, wenn ihr sie „entfaltet".
Das bedeutet, dass ihr eure **Standpunkte mit Argumenten untermauert,**
sie also **begründet und mit Beispielen aus der allgemeinen Erfahrung oder auch**
aus der persönlichen Beobachtung verdeutlicht.

Lebensmittelverschwendung – Jeder sollte etwas dagegen tun!

„Ich meine, in jedem Haushalt kann man etwas gegen Lebensmittelverschwendung tun. **Standpunkt**
Selbst kochen kann dabei schon einmal helfen. **Behauptung**
Denn beim Kochen muss man gut abschätzen, wie viel die Familienmitglieder in der **Begründung**
Regel essen. Meine Mutter hat mir mal erzählt, dass es früher bei ihrer Oma üblich war, **Beispiel**
viele Töpfe und Schüsseln mit Fleisch, verschiedenem Gemüse und Beilagen auf den (entweder
Tisch zu stellen, sodass sich jeder bedienen konnte. Es hatten zwar immer alle Hunger, allgemein oder
aber geschafft wurde es nie. Die Reste wurden häufig weggeworfen. persönlich)
Meine Mutter kocht heute anders. Sie plant die Mengen schon beim Einkauf."
Mia

1 Macht euch an diesem Text klar, wie ein Argument aufgebaut ist.
- **Pro** oder **Contra**: Welchen Standpunkt vertritt die Schülerin?
- Nennt die **Behauptung** und **Begründung**, mit denen sie ihren Standpunkt deutlich macht.
- Lest das **Beispiel** vor, mit dem sie das Argument abrundet.

2 **Pro** oder **Contra**? Welchen Standpunkt stützen die Behauptungen **A** und **B** jeweils?

Behauptung A:
Es sollten andere Konzepte für Kantinen, Mensen, Schul- und Kitaküchen entwickeln werden.

Behauptung B:
Restaurants müssen mit ihren Speisekarten nun mal ein breites Angebot haben.

3 Ordne den Behauptungen **A** und **B** die folgenden Begründungen und Beispiele zu. Notiere so:
Behauptung A: c) …
Lest euch dann die beiden entfalteten Argumente vor.

4 Stelle gemeinsam mit deinem Lernpartner ein weiteres Argument mithilfe der Informationen aus **Material D** zusammen. Schreibe das vollständige Argument (Behauptung, Begründung, Beispiel) auf.

a) Wenn zum Beispiel eine Klasse Wandertag hat oder Kinder krank sind, vergessen Eltern schnell mal, das bestellte Menü abzubestellen.

b) Macht ein Koch seinen Einkauf, dann bereitet er sich darauf vor, den Gästen alles bieten zu können, was auf der Karte steht. Er kann im Vorfeld nicht wissen, was die Gäste bestellen werden.

c) Beim Schulessen wählen Eltern oder Kinder das Essen meist vorher aus einem Angebot aus. Die Küchen bereiten die Portionen also vor. Trotzdem bleibt immer was übrig, weil das bestellte Essen oft nicht abgeholt wird. Viele Anbieter müssen es dann wegwerfen.

d) Dort, wo für eine große Gruppe von Menschen Essen angeboten wird, braucht es Vielfalt, sonst kommen keine Gäste.

Erörtern

Argumente zu einer Argumentationskette verknüpfen

1 Für einen argumentativen Text braucht ihr mehr als ein Argument.
Untersucht, wie der folgende Text aufgebaut ist

Argument 1

Meiner Meinung nach ist es nicht nur die Aufgabe der Verbraucher, sondern auch die Aufgabe des Groß- und Einzelhandels, am Thema „Lebensmittelverschwendung" zu arbeiten.

Unter anderem sind Supermärkte für einen Teil der Lebensmittelverschwen-
5   dung mit verantwortlich. Ist das Mindesthaltbarkeitsdatum überschritten, haben Lebensmittel Druckstellen oder ist einfach noch zu viel im Regal, werden sie weggeworfen. In den Regalen findet man zwar immer mal verpackte Lebensmittel, die im Preis gesenkt sind, aber gerade Obst und Gemüse wird kaum gekauft, wenn es nicht richtig frisch ist. Also landet es im Abfall.

Behauptung
Begründung
Beispiel

10   Hier können doch aber die Supermärkte etwas tun. Schließlich nützt es niemandem etwas, wenn so viel in der Tonne landet. Vor allem nicht der Umwelt. In einigen Supermärkten ist mir schon aufgefallen, dass die Produktpalette stärker an der Kundschaft der Region oder des Stadtteils angepasst ist. In großen Städten findet man Regale mit vegetarischen oder veganen Produkten,
15   internationale Artikel und solche für Allergiker. Auf dem Land gibt es z. B. vollautomatische 24-Stunden-Supermärkte, in denen Grundprodukte für den Haushalt jederzeit gekauft werden können. Dort gibt es sicherlich mehr Haushalte, die ihr Obst und Gemüse selbst ernten und so eben nur auf die Grundprodukte angewiesen sind.

Argument 2
Behauptung
Begründung
Beispiel

20   Auf der anderen Seite müssen sich der Groß- und Einzelhandel aber auch an rechtlichen Vorgaben orientieren.

Bestimmte Gesetze geben einfach vor, was mit den Lebensmitteln geschehen muss. Zum Beispiel eben die Angabe des Mindesthaltbarkeitsdatums oder auch das Aussehen eines Produkts.
25   Manche Geschäfte starten jedoch kleine Aktionen, die auf schwer verkäufliche Produkte aufmerksam machen. Überraschungstüten zu einem günstigeren Preis, die man zum Beispiel über eine App ausfindig machen und so retten kann. Auch die Fairteiler in Großstädten sind eine gute Sache, dort spenden zum Beispiel auch Supermärkte Ware, die nicht mehr ganz so perfekt aussieht.

Argument 3
Behauptung

Begründung
Beispiel

Schreiben und Präsentieren

INFO

Argumentationskette

Um in einem argumentativen Text den eigenen Standpunkt überzeugend zu vertreten, braucht man mehrere Argumente und Beispiele, die aufeinander aufbauen. Diese schlüssige Abfolge von entfalteten Argumenten bezeichnet man als **Argumentationskette**.

2 Ergänzt diese Argumentationskette mit einem weiteren Argument, das ihr entfaltet.

Erörtern

Einen Sachverhalt selbstständig erörtern

In diesem Teilkapitel findest du verschiedene Aufgaben und Materialien zum Schreiben einer Erörterung. Sieh dir die Seiten 33–36 mit den Materialien und Aufgaben in Ruhe an. Entscheide dann, welche Aufgaben du bearbeiten möchtest.

 33–36

1 Thema: *Lebensmittelverschwendung – Jeder sollte etwas dagegen tun!*
Schreibe zu diesem Thema eine Erörterung, in der du deinen persönlichen Standpunkt vertrittst:

- Argumentiere sachlich und schreibe vorrangig im Präsens.
- Gehe beim Schreiben nach den folgenden **Arbeitsschritten** vor.
- Nutze zum Schreiben auch den **Wortschatz: Textbausteine**.
- Zur Überprüfung des Textes kannst du die **Checkliste** auf Seite 36 nutzen.

 36

Arbeitsschritte

Schreibe das Thema als **Überschrift** auf.

Schreibe eine **Einleitung** für deinen Text. Erläutere, worum es geht. Erkläre, wenn nötig, schwierige Begriffe. Formuliere eine Problemfrage.

Entfalte deine Argumente im **Hauptteil**. Begründe deine Behauptungen und belege sie mit anschaulichen Beispielen.

Berücksichtige auch ein Argument der Gegenseite.

Bewerte das Argument der Gegenseite als nicht ausschlaggebend.

Beantworte deine Problemfrage im **Schluss**, indem du deinen Standpunkt herausstellst. Fasse zusammen, wie du persönlich mit dem Thema umgehst.

Wortschatz: Textbausteine

Lebensmittelverschwendung – Jeder sollte etwas dagegen tun!

Heutzutage kann man in Supermärkten kaufen, was das Herz begehrt. Es gibt Lebensmittel in Hülle und Fülle. Da ist es kein Wunder, wenn bei solch einem riesigen Angebot auch immer wieder etwas übrigbleibt. Kann also jeder etwas zur Vermeidung von Lebensmittelverschwendung beitragen?

Einer Verschwendung von Lebensmitteln kann auf verschiedenen Ebenen entgegengewirkt werden.
Ich finde also, da könnte jeder etwas tun. Ist das aber auch im Alltag umsetzbar? Ich glaube schon / nicht, dass, …
Außerdem darf man nicht vergessen, dass …
Ich kann mir sehr gut / überhaupt nicht vorstellen, dass …
Wie das Beispiel …. zeigt, …
Erwähnenswert ist auch, dass …
So wird beispielsweise …

Andererseits spricht auch einiges dafür / dagegen, …
Manchmal ist es notwendig, dass …

Obwohl ich diese Gründe teilweise verstehen kann, sind sie für mich nicht ausschlaggebend.

Denn meine Meinung steht fest: Ich bin dafür /dagegen, dass …
Denn in der heutigen Zeit …

Schreiben und Präsen**tieren**

𝒶 **2** Thema: **Sind Onlinespiele eine sinnvolle Freizeitbeschäftigung für Jugendliche?**
- Was spricht dafür, was dagegen?
- Lies dazu die folgenden Meinungsäußerungen.

Eine Schülerin: „Onlinespiele sind spannend und machen Spaß. Mir gefällt besonders, dass man in andere Welten eintauchen kann."

Ein Vater: „Zurzeit interessiert sich mein Sohn nur noch für seine virtuelle Existenz. Sobald er aus der Schule kommt, hockt er stundenlang vor seinem Bildschirm. Für andere Dinge, Sport oder Freunde, bleibt da kaum noch Zeit."

Ein Schüler: „Warum denken die Erwachsenen nur, dass wir Gamer Spiel und Realität nicht auseinanderhalten können? Ich kann das sehr wohl. Und ich bin nicht vereinsamt. Wenn ich mich mit meinen Freunden zum Onlinespielen treffe, haben wir jede Menge Spaß, und zwar gemeinsam.

Ein Medienpädagoge: „Aus einigen Studien wissen wir, dass Kinder durch Computerspiele angeregt werden, vernetztes Denken zu lernen. In den Spielen muss man oft auf verschiedenen Ebenen navigieren, auf neue Herausforderungen reagieren und vorausdenken. Wer systematisch an so ein Spiel rangeht, kann schon etwas lernen." *

Eine Lehrerin: „Montags sind manche Schüler auffällig müde und unkonzentriert, vor allem die, die sich stolz als Hardcore-Gamer bezeichnen. Da liegt doch die Vermutung nahe, dass eine Ursache dafür im übermäßigen Computerspielen übers Wochenende zu suchen ist. Kein Wunder, wenn die schulischen Leistungen absacken."

Ein Kindertherapeut: „Von den Online-Rollenspielen geht eine große Suchtgefahr aus: Die Spieler vermengen ihr Selbstbild – ‚Ich bin der Größte!' – mit dem Gefühl, in eine Gemeinschaft eingebettet zu sein, die sie nicht verlassen dürfen. Diese Spiele laufen jeden Tag 24 Stunden lang. Jede Stunde, die sie nicht dabei sind, ist für sie eine verlorene. Bestimmte Kämpfe dauern auch sechs, sieben Stunden, da dürfen sie überhaupt nicht aufhören." *

Ein Medienberater: „Wenn Jugendliche sich treffen und stundenlang eine Menge Spaß haben, dann hat das sehr viel mit Reaktionsvermögen, Teamwork und Computertechnik zu tun, die sie im wahrsten Sinne des Wortes beherrschen." *

* Text verändert

𝒶 **3** Werte die Meinungsäußerungen in einer Pro- und Contra-Tabelle aus. Ergänze auch Beispiele und persönliche Erfahrungen.

Sind Computerspiele eine sinnvolle Freizeitbeschäftigung für Jugendliche?

Pro: *Argumente, Beispiele*	Contra: *Argumente, Beispiele*
Spaß, Spannung, in fremde Welten eintauchen, Beispiel: …	*zu wenig Zeit für anderer Dinge, Sport, Freunde, Beispiel: …*
…	*…*

𝒶 **4** Nimm zu diesem Thema Stellung und verfasse einen argumentativen Text.
- Argumentiere sachlich und schreibe vorrangig im Präsens.
- Gehe nach den folgenden **Arbeitsschritten** vor und nutze den **WORTSCHATZ: TEXTBAUSTEINE**.

Arbeitsschritte

- Schreibe das **Thema** als Überschrift auf.

- **Leite deinen Text kurz ein.**
  Erläutere, worum es geht.

- Formuliere deinen persönlichen
  Standpunkt (**pro** oder **contra**).

- Begründe deinen Standpunkt in einer
  schlüssigen **Argumentationskette**.

- Berücksichtige kurz **Argumente
  der Gegenseite**.

- Entkräfte die Gegenargumente.
  Bekräftige deinen **Standpunkt** mit
  einem wichtigen Argument.

- **Äußere dich** abschließend dazu,
  wie du **persönlich** mit dem Thema
  „Onlinespiele" umgehst.

···
WORTSCHATZ: TEXTBAUSTEINE

Sind Onlinespiele eine sinnvolle Freizeitbeschäftigung für Jugendliche?

Für die einen sind Onlinespiele …
Andere dagegen halten sie für …

Ich bin der Meinung, dass Onlinespiele eine / keine sinnvolle Freizeitbeschäftigung für Jugendliche sind, weil …

Für wichtig halte ich auch, dass …
Außerdem sollte man nicht vergessen, …
Daraus folgt beispielsweise …   Das Beispiel … zeigt …
Besonders deutlich wird das an …
Andererseits darf man die Argumente der Gegenseite nicht ganz außer Acht lassen, denn … So können z. B. …

Obwohl ich diese Gründe teilweise nachvollziehen kann …
Ausschlaggebend für mich … Meine Meinung steht fest: …

Ich selbst …

5 Thema: **Verschwenden Jugendliche mit digitalen Spielen zu viel Zeit?**
- Du sollst zu diesem Thema einen Erörterung verfassen, indem du dazu
  deinen Standpunkt sachlich begründest und überzeugend vertrittst.
- Stelle in einer Pro- und Contra-Tabelle Informationen und persönliche
  Erfahrungen zusammen. Werte dazu die beiden folgenden Diagramme aus –
  sowie die Meinungsäußerungen zu „Onlinespielen" auf der linken Seite.

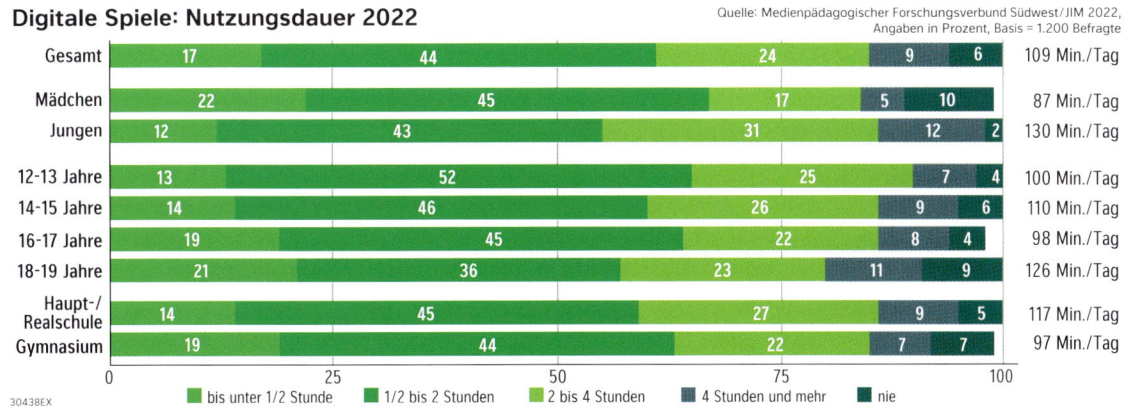

Digitale Spiele: Nutzungsdauer 2022

Quelle: Medienpädagogischer Forschungsverbund Südwest / JIM 2022,
Angaben in Prozent, Basis = 1.200 Befragte

Gruppe	bis unter 1/2 Stunde	1/2 bis 2 Stunden	2 bis 4 Stunden	4 Stunden und mehr	nie	
Gesamt	17	44	24	9	6	109 Min./Tag
Mädchen	22	45	17	5	10	87 Min./Tag
Jungen	12	43	31	12	2	130 Min./Tag
12-13 Jahre	13	52	25	7	4	100 Min./Tag
14-15 Jahre	14	46	26	9	6	110 Min./Tag
16-17 Jahre	19	45	22	8	4	98 Min./Tag
18-19 Jahre	21	36	23	11	9	126 Min./Tag
Haupt-/ Realschule	14	45	27	9	5	117 Min./Tag
Gymnasium	19	44	22	7	7	97 Min./Tag

30438EX

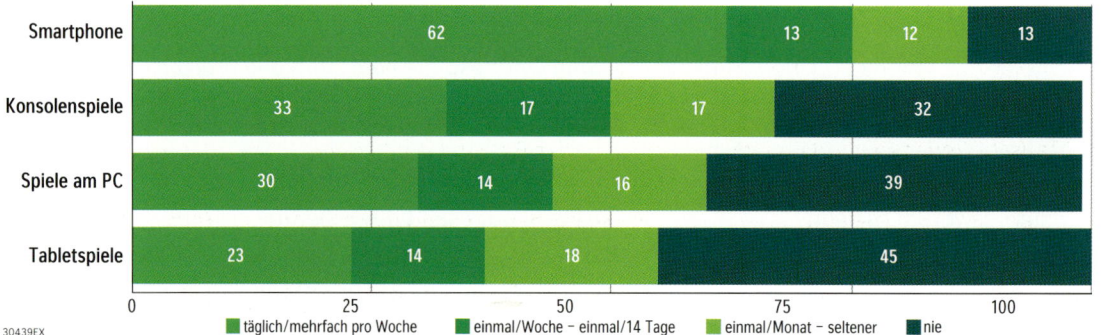

Digitale Spielformen im Vergleich: Nutzungsfrequenz 2022   Quelle: Medienpädagogischer Forschungsverbund Südwest/JIM 2022, Angaben in Prozent, Basis = 1.200 Befragte

30439EX

■ täglich/mehrfach pro Woche   ■ einmal/Woche – einmal/14 Tage   ■ einmal/Monat – seltener   ■ nie

ttt **6** Schreibe nun die Erörterung. Schau bereits während des Schreibens hin und wieder auf die folgende **CHECKLISTE** und nutze den **WORTSCHATZ: TEXTBAUSTEINE**.

CHECKLISTE

- ✔ Anfangs leite ich das Thema kurz ein.
- ✔ Ich äußere meinen Standpunkt.
- ✔ Ich entfalte mehrere Argumente mit Beispielen und verknüpfe sie schlüssig zu einer überzeugenden Argumentationskette.
- ✔ Ich berücksichtige auch Argumente der Gegenseite und entkräfte sie.
- ✔ Meinen Standpunkt bekräftige ich mit einem wichtigen Argument.
- ✔ Abschließend teile ich etwas über meinen persönlichen Umgang mit dem Thema mit.
- ✔ Ich schreibe hauptsächlich im Präsens und bleibe sachlich.

7 Führt in der Gruppe eine **Schreibkonferenz** durch.
- Arbeitet dabei mit den folgenden 🔍**Textlupen**.
- Stellt eure überarbeiteten Texte anschließend im Plenum vor.

🔍**Textlupe Rechtschreibung:** Großschreibung, korrekte Schreibung von Fachwörtern …

🔍**Textlupe Zeichensetzung:** Satzschlusszeichen, Kommas im Satzgefüge, Komma vor *dass* …

🔍**Textlupe Satzanfänge:** gleichförmige Satzanfänge vermeiden, Satzglieder umstellen …

🔍**Textlupe Schlüssigkeit der Argumentation:** Argumente überzeugend entfalten, sinnvoll verknüpfen …

WORTSCHATZ: TEXTBAUSTEINE

Ich vertrete den Standpunkt, dass …
Meiner Meinung / Ansicht nach …
Ich bin der Ansicht / Meinung …
Ich halte es für richtig / falsch, dass …
Dafür / Dagegen spricht vor allem …
Gut / Schlecht finde ich es, wenn …
Ich halte es für richtig / falsch, dass …
Besonders wichtig ist mir …
Aus diesem Grund …
Daran kann man sehen, dass …
Daraus folgt, dass …
Da stellt sich doch die Frage, ob …
so, weil, denn, da, dann, deshalb, nämlich, darum, deswegen, also
obwohl, allerdings, trotzdem
beispielsweise, (wie) zum Beispiel …
Wie das Beispiel zeigt …
auch, ebenfalls, sogar
sowohl … als auch …
Auf der einen Seite …
Auf der anderen Seite …
einerseits … andererseits …
Außerdem / Darüber hinaus möchte ich betonen …
Erwähnenswert finde ich auch …
Ferner darf man nicht vergessen, dass …

Erörtern

ℳ Sich mit einer problematischen Entwicklung auseinandersetzen

ℳ **1** Tauscht Gedanken und Erwartungen aus, die das Bild und die Textüberschrift bei euch auslösen.

Das Ende der Tinte

Katrin Blawat   (Text verändert)

Wer hat im vergangenen Jahr auch nur einen handgeschriebenen Brief erhalten? Vermutlich kaum jemand. Das Schreiben mit
5 **Stift auf Papier ist eine sterbende Kulturtechnik. Das könnte unsere motorischen und kognitiven Fähigkeiten beeinträchtigen.**

Unsere ganze Gesellschaft befindet
10 sich im Übergang von Tintenfüller und Textmarker zu Tastatur und digitalem Stift. Wie eine vom Aussterben bedrohte Tierart, die nur noch in abgeschiedenen Ecken ihres einst ausgedehnten
15 Lebensraums überlebt, so behauptet sich auch das Handgeschriebene nur noch in wenigen Winkeln des Alltags. Der Einkaufszettel, ein gekritzelter Klebezettel am Computerbildschirm
20 und vielleicht noch die Urlaubspostkarte an ältere Familienmitglieder erinnern an die Zeit, in der jeder immerzu Stift und Zettel parat hatte.

Süddeutsche Zeitung: Collage zum Artikel „Das Ende der Tinte".
Gemälde: „Der Brief" von Johann Georg Meyer von Bremen

Doch leidet nicht die persönliche Note, wenn
25 kaum noch jemand mit Stift auf Papier schreibt? „Das Schreiben von Hand hat eine Wertigkeit, die ich nicht missen möchte", sagt etwa der Psychologe Christian Marquardt. „Was soll's?", meinen andere. Die Zeiten ändern sich, die
30 Technik auch – warum der Handschrift hinterherweinen? Ließe sich nicht getrost verzichten auf unleserliches Gekrakel, Tintenflecke und schmerzende Finger, die sich in Klausuren stundenlang um einen Stift krampfen?
35 Warum es sich schwer machen, wenn es doch Tastaturen gibt?

Autorin Anne Trubek sieht im Niedergang der Handschrift einen Verlust, der sich verschmerzen lässt. Die Menschheit habe schon ganz andere technologische Umwälzungen 40 überstanden. „Man bedenke nur, wie selten die Leute heutzutage noch Wörter in Steine ritzen oder Federn in Tintenfässer tauchen." Schon immer hätten die Menschen schnellere Schreibtechniken angestrebt.   45

Und vielleicht gäbe es nach der Umstellung auf die Tastatur auch weniger Opfer des sogenannten Handschriften-Effekts. Demnach schließen Lehrer aus einer schludrigen Hand-

schrift auch auf inhaltliche Mängel des Textes und bewerten denselben Aufsatz unterschiedlich – je nachdem, ob sie ihn in sauberer oder hingeschmierter Schrift zu lesen bekommen. Ein Argument, wenn man bedenkt, dass sich nach
55 einer Umfrage jedes dritte Mädchen und jeder zweite Junge in Deutschland schwertut mit dem Handschreiben.

Einige Experten befürchten, dass mit dem Ende der Schreibschrift wichtige Fertigkeiten
60 verloren gehen könnten. So fördert das Schreiben per Hand unumstritten die feinmotorischen Fähigkeiten.

Um einen Stift zu führen, müssen viele Körperregionen zusammenspielen. Die End- und
65 Mittelgelenke der Finger beugen und strecken sich, das Handgelenk ermöglicht eine leichte Drehung, auch Arm und Schultergürtel sind beteiligt. Sogar die Aufrichtung im Rumpf und der Muskeltonus im Oberkörper müssen stimmen.
70 Handschreiben ist also Präzisionsarbeit, die sich wahrscheinlich auf den Geist auswirkt. In einer Studie fiel es Kindern zum Beispiel leichter, die Buchstaben *d* und *p* sowie *b* und *q* auseinanderzuhalten, wenn sie Buchstabenfolgen
75 mit der Hand schrieben, statt sie zu tippen. Beim Handgeschriebenen verbindet das Gehirn die Bewegungen der Hand und das Gefühl, wie der Stift übers Papier gleitet, mit den erlernten Buchstaben. Damit sind diese mit physischen
80 Erfahrungen verknüpft – eine Art körperliche Eselsbrücke.

Womöglich leidet sogar der schulische Erfolg insgesamt, wenn das Training der Hand eingestellt wird. Laut einer amerikanischen Studie mit 3 000 Kindern deutet eine saubere Hand- 85 schrift in jungen Jahren auf spätere schulische Erfolge. Wer Probleme mit dem Stift hatte, tat sich auch schwerer, längere Texte zu formulieren und Gedanken klar zu artikulieren. Schön formulierte es die Jugendbuch-Autorin Cornelia 90 Funke: „Eine fließende Handschrift bringt die Gedanken zum Fliegen."

„Beruflich muss ich viel tippen", sagt der Psychologe Marquardt. Doch wenn er Ideen sammeln oder sich in ein Thema einarbeiten will, 95 setzt er auf handschriftliche Skizzen. „Es ist verblüffend, wie das funktioniert. Die Ideen kommen mit der Handbewegung beim Schreiben. Es strukturiert die Gedanken." Das bestätigt Elftklässlerin Carolin: „Wenn ich mich auf Klausu- 100 ren vorbereite, schreibe ich alles mit dem Stift auf Zettel. Dann kann ich es mir besser merken."

Tradition oder Technik – immer wieder geht es um diese beiden Pole. „Die Frage ist, wie sich die Handschrift in ein digitales Umfeld einfügen 105 wird", sagt Marquardt. Vielleicht wären aber auch Spracherkennungssysteme eine mögliche Alltagslösung. Dann wäre jegliches Schreiben überflüssig. Was sich schließlich durchsetzen wird, weiß auch Schülerin Carolin nicht. Doch 110 für sie steht fest: „Der Mensch wählt immer den einfachsten Weg."

---

ttt **2** Verschafft euch zunächst einen Überblick über den Text und erschließt euch diesen Beitrag.
- Legt einen Notizzettel mit **Zwischenüberschriften** und den wichtigsten **Stichwörtern** an.
- Klärt unbekannte Fachbegriffe – entweder aus dem Kontext oder schlagt nach.

ttt **3** „Tradition oder Technik": Am Ende des Artikels bleibt die Frage offen, ob sich die traditionelle Handschrift bei zunehmender Digitalisierung behaupten kann.
- Tauscht eure Positionen dazu in der Gruppe aus.
- Greift dabei auch auf Argumente und Beispiele aus dem Artikel zurück.

ttt **4** Führt in eurer Klasse oder Jahrgangsstufe eine Umfrage zu diesem Thema durch.
- Ermittelt verschiedene Begründungen und Beispiele für die Standpunkte der Befragten.
- Überlegt, wie ihr eure Ergebnisse präsentieren könnt.

Erörtern

Überprüfe dein Wissen und Können

Argument   **Argumentationskette**   **entfalten**   **entkräften**   **Standpunkt**   **Thema**

1 Welcher Satz passt zu welchem Fachbegriff? Notiere: *Satz 1: Standpunkt*
  Satz 1: Das ist die durchdachte und begründete Meinung von Personen.
  Satz 2: Es besteht aus Behauptung und Begründung.
  Satz 3: Dabei handelt es sich meist um eine Streitfrage.
  Satz 4: Man stellt ein Argument ausführlich dar und untermauert es mit Beispielen.
  Satz 5: Mehrere Argumente und Beispiele werden schlüssig miteinander verknüpft.
  Satz 6: Das macht man mit Gegenargumenten.

2 Lies zunächst die Argumentation aufmerksam. Bearbeite dann die weiteren Aufgaben.

Neulich hing in unserer Pausenhalle das Werbeplakat einer Tanzschule aus. Angeboten wurden Tanzkurse für Schüler und Schülerinnen. Die Kommentare meiner Clique reichten von *voll spießig* bis *total hip*.

5 Meiner Ansicht nach sollten Jugendliche an einem Tanzkurs teilnehmen, denn es ist ein Vorteil, wenn man nicht nur in der Disco tanzen kann, sondern auch Standardtänze beherrscht, wie Wiener Walzer oder Cha-Cha-Cha. Dann fühlt man sich doch auf einer Hochzeitsfeier oder einem Vereinsfest gleich viel wohler. Wer möchte nicht auf dem Parkett eine gute Figur machen?

10 Außerdem ist ein Tanzkurs für Jugendliche eine gute Gelegenheit, in eine andere Welt einzutauchen. Man zieht sich schick an und lernt über das Tanzen hinaus auch noch etwas über gutes Benehmen. Und das gibt Jugendlichen schon Sicherheit für das spätere Leben.

Ferner darf man nicht vergessen, dass es einfach großen Spaß macht, sich mit anderen zu treffen, um sich gemeinsam zur Musik zu bewegen. Manche machen das
15 Tanzen dann sogar zu ihrem Hobby, wie beispielsweise mein großer Bruder, der schon seit mehreren Jahren Tanzkurse besucht.
Andererseits muss man aber auch zugeben, dass …
    […]

3 Schreibe die Streitfrage auf und notiere, welcher Standpunkt in diesem Text vertreten wird.

4 Notiere kurz die Argumentationskette, die die Leser überzeugen soll.

ll lll **5** Schreibe drei typische Formulierungen aus diesem Text auf, mit denen Sätze
  in argumentativen Texten verknüpft werden.

lll **6** Im Text wird eine **rhetorische Frage** gestellt, auf die keine Antwort erwartet wird. Notiere diese Frage.

lll **7** Ergänze ein mögliches Gegenargument. Nutze dazu den markierten Satzanfang.

LESEN Umgang mit Texten und Medien

Kurzgeschichten

 Eine Kurzgeschichte mithilfe von Leitfragen erschließen

Auch eine Liebesgeschichte

Wolfgang Rudelius

Britta steht auf dem Hof. Sie steht alleine, und sie sieht mies aus. Seit Tagen ist es immer dasselbe: Mit dem Pausengong erhebt sie sich, durchquert die Klasse, geht auf den Hof und
5 bleibt dort, fast regungslos, am immer gleichen Platz stehen. Wenn einer kommt, sie anquatscht oder sich einfach bloß neben sie stellt, dann reagiert sie entweder gar nicht, oder sie sagt: „Lass mich in Ruh!"

10 Immer wieder nur: „Lass mich in Ruh!"

Bert hat es auch schon ein paarmal probiert. Ist zu ihr hingelaufen, hat so was wie „Lass uns doch reden!" gesagt.

„Lass mich in Ruh!"

15 Also gut, hat er gedacht, dann lassen wir sie halt, die Gnädigste! Die andern haben alles beobachtet. Sie versuchen zwar, sich nichts anmerken zu lassen, aber Bert spürt es genau. Es ist wie zwischen den Zeilen lesen.

20 „Wer nicht will, der hat schon!", sagt er. Er spürt, dass sie denken, er sei an allem schuld. Sie sagen nichts. Sie tun, als wär nichts. Sie verhalten sich scheinbar so völlig normal. Aber nur scheinbar!

25 In Wirklichkeit verständigen sie sich untereinander: mit den Augen, mit irgendeinem bedeutungsvollen Grinsen. Manchmal, wenn sie meinen, er kriege nichts mit, dann sieht er, wie die Zeichen hin und her fliegen.

30 Bert steht bei den andern und fühlt sich allein. Obwohl er versucht, an etwas anderes zu denken, muss er immer wieder zu Britta rüberschaun. Wahrscheinlich haben das alle längst bemerkt, wahrscheinlich feixen sie jetzt wie-
35 der hinter seinem Rücken. Sie beobachten ihn wahrscheinlich aus den Augenwinkeln. Sie werden denken, dass er einen Stich hat.

Plötzlich läuft er einfach los. Sein Gang hat etwas Roboterhaftes. Unbeholfen und eckig sind
40 die ersten Schritte, und er spürt hunderttausend Blicke in seinem Rücken. Sie werden ihn jetzt nicht aus den Augen lassen! Es ist ihm egal. Er geht über den Hof, direkt in Brittas Richtung. Sie hat nur einmal kurz hochgeschaut. Als sie

45 ihn hat kommen sehen, hat sie seinen Blick gemieden.

„Ich halte das nicht aus!" Eigentlich ist das gar nicht er, der da redet. Einer in ihm hat das gesagt. So würde er nie reden: „Ich halte das
50 nicht aus!"

Sie sagt nichts. Steht da, starrt auf den Boden und sagt nichts. Sagt nichts, tut nichts, steht nur blöde rum! Ihm kommen schon wieder alle Zweifel der Welt. Hat er das denn eigentlich
55 nötig? Vielleicht sollte ich sie wirklich in Ruhe lassen, mir wird das ja auch langsam zu blöd. Und dann fasst er sie plötzlich an. Mitten in seine Überlegungen hinein berühren seine Fingerspitzen ihren Arm. Dann legt er seine Hand
60 flach auf ihre Schulter.

Das war wieder nicht er! So wie diese Stimme einfach anfängt zu reden, so fasst jetzt plötzlich einer nach ihrer Schulter. Mein Gott ist das blöd! Sie wird gleich losbrüllen: „Lass
65 deine Pfoten bei dir!"

Aber sie brüllt nicht. Sie reagiert überhaupt nicht. Vielleicht, denkt Bert, hat sie gar nicht bemerkt, dass ich hier bin. Es sieht fast so aus.

Seine Gedanken gehen kreuz und quer. Da steht er nun, der großartige Bert Höppes, auf dem 70 Hof der Ludwig-Landmann-Schule. Mit ausgestrecktem Arm Richtung Britta Steiger. Das wird ein Bild sein! Wahrscheinlich versammeln sie sich jetzt überall in großen Lästerhaufen: „Guck doch mal da, ist das nicht rührend!" 75

Es ist ihm egal. Hauptsache, sie schreit nicht gleich los. Hauptsache, sie – ach, er weiß ja selber nicht, was. Für einen kleinen Moment verstärkt er den Druck auf ihre Schulter. Diesmal war's kein Fremder in ihm, diesmal war er's sel- 80 ber: Er drückt sie sanft und lässt sie wieder los. Sollen die andern doch denken, was sie wollen. Hauptsache, sie – er will halt –, er rückt noch ein bisschen näher an sie ran.

In diesem Augenblick hebt Britta ihren Kopf 85 ein ganz, ganz klein wenig. Also hat sie doch etwas gemerkt. Sie ist also doch nicht so ganz und gar abwesend. Sie hat, denkt Bert, und plötzlich lächelt sie ihn an. Es ist ein kaum wahrnehmbares Lächeln, eines von der Sorte, für die man ein 90 Fernglas braucht. Es ist kaum noch zu sehen, aber es kommt ganz langsam immer näher!

1 Am Ende der Geschichte nimmt Bert endlich ein positives Signal von Britta wahr. Beschreibt, inwiefern seine Geduld und Beharrlichkeit dazu beigetragen haben.

2 Über welche Figur erfahrt ihr aus dem Text, was in ihr **vorgeht**, was sie **denkt** und was sie **fühlt**? Nennt entsprechende Textstellen als Beleg.

Gedankenrede – Innerer Monolog

In einer Geschichte beschreibt ein Erzähler oder eine Erzählerin vor allem, was darin geschieht und was die Figuren in wörtlicher Rede sagen.

Ein Erzähler oder eine Erzählerin kann aber auch mitteilen, was **im Kopf** der Figuren vorgeht, was sie **denken** oder was sie **fühlen**. So etwas nennt man **Gedankenreden**. Man erkennt Gedankenreden oft an umgangssprachlichen Ausdrücken oder an Frage- oder Ausrufezeichen am Schluss:
→ *Also gut, hat er gedacht, dann lassen wir sie halt, die Gnädigste!*

Die **Gedanken** oder **Gefühle** von literarischen Figuren können auch in der **Ich-Form** in einen Text eingeflochten sein. Wenn literarische Figuren auf diese Weise zu sich selbst sprechen, nennt man das **Innerer Monolog**.
→ *Vielleicht sollte ich sie wirklich in Ruhe lassen, mir wird das ja auch langsam zu blöd.*

INFO

3 Arbeitet zu zweit oder in kleinen Gruppen.
- Erschließt euch die Geschichte nun mithilfe der folgenden **Leitfragen**.
- Haltet eure Ergebnisse schriftlich fest und tauscht euch anschließend im Plenum darüber aus.

Ⓜ Leitfragen zur Erschließung literarischer Texte

Fragen zum Ort:
- Welches ist der zentrale **Ort**, an dem die Geschichte spielt?
- Ist der Ort für die Handlung bedeutsam? Wieso?

Fragen zu den Hauptfiguren:
- Wer sind die **Hauptfiguren** in dieser Geschichte?
- Werden ihre Namen genannt?
- Wie stehen sie zueinander?
- Erfahrt ihr auch etwas über die Gedanken und Gefühle der Figuren?
- Müssen die Figuren mit einem bestimmten Problem fertig werden?

Fragen zur Handlung:
- Von welchen Konflikten wird die **Handlung** dieser Geschichte bestimmt?
- Wie wirken sich diese Konflikte auf das Verhalten der Hauptfiguren aus?

Sprachliche Auffälligkeiten, die für Spannung sorgen:
Verschiedene sprachliche Elemente tragen dazu bei, dass in der Geschichte **Spannung** aufgebaut wird. Geht auf Spurensuche, z. B.:
- **Spannende Wörter / Satzanfänge:**
  Zeile 38: *Plötzlich …*, Zeile 85: *In diesem Augenblick …*
- **Wörtliche Reden:**
  Zeile 14: *„Lass mich in Ruh!"*
- **Wiederholungen:**
  Zeile 22–23: ***Sie*** *sagen nichts.* ***Sie*** *tun, als wär nichts.* ***Sie*** *verhalten sich scheinbar so völlig normal.*
- **Andeutungen:**
  Zeile 16–19: *Die andern haben alles beobachtet. Sie versuchen zwar, sich nichts anmerken zu lassen, aber Bert spürt es genau. Es ist wie zwischen den Zeilen lesen.*
  Zeile 20–24: *Er spürt, dass sie denken, er sei an allem schuld. Sie sagen nichts. Sie tun, als wär nichts. Sie verhalten sich scheinbar so völlig normal. Aber nur scheinbar!*
- **Gedankenreden:**
  Zeile 15–16: *Also gut, hat er gedacht, dann lassen wir sie halt, die Gnädigste!*
  Zeile 54–55: *Hat er das denn eigentlich nötig?*
- **Innerer Monolog:**
  Zeile 55–56: *Vielleicht sollte ich sie wirklich in Ruhe lassen, mir wird das ja auch langsam zu blöd.*

4 Erforscht, welche **sprachlichen Spannungsmacher**
ihr auch in den folgenden Zeilen des Textes entdecken könnt.

Zeile 20 und 47   *Zeile 51–53*   *Zeile 67–68*   *Zeile 73–74*
Zeile 76–77 und 83   *Zeile 79–81*   *Zeile 86–88*

5 An mehreren Stellen gibt es in dieser Geschichte **Andeutungen**,
die auf eine **Vorgeschichte** zwischen Bert und Britta schließen lassen.
- Findet Passagen im Text, die solche Andeutungen enthalten, und lest sie vor.
- Stellt Vermutungen darüber an, was zwischen den beiden passiert sein könnte.
  Bezieht auch die Überschrift in eure Überlegungen ein.

6 Berücksichtigt nun auch die Gruppe der „anderen" Mitschüler und Mitschülerinnen
bei eurer Auseinandersetzung mit dem Text.
- Welche Reaktionen nimmt Bert bei den anderen wahr?
  Lest entsprechende Beispiele aus dem Text vor.
- Warum fühlt er sich wohl auch dann allein, wenn er mitten bei ihnen steht?
  Denkt bei der Antwort auf diese Frage auch an eure Vermutungen aus Aufgabe 5.

7 Ermittelt ebenfalls aus dem Text, wie Bert selbst auf die Reaktionen der anderen reagiert.
Untersucht, wie sich seine Reaktionen im Verlauf der Geschichte ändern.

8 Was meint ihr: Ob Britta am Ende doch auch froh ist, dass Bert den Kontakt
zu ihr nicht aufgegeben hat?

9 Stellt die Begegnung zwischen Bert und Britta am Ende der Geschichte
in einem **Standbild** dar. Nutzt dazu die Informationen zu dieser Methode.
- Geht im Text noch einmal auf Spurensuche und ermittelt, welche gestischen
  und mimischen Signale für diese Szene bedeutsam sind (Zeile 78–92).
- Leitet daraus Hinweise zur Gestaltung eures Standbildes ab.
- Überlegt auch, ob und wie ihr *die anderen* als Beobachter dieser Szene platzieren wollt.
  Welche „Posen", welche Gestik und Mimik haltet ihr bei ihnen für angemessen?
- Entwickelt nun für jeden Mitspieler / jede Mitspielerin eine genaue Position,
  die er / sie einnehmen soll. Legt dazu die passende **Körperhaltung**,
  den **Gesichtsausdruck** und die **Gesten** fest.
- Baut dann euer Standbild und verharrt für eine kleine Weile in den verabredeten Positionen.

Ⓜ Ein Standbild bauen

Ein Standbild ist wie ein Foto, das einen ganz besonderen Moment der Interaktion
zwischen Personen einfängt und festhält. Für eine kleine Weile halten die beteiligten
Personen bewegungslos in bestimmten Körperhaltungen und Positionen inne.
In einem Standbild lassen sich besondere Situationen aus literarischen Texten
sehr anschaulich zum Ausdruck bringen.

10 Gebt als Betrachter den einzelnen Gruppen ein angemessenes Feedback
zu ihren Standbildern:
- Haben die Gruppen die Situation jeweils gut eingefangen?
- Wird die Beziehung zwischen den beteiligten Figuren deutlich?
- Stimmt die Körpersprache der Figuren mit ihrer jeweiligen Rolle überein?
- Gibt es Tipps, wie man das Standbild eventuell noch verbessern könnte?

11 Klärt mithilfe des folgenden Infokastens, welche **Merkmale von Kurzgeschichten**
ihr in diesem Text wiedererkennen könnt.

Überblick über die wichtigsten Merkmale von Kurzgeschichten

Kurzgeschichten besitzen einige typische Textmerkmale, die aber **nicht immer alle**
auf einen Text zutreffen müssen.

1. **Offener Anfang:**
   Die meisten Kurzgeschichten haben keine Einleitung, sondern beginnen ganz unvermittelt.
   Der Leser wird sozusagen direkt in die Handlung „gestoßen".

2. **Begrenzte Anzahl von Figuren:**
   Es gibt nur wenige Figuren in einer Kurzgeschichte.
   Ihre Charaktere werden in der Regel kaum näher beschrieben.
   Oft haben die Figuren noch nicht einmal einen Namen.

3. **„Momentaufnahme" der Hauptfigur(en):**
   Ähnlich wie bei einem Schnappschuss mit einem Fotoapparat oder Handy berichtet
   die Kurzgeschichte in einer erzählten „Momentaufnahme" von einer
   entscheidenden Situation im Leben der Hauptfigur(en).
   Die Hauptfiguren befinden sich meist in einer problematischen Situation,
   in der sie sich bewähren müssen.

4. **Räumlich begrenzter Ort:**
   Die Handlung spielt häufig nur an einem einzigen Ort.

5. **Offener Schluss:**
   Kurzgeschichten haben oft einen sogenannten „offenen" Schluss:
   Die Handlung bricht einfach ab. Ihr Ende soll vom Leser selbst weitergedacht werden.

6. **Personaler Erzähler:**
   Kurzgeschichten werden oft in der Er- oder Sie-Form erzählt. Dabei stehen meist
   die Gedanken und Gefühle der Hauptfigur(en) im Vordergrund.

7. **Sachlicher Erzählstil:**
   Der Erzähler berichtet das Geschehen sachlich, ohne es emotional zu bewerten.

8. **Alltagssprache:**
   Die Sprache der Kurzgeschichte ist oftmals an die Alltagssprache angelehnt.

9. **Zentraler Gegenstand:**
   In manchen Kurzgeschichten haben einzelne Gegenstände für das Leben der Figur(en)
   eine besondere Bedeutung.

Eine Kurzgeschichte erschließen und deuten

1 Die folgende Kurzgeschichte trägt den Titel **„Mann über Bord"**.
- Notiert in wenigen Worten, welche Erwartungen diese Überschrift in euch weckt.
- Lest die Kurzgeschichte anschließend laut.

Mann über Bord

Günter Kunert

Der Wind wehte nicht so stark. Bei einem Schlingern des Schiffes verlor der Matrose, angetrunken und leichtfertig tänzelnd, das Gleichgewicht und stürzte von Deck. Der Mann am Ruder sah den Sturz und gab sofort Alarm. Der Kapitän befahl, ein Boot auf das mäßig bewegte Wasser[1] hinunterzulassen,
5 um den langsam forttreibenden Matrosen zu retten.

Die Mannschaft legte sich kräftig in die Riemen[2], und schon nach wenigen Schlägen erreichten sie den um Hilfe Rufenden. Sie warfen ihm einen Rettungsring zu, an den er sich klammerte. Im näher schaukelnden Boot richtete sich im Bug einer auf, um den im Wasser Treibenden herauszufi-
10 schen, doch verlor der Retter selber den Halt und fiel in die Fluten, während eine ungeahnte hohe Woge das Boot seitlich unterlief und umwarf. Der Kapitän gab Anweisung, auf die Schwimmenden und Schreienden mit dem Dampfer zuzufahren. Doch kaum hatte man damit begonnen, erschütterte ein Stoß das Schiff, das sich schon zur Seite legte, sterbens-
15 müde, den stählernen Körper aufgerissen von einem zackigen Korallenriff, das sich knapp unter der Oberfläche verbarg. Der Kapitän versackte wie üblich zusammen mit dem tödlich verwundeten Schiff.

Er blieb nicht das einzige Opfer: Haie näherten sich und verschlangen, wen sie erwischten. Wenige der Seeleute gelangten in die Rettungs-
20 boote, um ein paar Tage später auf der unübersehbaren Menge salziger Flüssigkeit zu verdursten. Der Matrose aber, der vom Dampfer gestürzt war, geriet unversehrt in eine Drift[3], die ihn zu einer Insel trug, auf deren Strand sie den Erschöpften warf; dort wurde er gefunden, gepflegt, gefeiert als der einzige Überlebende der Katastrophe, die er

[1] mäßig bewegtes Wasser: kaum Wellengang; [2] sich kräftig in die Riemen legen: mit großer Kraft rudern; [3] Drift: Strömung

selber als die Folge einer Kesselexplosion schilderte, welche ihn weit in die
Lüfte geschleudert habe, sodass er aus der Höhe zusehen konnte, wie die
Trümmer mit Mann und Maus versanken.

Von dieser Geschichte konnte der einzig Überlebende auf jener Insel trefflich[4]
leben; Mitleid und das Hochgefühl, einen seines Schicksals zu kennen, ernährten
30 ihn. Nur schien den Leuten, dass sein Verstand gelitten haben musste: Wenn
ein Fremder auftauchte, verschwand der Schiffbrüchige, erblassend und zitternd
und erfüllt von einer Furcht, die keiner deuten konnte: ein stetes Geheimnis und
daher ein steter Gesprächsstoff für die langen Stunden der Siesta[5].

[4] trefflich: sehr gut, vorzüglich
[5] Siesta: die traditionelle spanische Mittagsruhe, ca. zwei Stunden

2 Wie nah seid ihr dem Inhalt der Geschichte mit euren Vermutungen gekommen?
Und was ist ganz und gar anders? Beschreibt Gemeinsamkeiten und Unterschiede.

3 Arbeitet in Gruppen und erschließt euch den Text mithilfe der folgenden **Leitfragen**.
Macht euch Notizen, sodass ihr eure Ergebnisse anschließend austauschen könnt.

 Leitfragen zur Erschließung literarischer Texte

Fragen zum Ort:
- Welches ist der zentrale **Ort**, an dem die Geschichte spielt?
- Ist der Ort für die Handlung bedeutsam? Wieso?

Fragen zu den Hauptfiguren:
- Wer ist die **Hauptfigur** in dieser Geschichte?
- Wird ihr Name genannt?
- Erfahrt ihr auch etwas über die Gedanken und Gefühle der Figur?
- Muss die Figur mit einem bestimmten Problem fertig werden?

Fragen zur Handlung:
- Von welcher Katastrophe wird die **Handlung** dieser Geschichte bestimmt?
- Wie wirkt sich diese Katastrophe auf das Leben der Hauptfigur bzw.
  auf das Leben der anderen Figuren aus?

Sprachliche Auffälligkeiten, die für Spannung sorgen:
Verschiedene sprachliche Elemente tragen dazu bei, dass in der Geschichte **Spannung**
aufgebaut wird. Geht auf Spurensuche, z. B.:
- **Spannende Wörter / Satzanfänge:**
  Zeile 13: *Doch kaum …,* Zeile 14–15: *sterbensmüde …*
- **Alltagssprache / Umgangssprache:**
  Zeile 16–17: *Der Kapitän versackte wie üblich …*
- **Andeutungen:**
  Zeile 18: *Er blieb nicht das einzige Opfer: …*

4 Führt nun gemeinsam ein **Interpretationsgespräch** über diesen Text.
Im Mittelpunkt eures Gespräches sollte die Frage stehen:
Welches ist das zentrale Thema dieser Geschichte?
Ihr könnt euch inhaltlich an den folgenden Fragen orientieren:
a) Wer oder was ist für den Untergang des Dampfers verantwortlich?
b) Wodurch verlieren der Kapitän und die Mannschaft ihr Leben?
c) Welche Umstände führen dazu, dass der eine Matrose überlebt?
d) Wie stellt der Überlebende die Ursache des Schiffsunterganges und sein Überleben dar?
e) Wie reagieren die Inselbewohner auf seine Geschichte?
f) Wieso verschwindet der Überlebende immer dann, wenn ein Fremder auf die Insel kommt?

5 Bildet euch selbst eine Meinung zum Verhalten des Matrosen …
• … in der Nacht des Unglücks.
• … gegenüber den Inselbewohnern.
Schreibt dazu kurze persönliche Stellungnahmen, über die ihr euch mit anderen austauschen könnt.

6 Aus welcher Perspektive wird die Geschichte „Mann über Bord" erzählt?
• Nutzt die Übersicht im folgenden Infokasten.
• Belegt eure Zuordnung mit passenden Beispielen aus dem Text.

Perspektiven des Erzählens

INFO

Der Erzähler eines literarischen Textes ist in der Regel ein anderer als der Autor / die Autorin.
Der Autor oder die Autorin schreibt zwar die Geschichte, aber er / sie schlüpft dabei in bestimmte
Erzähler-Rollen hinein und erzählt aus ganz unterschiedlichen Perspektiven:

1. **Erzählen aus der Perspektive eines Erzählers, der alles weiß: Allwissender Erzähler**
   Der **allwissende Erzähler** (auch **auktorialer Erzähler** genannt) erzählt aus einer Perspektive
   außerhalb der erzählten Welt. Er bildet das Geschehen wie mit einer Kamera von einem
   übergeordneten Standpunkt aus ab. Er kann in **alle** seine Figuren hineinschauen und erzählen,
   was sie denken und fühlen. Er weiß alles über sie. Manchmal wendet er sich auch direkt an den
   Leser und gibt seinen Kommentar zu den Ereignissen oder zum Verhalten der Figuren ab.

2. **Erzählen aus der Ich-Perspektive einer Figur: Ich-Erzähler**
   Der **Ich-Erzähler** steht mitten in der erzählten Welt und erzählt aus seiner Sicht in der **Ich-Form**,
   was er sieht und von den anderen Figuren denkt. Der Ich-Erzähler hat die Kamera, mit der
   das Geschehen abgebildet wird, sozusagen selbst in der Hand. Er erzählt auch, was er selbst dabei
   denkt und fühlt. Doch was die anderen Figuren denken und fühlen, das weiß der Ich-Erzähler nicht.

3. **Erzählen aus der Perspektive einer Figur der Geschichte: Personaler Erzähler**
   Manchmal wird eine Figur in den Mittelpunkt gestellt, die in der **Er-Form** oder in der **Sie-Form**
   erzählt, was die Figuren erleben und voneinander sehen und hören. Das Geschehen wird wie aus
   der Perspektive einer Kamera abgebildet, die dicht hinter diesem Erzähler / dieser Erzählerin steht.
   Dieser **personale Erzähler** kann zwar sagen, was er selbst denkt und fühlt. Doch was die anderen
   Figuren denken und fühlen, das kann er nicht wissen.

7 Welche **Merkmale von Kurzgeschichten** könnt ihr in diesem Text wiedererkennen? 44

Kurzgeschichten

 Eine Kurzgeschichte mithilfe von Leitfragen erschließen ● ● ●

1 Schaut euch die Seiten 48–55 mit den beiden Kurzgeschichten
und den dazugehörigen Aufgaben an.
- Entscheidet dann, welche Kurzgeschichte ihr bearbeiten möchtet.
- Ihr könnt die Materialien gut zu zweit oder in kleinen Gruppen bearbeiten.

2 Lies dir die folgende Kurzgeschichte zunächst in Ruhe durch.

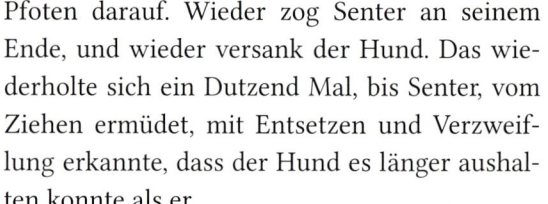

Der Retter

William M. Harg

Der Schoner[1] „Christoph" ging so sanft unter,
dass Senter, der einzige Mann am Ausguck,
nichts empfand als Staunen über das Meer, das
zu ihm emporstieg. Im nächsten Augenblick
5 war er klatschnass, das Wasser schlug über ihm
zusammen, und das Takelwerk, an das er sich
klammerte, zog ihn in die Tiefe. Also ließ er los.

Senter schwamm benommen und verwirrt,
wie ein Mensch, dessen Welt plötzlich versun-
10 ken ist. Mit einem Mal hob sich, wie aus der Ka-
none geschossen, eine Planke mit einem Ende
aus dem Wasser und fiel mit Dröhnen zurück.
Er schwamm darauf zu und ergriff sie. Er sah,
dass noch etwas auftauchte, und das musste
15 einer seiner acht Kameraden sein. Als aber der
Kopf sichtbar wurde, war es nur der Hund.

Senter mochte den Hund nicht, und da er erst
so kurze Zeit zur Bemannung[2] gehörte, erwiderte das Tier seine Abneigung. Aber jetzt hatte es
20 die Planke erblickt. Es mühte sich ab, sie zu erreichen, und legte die Vorderpfoten darauf. Dadurch sank das Ende tiefer ins Wasser. Senter
überkam die furchtbare Angst, sie könnte untergehen. Er zog verzweifelt an seinem Ende: Die
25 Pfoten des Hundes rutschten ab, und er versank.

Aber der Hund kam wieder hoch, und wieder
schwamm er schweigend, ohne Hass oder Nach-
träglichkeit, zur Planke zurück und legte seine
Pfoten darauf. Wieder zog Senter an seinem
30 Ende, und wieder versank der Hund. Das wiederholte sich ein Dutzend Mal, bis Senter, vom
Ziehen ermüdet, mit Entsetzen und Verzweiflung erkannte, dass der Hund es länger aushal-
ten konnte als er.

35 Senter wollte nicht mehr an das Tier denken.
Er stützte die Ellenbogen auf die Planke und
hob sich, soweit es ging, aus dem Wasser empor,
um sich umzusehen. Der Schrecken seiner Lage
überwältigte ihn. Er war Hunderte von Meilen
40 vom Land entfernt. Selbst unter den günstigsten
Umständen konnte er kaum hoffen, aufgefischt
zu werden. Mit Verzweiflung sah er, was ihm
bevorstand. Er würde sich einige Stunden lang
an der Planke festhalten können – nur wenige
45 Stunden. Dann würde sich sein Griff vor Er-
schöpfung lösen, und er würde versinken.

Dann fiel sein Blick auf die geduldigen Augen
des Hundes. Wut erfüllte ihn, weil der Hund
offenbar nicht begriff, dass sie beide sterben
50 mussten. Seine Pfoten lagen am Rande der Planke. Dazwischen hatte er die Schnauze gestützt,
sodass die Nase aus dem Wasser ragte und er at-
men konnte. Sein Körper war nicht angespannt,
sondern trieb ohne Anstrengung auf dem Was-
55 ser. Er war nicht aufgeregt wie Senter. Er späh-
te nicht nach einem Schiff, dachte nicht daran,

---

[1] Schoner: ursprünglich ein Segelschiff mit zwei Masten, dessen vorderer Mast kleiner als oder gleich groß wie der hintere Mast ist
[2] Bemannung: Mannschaft

dass sie kein Wasser hatten, machte sich nicht klar, dass sie bald in ein nasses Grab versinken mussten. Er tat ganz einfach, was im Augen-
60 blick getan werden musste.

In der halben Stunde, seit sie sich beide an der Planke festhielten, war Senter bereits ein Dutzend Mal gestorben. Aber der Hund wür- de nur einmal sterben. Plötzlich war es Senter
65 klar: Wenn er selbst zum letzten Mal ins Was- ser rutschte, würde der Hund noch immer oben liegen. Er wurde böse, als er das begriff, und er zog sich die Hosen aus und band sie zu einer Schlinge um die Planke. Und er triumphierte,
70 denn er wusste: So konnte er es länger aushal- ten. Dann aber warf er einen Blick auf die See, und Entsetzen erfasste ihn aufs Neue. Schnell sah er den Hund an und versuchte, so wenig an die Zukunft zu denken wie das Tier.

75 Am Nachmittag des zweiten Tages fingen die Pfoten des Hundes an, von der Planke ab- zurutschen. Mehrere Male schwamm er mit Anstrengung zurück, aber jedes Mal war er schwächer. Jetzt wusste Senter, dass der Hund
80 ertrinken musste, obwohl er selbst es noch nicht ahnte. Aber er wusste auch, dass er ihn nicht entbehren konnte. Ohne diese Augen, in die er blicken konnte, würde er an die Zukunft den- ken und den Verstand verlieren. Er zog sich das
85 Hemd aus, schob sich vorsichtig auf der Planke vorwärts und band die Pfoten des Tieres fest.

Am vierten Abend kam ein Frachter vorüber. Seine Lichter waren abgeblendet. Senter schrie mit heiserer, sich überschlagender Stimme, so laut er konnte. Der Hund bellte schwach. Aber
90 auf dem Dampfer bemerkte man sie nicht. Als er vorüber war, ließ Senter in seiner Verzweiflung und Enttäuschung nicht ab zu rufen. Aber als er merkte, dass der Hund aufgehört hatte zu bel- len, hörte auch er auf zu rufen. Danach wusste
95 er nicht mehr, was geschah, ob er lebendig war oder tot. Aber immer suchten seine Augen die Augen des Hundes.

Der Arzt des Zerstörers[3] „Vermont", der zur Freude und Aufregung der Mannschaft einen
100 jungen Kameraden und einen Hund auf der See entdeckt und sie hatte auffischen lassen, schenkte den abgerissenen Fieberfantasien des jungen Menschen keinen Glauben. Denn da- nach hätten die beiden sechs Tage lang auf dem
105 Wasser getrieben, und das war offenbar unmög- lich. Er stand an der Koje und betrachtete den jungen Seemann, der den Hund in den Armen hielt, sodass eine Decke sie beide wärmte. Man hatte ihn erst beruhigen können, als auch der
110 Hund gerettet war. Jetzt schliefen beide fried- lich. „Können Sie das verstehen", fragte der Arzt einen neben ihm stehenden Offizier, „warum in aller Welt ein junger Bursche, der den gewissen Tod vor Augen sah, sich solche Mühe gab, das
115 Leben eines Hundes zu retten?"

ii **3** Wie würdet **ihr** die Frage des Arztes am Ende der Erzählung beantworten?

[3] Zerstörer: Kriegsschiff

4 Die Kurzgeschichte ist insgesamt in zehn Absätze eingeteilt.
Hier findest du Zwischenüberschriften zu fünf Absätzen der Erzählung.

- Ordne diese Zwischenüberschriften den richtigen Absätzen zu und schreibe sie auf.

Eine rettende Planke und ein Hund　　　*Der Hund erkämpft sich seinen Platz*
Senters Untergang mit dem Schoner　　*Kein Platz für den Hund auf der Planke*
Senter hat den sicheren Tod vor Augen

- Formuliere für die anderen fünf Abschnitte selbst passende Zwischenüberschriften.

5 Erschließt euch die Geschichte nun mithilfe der folgenden **Leitfragen**.
Schreibt eure Ergebnisse auf, sodass ihr euch darüber austauschen könnt.

Ⓜ Leitfragen zur Erschließung literarischer Texte

Fragen zum Ort:
- Welches ist der zentrale **Ort**, an dem die Geschichte spielt?
- Ist der Ort für die Handlung bedeutsam? Wieso?

Fragen zu den Hauptfiguren:
- Wer sind die **Hauptfiguren** in dieser Geschichte?
- Werden ihre Namen genannt?
- Wie stehen sie zueinander?
- In welchem Augenblick ihres Lebens (Alltag, Ausnahmesituation) lernt ihr sie kennen?
- Erfahrt ihr auch etwas über die Gedanken und Gefühle der Figuren?
- Müssen die Figuren mit einem bestimmten Problem fertig werden?

Fragen zur Handlung:
- Von welchem Problem wird die **Handlung** dieser Geschichte bestimmt?
- Wie wirkt sich dieses Problem auf das Verhalten der Hauptfiguren aus?

Erzählform:
Aus welcher Perspektive wird erzählt? Gibt es einen **Ich-Erzähler**,
einen **auktorialen Erzähler** oder einen **personalen Erzähler**?

47

Sprachliche Gestaltung:
Gibt es auffällige sprachliche Besonderheiten? Geht auf Spurensuche.

- **Spannende Wörter / Satzanfänge**
- **Wörtliche Reden**
- **Wiederholungen**

- **Andeutungen**
- **Gedankenreden**
- **Innerer Monolog**

Offene Fragen:
Gibt es Fragen, die am Ende offen bleiben?

l ll **6** Gib mit deinen Worten wieder, wie sich im Verlauf der Erzählung
das Verhältnis von Senter dem Hund gegenüber verändert.
In den Zeilen 81–84 findest du zwei zentrale Sätze, die du als Beleg
heranziehen kannst.

l ll **7** Schreibe auf, worum es deiner Meinung nach in dieser Geschichte vor allem geht.

l ll **8** Welche **Merkmale von Kurzgeschichten** könnt ihr diesem Text zuordnen?   44

lll **9** Lest euch folgenden Text vor. Ihr könnt ihn auf **fünf** Leser aufteilen.
Wenn ihr beim Zuhören das Buch aufgeschlagen habt und mit den Augen mitlest,
dann lernt ihr die Geschichte noch besser kennen.

Die Nacht im Hotel

Siegfried Lenz

Der Nachtportier[1] strich mit seinen abgebissenen Fingerkuppen über eine
Kladde[2], hob bedauernd die Schultern und drehte seinen Körper zur linken
Seite, wobei sich der Stoff seiner Uniform gefährlich unter dem Arm spannte.
„Das ist die einzige Möglichkeit", sagte er. „Zu so später Stunde werden Sie
5 nirgendwo ein Einzelzimmer bekommen. Es steht Ihnen natürlich frei, in anderen Hotels nachzufragen. Aber ich kann Ihnen schon jetzt sagen, daß wir,
wenn Sie ergebnislos zurückkommen, nicht mehr in der Lage sein werden,
Ihnen zu dienen. Denn das freie Bett in dem Doppelzimmer, das Sie – ich
weiß nicht aus welchen Gründen – nicht nehmen wollen, wird dann auch
10 einen Müden gefunden haben."
„Gut", sagte Schwamm, „ich werde das Bett nehmen. Nur, wie Sie vielleicht
verstehen werden, möchte ich wissen, mit wem ich das Zimmer zu teilen
habe; nicht aus Vorsicht, gewiß nicht, denn ich habe nichts zu fürchten. Ist
mein Partner – Leute, mit denen man eine Nacht verbringt, könnte man doch
15 fast Partner nennen – schon da?"
„Ja, er ist da und schläft."
„Er schläft", wiederholte Schwamm, ließ sich die Anmeldeformulare geben,
füllte sie aus und reichte sie dem Nachtportier zurück; dann ging er hinauf.
Unwillkürlich verlangsamte Schwamm, als er die Zimmertür mit der ihm
20 genannten Zahl erblickte, seine Schritte, hielt den Atem an, in der Hoffnung,
Geräusche, die der Fremde verursachen könnte, zu hören, und beugte sich
dann zum Schlüsselloch hinab. Das Zimmer war dunkel. In diesem Augenblick hörte er jemanden die Treppe heraufkommen, und jetzt mußte er handeln. Er konnte fortgehen, selbstverständlich, und so tun, als ob er sich im
25 Korridor geirrt habe. Eine andere Möglichkeit bestand darin, in das Zimmer
zu treten, in welches er rechtmäßig eingewiesen worden war und in dessen
einem Bett bereits ein Mann schlief.

[1] Nachtportier: Mitarbeiter in einem Hotel, der sich in den Nachtstunden um ankommende Gäste kümmert und alle Aufgaben am Empfang erledigt
[2] Kladde: *hier:* Geschäftsbuch für vorläufige Eintragungen

Schwamm drückte die Klinke herab. Er schloß die Tür wieder und tastete mit flacher Hand nach dem Lichtschalter. Da hielt er plötzlich inne: neben
30 ihm – und er schloß sofort, daß da die Betten stehen müßten – sagte jemand mit einer dunklen, aber auch energischen Stimme:

„Halt! Bitte machen Sie kein Licht. Sie würden mir einen Gefallen tun, wenn Sie das Zimmer dunkel ließen."

„Haben Sie auf mich gewartet?", fragte Schwamm erschrocken; doch er
35 erhielt keine Antwort. Statt dessen sagte der Fremde:

„Stolpern Sie nicht über meine Krücken, und seien Sie vorsichtig, daß Sie nicht über meinen Koffer fallen, der ungefähr in der Mitte des Zimmers steht. Ich werde Sie sicher zu Ihrem Bett dirigieren: Gehen Sie drei Schritte an der Wand entlang, und dann wenden Sie sich nach links, und wenn Sie wiederum
40 drei Schritte getan haben, werden Sie den Bettpfosten berühren können."

Schwamm gehorchte: er erreichte sein Bett, entkleidete sich und schlüpfte unter die Decke. Er hörte die Atemzüge des anderen und spürte, daß er vorerst nicht würde einschlafen können.

„Übrigens", sagte er zögernd nach einer Weile, „mein Name ist Schwamm."
45 „So", sagte der andere.

„Ja."

„Sind Sie zu einem Kongreß[3] hierhergekommen?"

„Nein. Und Sie?"

„Nein."
50 „Geschäftlich?"

„Nein, das kann man nicht sagen."

„Wahrscheinlich habe ich den merkwürdigsten Grund, den je ein Mensch hatte, um in die Stadt zu fahren", sagte Schwamm. Auf dem nahen Bahnhof rangierte ein Zug. Die Erde zitterte, und die Betten, in denen die Männer
55 lagen, vibrierten.

„Wollen Sie in der Stadt Selbstmord begehen?", fragte der andere.

„Nein", sagte Schwamm, „sehe ich so aus?"

[3] Kongreß: Tagung; Zusammenkunft von Personen, die gemeinsam an einem speziellen Themenbereich arbeiten

„Ich weiß nicht, wie Sie aussehen", sagte der andere, „es ist dunkel."

Schwamm erklärte mit banger Fröhlichkeit in der Stimme: „Gott bewahre,
60 nein. Ich habe einen Sohn, Herr … (der andere nannte nicht seinen Namen),
einen kleinen Lausejungen, und seinetwegen bin ich hierhergefahren."

„Ist er im Krankenhaus?"

„Wieso denn? Er ist gesund, ein wenig bleich zwar, das mag sein, aber sonst
sehr gesund. Ich wollte Ihnen sagen, warum ich hier bin, hier bei Ihnen, in
65 diesem Zimmer. Wie ich schon sagte, hängt das mit meinem Jungen zusammen. Er ist äußerst sensibel[4], mimosenhaft[5], er reagiert bereits, wenn ein
Schatten auf ihn fällt."

„Also ist er doch im Krankenhaus."

„Nein", rief Schwamm, „ich sagte schon, daß er gesund ist, in jeder Hin-
70 sicht. Aber er ist gefährdet, dieser kleine Bengel hat eine Glasseele[6], und darum ist er bedroht."

„Warum begeht er nicht Selbstmord?", fragte der andere.

„Aber hören Sie, ein Kind wie er, ungereift, in solch einem Alter! Warum
sagen Sie das? Nein, mein Junge ist aus folgendem Grunde gefährdet: Jeden
75 Morgen, wenn er zur Schule geht – er geht übrigens immer allein dorthin –
jeden Morgen muß er vor einer Schranke stehen bleiben und warten, bis der
Frühzug vorbei ist. Er steht dann da, der kleine Kerl, und winkt, winkt heftig
und freundlich und verzweifelt."

„Ja und?"

80 „Dann", sagte Schwamm, „dann geht er in die Schule, und wenn er nach
Hause kommt, ist er verstört[7] und benommen[8], und manchmal heult er auch.
Er ist nicht imstande, seine Schularbeiten zu machen, er mag nicht spielen
und nicht sprechen: das geht nun schon seit Monaten so, jeden lieben Tag.
Der Junge geht mir kaputt dabei!"

85 „Was veranlaßt ihn denn zu solchem Verhalten?"

„Sehen Sie", sagte Schwamm, „das ist merkwürdig: Der Junge winkt, und
– wie er traurig sieht – es winkt ihm keiner der Reisenden zurück. Und das
nimmt er sich so zu Herzen, daß wir – meine Frau und ich – die größten
Befürchtungen haben. Er winkt, und keiner winkt zurück; man kann die Rei-
90 senden natürlich nicht dazu zwingen, und es wäre absurd und lächerlich, eine
diesbezügliche Vorschrift zu erlassen, aber …"

„Und Sie, Herr Schwamm, wollen nun das Elend Ihres Jungen aufsaugen,
indem Sie morgen den Frühzug nehmen, um dem Kleinen zu winken?"

„Ja", sagte Schwamm, „ja."

95 „Mich", sagte der Fremde, „gehen Kinder nichts an. Ich hasse sie und weiche ihnen aus, denn ihretwegen habe ich – wenn man's genau nimmt – meine
Frau verloren. Sie starb bei der ersten Geburt."

[4] sensibel: besonders fein-
fühlig, empfindsam sein
[5] mimosenhaft: überaus
empfindlich sein; sehr
schnell und übertrieben
auf Einflüsse von außen
reagieren
[6] eine Glasseele haben:
ein sehr feines, sensibles
Empfinden haben
[7] verstört sein: verängstigt
sein
[8] benommen sein: leicht
betäubt sein

„Das tut mir leid", sagte Schwamm und stützte sich im Bett auf. Eine angenehme Wärme floß durch seinen Körper; er spürte, daß er jetzt würde ein-
100 schlafen können.

Der andere fragte: „Sie fahren nach Kurzbach, nicht wahr?"

„Ja."

„Und Ihnen kommen keine Bedenken bei Ihrem Vorhaben? Offener gesagt: Sie schämen sich nicht, Ihren Jungen zu betrügen? Denn, was Sie vorhaben,
105 Sie müssen es zugeben, ist doch ein glatter Betrug, eine Hintergehung."

Schwamm sagte aufgebracht: „Was erlauben Sie sich, ich bitte Sie, wie kommen Sie dazu!" Er ließ sich fallen, zog die Decke über den Kopf, lag eine Weile überlegend da und schlief dann ein.

Als er am nächsten Morgen aufwachte, stellte er fest, daß er allein im Zim-
110 mer war. Er blickte auf die Uhr und erschrak: bis zum Morgenzug blieben ihm noch fünf Minuten, es war ausgeschlossen, daß er ihn noch erreichte.

Am Nachmittag – er konnte es sich nicht leisten, noch eine Nacht in der Stadt zu bleiben – kam er niedergeschlagen und enttäuscht zu Hause an.

Sein Junge öffnete ihm die Tür, glücklich, außer sich vor Freude. Er warf
115 sich ihm entgegen und hämmerte mit den Fäusten gegen seinen Schenkel und rief:

„Einer hat gewinkt, einer hat ganz lange gewinkt."

„Mit einer Krücke?", fragte Schwamm.

„Ja, mit einem Stock. Und zuletzt hat er sein Taschentuch an den Stock
120 gebunden und es so lange aus dem Fenster gehalten, bis ich es nicht mehr sehen konnte."

ttt **10** Welche Meinung habt ihr zu den beiden folgenden Fragen?

a) Ist Herr Schwamm ein Betrüger, nur weil er seinem Jungen eine Freude machen möchte?

b) Ist der Fremde ein Mann, der Kinder hasst?

- Setzt euch mit diesen beiden Fragen auseinander.
- Arbeitet dazu nach der folgenden **Methode**:

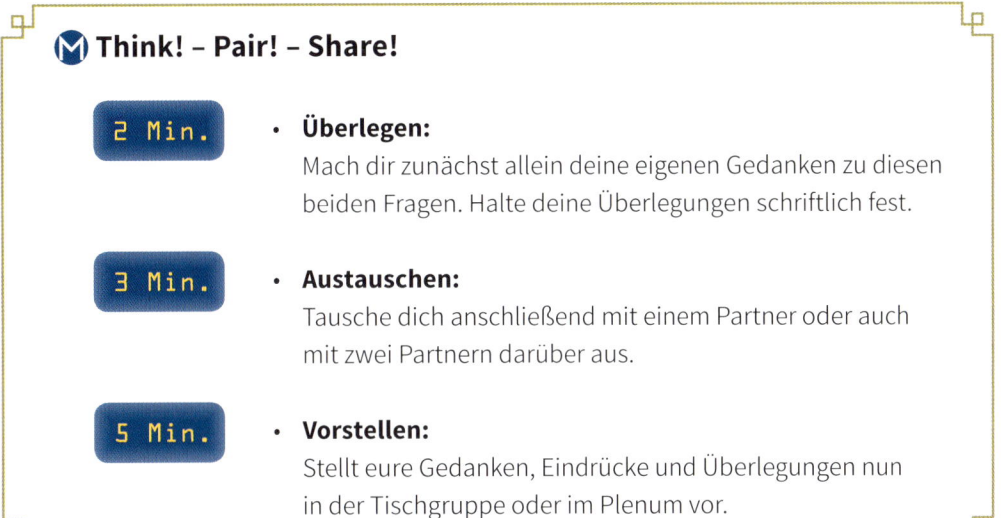

Ⓜ Think! – Pair! – Share!

2 Min.
- **Überlegen:**
  Mach dir zunächst allein deine eigenen Gedanken zu diesen beiden Fragen. Halte deine Überlegungen schriftlich fest.

3 Min.
- **Austauschen:**
  Tausche dich anschließend mit einem Partner oder auch mit zwei Partnern darüber aus.

5 Min.
- **Vorstellen:**
  Stellt eure Gedanken, Eindrücke und Überlegungen nun in der Tischgruppe oder im Plenum vor.

ttt **11** Der Text lässt sich in fünf Handlungsabschnitte einteilen.

Ordnet diesen fünf Abschnitten die folgenden Überschriften richtig zu:

A Der Fremde hinterfragt das Vorgehen von Schwamm und nennt es Betrug

B Buchung eines Doppelzimmers, in dem bereits ein Bett belegt ist

C Zug verpasst, aber sehnlichster Wunsch des Jungen erfüllt

D Begegnung und erstes Gespräch mit dem Zimmerpartner

E Beweggründe für Schwamms Übernachtung im Hotel

ttt **12** Vergleicht die beiden Hauptfiguren miteinander:

- Welche Einstellungen haben sie im Hinblick auf Kinder?
  Nennt entsprechende Textstellen als Belege.
- Stimmen diese Einstellungen überein mit den Handlungen der Figuren?
  Begründet eure Erkenntnisse mit Beispielen aus dem Text.

ttt **13** Macht euch einmal bewusst, welchen Eindruck ihr zunächst von dem Unbekannten hattet und ob sich euer Eindruck bis zum Schluss der Geschichte verändert hat.

ttt **14** Wie wirkt sich das Ende dieser Geschichte auf den Jungen aus?

ttt **15** Welche **Merkmale von Kurzgeschichten** könnt ihr diesem Text zuordnen? 〔44〕

ttt **16** Erschließt euch die Geschichte nun mithilfe der **Leitfragen** auf Seite 50.
Schreibt eure Ergebnisse auf, sodass ihr euch darüber austauschen könnt. 〔50〕

111 Eine Kurzgeschichte analysieren und interpretieren

Nachts schlafen die Ratten doch

Wolfgang Borchert

Das hohle Fenster in der vereinsamten Mauer gähnte blaurot voll früher Abendsonne. Staubgewölke flimmerten zwischen den steil gereckten Schornsteinresten. Die Schuttwüste döste.

Er hatte die Augen zu. Mit einmal wurde es noch dunkler. Er merkte, dass
5 jemand gekommen war und nun vor ihm stand, dunkel, leise. Jetzt haben sie mich!, dachte er. Aber als er ein bisschen blinzelte, sah er nur zwei etwas ärmlich behoste Beine. Die standen ziemlich krumm vor ihm, dass er zwischen ihnen hindurch sehen konnte. Er riskierte ein kleines Geblinzel an den Hosenbeinen hoch und erkannte einen älteren Mann. Der hatte ein Messer und
10 einen Korb in der Hand. Und etwas Erde an den Fingerspitzen.

Du schläfst hier wohl, was?, fragte der Mann und sah von oben auf das Haargestrüpp herunter. Jürgen blinzelte zwischen den Beinen des Mannes hindurch in die Sonne und sagte: Nein, ich schlafe nicht. Ich muss hier aufpassen. Der Mann nickte: So, dafür hast du wohl den großen Stock da?
15 Ja, antwortete Jürgen mutig und hielt den Stock fest.

Worauf passt du denn auf?

Das kann ich nicht sagen. Er hielt die Hände fest um den Stock.

Wohl auf Geld, was? Der Mann setzte den Korb ab und wischte das Messer an seinem Hosenboden hin und her.
20 Nein, auf Geld überhaupt nicht, sagte Jürgen verächtlich. Auf ganz etwas anderes.

Na, was denn?

Ich kann es nicht sagen. Was anderes eben.

Na, denn nicht. Dann sage ich dir natürlich auch nicht, was ich hier im
25 Korb habe. Der Mann stieß mit dem Fuß an den Korb und klappte das Messer zu.

Pah, kann mir denken, was im Korb ist, meinte Jürgen geringschätzig, Kaninchenfutter.

Donnerwetter, ja! sagte der Mann verwundert, du bist ja ein fixer Kerl. Wie
30 alt bist du denn?

Neun.

Oha, denk mal an, neun also. Dann weißt du ja auch, wie viel drei mal neun sind, wie?

Klar, sagte Jürgen, und um Zeit zu gewinnen, sagte er noch: Das ist ja
35 ganz leicht. Und er sah durch die Beine des Mannes hindurch. Dreimal neun, nicht?, fragte er noch mal, siebenundzwanzig. Das wusste ich gleich.

Stimmt, sagte der Mann, genau soviel Kaninchen habe ich.

Jürgen machte einen runden Mund: Siebenundzwanzig?

Du kannst sie sehen. Viele sind noch ganz jung. Willst du?

40 Ich kann doch nicht. Ich muss doch aufpassen, sagte Jürgen unsicher

Immerzu?, fragte der Mann, nachts auch?

Nachts auch. Immerzu. Immer. Jürgen sah an den krummen Beinen hoch.

Seit Sonnabend schon, flüsterte er.

Aber gehst du denn gar nicht nach Hause? Du musst doch essen.

45 Jürgen hob einen Stein hoch. Da lag ein halbes Brot. Und eine Blechschachtel.

Du rauchst?, fragte der Mann, hast du denn eine Pfeife?

Jürgen fasste seinen Stock fest an und sagte zaghaft: Ich drehe. Pfeife mag

ich nicht.

Schade, der Mann bückte sich zu seinem Korb, die Kaninchen hättest du ruhig

50 mal ansehen können. Vor allem die Jungen. Vielleicht hättest du dir eines ausge-

sucht. Aber du kannst hier ja nicht weg.

Nein, sagte Jürgen traurig, nein, nein.

Der Mann nahm den Korb hoch und richtete sich auf. Na ja, wenn du hierblei-

ben musst – schade. Und er drehte sich um. Wenn du mich nicht verrätst, sagte

55 Jürgen da schnell, es ist wegen der Ratten.

Die krummen Beine kamen einen Schritt zurück: Wegen der Ratten?

Ja, die essen doch von Toten. Von Menschen. Da leben sie doch von.

Wer sagt das?

Unser Lehrer.

60 Und du passt nun auf die Ratten auf?, fragte der Mann.

Auf die doch nicht! Und dann sagte er ganz leise: Mein Bruder, der liegt näm-

lich da unten. Da. Jürgen zeigte mit dem Stock auf die zusammengesackten

Mauern. Unser Haus kriegte eine Bombe. Mit einmal war das Licht weg im Kel-

ler. Und er auch. Wir haben noch gerufen. Er war viel kleiner als ich. Erst vier.

65 Er muss hier ja noch sein. Er ist doch viel kleiner als ich.

Der Mann sah von oben auf das Haargestrüpp. Aber dann sagte er plötzlich: Ja, hat euer Lehrer euch denn nicht gesagt, dass die Ratten nachts schlafen?

Nein, flüsterte Jürgen und sah mit einmal ganz müde aus, das hat er nicht gesagt.

70 Na, sagte der Mann, das ist aber ein Lehrer, wenn er das nicht mal weiß. Nachts schlafen die Ratten doch. Nachts kannst du ruhig nach Hause gehen. Nachts schlafen sie immer. Wenn es dunkel wird, schon.

Jürgen machte mit seinem Stock kleine Kuhlen in den Schutt.

Lauter kleine Betten sind das, dachte er, alles kleine Betten. Da sagte der 75 Mann (und seine krummen Beine waren ganz unruhig dabei): Weißt du was? Jetzt füttere ich schnell meine Kaninchen, und wenn es dunkel wird, hole ich dich ab. Vielleicht kann ich eins mitbringen. Ein kleines oder, was meinst du?

Jürgen machte kleine Kuhlen in den Schutt. Lauter kleine Kaninchen. Weiße, graue, weißgraue. Ich weiß nicht, sagte er leise und sah auf die krummen 80 Beine, wenn sie wirklich nachts schlafen.

Der Mann stieg über die Mauerreste weg auf die Straße. Natürlich, sagte er von da, euer Lehrer soll einpacken, wenn er das nicht mal weiß.

Da stand Jürgen auf und fragte: Wenn ich eins kriegen kann? Ein weißes vielleicht?

85 Ich will mal versuchen, rief der Mann schon im Weggehen, aber du musst hier so lange warten. Ich gehe dann mit dir nach Hause, weißt du? Ich muss deinem Vater doch sagen, wie so ein Kaninchenstall gebaut wird. Denn das müsst ihr ja wissen.

Ja, rief Jürgen, ich warte. Ich muss ja noch aufpassen, bis es dunkel wird. 90 Ich warte bestimmt. Und er rief: Wir haben auch noch Bretter zu Hause. Kistenbretter, rief er.

Aber das hörte der Mann schon nicht mehr. Er lief mit seinen krummen Beinen auf die Sonne zu. Die war schon rot vom Abend und Jürgen konnte sehen, wie sie durch die Beine hindurchschien, so krumm waren sie. Und der 95 Korb schwenkte aufgeregt hin und her. Kaninchenfutter war da drin. Grünes Kaninchenfutter, das war etwas grau vom Schutt.

ttt **1** Welche Passagen haben euch beim Lesen besonders beeindruckt? Lest entsprechende Textstellen noch einmal laut.

ttt **2** Schreibe auf, unter welchen Umständen der neunjährige Junge mehrere Tage in der Schuttwüste verharrt und welche Beweggründe er dafür hat. Tauscht eure Ergebnisse anschließend aus.

ttt **3** Wann und wo spielt diese Geschichte? Beschreibt den Ort der Handlung näher. Verwendet dazu anschauliche Adjektive und Verben.

ttt **4** Als der ältere Mann auftaucht, verspürt der Junge zunächst Angst.
- Worauf ist diese Angst begründet?
- Wie entwickelt sich das Verhältnis der beiden dann weiter?
- Welche Rolle spielt in dem Zusammenhang der Begriff „Vertrauen"?

ttt **5** Wolfgang Borchert arbeitet an verschiedenen Stellen im Text auch mit Farbbezeichnungen. Sucht solche Textstellen heraus und überlegt, wofür diese Farben in den jeweiligen Kontexten ein Symbol sein könnten.

ttt **6** In dieser Kurzgeschichte werden die wörtlichen Reden **nicht** durch Anführungszeichen gekennzeichnet. Wodurch weiß man als Leser aber immer, wann welche Person spricht?

ttt **7** An zwei Stellen trägt auch die **Gedankenrede** dazu bei, dass man als Leser etwas mehr über die Gefühle und Gedanken des Jungen erfährt. Lest diese Textstellen vor.

ttt **8** Welche **Merkmale von Kurzgeschichten** findet ihr in dieser Geschichte wieder? ⊙ 44

ttt **9** Informiert euch im folgenden Text über den Lebensweg von Wolfgang Borchert.
  • Welchen Eindruck hinterlassen diese biografischen Angaben bei euch?
  • Welche Bezüge zu dieser Kurzgeschichte könnt ihr herstellen?

Wolfgang Borchert, am 20. Mai 1921 in Hamburg geboren, beginnt schon mit 15 Jahren, Gedichte zu schreiben. Nach der Schule arbeitet er kurzzeitig als Buchhändler und Schauspieler, bis der Zweite Weltkrieg ausbricht und er 1941 im Alter von
5 20 Jahren zum Wehrdienst an die Ostfront eingezogen wird.
   Schon beim ersten Fronteinsatz im Januar 1942 wird Borchert an der Hand verletzt und erkrankt an Gelbfieber. Er wird verdächtigt, sich die Wunde selbst zugefügt zu haben, und wegen Selbstverstümmelung angeklagt. Nach seinem
10 Freispruch bleibt er in Untersuchungshaft, weil er sich in Feldpostbriefen über die Sinnlosigkeit des Krieges geäußert hat – die Todesstrafe droht. Man schickt ihn schließlich, im November 1942, „zur Bewährung" zurück an die Ostfront, wo er abermals erkrankt. Anfang 1943 wird er wegen Krankheit
15 aus der Armee entlassen und kehrt nach Hamburg zurück, wo er zunächst als Kabarettist arbeitet, bis er 1944 erneut wegen regimekritischer Äußerungen inhaftiert wird.
   1945 beginnt der schwer kranke Borchert, in Hamburg Gedichte und Kurzgeschichten zu schreiben, in denen er menschliche Schicksale in Krieg und Nach-
20 kriegszeit schildert.
   1947 verfasst er innerhalb einer Woche sein einziges Theaterstück „Draußen vor der Tür", in dem er Elend und Einsamkeit eines Kriegsheimkehrers und die Sinnlosigkeit des Krieges thematisiert.
   Wolfgang Borchert hat die Uraufführung seines Dramas nicht mehr erlebt. In-
25 folge langjähriger unzureichender medizinischer Versorgung stirbt er während eines Kuraufenthalts am 20. November 1947 in Basel.

ttt **10** Nutzt eure Arbeitsergebnisse und führt gemeinsam ein Interpretationsgespräch zu dieser Kurzgeschichte von Wolfgang Borchert.

Schreiben und Präsentieren

Inhalte wiedergeben – Inhaltsangaben schreiben
Eine Erzählung mit ihrer Inhaltsangabe vergleichen

In der 7. Jahrgangstufe habt ihr bereits gelernt, wie man den Inhalt von Geschichten für andere zusammenfassen und wiedergeben kann. In diesem Kapitel könnt ihr das Schreiben von Inhaltsangaben gemeinsam vertiefen und festigen.

1 Lest euch die folgende Geschichte zunächst einmal in Ruhe durch.

Rocky in Lebensgefahr

Sven Baum

Ich hätte nie gedacht, dass ich mit meinem Hund Rocky einmal eine solche Katastrophe erleben würde! Gestern machte ich mit ihm einen Spaziergang am Kanal. Zuerst fing alles ganz ruhig
5 an. Wir gingen zum Deich. Zu der Zeit wusste ich noch nicht, welches Unglück uns treffen würde. Auf dem Deich ließ ich Rocky von der Leine und er flitzte fröhlich davon. Plötzlich schlitterte er die Böschung hinunter und rutsch-
10 te in den Kanal, auf dem nur eine ganz dünne Eisdecke war. Ich rief erschrocken: „Rocky, hierher! Komm sofort zurück!"

Aber Rocky reagierte nicht auf mein Rufen. Im nächsten Moment brach er in das Eis ein und
15 ich hörte das ängstliche Jaulen meines Hundes. Er versuchte, sich aus dem Eisloch zu befreien, schaffte es aber nicht. Mein Herz pochte wie verrückt. Sofort rief ich mit meinem Handy die Feuerwehr an. Obwohl ich panisch war, sagte
20 ich mit ruhiger Stimme:

„Hallo, hier ist Dana Berger. Kommen Sie bitte ganz schnell zum Kanal. Mein Hund ist in das Eis eingebrochen und kommt alleine nicht mehr raus."

Das Warten kam mir endlos vor. Ich hatte 25 große Angst um meinen Rocky! Endlich kam die Feuerwehr. Die Männer legten sofort eine Leiter auf das Eis. Einer der Männer kroch darauf vorsichtig an das Eisloch heran und konnte Rocky tatsächlich aus dem Wasser befreien. Rocky zit- 30 terte schrecklich am ganzen Körper und wurde in eine warme Decke gehüllt. Er hatte noch einmal Glück gehabt und wir sind mit einem Schrecken davongekommen. Erleichtert konnten wir dann endlich zurück nach Hause. 35

2 Gebt den Inhalt der Geschichte zunächst mündlich mit euren Worten wieder. Orientiert euch dabei an den folgenden **Leitfragen**:
- **Wer erzählt** die Geschichte?
- An welchem **Ort** spielt die Geschichte?
- Wer ist die **Hauptfigur** und mit wem ist sie unterwegs?
- Mit welcher **besonderen Situation** muss die Hauptfigur fertig werden?
- **Wie** wird das **Problem gelöst**?

3 Lest nun auf der rechten Seite die Inhaltsangabe zu dieser Geschichte.

Inhaltsangabe zu: Rocky in Lebensgefahr

In der Geschichte „Rocky in Lebensgefahr" von Sven Baum geht es um den Hund eines Mädchens, der in eine lebensbedrohliche Situation gerät, am Ende aber doch gerettet wird. Dana macht mit ihrem Hund Rocky einen Spaziergang am Kanal. Auf dem Deich lässt sie Rocky von der Leine. Plötzlich schlittert ihr Hund die Böschung hinunter und rutscht in den

5 *Kanal, der nur ganz dünn mit Eis bedeckt ist. Dana ruft Rocky sofort zurück. Aber der Hund reagiert nicht und bricht kurz darauf in das Eis ein. Das Mädchen hört das Jaulen des Tieres und sieht, dass Rocky vergeblich versucht, sich aus dem Eis zu befreien. Dana bekommt Panik. Aber sie bewahrt Ruhe und ruft die Feuerwehr übers Handy an. Sie berichtet, in welcher Lage sich ihr Hund befindet, und bittet die Feuerwehr um rasche Hilfe.*

10 *Als die Feuerwehr eintrifft, legen die Männer eine Leiter auf das Eis. So kann ein Feuerwehr-mann darauf zum Eisloch herankriechen und den Hund aus dem Wasser retten. Der zitternde Hund wird mit einer Decke gewärmt. Anschließend könnnen Dana und Rocky wieder zurück nach Hause.*

4 Was hat sich in der Inhaltsangabe im Vergleich zur Erzählung geändert?

5 Macht euch die sprachlichen Unterschiede zwischen der Erzählung und der Inhaltsangabe mithilfe des folgenden Infokastens bewusst.

Inhaltsangabe

Inhaltsangaben sind Texte, die **knapp** und **ohne Spannung** über den **Inhalt** eines Textes **informieren**.

1: Einleitung:
Inhaltsangaben werden mit einem Satz eingeleitet, in dem der Titel, der Autor / die Autorin und das Thema der Geschichte genannt werden.
In der Geschichte „Rocky in Lebensgefahr" geht es um den Hund eines Mädchens, der in eine lebensbedrohli-che Situation gerät, am Ende aber doch gerettet wird.

2: Zusammenfassung:
Inhaltsangaben **fassen kurz zusammen**, was in einer Geschichte ausführlich erzählt wird.
Dabei wird vieles weggelassen. Auf **Spannung und auf Anschaulichkeit wird verzichtet**.
In der **Geschichte** heißt es:
Das Warten kam mir endlos vor. Ich hatte große Angst um meinen Rocky! Endlich kam die Feuerwehr.
In der **Inhaltsangabe** wird dieser Satz verkürzt zusammengefasst:
Als die Feuerwehr eintrifft, legen die Männer …

3: Wörtliche Reden:
In Inhaltsangaben wird **das Wichtigste** von wörtlichen Reden **zusammenfassend wiedergegeben**.
In der **Geschichte** heißt es:
„Hallo, hier ist Dana Berger. Kommen Sie bitte ganz schnell zum Kanal. Mein Hund ist in das Eis eingebrochen und kommt alleine nicht mehr raus." (25 Wörter)
In der **Inhaltsangabe** wird diese wörtliche Rede verkürzt zusammengefasst:
Sie berichtet, in welcher Lage sich ihr Hund befindet, und bittet die Feuerwehr um rasche Hilfe. (16 Wörter)

4: Zeitform:
Inhaltsangaben informieren darüber, was in der Geschichte steht, sie erzählen es aber **nicht** nach. Deswegen stehen Inhaltsangaben im **Präsens**.

5: Er- oder Sie-Form:
Das erzählende **Ich** in einer **Geschichte** wird in einer Inhaltsangabe zum **Er** oder zur **Sie**.
In der **Geschichte** heißt es:
Auf dem Deich ließ **ich** *Rocky von der Leine und er flitzte fröhlich davon.*
In der **Inhaltsangabe** lautet der Satz:
Auf dem Deich lässt **sie** *Rocky von der Leine.*

Inhalte wiedergeben – Inhaltsangaben schreiben

Eine Inhaltsangabe zu einer Fabel schreiben

1 Lest euch die folgende Fabel laut vor.

Der Löwe und die Stiere

Wolfgang Menzel – nacherzählt nach Johann Gottfried Herder (1744–1803)

Vier junge, kräftige Stiere, die gemeinsam auf einer Wiese weideten, waren echte Kumpel, die sich gegen jeden Feind verteidigen würden. Sie rupften friedlich ihr Gras und dachten, die Welt sei in bester Ordnung.

Schon seit Längerem wurden sie aber von einem Löwen beobachtet, der im
5 nahen Wald seinen Schlupfwinkel hatte. Von Tag zu Tag wuchs seine Begierde, einen von ihnen zu fressen. Doch der Löwe wusste auch, dass er sich vor acht spitzen Hörnern in Acht nehmen musste. Womöglich würden sie ihn in die Flucht schlagen oder sogar töten. Nach langem Überlegen aber wurde ihm klar, was er jetzt zu tun hatte.

10 Er verbarg sich am Rande der grünen, saftigen Wiese, auf der die Stiere weideten, und wartete geduldig, bis sich einer etwas von den anderen entfernt hatte und nun allein war. Da schlich sich der Löwe zu ihm hin und flüsterte dem Stier ins Ohr: „Du bist so allein! Kein Wunder! Ich habe gehört, wie dich die anderen verspottet haben, weil du der Kleinste bist."
15 Und als einmal ein zweiter Stier abseits von den anderen weidete, sagte er zu ihm: „Weißt du eigentlich, dass dich die anderen drei gar nicht mehr mögen? Sie sind eifersüchtig auf dich, weil du größer und schöner bist als sie." Dem dritten Stier erzählte der Löwe: „Ich habe herausbekommen, dass dir die anderen drei misstrauen, weil du als Einziger ein schwarzes Fell hast." Und
20 dem vierten Stier log er vor: „Die anderen wollen dich überhaupt nicht mehr auf dieser Weide haben, weil du ihnen immer das beste Futter wegfrisst."

Am Anfang hörten die Stiere nicht auf den Löwen. Aber bald fingen sie an, sich gegenseitig zu misstrauen. Sie gingen nicht mehr gemeinsam auf die Weide, und nachts im Stall rückten sie voneinander ab. Jeder dachte von den
25 anderen, sie würden nur darauf warten, ihm ein Leid anzutun. Sie fingen auch damit an, sich zu bekämpfen, und bald sahen die vier prächtigen jungen Stiere so gar nicht mehr prächtig aus. Sie schlugen mit ihren Hufen aufeinander ein und zerfetzten sich mit ihren Hörnern die Lenden.

Als der Löwe einen von ihnen anfiel, tötete und fortschleppte, kamen die
30 anderen ihrem Gefährten nicht zu Hilfe. Der Löwe zerriss bald danach den zweiten Stier, und kurze Zeit später tötete er den dritten. Und schließlich wurde auch der vierte Stier nach einigen Tagen, als der Löwe wieder Hunger hatte, dessen Opfer.

2 Erschließt euch die Fabel zunächst **inhaltlich** mithilfe der folgenden **Leitfragen**. Notiert euch Stichpunkte.

Ⓜ **Leitfragen zur Erschließung literarischer Texte**

Fragen zum Ort:
- Welches ist der zentrale **Ort**, an dem die Fabel spielt?
- Inwiefern ist der Ort für die Handlung bedeutsam?

Fragen zu den Hauptfiguren und zur Handlung:
- Wer sind die **Hauptfiguren** in dieser Fabel?
- Wie stehen die Figuren zueinander?
- In welcher Situation lernt ihr die Hauptfiguren kennen?
- Was erfahrt ihr über den Alltag der Figuren?
- Welche Figur tritt als **Gegenspieler** zu den anderen Figuren auf?
- Von welchem Motiv wird das Handeln dieser Figur bestimmt?
- Welche Konsequenzen ergeben sich daraus für die anderen Figuren?

Erzählform:
Aus welcher Perspektive wird erzählt?
Gibt es einen **Ich-Erzähler**, einen **auktorialen Erzähler** oder einen **personalen Erzähler**?

47

Sprachliche Gestaltung:
Gibt es auffällige sprachliche Besonderheiten?
Geht auf Spurensuche.
- **Spannende Wörter / Satzanfänge**
- **Anschauliche Adjektive**
- **Wörtliche Reden**
- **Wiederholungen**
- **Andeutungen**
- **Gedankenreden**

3 Die folgende **Inhaltsangabe** zur Fabel „Der Löwe und die Stiere" ist noch nicht fertig. Lest den Text einmal so vor, wie er hier steht.

Inhaltsangabe zu: Der Löwe und die Stiere

Die Fabel „Der Löwe und die Stiere" von Wolfgang Menzel erzählt von vier jungen Stieren, die **(1)** gemeinsam auf einer Wiese weiden. Dabei werden sie aus dem Wald von einem Löwen beobachtet, der sie fressen möchte, aber Angst vor ihren Hörnern hat. **(2)**, **(3)** und **(4)**. Dem ersten Stier sagt er, als dieser allein ist, die anderen würden
5   ihn verspotten, **(5)**. Dem zweiten **(6)**, **(7)**, weil er stärker und schöner sei als sie. Dem dritten erzählt er, die anderen seien ihm gegenüber misstrauisch, **(8)**. Und dem vierten Stier gegenüber behauptet er, **(9)**, weil er ihnen das beste Futter wegfresse. **(10)**, denn jeder denkt, **(11)**. Sie fangen an, sich gegenseitig mit ihren Hörnern zu zerfetzen. Als der Löwe einen von ihnen anfällt und tötet, **(12)**. So werden die vier Stiere in wenigen
10   Tagen zu Opfern des Löwen.

4 Lest nun die Inhaltsangabe aus Aufgabe 3 noch einmal laut.
Ergänzt beim Lesen die Leerstellen **(1)**, **(2)** ..., indem ihr die Handlung dort mündlich **zusammenfassend wiedergebt**.
- Ihr könnt dazu auf den **WORTSCHATZ: TEXTBAUSTEINE** zurückgreifen.
- Manchmal gibt es dort mehrere Bausteine, die inhaltlich gut zu einer Leerstelle passen. Wählt aus, was euch am besten gefällt.

....

WORTSCHATZ: TEXTBAUSTEINE

(1) wie gute Freunde / wie gute Kumpel ...

(2) Deshalb beschließt er /
Daher fasst er den Entschluss, ...

(3) sie gegeneinander aufzuwiegeln /
Unfrieden unter ihnen zu stiften /
sie gegeneinander aufzuhetzen ...

(4) Zwietracht zu säen.

(5) weil er der Kleinste sei.

(6) lügt er vor, ...

(7) die anderen seien eifersüchtig auf ihn, ...

(8) weil er als Einziger ein schwarzes Fell habe /
weil er der Einzige sei, der ein schwarzes Fell habe.

(9) die anderen würden ihn auf dieser Wiese nicht mehr dulden, ...

(10) So entfremden sich die Stiere voneinander, ...

(11) ..., der andere wolle ihm ein Leid antun.

(12) ..., helfen ihm die anderen drei nicht.

Wiedergabe von wörtlichen Reden im Konjunktiv I

Der **Konjunktiv I** ist die Form der **indirekten Rede**.
Wörtliche Rede: Der Spieler sagte: „**Ich bin** krank und **kann** nicht trainieren."
Indirekte Rede: Der Spieler sage, **er sei** krank und **könne** nicht trainieren.

Dabei wird aus der **Ich-** oder **Du**-Form die **Er-** oder **Sie-** Form:
Wörtliche Rede: Der Trainer sagte: „Dann **muss ich** eben auf **dich** verzichten."
Indirekte Rede: Der Trainer sagte, dann **müsse er** eben auf **ihn** verzichten.
Das Verb im Konjunktiv I besteht aus dem **Infinitiv ohne -n**: sein → **sei**, müssen → **müsse**, wollen → **wolle**.

Inhalte wiedergeben – Inhaltsangaben schreiben

Eine Inhaltsangabe zu einer Erzählung schreiben

1   Lies die folgende Geschichte aufmerksam.

Ein gefährlicher Bootsausflug

Britta Klein

In den Sommerferien war ich mit meinen Eltern in Kroatien. Da habe ich etwas
erlebt, das ich so schnell nicht vergessen werde. An einem sonnigen Tag wollten
wir eine Bootstour machen. Wir packten Proviant ein und unsere Badesachen und
machten uns auf den Weg zum Hafen. Dort mieteten wir ein kleines Segelboot und
5 schipperten los. Das Meer war ruhig. Doch auf einmal bewölkte sich der Himmel. Im
nächsten Augenblick zuckten erste Blitze grell am Horizont. Die Wellen schlugen immer höher gegen unser Boot, das gefährlich auf und ab schaukelte. Plötzlich kam ein
heftiger Windstoß und zerriss unser Segel. Zuerst stockte mir der Atem. Dann pochte
mein Herz wie verrückt. Ich bekam panische Angst und verkroch mich zur Sicher-
10 heit unter Deck. Endlich hörte ich meine Mutter rufen: „Carlotta, komm schnell an
Deck! Das Rettungsboot ist hier!" Erleichtert gingen wir an Bord. Unser Boot wurde
angeleint und abgeschleppt. So kamen wir sicher in den Hafen zurück. Zum Glück ist
noch einmal alles gut gegangen.

2   Schreibe nun diese spannende Geschichte um in eine **Inhaltsangabe**.   (61)
      Verzichte in deiner Inhaltsangabe auf:

- Spannende Wörter / Satzanfänge
- Anschauliche Adjektive
- Wörtliche Reden
- Wiederholungen
- Andeutungen
- Gedankenreden

Du kannst den **WORTSCHATZ: TEXTBAUSTEINE** nutzen.
Überprüfe deine Inhaltsangabe zum Schluss mithilfe der **CHECKLISTE**.

· ·

WORTSCHATZ: TEXTBAUSTEINE

Die Autorin der Geschichte „…" heißt …
In ihrer Geschichte geht es um …
oder: *In der Geschichte „…" von … geht es um …*
oder: *Die Geschichte „…" stammt von …*
     Darin wird erzählt, …
An einem sonnigen Tag wollen …
Sie …
Aber …
Der Höhepunkt der Geschichte ist der Moment,
     als …
Am Ende der Geschichte werden alle …

CHECKLISTE

✔ Ich **leite meine Inhaltsangabe mit einem Satz ein**, in dem der **Titel**, die **Autorin** / der **Autor** und das **Thema** der Geschichte genannt werden.

✔ Ich gebe **nur die wichtigsten Informationen** des Geschehens **zusammenfassend** wieder.

✔ Ich achte auf eine **sachliche** Sprache.

✔ Ich verwende die Zeitform **Präsens**.

✔ Ich gebe wörtliche Reden in **indirekter Rede** oder **zusammenfassend** wieder.

✔ Ich schreibe **am Schluss einen zusammenfassenden Satz**.

Inhaltsangaben zu literarischen Texten schreiben

💡 **Tipp:**

Schau dir die Seiten 66–72 mit den drei verschiedenen Texten und mit
den dazugehörigen Aufgaben an.
Entscheide dann, zu welcher Geschichte du eine Inhaltsangabe schreiben möchtest.

1 Verfasse zur Geschichte „Mikaels Fußball" von Karola Heidenreich
eine Inhaltsangabe. Lies dir dazu den Text einmal in Ruhe durch.

Mikaels Fußball (Text verändert)

Karola Heidenreich

*Mikael lebt in einem Land, in dem jedes Kind weiß, was Minen sind. Minen sind
Waffen, die im Krieg verteilt werden, um den Gegner zu verletzen oder zu töten.
Doch wenn dann der Krieg vorbei ist, liegen sie immer noch über Wiesen, Felder
und in Wäldern verstreut umher. Ihre Vernichtung ist aufwendig. Und häufig weiß*
5 *man nicht genau, wo sie sich befinden, nur so ungefähr, dort stellt man dann Warn-
schilder auf.*

Mikael hat zu seinem Geburtstag einen Fußball geschenkt bekommen.
   Von der Schule nach Hause. Von zu Hause zur Schule. Der Fußball war immer
dabei.
10   „Und schön auf dem Weg bleiben", sagte seine Mutter.
   Nie im Traum würde es ihm einfallen, vom Weg abzugehen. Er ist doch nicht
blöd. Will er vielleicht in die Luft fliegen?
   Sogar die Hunde hatten das schon begriffen, dass auf den Wegen das Laufen
sicherer ist.
15   Aber dann geschah etwas, was Mikael an all seinen guten Vorsätzen zweifeln
ließ.
   Der Ball, sein Fußball, kam vom Weg ab. Kullerte einfach ein kleines Stück-
chen den Hang hinunter. Rollte in den Wald, nicht weit, nein. Aber eben so weit,
dass da schon dieses Schild stand.
20   Sollte er ihn da liegen lassen, einfach liegen lassen? Auf die Gefahr hin, dass
jemand anderer mutiger wäre und die paar Schritte tun würde? Den Ball einfach
hochnahm und wieder zurückging?
   Sekunden vergingen, Mikael war allein, ganz allein. Er konnte niemanden fragen. Ja, er hätte nach Hause laufen können. Mit einer langen Stange hätte er sich
25 schon helfen können. Doch da bestand die Gefahr, dass der Ball nachher nicht
mehr da war, weg war, geklaut eben. Nein, dieses Risiko konnte er nicht eingehen. Wollte er nicht eingehen.
   Er sah sich um, lag nicht irgendwo ein langer Ast? Irgendwas, womit er auf
die Erde schlagen konnte, bevor er darauf entlang ging? Nichts, der Boden war

30 wie leer gefegt. Dann, wie automatisch, einen Schritt und noch einen Schritt. Er
dachte nicht nach. Er lief einfach nur.

Sein Herz klopfte, hart und schnell gegen seine Rippen. Schier endlos schien
ihm der Weg.

Und war doch erst drei Schritte gelaufen. Da hörte er ein Auto. Drehte lang-
35 sam den Kopf.

Mit quietschenden Reifen hielt es neben ihm. Jemand packte ihn und zerrte
ihn zurück.

„Mein Fußball", stieß er hervor.

„Und mit was spielst du ohne Fuß?", sagte der grauhaarige Mann.
40 Dann lief er zu seinem Auto, hangelte eine Latte vom Dachgepäckträger. Bas-
telte etwas mit einem Draht. Drei Minuten später hatte Mikael seinen Ball wieder. Er hätte ihm um den Hals fallen mögen.

Doch dann sah er die Schweißperlen auf der Stirn des Mannes.

„War das gefährlich?", fragte Mikael.
45 „Ja, auch das war gefährlich", antwortete der Mann. Er lud Mikael ein, bei ihm
einzusteigen, und dann fuhr er ihn bis genau vor seine Haustür. Erstaunt kam
seine Mutter. Doch da hatte der Mann schon wieder gewendet.

„Was war?", fragte seine Mutter.

„Nichts", sagte Mikael und ging an ihr vorbei, hinein ins Haus. Den Fußball
50 fest unterm Arm.

2 Setze dich zunächst mit dem Inhalt der Geschichte auseinander.
Notiere dir Stichpunkte zu den folgenden **Leitfragen**:
- Wer ist die Hauptfigur in dieser Geschichte?
- Wo befindet sich die Hauptfigur?
- Mit welchem Problem hat sie zu kämpfen?
- Von wem kommt Hilfe in dieser gefährlichen Situation?
- Wie wird das Problem gelöst?
- Was kann Mikael aus dieser Erfahrung lernen?

Mikael
bekommt Fußball geschenkt
hat ihn immer dabei
Ball rollt in den Wald
…

3   Schreibe zur Geschichte „Mikaels Fußball" eine **Inhaltsangabe**.

- Du kannst den **Wortschatz: Textbausteine** zu Hilfe nehmen.
  💡 **Tipp:** An den Stellen mit Auslassungszeichen **...** kannst du die Sätze selbst noch inhaltlich vervollständigen.
  Du kannst dazu die **Ergänzungen** nutzen.
- Nutze die **Checkliste**, um deinen Text zu schreiben, zu überprüfen und eventuell zu überarbeiten.

. . . .

Wortschatz: Textbausteine

Die Geschichte „Mikaels Fußball" von Karola Heidenreich handelt
von einem Jungen, der ... . Mikael lebt in einem Land, ...
Zum Geburtstag bekommt er ..., mit dem er immerzu kickt, sogar auf dem Weg ... .
Eines Tages rollt ihm der Ball ... in den Wald. Mikael kennt die Gefahr, ...
Trotzdem überlegt er hin und her. Denn er will den Ball nicht ... .
So läuft er dem Ball hinterher.
Plötzlich hält ein Auto neben ihm. Der Fahrer ... und weist ihn auf die Gefahr hin.
Der Mann ..., ... und hangelt damit Mikaels Ball zurück. Danach ... .
Denn auch seine Aktion sei gefährlich gewesen, sagt er zu Mikael.
... und fährt weg. Seiner Mutter erzählt Mikael nichts von dem Vorfall.

Ergänzungen zu den Auslassungszeichen ...:
für seinen Fußball beinahe sein Leben aufs Spiel setzt –
das mit Kriegsminen verseucht ist – einen Fußball geschenkt – zur Schule –
an einem Minenwarnschild vorbei – das verminte Gebiet zu betreten –
zurücklassen und ihn vielleicht an jemand anderen verlieren –
zerrt ihn zurück –
holt eine Dachlatte von seinem Gepäckträger, befestigt einen Draht daran –
stehen ihm Schweißperlen auf der Stirn –
Er bringt den Jungen nach Hause –

4   Eine gute Hilfe ist es auch, wenn ihr euch gegenseitig eure Texte zu lesen gebt.
Ein Partner oder eine Partnerin findet meist eher heraus,
was im Text überflüssig ist – oder was noch fehlt und ergänzt
werden müsste.

Checkliste

- ✔ Ich **leite meine Inhaltsangabe mit einem Satz ein**, in dem der **Titel**, die **Autorin** / der **Autor** und das **Thema** der Geschichte genannt werden.
- ✔ Ich gebe nur **die wichtigsten Informationen** des Geschehens **zusammenfassend** wieder.
- ✔ Ich achte auf eine **sachliche** Sprache.
- ✔ Ich verwende die Zeitform **Präsens**.
- ✔ Ich gebe wörtliche Reden in **indirekter Rede** oder **zusammenfassend** wieder.
- ✔ Ich schreibe **am Schluss einen zusammenfassenden Satz**.

5 Verfasse zur Geschichte „Der Hund" von Angelika Ehret eine **Inhaltsangabe**. ⟨61⟩
Lies dir dazu den Text einmal in Ruhe durch.

Der Hund

Angelika Ehret

Der Hund liegt neben dem Mann auf dem Gehweg, und obwohl er in einen
alten Schlafsack eingewickelt ist, scheint er zu frieren. Denn er zittert, als sich
Daniel über ihn beugt.

„Ist das Ihr Hund?", fragt Daniel den Mann.

5   Der nickt nur, während er nur darauf wartet, dass Daniel oder dessen Mutter ein Geldstück in die zerschrammte Plastikschale werfen, die vor ihm und
dem Hund auf dem Boden steht.

Aber die Mutter zieht Daniel rasch weiter.

„Das hier braucht man nicht auch noch zu unterstützen", sagt sie dabei. „Ja,
10 anstatt hier herumzulungern und zu betteln, könnte der ja auch etwas arbeiten. Zudem kauft er sich von dem Geld wahrscheinlich sowieso nur Schnaps!"

„Aber vielleicht will er davon ja auch Fressen für den Hund kaufen", sagt
Daniel, allerdings so leise, dass seine Mutter es offenbar nicht hört.

Zu Hause muss Daniel immer wieder an den Hund denken. Ja, wie der
15 Mann, dem der Hund gehört, aussieht, hat er schon fast vergessen; an den
Hund hingegen kann sich Daniel noch ganz genau erinnern: Er hat brau-
ne Augen, einen langen, schmalen Kopf, wuschelige Hängeohren und schon
ziemlich viele weiße Haare um die Schnauze herum.

Daniel seufzt. So einen Hund hätte er auch gern – und bei ihm würde er
20 garantiert niemals frieren müssen!

Als es gegen Abend dann auch noch zu regnen anfängt, geht der Hund
Daniel überhaupt nicht mehr aus dem Sinn. Hoffentlich ist er irgendwo, wo
es warm und trocken ist. Oder muss er etwa im kalten Regen sitzen bleiben
und wird deshalb – nein diesem Gedanken wird Daniel beinahe übel – krank
25 werden?

Da hält es Daniel schließlich nicht länger aus. Er nimmt etwas Geld aus
seiner Sparbüchse und läuft damit zurück in die Fußgängerzone.

Der Mann und der Hund sind nicht mehr an ihrem Patz. Daniel atmet auf,
Also sind sie tatsächlich ins Trockene gegangen! Aber dann entdeckt er die
30 beiden ein Stück weiter die Straße hinunter in einem Hauseingang.

Daniel geht zögernd zu ihnen hin.

Inzwischen ist der Hund nicht nur in den Schlafsack gewickelt, sondern
der Mann hat auch seine eigene Jacke ausgezogen und um ihn gelegt.

Jedenfalls zittert der Hund jetzt nicht mehr. Stattdessen streckt er Daniel
35 den Kopf entgegen und leckt ihm die Hand ab. Wie rau und klebrig sich
die warme, feuchte Hundezunge anfühlt! Verstohlen wischt sich Daniel die
Hand an der Hose ab. Dann holt er das Geld aus der Tasche und gibt es dem
Mann.

„Hier, damit Sie für den Hund etwas zu fressen kaufen können", sagt er.
40 Und dann noch: „Es ist aber bloß für den Hund. Sie dürfen sich auf keinen Fall
Schnaps davon kaufen!"

Der Mann gibt ihm darauf keine Antwort. Doch er lässt Daniel jetzt nicht
mehr aus den Augen, während der den Hund vorsichtig zu streicheln beginnt.

6 Schreibe eine **Inhaltsangabe** zur Geschichte „Der Hund".
- Du kannst den **WORTSCHATZ: TEXTBAUSTEINE** zu Hilfe nehmen.
- 💡**Tipp:** An den Stellen mit Auslassungszeichen **…** kannst du die Sätze selbst noch inhaltlich vervollständigen. Du kannst dazu die **Ergänzungen** nutzen.
- Nutze die **CHECKLISTE**, um deinen Text zu schreiben, zu überprüfen und eventuell zu überarbeiten.

···

WORTSCHATZ: TEXTBAUSTEINE

Die Geschichte „Der Hund" von Angelika Ehret erzählt von Daniel, der sich … .
Daniel ist … . Er wird auf einen Hund aufmerksam, der neben einem Obdachlosen
auf dem Gehweg liegt. Der Hund zittert vor Kälte, … . Der Mann hofft … .
Aber die Mutter … und zieht Daniel rasch weiter. Als die beiden wieder zu Hause sind, … .
Er weiß genau, … . Er hätte selbst auch gern …, auf den er immer gut aufpassen würde.
…, macht sich Daniel große Sorgen um das Tier. Er fürchtet, … . Er nimmt Geld aus seiner
Spardose und läuft zurück zur Fußgängerzone. Er findet die beiden in einem Hauseingang.
Inzwischen hat der Mann … . Jetzt zittert der Hund nicht mehr. Er streckt Daniel …
Daniel gibt dem Mann das Geld und bittet ihn, davon Hundefutter zu kaufen. Er betont, … .
Darauf antwortet der Mann nicht. …, während dieser den Hund vorsichtig streichelt.

Ergänzungen zu den Auslassungszeichen …:
um den Hund eines obdachlosen Mannes
*   Sorgen macht —*
mit seiner Mutter in der Stadt unterwegs —
obwohl er in einen Schlafsack eingewickelt
*   ist —*
auf eine kleine Geldspende —
reagiert mit Vorurteilen —
denkt Daniel noch immer an den Hund —
wie er aussieht —
solch einen Hund —
Als es abends regnet —
dass der Hund im Regen frieren muss —
auch seine Jacke um den Hund gelegt —
den Kopf entgegen und schleckt ihm
*   die Hand —*
das Geld sei nur für den Hund —
Aber er behält Daniel fest im Blick,

7 Eine gute Hilfe ist es auch, wenn ihr euch gegenseitig eure Texte zu lesen gebt.
Ein Partner / eine Partnerin findet meist eher heraus, was überflüssig ist – oder was noch ergänzt werden müsste.

CHECKLISTE
- ✔ Ich **leite meine Inhaltsangabe mit einem Satz ein**, in dem der **Titel**, die **Autorin** / der **Autor** und das **Thema** der Geschichte genannt werden.
- ✔ Ich gebe nur **die wichtigsten Informationen** des Geschehens **zusammenfassend** wieder.
- ✔ Ich achte auf eine **sachliche** Sprache.
- ✔ Ich verwende die Zeitform **Präsens**.
- ✔ Ich gebe wörtliche Reden in **indirekter Rede** oder **zusammenfassend** wieder.
- ✔ Ich schreibe **am Schluss einen zusammenfassenden Satz**.

8 Verfasse zum Märchen „Der Fundevogel" von Janosch eine **Inhaltsangabe**. ⌕61
Lies dir dazu den Text einmal in Ruhe durch.

Der Fundevogel

Janosch

Eine Frau war im Wald eingeschlafen. Da kam ein Bussard von oben und raubte ihr Kind. Er nahm es mit in sein Nest und zog es auf wie seine eigenen Kinder. Er lehrte es fliegen wie ein
5 Bussard. Er lehrte es sehen wie ein Bussard und lehrte es, ein König zu sein wie ein Bussard. Und bald war's so, dass der Junge auch aussah wie ein Bussard.

Freilich konnte er nicht ganz so gut fliegen
10 wie sein Vater. Er konnte auch nicht ganz so gut sehen wie sein Vater. Und so geschah es einmal, dass ein Förster, der im Wald auf der Jagd war, ihn fing. Er nahm ihn mit nach Hause, und weil er aussah wie ein Vogel und der Förster ihn ja
15 gefunden hatte, nannte er ihn „Fundevogel".

Der Förster aber hatte eine Tochter. Die beiden wuchsen zusammen auf, wurden zusammen größer, und bald konnte einer ohne den anderen nicht mehr leben. Das Mädchen teilte sein Essen
20 mit dem Fundevogel und lehrte ihn sprechen: „Verlässt du mich nicht, verlass ich dich auch nicht."

„Verlässt du mich nicht, verlass ich dich auch nicht", sagte der Fundevogel.
25 Nun zeigte es sich bald, dass der Fundevogel unter den Federn ein schöner Junge war. Aber weil die Mutter des Mädchens das nicht wissen durfte, sprachen sie nur miteinander, wenn niemand es hörte.
30 „Verlässt du mich nicht, verlass ich dich auch nicht."

„Verlässt du mich nicht, verlass ich dich auch nicht."

Die Mutter des Mädchens konnte den Fun-
35 devogel nämlich nicht leiden. Jeden Tag gab sie ihm etwas weniger zu fressen und schimpfte, wenn sie sah, dass ihre Tochter ihr Essen mit dem Vogel teilte. Und wenn niemand es sah,

haute die Mutter dem Fundevogel eins von hinten auf den Kopf. Darüber ärgerte sich der Fundevo- 40 gel, und heimlich, wenn niemand es sah, lehrte er das schöne Mädchen fliegen. Freilich lernte sie es nie so gut, wie ihr Fundevogel es konnte, aber von Tag zu Tag ging's etwas besser.

Es verging die Zeit. Das Mädchen wurde im- 45 mer schöner und der Fundevogel wurde immer stärker.

„Verlässt du mich nicht, verlass ich dich auch nicht", sagte das Mädchen.

Und der Fundevogel sagte: „Verlässt du mich 50 nicht, verlass ich dich auch nicht."

Und dann, eines Tages in aller Frühe, flogen der Fundevogel und das Mädchen davon, bauten sich ein Nest auf einem hohen Baum und lebten dort glücklich wie im Paradies. 55

Schreiben und Präsentieren

9 Schreibe nun eine **Inhaltsangabe** zur Geschichte „Der Fundevogel".
- Du kannst den **Wortschatz: Textbausteine** zu Hilfe nehmen.
  💡 **Tipp:** An den Stellen mit Auslassungszeichen **…** kanst du die Sätze selbst noch inhaltlich vervollständigen. Du kannst dazu die **Ergänzungen** nutzen.
- Nutze die **Checkliste**, um deinen Text zu schreiben, zu überprüfen und eventuell zu überarbeiten.

....

Wortschatz: Textbausteine

Im Märchen „Der Fundevogel" von Janosch geht es um die ungewöhnliche Liebe eines Jungen und eines Mädchens.
Als eine Frau im Wald einschläft, … . Er nimmt den Jungen mit in sein Nest …
Bald sieht der Junge auch aus wie ein Bussard.
Da er aber nicht so gut fliegen und sehen kann wie sein Vater, … . Der nimmt ihn mit nach Hause und nennt ihn „Fundevogel". Dort wächst Fundevogel zusammen mit der Tochter des Försters auf. Die beiden können schon nach kurzer Zeit … . Das Mädchen teilt sein Essen mit Fundevogel und lehrt ihn den Satz sprechen: „…."
Bald wird deutlich, dass Fundevogel ein Junge ist. Das aber …, wenn sie allein sind.
Denn die Mutter kann Fundevogel nicht leiden, gibt ihm immer weniger zu fressen und … .
Manchmal schlägt sie Fundevogel auch. Das ärgert den Jungen und so bringt er … .
Im Laufe der Zeit wird das Mädchen immer schöner und Fundevogel immer stärker.
Beide sind fest entschlossen, … . Eines Tages fliegen sie in aller Frühe davon, bauen ein Nest auf einem hohen Baum … .

Ergänzungen zu den Auslassungszeichen …:
kommt ein Bussard und raubt ihr Kind – und zieht ihn auf wie einen Bussard –
wird er eines Tages im Wald von einem Förster gefangen – nicht mehr ohne einander leben –
„Verlässt du mich nicht, verlass ich dich auch nicht." –
verraten die beiden nicht und sprechen nur dann miteinander –
schimpft, wenn ihre Tochter das Essen mit ihm teilt. –
dem Mädchen heimlich das Fliegen bei – einander niemals zu verlassen –
und leben glücklich wie im Paradies –

10 Eine gute Hilfe ist auch, wenn ihr euch gegenseitig eure Texte zu lesen gebt. Ein Partner oder eine Partnerin findet meist eher heraus, was im Text überflüssig ist – oder was noch ergänzt werden müsste.

Checkliste

✔ Ich **leite meine Inhaltsangabe mit einem Satz ein**, in dem der **Titel**, die **Autorin** / der **Autor** und das **Thema** der Geschichte genannt werden.
✔ Ich gebe nur **die wichtigsten Informationen** des Geschehens **zusammenfassend** wieder.
✔ Ich achte auf eine **sachliche** Sprache.
✔ Ich verwende die Zeitform **Präsens**.
✔ Ich gebe wörtliche Reden in **indirekter Rede** oder **zusammenfassend** wieder.
✔ Ich schreibe **am Schluss einen zusammenfassenden Satz**.

Inhalte wiedergeben – Inhaltsangaben schreiben

Überprüfe dein Wissen und Können

1 Welche Aussagen treffen auf eine Inhaltsangabe im Vergleich zu einem Ausgangstext
(z. B. einer Geschichte) zu? Notiere die Buchstaben.
Eine Inhaltsangabe …
a) … muss kürzer sein als der Ausgangstext.
b) … sollte spannend sein.
c) … steht grundsätzlich im Präsens.
d) … enthält in der Regel keine wörtlichen Reden.
e) … kann zum Lesen einer Geschichte anregen.
f) … trägt dazu bei, eine Geschichte besser zu verstehen.
g) … sollte alles enthalten, was auch in der Geschichte steht.

2 Was ist eine Inhaltsangabe? Schreibe die Buchstaben der richtigen Aussagen auf.
Eine Inhaltsangabe ist …
a) … ein Erzähltext.   c) … ein Sachtext.   e) … ein Werbetext.
b) … ein Informationstext.   d) … eine Nacherzählung.

3 Formuliere die folgenden wörtlichen Reden so um, dass sie in kurzer Form
in einer Inhaltsangabe stehen könnten:
Sie fragte ihn: „Hast du damals wirklich die volle Wahrheit gesagt?"
Er antwortete: „Ja, das war tatsächlich die Wahrheit!"

4 In der Geschichte „Die Möhre" von *Peter Härtling* stehen die folgenden Sätze:
An diesem Abend kam Otto spät und von Schmutz überzogen in das Zimmer zurück.
Seine Mutter schimpfte ihn aus. Er sagte nicht, was geschehen war.
Schreibe diese Sätze in kürzerer Form so auf, dass sie in einer Inhaltsangabe stehen könnten.

5 Im folgenden Absatz sind Sätze einer Geschichte und Sätze einer Inhaltsangabe
miteinander vermischt. Welche Sätze gehören wozu? Schreibe die Buchstaben auf.
a) An einem Abend, als die russischen Soldaten gerade im Hof des Hauses ein Fest feierten,
sangen, tranken und tanzten, verließ Otto das Zimmer. b) Er schleicht sich in den Garten.
c) Der Hunger krampfte seinen Bauch zusammen. d) Er duckte sich, und als er im Garten
unten war, legte er sich auf die Erde, zog sich mit den Armen langsam vor bis zu den Möhren.
e) Er reißt eine aus. Der Hausbesitzer schlägt auf ihn ein. f) Am Ende drückte er sein Gesicht
in die Erde und schrie: Friss das! g) Otto merkte gar nicht, dass er weinte. Er stand auf. Alles tat
ihm weh. Er stand vor dem Mann. h) Der Mann nimmt ihm die Möhre weg und vertreibt ihn.
(Text verändert)

Zur Geschichte gehören die Sätze …
Zur Inhaltsangabe gehören die Sätze …

6 Wähle einen Satz aus Aufgabe 5 aus. Begründe, warum er **nicht** zu einer Inhaltsangabe gehören kann.

Textwerkstatt
Geschichten zu Ende denken

1 Lest die folgende Geschichte gemeinsam laut.

Ein erschreckender Anblick

Franz Hohler

Als Herr Direktor J., bevor er von zu Hause wegging, noch rasch in den Spiegel seines Korridors[1] schaute, erschrak er.

Sein Anzug war zwar in Ordnung, auch die Krawatte saß, aber dort, wo sonst sein Gesicht war, sah er einen Wasserhahn.

Das muss eine Täuschung sein, dachte Herr J. und wollte sich ins rechte Ohr kneifen, aber stattdessen drehte er das heiße Wasser auf, das sich nun in einem vollen Strahl auf sein Hemd ergoss.

Mit einem Aufschrei schloss er den Hahn wieder, und in dem Moment sah er, dass er sich wirklich getäuscht hatte – im Spiegel war sein normales Gesicht, und auch als er es mit den Händen abtastete, änderte sich nichts mehr, von einem Wasserhahn konnte keine Rede sein.

Beruhigt wandte sich Herr Direktor J. der Türe zu, da merkte er, dass […]

2 Schreibe auf, wie diese Geschichte zu Ende gehen könnte.

3 Stellt eure Ergebnisse anschließend vor und vergleicht:
- Welche Gemeinsamkeiten / Unterschiede könnt ihr beschreiben?
- Begründet, welche Schlüsse ihr besonders überraschend findet.

4 Lest nun den Originalschluss. Beschreibt die besondere Überraschung (Pointe), die darin steckt.

344

5 Suche dir von den drei folgenden Texten eine Geschichte aus.
Denke dir zu dieser Geschichte einen überraschenden Schluss aus und schreibe ihn auf.

Die Nachricht vom Kellner

Franz Hohler

Kürzlich, als ich auf dem Bahnhof von Bonn auf meinen Zug wartete, stürzte sich ein Kellner aus dem Bahnhofsrestaurant, schaute sich hastig nach allen Seiten um und rannte dann zwischen Reisenden, Koffern und Gepäckkulis[2] durch, bis er eine Frau mit einem Rucksack eingeholt hatte, die ein Kind an der Hand führte.

[1] Korridor: Flur
[2] Gepäckkuli: Wagen für Reisegepäck

Der Kellner drückte dem Kind den Stoffseehund, den er bei sich trug, in den Arm und ging nachher wieder ins Restaurant hinein, langsamer, als er herausgekommen war.

Als ich am selben Abend im Radio die Meldungen über Finanzkrisen, Selbstmordattentate und Armee-Einsätze gegen Demonstrationen hörte, merkte ich plötzlich, [...]

Der kleine Prinz und der Händler

Antoine de Saint-Exupéry

„Guten Tag", sagte der kleine Prinz.

„Guten Tag", sagte der Händler.

Er handelte mit höchst wirksamen, durststillenden Pillen. Man schluckt jede Woche eine und spürt überhaupt kein Bedürfnis mehr zu trinken.

„Warum verkaufst du das?", sagte der kleine Prinz.

„Das ist eine große Zeitersparnis", sagte der Händler. „Die Sachverständigen haben Berechnungen angestellt. Man erspart dreiundfünfzig Minuten in der Woche."

„Und was macht man mit diesen dreiundfünfzig Minuten?"

„Man macht damit, was man will ..."

„Wenn ich dreiundfünfzig Minuten übrig hätte", sagte der kleine Prinz, „würde ich [...]"

Der kleine Vogel

Italo Svevo

Das Käfigtürchen war offen geblieben. Mit einem leichten Satz war der kleine Vogel an der Öffnung. Von dort betrachtete er die weite Welt: zuerst mit einem Auge und dann mit dem anderen. Seinen winzigen Körper durchzuckte das Verlangen nach den weiten Räumen, für die seine Flügel geschaffen waren. Aber dann dachte er: „Wenn ich hinausfliege, könnten sie den Käfig zumachen und ich bleibe als Gefangener draußen."

Der kleine Vogel [...]

6 Stellt eure Ergebnisse im Plenum vor.
- Würdigt eure Ideen und gebt euch ein Feedback.
- Begründet, warum euch das ein oder andere Ergebnis ganz besonders gefällt.

7 Lest nun auch die Originalschlüsse zu diesen Texten. Auf welche Überraschungen stoßt ihr? 344

Textwerkstatt

Sich zum Verhalten literarischer Figuren positionieren

1 Lasst euch die folgende Geschichte vorlesen.
Wenn ihr beim Zuhören das Buch aufgeschlagen habt
und mit den Augen mitlest,
dann lernt ihr die Geschichte noch besser kennen.

Heinrich

Gina Ruck-Pauquèt

Der Heinrich war unwichtig, den sahen die anderen kaum. Wenn man Mick noch vor einiger Zeit gefragt hätte, wie der Heinrich aussieht – er hätte es nicht sagen können.

5   Das war jetzt anders. Weil er neben ihm saß. Mick war nicht begeistert davon, dass der Lehrer Heinrich neben ihn gesetzt hatte. Da saß er nun, kaute Fingernägel und hatte die Augen zu nah am Buch. Stinken tat er auch, nach ungewa-

10 schenen Kleidern.

Der Heinrich war ein bisschen kleiner als die anderen in der Klasse. Blond war er. Wenn man ihn ansprach, riss er die Augen auf, und es war, als ob er erstarre. Als ob er innerlich strammste-

15 he, so war es.

Aber außer dem Lehrer sprach den sowieso keiner an. Die Hausaufgaben machte er einfach nicht. Nie hatte er die Hausaufgaben.

Und im Aufsatz war er eine Niete. Vier, fünf

20 Sätze brachte er aufs Papier, mehr nicht. „Kann denn nicht einer von euch dem Heinrich ein bisschen helfen?", fragte der Lehrer eines Tages.

„Und wenn's nur eine halbe Stunde am Nachmittag wäre. Mit wem bist du denn befreundet?"

25   Sie drehten sich alle nach dem Heinrich um. Der kaute Nägel. Schwieg. Damals saß er noch ganz hinten, allein an einem Tisch.

„Bring mal deine Sachen mit und komm her", sagte der Lehrer.

30   Und dann, sagte er, dass der Django sich nach hinten setzen solle. Und dafür kam nun der Heinrich neben den Mick.

„Es ist eine Sauerei!", sagte Mick in der Pause. Der Django war einer seiner besten Freunde. Und außerdem schrieben sie voneinander ab. 35

„Warum hast du denn nichts gesagt?", fragte die Babs.

Mick wusste es selber nicht. Er hatte was sagen wollen. Protestieren hatte er wollen. Dann stand der Heinrich da so neben ihm, und Mick 40 sah, dass ihm die Nase lief, und dass ihm das peinlich war. Dass er es verbergen wollte. Er hatte kein Taschentuch und wischte sich die Nase im Ärmel ab.

In dem Moment war Mick nicht fähig, et- 45 was zu tun, um Heinrich loszuwerden. Weil der Heinrich sowieso schon in Schwierigkeiten war.

So'n Blödsinn, dachte er jetzt. Bloß, weil dem im richtigen Moment die Nase läuft, sitzt der nun auf ewig neben mir! 50

Der Heinrich. Mit dem Namen war das auch so eine Sache.

Der war der einzige, der seinen richtigen Namen trug. Da hatte keiner eine Abkürzung erfunden. Und einen Spitznamen schon gar nicht. 55 Der hieß Heinrich. Basta.

Da müsste er einen schon interessieren, wenn man ihn Henry nennen würde, oder Hein, oder sonst wie.

Nachmittags sahen sie ihn manchmal. Da 60 kam er mit zwei Plastiktüten vom Supermarkt. Oder er hatte seine kleine Schwester an der Hand. Schaute kaum zu ihnen hin.

„Dem seine Mutter ist wieder abgehauen",
65 hatte Su mal gesagt. „Weil der Alte säuft."

Su musste es wissen. Sie wohnte im gleichen
Häuserblock. Mick hatte es so nebenher aufge-
fangen. Er hatte sich nichts gedacht dabei.

Mick dachte sich überhaupt nicht viel. Er
70 war auch keiner von denen, die Bücher lasen.
Er spielte lieber Fußball. Nur wenn sein Vater
Zeit für ihn hatte und so richtig mit ihm redete, dann kamen ihm auch Gedanken. An seinem
Geburtstag zum Beispiel, da hatte er fernsehen
75 dürfen bis spät. Sie hatten eine Geschichte gezeigt von einem, den sie zu Unrecht verfolgten.
Ein paar von denen, die früher seine Kumpel gewesen waren, hätten ihm schon helfen können.
Aber sie halfen ihm nicht, weil sie sonst selber
80 in Gefahr gekommen wären. Und der Junge war
dann tot am Schluss.

„So ein Scheiß!", sagte Mick.

Im letzten Bild standen seine Kumpel mit ge-
senkten Köpfen da.

85 „Das denken die auch", sagte der Vater. „Sie
hätten halt was tun müssen."

„Sie waren eigentlich nicht mehr seine Freunde", sagte Mick.

„Er ging sie nichts mehr an. Aber trotzdem",
90 sagte er. „Nicht wahr?"

„Trotzdem", sagte der Vater, „weil er ein
Mensch war. Alles, was einem Menschen geschieht, geht die anderen mit an."

Es war sehr selten, dass der Vater so mit
95 Mick sprach. Meist war er nervös, wenn er von

der Arbeit kam. Und oft ging er mit der Mutter
abends noch aus.

Micks Mutter sagte solche Dinge nie. Aber
sie war fröhlich und lachte mit ihm. Wenn er es
wollte, gab sie ihm nichts als saure Gurken mit 100
in die Schule. Obschon die keine Vitamine hatten und auch sonst nicht nahrhaft waren. Bloß,
weil Mick sie gerne mochte. Einmal hatte Mick
aber Leberwurstbrote mit. Er packte sie wieder
ein und beschloss, sie in den Papierkorb zu ver- 105
senken, als ihm Heinrich einfiel. Mick hatte nie
gesehen, dass Heinrich in der Pause etwas aß.

Ist ja auch kein Wunder, dachte er, wenn die
Mutter abgehauen ist! Er überlegte, ob Heinrich
wohl die Leberwurstbrote essen mochte. Aber 110
Heinrich kam nicht. Der Platz neben Mick blieb
leer.

Ein paar Tage später, in der Turnstunde, sah
Mick den Heinrich ohne sein T-Shirt. Nur der
Mick sah ihn. „Was hast du denn da?", fragte er. 115

Heinrichs Schultern waren voll schwarzer,
blauer und grüner Flecke.

„Nichts", sagte Heinrich.

Er würgte sich rasch sein T-Shirt über, und
sein Kopf kam hochrot wieder zum Vorschein. 120

„Mensch!", sagte Mick und blickte in die weit
aufgerissenen Augen des anderen.

Irgendwas war dem Heinrich passiert. Aber
in dem Augenblick rief Django, und Mick ver-
gaß es. Später fiel es ihm wieder ein. 125

Später, das war an dem Tag, an dem er einen
anderen Weg nach Hause nahm, um an der Bau-

stelle in der Neubergstraße ein bisschen zuzu-
sehen. Der Bagger hob mit seinen Riesenkrallen
130 die Erde aus.

Für den ist das ein Händchen voll Sand, was
er da auf den Lastwagen rieseln lässt, dachte
Mick. So ein Ding zu dirigieren, das muss ein
tolles Gefühl sein.

135 Mick schloss die Augen und stellte es sich
vor. Als er die Augen wieder aufmachte, sah er
Heinrich. Heinrich war nicht in der Schule gewesen.

„He!", sagte Mick und trat zu ihm hin.

140 Der Heinrich machte einen Satz rückwärts,
als sei Mick der Leibhaftige[1] und wolle ihm an
den Kragen.

„Was ist denn?", sagte Mick. „Hast wohl'n
Heuhüpfer zum Frühstück gegessen!"

145 Dann sah er Heinrichs Gesicht.

„Was ist denn?", sagte er noch einmal, diesmal leiser.

Heinrichs Gesicht war um die Augen kreis-
rund dreckverschmiert. So sahen kleine Kin-
150 der aus, wenn sie geweint hatten und sich mit
schmutzigen Fäusten die Augen rieben.

„Wo kommst'n her?", fragte Mick.

Heinrich drückte seine Fingerspitzen gegen
die Nase, die wieder zu tropfen begann wie da-
155 mals.

„Vom Fluss", sagte er. „Ich war auf einem
Schiff. Seit gestern", sagte er. „Ich wollte weg.
Aber heute Morgen haben sie mich entdeckt."

„Du warst die ganze Nacht nicht daheim?"
160 Mick starrte Heinrich an.

„Wenn ich komme, schlägt er mich tot", sagte
Heinrich.

„Ich muss heim wegen meiner Schwester",
sagte er dann.

165 „Aber wenn du mit dem Schiff weggefahren
wärst …?", sagte Mick.

„Ich muss sie doch wieder in den Kindergarten bringen", sagte Heinrich. „Wenn er mich erwischt, schlägt er mich tot."

170 „Sag einfach, du warst bei mir", fiel es Mick
ein.

[1] der Leibhaftige: der Teufel

„Bei dir", sagte Heinrich. „Ich sag, ich hab
den Schlüssel verloren gehabt. Er ist ja abends
sowieso nie da. Da bin ich zu dir. – Der schlägt
mich trotzdem tot", sagte er dann. „Der hört ja 175
gar nicht erst hin."

Mick biss wie verrückt auf seinem Kaugum-
mi herum. Dann spuckte er ihn aus.

„Ich geh rein", sagte er. „Du wartest draußen,
und ich geh rein zu ihm." Jetzt starrte der Hein- 180
rich wieder so.

„Dich verprügelt er auch", sagte er.

„Ich bin kräftiger als du", sagte Mick.

Sein Hals war ganz trocken.

Eigentlich musste er ja auch heim. Aber jetzt 185
konnte er nicht mehr zurück. Jetzt nicht mehr.

Als sie vor der Haustür standen, war Mick
vor Furcht schwindelig. „Bleib hier", sagte er
und schob Heinrich zurück.

190 Er fühlte die Schulterblätter des Jungen und erschrak, wie mager er war. Mick ging die Treppe hinauf. Er drückte die Klingel. Zeit verging, in der nichts war als sein pochendes Herz. Er starrte auf die braungestrichene Tür, 195 bis die Kratzer in der Farbe vor seinen Augen verschwammen. Dann sah Mick überhaupt nichts mehr, sah nichts und hörte nichts, war blind und taub vor Angst, bis der Mann vor ihm stand. Und auch den Mann roch er mehr als er 200 ihn mit Augen und Ohren wahrnahm. Roch den Alkoholmief, das schweißverklebte Hemd, roch die Ausdünstung der ungewaschenen Haut dieses aufgequollenen, kranken Gesichtes.

Mick redete. Er versuchte zu erklären, wie 205 das gewesen war, warum Heinrich nicht heimgekommen war, die ganze Nacht nicht. Dass er bei ihm geschlafen hatte, sagte er.

Weiter kam er dann nicht mehr.

Der Mann schlug ihm den Handrücken ins Gesicht, einmal, zweimal. Mick spürte, dass 210 seine Lippe platzte. Dann wurde er die Treppe hinuntergestoßen.

Micks Vater war zum Mittagessen zu Hause. „Musstest du dich da einmischen?", fragte er.

Mick blickte ihn an. 215

Die Mutter legte ihm ein kühles, feuchtes Tuch auf sein Gesicht.

„Hast recht", sagte der Vater.

„Wirst du ihm helfen?", fragte Mick.

Er konnte schlecht sprechen. 220

„Wo ist er?", fragte der Vater.

Heinrich hockte im Treppenhaus.

Micks Vater öffnete die Tür und holte ihn herein.

---

2 Welche Gedanken, Fragen, Gefühle … gehen euch nach der ersten Begegnung mit diesem Text durch den Kopf?
Führt darüber gemeinsam ein **literarisches Gespräch**.
Die Gesprächsleitung sollte eure Lehrerin / euer Lehrer übernehmen.

Ⓜ Ein literarisches Gespräch führen

1: Setzt euch im Kreis zusammen, sodass ihr euch alle anschauen könnt.

2: Sorgt für ein angenehmes Klima, in dem ein offener Austausch für alle möglich ist.

3: Jeder kann sich an diesem Gespräch beteiligen. Ihr könnt ansprechen:
- Gedanken, die euch durch den Kopf gehen,
- Fragen, die euch beschäftigen,
- Stellen im Text,
  – die euch irritieren oder wütend / traurig machen,
  – die ihr vielleicht noch nicht ganz verstanden habt,
  – die ihr noch einmal nachlesen oder auch vorlesen wollt,
  – in denen es um Mut, um Angst … geht,
  – in denen ihr Nähe oder auch Distanz zu den Figuren wahrnehmen könnt.

4: Entscheidend ist an solch einem Gespräch, dass ihr unterschiedliche Ansichten zu literarischen Texten kennenlernt. Dabei könnt ihr auch eigene Erfahrungen einbringen.

3 Die Situation am Ende des Textes, als Micks Vater Heinrich hereinholt, könnt ihr in einem **Standbild** „einfangen". Dazu könnt ihr die folgenden Hinweise nutzen.

> Ⓜ **Ein Standbild bauen**
>
> Ein Standbild ist wie ein Foto, das einen ganz besonderen Moment einfängt und festhält. Für eine kleine Weile halten die beteiligten Personen bewegungslos in bestimmten Körperhaltungen und Positionen inne.
> In einem Standbild lassen sich besondere Situationen aus literarischen Texten sehr anschaulich zum Ausdruck bringen.

4 Bereitet nun euer Standbild vor:
- Entwickelt für jeden Mitspieler / jede Mitspielerin eine genaue Position, die er / sie einnehmen soll.
- Legt dann für jeden Mitspieler / jede Mitspielerin die Körperhaltung und den Gesichtsausdruck fest, die für die ausgewählte Situation bedeutsam sind.
- Baut nun euer Standbild und verharrt für eine kleine Weile in den verabredeten Positionen. Dabei **friert** ihr diesen besonderen Moment sozusagen **ein**, ohne euch zu bewegen.
- Gebt euch gegenseitig ein Feedback, ob euer Standbild die ausgewählte Situation gut widerspiegelt.

5 Setzt euch einmal näher mit den beiden Hauptfiguren in diesem Text auseinander: Geht auf Spurensuche und tragt zusammen, was ihr über Heinrich und Mick aus dem Text erfahrt.

Heinrich:
- Wie nehmen ihn die anderen Mitschülerinnen und Mitschüler wahr?
- Wie verhält er sich im Unterricht?
- Wie nimmt ihn sein Lehrer wahr?

Mick:
- Wie verhält er sich zu Beginn der Geschichte gegenüber Heinrich?
- Ab wann beginnt sich seine Haltung gegenüber Heinrich zu ändern?
- Welche Beobachtungen von Mick tragen zu dieser Veränderung bei?
- Welche Gedanken macht sich Mick seitdem über Heinrich – und wie versucht er, ihm zu helfen?

6 Suche dir von den beiden folgenden Aufgaben eine aus, die du gern bearbeiten möchtest.

A: Stell dir vor, du hast die Gelegenheit, Mick einen Brief / eine E-Mail zu schreiben. Was würdest **du** Mick gern mitteilen? *Hallo Mick, ich habe von dir gelesen und will dir heute gern mal schreiben. …*

B: Stell dir vor, du hast die Gelegenheit, mit Mick ein kleines **Interview** zu führen. Welche Fragen würdest du ihm gern stellen? Was könnte Mick dir darauf antworten? Nimm beide Perspektiven ein und schreibe dieses Gespräch auf.

7 Überlegt, wie ihr eure Ergebnisse vorstellen und austauschen könnt.

Ein Vorgespräch führen, um sich einem Text zu nähern

1 Stellt euch einmal folgende Situation vor:

Ihr befindet euch in einem Hochhaus und fahrt mit dem Fahrstuhl.
Dieser Fahrstuhl bleibt zwischen dem 37. und 38. Stockwerk wegen eines Stromausfalls stecken.
Ihr wisst nicht, wie lange ihr in diesem Fahrstuhl ausharren müsst,
bis ihr wieder freikommt.
Im Fahrstuhl sind mehrere Leute:
- einer, der ein Feuerzeug hat;
- eine Dame mit gefüllten Lebensmitteltaschen;
- einer, der überhaupt nicht spricht;
- ein jüngeres Paar;
- jemand, der andere zu beruhigen versucht;
- jemand, der seufzt ...
– also mindestens sieben, acht Personen in ziemlicher Enge!

Vermutet nun einmal, ihr wärt ein Teil dieser Gruppe. Wie würdet ihr euch verhalten?
Sprecht gemeinsam darüber.

2 Lest euch nun den Text von Max Frisch vor oder lasst ihn euch
von eurem Lehrer / eurer Lehrerin vorlesen.

Vorkommnis 🔊

Max Frisch

Kein Grund zur Panik. Eigentlich kann gar nichts passieren. Der Lift hängt
zwischen dem 37. und 38. Stockwerk. Alles schon vorgekommen. Kein
Zweifel, daß der elektrische Strom jeden Augenblick wiederkommen wird.
Humor der ersten Minute, später Beschwerden über die Hausverwaltung
5 allgemein. Jemand macht kurzes Licht mit seinem Feuerzeug, vielleicht um
zu sehen, wer in der finsteren Kabine steht. Eine Dame mit Lebensmitteltaschen auf beiden Armen hat Mühe zu verstehen, daß es nichts nützt,
wenn man auf den Alarm-Knopf drückt. Man rät ihr vergeblich, ihre
Lebensmitteltaschen auf den Boden der Kabine zu stellen; es wäre Platz
10 genug. Kein Grund zur Hysterie; man wird in der Kabine nicht ersticken,
und die Vorstellung, daß die Kabine plötzlich in den Schacht hinunter
saust, bleibt unausgesprochen; das ist technisch wohl nicht möglich. Einer
sagt überhaupt nichts. Vielleicht hat das ganze Viertel keinen elektrischen
Strom, was ein Trost wäre; dann kümmern sich jetzt viele, nicht bloß der
15 Hauswart[1] unten in der Halle, der vielleicht noch gar nichts bemerkt hat.

---
[1] Hauswart: Hausmeister

Draußen ist Tag, sogar sonnig. Nach einer Viertelstunde ist es mehr als ärgerlich, es ist zum Verzagen langweilig. Zwei Meter nach oben oder zwei Meter nach unten, und man wäre bei einer Türe, die sich allerdings ohne Strom auch nicht öffnen ließe, eigentlich eine verrückte Konstruktion. Rufen
20 hilft auch nichts, im Gegenteil, nachher kommt man sich verlassen vor. Sicher wird irgendwo alles unternommen, um die Panne zu beheben; dazu verpflichtet ist der Hauswart, die Hausverwaltung, die Behörde, die Zivilisation. Der Scherz, schließlich werde man nicht verhungern mit den Lebensmitteltaschen der Dame, kommt zu spät; es lacht niemand. Nach einer halben Stunde ver-
25 sucht ein jüngeres Paar sich zu unterhalten, soweit das unter fremden Zuhörern möglich ist, halblaut über Alltägliches. Dann wieder Stille; manchmal seufzt jemand, die Art von betontem Seufzer, der Vorwurf und Unwillen bekundet, nichts weiter. Der Strom, wie gesagt, muß jeden Augenblick wiederkommen. Was sich zu den Vorkommnissen sagen läßt, ist schon mehrmals
30 gesagt. Daß der Strom-Ausfall zwei Stunden dauert, sei schon vorgekommen, sagt jemand. Zum Glück ist der Jüngling mit Hund vorher ausgestiegen; ein winselnder Hund in der finsteren Kabine hätte noch gefehlt. Der Eine, der überhaupt nichts sagt, ist vielleicht ein Fremder, der nicht genug Englisch versteht. Die Dame hat ihre Lebensmitteltaschen inzwischen auf den Boden
35 gestellt. Ihre Sorge, daß Tiefkühlwaren tauen, findet wenig Teilnahme. Jemand anders vielleicht müßte auf die Toilette. Später, nach zwei Stunden, gibt es keine Empörung mehr, auch keine Gespräche, da der elektrische Strom jeden Augenblick kommen muß; man weiß: So hört die Welt nicht auf. Nach drei Stunden und elf Minuten (laut späteren Berichten in Presse und Fern-
40 sehen) ist der Strom wieder da: Licht im ganzen Viertel, wo es inzwischen Abend geworden ist, Licht in der Kabine, und schon genügt ein Druck auf die Taste, damit der Lift steigt wie üblich, wie üblich auch das langsame Aufgehen der Türe. Gott sei Dank! Es ist nicht einmal so, daß jetzt alle beim ersten Halt sofort hinausstürzen; jedermann wählt wie üblich sein Stockwerk –

3 Sicher seid ihr nach dem ersten Lesen oder auch Hören des Textes überrascht …
Tauscht euch aus und bezieht die folgenden Fragen in euer Gespräch mit ein:
- Was hättet ihr so **nicht** erwartet?
- Wie anders haben sich die Menschen hier in der Geschichte verhalten,
  als ihr es euch für euch selbst vorgestellt habt?
- Was hättest **du** als eingeschlossene Person **niemals** getan?

4 Die Eingesperrten nehmen das Ereignis, je länger es andauert, hin –
ohne durchzudrehen. Am Ende wählt sogar jeder sein eigenes Stockwerk –
und fährt gelassen weiter.
- Hättet ihr das als Leser erwartet? Begründet euren Standpunkt.
- Mit welchen Stellen lässt sich ihr Verhalten aus dem Text heraus begründen?

Der Text trägt die Überschrift: „**Vorkommnis**".
Schlägt man die Bedeutung dieses Begriffes nach, so kann man
folgende Definitionen finden:

> ## Vorkommnis
> ➢ unerwarteter Vorgang
> ➢ Vorgang, der aus dem gewöhnlichen Ablauf des
>   alltäglichen Geschehens fällt und als etwas
>   Ärgerliches, Unangenehmes o. Ä. empfunden wird.

5 Setzt euch vor dem Hintergrund dieser beiden Bedeutungen noch einmal
mit dem Verhalten der Personen im Fahrstuhl auseinander.
- Beschreibt die **Übereinstimmungen** im Verhalten der Menschen mit Blick auf diese Definition.
- Erläutert die außergewöhnlichen **Unterschiede**, die ihr im Vergleich von dieser Definition
  mit dem Verhalten der Fahrstuhlgemeinschaft beobachten könnt.
- Ihr könnt dazu den folgenden **WORTSCHATZ** nutzen.

WORTSCHATZ

abgeklärt	ruhig
beherrscht	souverän
besonnen	tolerant
fair	überlegt
gefasst	umsichtig
gelassen	unaufgeregt
klug	zurückhaltend

6 Wie wirkt die Geschichte von Max Frisch auf dich?
Kann sie dir womöglich dabei helfen, in einer ähnlichen Situation
einmal genauso besonnen zu reagieren?

Textwerkstatt

Sich mit dem Verhalten literarischer Figuren auseinandersetzen

Die Möhre 🔊

Peter Härtling

Das ist eine Geschichte, die wirklich passiert ist. Es ist eine Geschichte, von der man nicht sagen kann, sie sei schön oder sie sei besonders lehrreich. Die Geschichte ist eher traurig. Sie spielt nämlich im Krieg, genauer gesagt, am Ende des letzten Krieges. Ihr könnt nicht mehr viel vom Krieg wissen. Manch-
5 mal seht ihr im Fernsehen Bilder von kämpfenden Soldaten, von flüchtenden Frauen und Kindern. So war es damals in Deutschland, und Kindern geht es im Krieg immer besonders schlecht, obwohl sie weniger Angst haben als Er-wachsene. Denn Kinder können, wenn sie spielen, den Krieg vergessen.

Der Junge, von dem ich euch erzähle, hieß Otto. Heute hat er selber Kinder
10 und denkt manchmal daran, dass es gut ist, dass seine Kinder gar nicht wis-sen, wie Krieg ist. Aber diese Geschichte hat er ihnen auch erzählt, denn es ist seine Geschichte.

Otto war mit seinen Geschwistern und seiner Mutter auf der Flucht. Er kam in einen kleinen Ort, wo sie lange suchen mussten, bis sie ein Zimmer
15 fanden, in dem sie wohnen konnten. Da wohnten sie zu fünft fast ein Jahr. In dem Zimmer gab es keine Betten. So breiteten sie Decken auf dem Boden aus, legten sich darauf, und da sie oft sehr müde waren, schliefen sie gut.

In dem kleinen Ort wartete man auf die russischen Soldaten und hatte große Angst. Eine ganze Nacht lang hörte man Gewehr- und Kanonenschüs-
20 se, dann war es mit einem Mal sehr still. Niemand traute sich auf die Straße, wenigstens niemand von den Erwachsenen. Die Kinder waren frecher, und ein paar liefen durch das ausgestorbene Städtchen. Unter ihnen war Otto. Sie stiegen auf stehengelassene Autos und Lastwagen, fanden Gewehre, fassten sie aber nicht an, weil sie fürchteten, sie könnten geladen sein. Sie entdeckten
25 einen Panzer, den sie „eroberten" und in dem sie sich einnisteten.

Als es Mittag war, hörten sie Lärm, Rufe, das Kettengeklirr von rollenden Panzern, und sie sahen, wie die russischen Soldaten die Dorfstraße herunter-kamen, allen voran ein Pferdewagen, auf dem ein Soldat stand, der die kleinen Pferdchen mit Peitschenknallen antrieb. Otto bewunderte den Soldaten, der
30 auf dem holpernden, schwingenden Wagen wie ein Tänzer aussah.

Die Kinder kletterten aus dem Panzer heraus. Sie fürchteten sich, aber die Soldaten winkten ihnen zu, aus einem Lastwagen warf einer ein weißes Brot herunter, dann noch eines, noch eines, und so konnten die Kinder Brot mit nach Hause bringen.

35 Ottos Mutter schimpfte schrecklich, als er mit dem Brot nach Hause kam. Sie hatte ihm nicht erlaubt, auf die Straße zu gehen, aber am Ende waren alle froh, dass er das Brot mitgebracht hatte.

1 Tragt in einer Übersicht zusammen, was ihr bis hierher über den Jungen und
seine Familie sowie über die Zeit, in der die Geschichte spielt, erfahren habt:
- über die Zusammensetzung der Familie,
- über ihre besonderen Lebensumstände in der damaligen Zeit,
- über ihren Zufluchtsort,
- über ihre Wohnsituation.

2 Lest nun, wie die Geschichte weitergeht …

Vom Brot, genauer gesagt, vom Brot, das die Leute *nicht* hatten, will ich
eigentlich erzählen, vom Hunger. Ihr könnt gar nicht wissen, was Hunger
40 ist, wie Hunger ist. Obwohl es auf der Erde noch viele Leute gibt, die immer
Hunger haben. Der Hunger fängt ganz langsam an, macht den Bauch hohl
und schwer. Man hat das Gefühl, man sei satt, sehr satt, aber nur eine Weile,
dann beginnt der Hunger weh zu tun. Es sind Schmerzen, die überall stecken,
in den Beinen wie im Kopf, vor allem im Kopf, denn man weiß – hat man
45 eine Weile Hunger gehabt – nicht mehr, was man vor lauter Hunger tun soll.
Hunger macht einen verrückt. Die Kinder beginnen zu weinen, die Mütter
sind hilflos.

Als Otto einmal zwei Tage lang Hunger gehabt hatte, gab ihm seine Mutter
einen Schnürsenkel, auf dem er kauen konnte. Das half zwar nicht gegen den
50 Hunger, aber Otto dachte sich aus, was der Schnürsenkel alles sein könnte:
ein Stück Fleisch, Brot, Nudeln, was ihm eben einfiel.

In dem Dorf gab es Leute, die nicht hungerten, weil sie Gärten hatten, in
denen Gemüse wuchs, oder weil sie Vorräte in ihren Kellern hatten. Bei denen bettelten die Kinder, aber sie bekamen selten etwas; denn für diese Leute
55 waren es fremde Kinder, die von irgendwo hierhergekommen waren. Der Besitzer des großen Hauses, in dem Otto wohnte, hatte einen solchen Garten.
Das Haus stand auf einem Felsvorsprung, war hoch gebaut, und unterhalb des
Felsens, in den ein Treppchen geschlagen war, lag an einem Bach, umgeben
von einem hohen Stacheldrahtzaun, der Garten. In ihm wuchsen Radieschen,
60 Kohlrabi, Spinat, Salat und eine große Menge Möhren.

An einem Abend, als die russischen Soldaten gerade im Hof des Hauses ein Fest feierten, sangen, tranken und tanzten, verließ Otto das Zimmer, schlich sich über den Hof zu dem Treppchen am Felsen, stieg langsam, immer wieder um sich blickend, ob niemand in der Nähe sei, in den Garten. Schon von oben
65 roch er das frische Grün der Karotten. Der Hunger krampfte seinen Bauch zusammen. Er duckte sich, und als er im Garten unten war, legte er sich auf die Erde, zog sich mit den Armen langsam vor bis zu den Möhren. Eine riss er aus der Erde. Es ging leicht. Sie war groß und wunderschön rot. Die Spucke floss ihm im Mund zusammen. In dem Augenblick, als er sie putzen wollte, packte
70 ihn eine Hand im Nacken, die andere schlug mit furchtbarer Gewalt auf ihn ein. Es war der Hausbesitzer, der ihn anscheinend schon lange verfolgt hatte. Immer wieder schlug ihn der Mann. Am Ende drückte er sein Gesicht in die Erde und schrie: Friss das!

Otto merkte gar nicht, dass er weinte. Er stand auf. Alles tat ihm weh. Er
75 stand vor dem Mann. Der Mann sagte: Gib die Möhre her! – Otto hielt sie fest.

Der Mann sagte noch einmal: Gib die Möhre her!

Otto schüttelte den Kopf. Da riss ihm der Mann die Möhre aus der Hand und sagte: Ich möchte dich hier nicht noch einmal sehen.

An diesem Abend kam Otto spät und von Schmutz überzogen in das Zim-
80 mer zurück. Seine Mutter schimpfte ihn aus. Er sagte nicht, was geschehen war. Er fragte sich nur immerfort, warum ihm der Mann nicht wenigstens die Möhre gegeben hatte, denn der Mann musste wissen, welchen Hunger er hatte.

Das fragt er sich bis heute. Sicher war es Diebstahl. Sicher war es nicht
85 richtig. Aber was hätte Otto tun sollen?

3 Lest noch einmal in den Zeilen 38–47 nach.
Welche quälenden Schmerzen des Hungers beschreibt der Erzähler in diesem Absatz?

4 Auch Otto kann die Schmerzen des Hungers kaum noch ertragen.
• Wohin macht sich der Junge deshalb auf den Weg?
• Was widerfährt ihm dort?

5 Stellt alle Informationen zusammen, die ihr über den Hausbesitzer aus dem Text entnehmen könnt:
• über seine Lebensumstände,
• seine Wohnsituation,
• sein Verhalten gegenüber fremden Kindern,
• sein Verhalten gegenüber Otto.

6 Mit welchen Eigenschaften lässt sich dieser Mann treffend charakterisieren?
Wählt aus dem folgenden **WORTSCHATZ** aus und begründet.

. . . .

WORTSCHATZ

besorgt	gemein	grob	menschlich	verständnisvoll
brutal	gewalttätig	großzügig	milde	unbarmherzig
erbarmungslos	gnadenlos	hartherzig	mitfühlend	unmenschlich
freundlich	gnädig	herzlos	ohne Mitleid	unnachgiebig
geizig				

. . . .

7 Lege eine Figurenkarte zu diesem Mann an.
- Schau dazu in den **Infokasten**.
- *l ll* Du kannst auch den **WORTSCHATZ: TEXTBAUSTEINE** darunter nutzen.

Eine Figurenkarte anlegen

INFO

Auf einer Figurenkarte beschreibst du stichwortartig eine literarische Figur.

1: Notiere den **Namen** der Figur (falls im Text erwähnt).

2: Notiere, was du über das **Äußere** der Figur sagen kannst (falls im Text beschrieben).

3: Notiere, was du über die Lebensumstände der Figur sagen kannst (Familie, Beruf …).

4: Beschreibe, was die literarische Figur in zentralen Situationen **tut** und wie sie sich anderen Figuren gegenüber **verhält**.

5: Beschreibe den **Charakter** der literarischen Figur mithilfe von Adjektiven.

. . . .

WORTSCHATZ: TEXTBAUSTEINE

Der Mann besitzt ein großes Haus, in dem …
Zu seinem Haus gehört auch …
Darin gibt es …, …, … und …
Der Mann sichert seinen … mit …
Er hat kein … mit bettelnden Kindern.
Als Otto eines Abends eine Möhre aus dem Garten stiehlt …

8 Mit welchen Hinweisen auf das Leben des Mannes lässt sich aus eurer Sicht sein Verhalten erklären? Lest auch noch einmal in den Zeilen 52–60 nach.

9 Diskutiert miteinander über die letzten beiden Absätze des Textes. Dort gibt es zwei Fragen:
- Eine Frage, die sich Otto bis heute stellt.
- Und eine Frage, mit der sich der Erzähler an uns Leser wendet.

Sucht gemeinsam nach möglichen Antworten und tauscht euch darüber aus.

Textwerkstatt

Den Schluss zu einer Geschichte schreiben

1 Vielleicht habt ihr schon einmal jemanden ganz zu Unrecht beschuldigt,
etwas getan zu haben, was diese Person aber gar nicht getan hat?

- Wie habt ihr euch gefühlt, als ihr eure Beschuldigung als falsch erkannt habt?
- Was konntet ihr tun, um diese unrechtmäßige Beschuldigung wieder aus der Welt
  zu schaffen und das Ganze wieder „gerade zu biegen"?
- Wie hat sich die Person euch gegenüber verhalten, die ihr zu Unrecht
  beschuldigt habt?

2 Von solch einer unrechtmäßigen Beschuldigung handelt auch der folgende Text.

Herrn Morphs Konsequenz

Johanna und Günter Braun

Als Herr Morph am Abend die dreitausendfünfhundert Euro vermisste, die er am
Tag zuvor geholt und in seinen Schreibtisch gelegt hatte, fragte er seine Frau, ob
sie das Geld woanders hingelegt habe.

　　Sie hatte es nicht, und daraus schlussfolgerte Morph, dass ihm das Geld ge-
5　stohlen war. Er fragte Frau Morph, ob sie Wilfried Naumann, seinen Freund, der,
als Morph noch nicht von der Arbeit zurück war, ein Buch zurückgebracht hatte,
einen Augenblick allein gelassen habe.

　　Ja, sagte sie, um ihm einen Kaffee zu bereiten.

　　Dann hat er das Geld gestohlen, sagte Morph.

10　Das kannst du nicht ohne Weiteres behaupten.

　　Es ergibt sich logisch, sagte Morph.

　　Vielleicht war es ein Einbrecher, sagte sie.

　　Wir waren die Nacht zu Hause, und es war alles verschlossen. Es gibt nicht die
geringsten Spuren eines Einbruchs. Es bleibt nur Freund Naumann übrig.

15　Unmöglich, er ist unser Freund, sagte Frau Morph.

　　Es hat sich gezeigt, dass er nicht unser Freund ist, sagte Morph. Ich fahre jetzt
zu ihm und hole das Geld.

　　Naumann war empört, als Morph ihm unterstellte, das Geld genommen zu haben. Er versicherte, es nicht genommen zu haben, er beschwor es. Und argumen-
20　tierte damit, dass er einen Freund nicht bestehlen werde.

　　Das behaupten falsche Freunde oft, sagte ungerührt Morph, gib das Geld heraus.

　　Ich habe es nicht, sagte der Freund.

　　Es wäre wenigstens ein kleiner Freundschaftsdienst, ein Rest von Freundschaft,
wenn du es mir jetzt geben würdest.

25　Ich kann nicht geben, was ich nicht habe.

　　Damit erkläre ich unsere Freundschaft für beendet, sagte Morph und verließ
den Freund.

Dann fand Morph in seinem Schreibtisch das Geld. Er hatte es zu gut versteckt, zwischen die Seiten seines Tagebuchs siebenmal einen Fünfhunderteuro-
30 schein gelegt, sodass es nicht auffiel.

Kurz darauf brachte der Sohn des Freundes einen Umschlag mit dreitausendfünfhundert Euro. Unserer Freundschaft zuliebe, schrieb der Freund, damit sie
erhalten bleibt, schicke ich dir das Geld, auch wenn ich, was ich hiermit noch
einmal beschwöre, es nicht genommen habe.

35 Morph [...]

3 Wie mag sich Herr Morph nun fühlen?
Und wie könnte er reagieren?
Schreibe den Schluss zu dieser Geschichte in wenigen Sätzen auf.

4 Lest jetzt auf Seite 344 nach, wie der Originalschluss zu dieser Geschichte
von Johanna und Günter Braun lautet.

5 Mit **diesem Ende** habt ihr sicher nicht gerechnet …
• Was macht diese Entscheidung von Herrn Morph so ungeheuerlich?
• Und was wird wohl sein Freund dazu sagen und dabei empfinden?

6 Der Deutung dieses Textes könnt ihr euch mithilfe der folgenden Methode annähern:

Ⓜ **Schreibgespräch**

Führt zusammen mit einem Partner / einer Partnerin ein **Schreibgespräch**:
• Jeder schreibt in einem ersten Satz ganz spontan auf, was ihm zu diesem Text
durch den Kopf geht oder was er über den Text denkt.
• Dann werden die Blätter getauscht.
Nun muss der Partner jeweils auf die Notizen des anderen reagieren:
Ihr könnt den Kommentar des anderen bestätigen, zurückweisen, neue Gedanken
oder Deutungen einbringen usw.
• Gesprochen werden darf bei diesem Austausch **nicht**!
• Die Blätter mit den Dialogen werden so lange hin- und hergereicht,
bis die beiden Schreibpartner nichts mehr ergänzen möchten.
• Lest euch dann gegenseitig eure „Gespräche" vor.
• Nehmt am Ende zu euren Dialogen noch einmal Stellung.
Vielleicht möchtet ihr die ein oder andere Deutung korrigieren.
Und vielleicht gibt es ja sogar Deutungen, auf die ihr allein nicht gekommen wärt …

---

7 Herr Morph erklärt lieber die Freundschaft zu Wilfried Naumann für beendet,
als sich für sein Verhalten und seine falschen Anschuldigungen zu entschuldigen.
• Welche mögliche Erklärung habt ihr für dieses Verhalten?
• Warum ist es für Herrn Morph absolut unmöglich, durch eine Entschuldigung
seine eigene Schuld anzuerkennen und dazu zu stehen?

Textwerkstatt

Handlungsmotive literarischer Figuren untersuchen

Zwei Männer

Günther Weisenborn

Als der Wolkenbruch, den sich der argentinische Himmel damals im Februar leistete, ein Ende gefunden hatte, stand das ganze Land unter Wasser. Und unter Wasser standen die Hoff-
5 nungen des Pflanzers von Santa Sabina. Wo ein saftgrünes Vermögen in Gestalt von endlosen Teefeldern mit mannshohen Yerbabüschen[1] gestanden hatte, dehnte sich morgens ein endloses Meer. Der Farmer war vernichtet, das wusste er.
10 Er saß auf einer Maiskiste neben seinem Haus und zählte die fetten Blasen, die an seine Schuhe trieben und dort zerplatzten. Das Maisfeld glich einem See. Der Rancho[2] des Peons[3] war darin verschwunden. Sein Schilfdach trieb im Strom
15 davon, eine nickende Straßenleiche vor sich herschiebend. Der Peon hatte sich zu seinem Herrn geflüchtet und saß neben ihm. Er war ein Indio[4], der mit breitem, eisernem Gesicht ins Leere starrte. Seine Frau war ertrunken, als sie
20 sich losließ, um ihre Hände zur Madonna[5] zu erheben. Der Peon hatte drei Blasen gezählt. Ihre Hand hatte die letzte Blase zerschlagen.

　　Der Farmer hatte seine Frau in der Stadt. Sie würde vergeblich auf seinen Schritt vor der Tür
25 warten. Denn der Farmer gab sich noch eine Nacht. Es ist unter Männern Brauch, dass man sich in gewissen Lagen die letzte Zigarette teilt. Der Farmer, im Begriff nach Mannesart zu handeln, wurde von seinem Peon unterbrochen. „Herr!", rief der Indio, „der Parana! Der Strom 30 kommt ...!" Er hatte recht. Man hörte in der Ferne ein furchtbares Donnern. Der Parana, angeschwollen von Wasser und Wind, brach in die Teeprovinzen ein. Parana, das heißt der größte Strom Argentiniens. Dieses Donnern war das 35 Todesurteil für die Männer von Santa Sabina. Sie verstanden sich auf diese Sprache, die Männer. Sie hatten tausendmal dem Tod ins Auge gesehen.

　　Sie hatten das Weiße im Auge des Pumas ge- 40 sehen und der Korallenschlange ins kaltstrahlende Gesicht. Sie hatten dem Jaguar gegenübergestanden und der großen Kobra, die sich blähte. Sie hatten alle diese Begegnungen für sich entschieden, denn ihr Auge war kalt und 45 gelassen ihre Hand.

[1] Yerbabusch: südamerikanische Stechpalme
[2] Rancho: Hütte
[3] Peon: Landarbeiter, Knecht, Tagelöhner
[4] Indio: *spanisch:* Indianer Lateinamerikas
[5] Hände zur Madonna erheben: *hier:* verzweifelt zur Mutter Gottes beten und um Rettung bitten

Jetzt aber halfen keine Patronen und kein scharfes Auge. Dieser Feind hier, das Wasser, war bösartig wie hundert Schlangen, die heran-
50 zischten, und todesdurstig wie der größte Puma auf dem Ast. Man konnte das Wasser schlagen, es wuchs. Man konnte hineinschießen, es griff an. Es biss nicht, es stach nicht, das Wasser, es suchte sich nur mit kalten Fingern eine Stelle
55 am Mann, seinen Mund, um ihn auszufüllen, bis Blasen in die Lunge quollen. Das Wasser war gelb und lautlos. Und man sah vor Regen den Himmel nicht.

Auf einer kleinen Insel, halb unsichtbar in
60 der triefenden Finsternis, saß der Farmer mit seinem Peon vor seinem Haus.

Dann kam der große Parana. Er kam nicht mit Pauken und Posaunen. Nein, man merkte ihn gar nicht. Aber plötzlich stand der Schuh
65 des Farmers im Wasser. Er zog ihn zurück. Aber nach einer Weile stand der Schuh wieder im Wasser, weiß der Teufel … Und wenn man die Maiskiste zurücksetzte, so musste man sie bald noch ein wenig zurücksetzen, denn kein Mann
70 sitzt gern im Wasser.

Das war alles, aber das war der Parana.

Gegen Abend fiel das Hühnerhaus um. Man hörte das halb erstickte Kreischen der Vögel, dann wieder war es still. Später zischte es plötz-
75 lich im Wohnhaus auf, denn das Wasser war in den Herd gedrungen. Als es dunkel wurde, stan- den der Farmer und sein Peon bereits bis zum Bauch im Wasser. Sie kletterten auf das Schilf- dach. Dort auf dem Gipfel saßen sie schweigend,
80 dunkle Schatten in der dunkelsten aller Nächte, indes Töpfe und Kästen aus den Häusern hin-

ausschwammen. Ein Stuhl stieß unten das Glas- fenster in Scherben. Das Wasser rauschte. Die Blasen platzten. Ein totes Huhn schwamm im Kreise vor der Haustür. 85

Als das Wasser das Dach erreicht hatte, stieß es die Hausmauern nachlässig um. Das Dach stürzte von den gebrochenen Pfosten, schau- kelte und krachte, dann drehte es sich um sich selbst und trieb in die rauschende Finsternis 90 hinaus.

Das Dach ging einen langen Weg. Es fuhr kreisend zu Tal. Es trieb am Rande der großen Urwälder vorbei. Es segelte durch eine Herde von Rindern, die mit himmelwärts gestreckten 95 Beinen totenstill auf dem wirbelnden Wasser trieben. Glotzäugige Fische schossen vor dem Schatten des Daches davon. Schwarze Aasgeier trieben, traubenweise an ein Pferd gekrallt, den Strom hinab. Sie blickten mordlustigen Auges 100 herüber … Blüten, Möbel und Leichen vereinig- ten sich zu einem Zug des Todes, der talwärts fuhr, einem undurchsichtigen Ende entgegen.

Gegen Morgen richtete sich der Farmer auf und befahl seinem Peon nicht einzuschlafen. 105 Der Indio verwunderte sich über die harte Stim- me seines Herrn.

Er wäre bedenkenlos dem Farmer um die Erde gefolgt. Er war Indio und wusste, was ein Mann ist. Aber er wusste auch, dass ein Mann 110 ein schweres Gewicht hat. Wenn nur ein Mann auf dem Dach sitzt, so hält es natürlich länger, nicht wahr, als wenn es unter dem Gewicht zweier Männer auseinanderbricht und versinkt. Und dann gute Nacht … 115

Er glaubte nicht, dass der Farmer mutwillig das Dach verlassen würde, aber man konnte ihn hinunterkippen, denn es ging hier um Leben und Tod. Das dachte der Indio, und rückte
120　näher. Sein Gesicht war steinern, es troff von Regen.

Das Dach würde auf keinen Fall mehr bis zum Morgen schwimmen. Jetzt schon brachen einzelne Bündel ab und schwammen nebenher.
125　Die Männer mitten auf dem furchtbaren Strom wussten nicht, wo sie waren. Dichter Nebel fuhr mit ihnen. Ringsum das Wasser schien still zu stehen. Fuhren sie im Kreis? Sie wussten es nicht. Sie sahen sich an.
130　Da folgte der Farmer dem Brauch aller Männer, zog seine letzte Zigarette, brach sie in zwei Teile und bot dem Indio einen an. Sie rissen das Papier ab und kauten den Tabak, da sie kein Feuer hatten.
135　Er ist ein guter Kamerad, dachte der Peon. Es hat keinen Zweck. Es soll alles seinen Weg gehen. Als er den würzigen Geschmack des Tabaks fühlte, wurde aus der Feindschaft langsam ein Gefühl der Treue. Was willst du? Der Peon
140　hatte seine Frau verloren und sein Kind. Sie hatte die letzte Blase ihres Atems mit ihrer Hand zerschlagen. Er hatte nichts mehr, was ihn zu leben verlockte. Das Schilfdach sank immer tiefer. Wenn er selbst ins Wasser sprang, hielt das Dach vielleicht noch und trug seinen Herrn bis 145 zum Morgen.

Der Dienst ist aus, adios Señor! Der Peon kletterte über den Giebel bis an den Rand des Daches, als er plötzlich im dunklen Wasser Kaimane rauschen sah, Jaquares, die ihn aufmerk- 150 sam anstarrten. Zum ersten Mal verzog der Indio sein Gesicht, dann hielt er den Atem an und sprang.

Aber er wurde im selben Moment von seinem Herrn gehalten, der ihn wieder aus dem Was- 155 ser zog und seinen Peon zornglühend anschrie. Kreideweiß, mit rotgeränderten Augen und triefenden Haaren beugte sich der Farmer über ihn, nannte ihn den Vater allen Unsinns und rüttelte ihn. Dann befahl er ihm, seinen Platz einzuneh- 160 men und den Mut nicht zu verlieren, verdammt noch mal …!

Gegen Morgen trieben sie an Land, sprangen über Baumäste und wateten stundenlang, bis sie ins Trockene kamen. Sie klopften den Bo- 165 den mit Stöcken nach Schlangen ab, und ehe sie sich zum Schlafen ins Maisfeld legten, sagte der Farmer: „Morgen gehen wir zurück und fangen wieder an." „Bueno"[6], sagte der Indio. Der Regen hörte auf. 170

[6] bueno: *spanisch:* gut

1 Stellt euch einmal die folgende Frage:
Was ist das **zentrale Thema** in dieser Geschichte?
- Jeder von euch schreibt seine eigenen Vorstellungen dazu auf.
- Bezieht die folgenden Begriffe in eure Überlegungen ein:
  Vertrauen – Verantwortung – Schuld – Freundschaft –
  Verlässlichkeit – Hoffnung – Zuverlässigkeit – Zuversicht
- Tauscht anschließend eure Ergebnisse im Plenum aus.

2 Tragt Informationen über die beiden Hauptfiguren aus dem Text zusammen:
a) zu ihrem **Aussehen**, c) zu ihrer **Familiensituation**
b) zu ihrer **Tätigkeit**, d) und zu ihren bisherigen **Erfahrungen**.
- Arbeitet in zwei Gruppen. Lest dazu insbesondere auch in den Zeilen 1–47 nach.
- Informiert euch dann gegenseitig über eure Ergebnisse.

3 Der Fluss ergießt sich über die Teefelder und über das gesamte Dorf.
- Sucht zwei Textstellen heraus, die die Gefühlslage des Farmers und seines Peons
  zu Beginn der Geschichte veranschaulichen. Schaut dazu auch noch einmal
  in die Zeilen 1–46. Welche Feststellungen müssen die beiden machen?
- Vergleicht eure Ergebnisse.

4 Beide Männer können sich retten. Aber bis dahin passiert viel.
Tauscht euch einmal darüber aus, welches **Motiv** die beiden hauptsächlich
dazu bringt, **nicht** aufzugeben. Lest dazu auch im Infokasten nach.

Handlungsmotive literarischer Figuren

Ein **Motiv** ist eine Ursache, ein **innerer Antrieb** zu einer Handlung von
literarischen Figuren. Solche Motive können sein:
Hilfsbereitschaft, Vertrauen, Liebe, aber auch **Hass, Neid** oder **Zorn**.
Es gibt unterschiedlich starke Motive. Oft ist ein Hauptmotiv für das
Handeln einer Figur zu erkennen.

5 Der Überlebenskampf der zwei Männer geht nicht ohne Schwierigkeiten, ohne Zweifel ab.
- In den Zeilen 108–129 könnt ihr herausfinden, welche Gedanken dem Peon auf dem Dach
  des Hauses durch den Kopf gehen. Welches **Handlungsmotiv** wird hier für ihn deutlich?
- Findet in den Zeilen 130–146 die Textstelle heraus, an der der Peon seinen Plan dann aber
  radikal ändert. Welches Motiv treibt ihn **jetzt** an?
- Wie verhält sich der Farmer gegenüber seinem Peon, als dieser sich in den
  reißenden Strom stürzt? Lest dazu noch einmal in den Zeilen 154–162 nach.

6 In dem Glauben, dass sie die Nacht nicht überstehen werden, bietet der Farmer seinem Peon
die Hälfte seiner letzten Zigarette an.
- Lest diese Passage in den Zeilen 130–139 noch einmal aufmerksam.
- Wofür wird die Zigarette in diesem Moment zum Symbol?

Schreiben und Präsentieren

Bewerbung um einen Praktikumsplatz
Persönliche Stärken und Schwächen untersuchen

Damit du dir darüber klar werden kannst, welcher Beruf zu dir passen könnte, spielt ein erfolgreiches **Praktikum** eine große Rolle. Die folgenden Seiten sollen dir dabei helfen, dich intensiv mit dem Thema **Bewerbung** auseinanderzusetzen.
Sammle daher die wichtigsten Informationen und Ergebnisse in einem **Portfolio**, das du auch in den kommenden Schuljahren noch nutzen kannst.

INFO

Portfolio

Ein Portfolio ist eine Sammlung von Materialien zu einem bestimmten Thema und über einen längeren Zeitraum. Es hilft dir dabei,

- deine Fortschritte, Leistungserfolge und Ergebnisse sichtbar zu machen,
- dich selbstreflektierend mit deiner Arbeitsweise auseinanderzusetzen,
- herauszufinden, was du in Zukunft noch intensiver üben musst.

Um alle Materialien übersichtlich im Blick zu behalten, sammelst du diese am besten in einer Mappe.

1 Während eines Bewerbungstrainings erhält Anna-Lena die Aufgabe, sich selbst einzuschätzen. Lest, was sie geschrieben hat.

Mein Lieblingsfach in der Schule ist Sport. Dort kann ich am besten zeigen, wieviel Ausdauer und Durchhaltevermögen ich besitze. Ich tanze für mein Leben gern und muss immer in Bewe-
5 gung sein. Ich mag es nicht, lange still zu sitzen. Seit meinem 6. Lebensjahr spiele ich auch Fußball in einem Verein. Besonders die Wettkämpfe und die Gemeinschaft mit meinem Team machen mir Spaß. Sollten wir doch einmal ein
10 Spiel verlieren, hilft uns unsere Trainerin dabei, uns wieder aufzubauen und neu zu motivieren. Danach besprechen wir immer, was wir noch verbessern können.
    Neben dem Fußball interessiere ich mich
15 aber auch sehr für Mode und Styling. Zusammen mit meiner besten Freundin habe ich einen Modeblog, auf dem wir regelmäßig über neue Outfits und Trends berichten. Für meinen Tanzstundenball habe ich mir sogar mein Traumkleid selbst entworfen und genäht. Natürlich
20 hatte ich dabei etwas Hilfe. Es macht mir jeden-

falls viel Spaß, auch mal etwas Neues auszuprobieren, selbst wenn es dann nicht gleich beim ersten Mal klappt.
    Im Unterricht arbeite ich gern mit anderen 25 zusammen. Ich würde mich als sehr freundliche Person einschätzen, die auch häufig anderen hilft. Ich mag es, gemeinsam Ideen zu entwickeln und diese dann umzusetzen.
    Allerdings fällt es mir immer noch etwas 30 schwer, frei vor anderen zu sprechen. Vorträge gehören daher nicht gerade zu meinen Lieblingsbeschäftigungen. Aber ich arbeite daran.
    Später würde ich gern eine Zeit lang im Ausland leben. Neben Sport ist Englisch daher 35 mein zweites Lieblingsfach. Ich denke, es ist sehr wichtig, mit anderen Leuten ins Gespräch zu kommen. Meistens fällt mir das auch nicht schwer, allerdings brauche ich oft einen Moment, um mit unbekannten Personen vertraut 40 zu werden.

2 Welche ihrer Eigenschaften hat Anna-Lena in dieser kurzen Selbsteinschätzung beschrieben? Nennt Beispiele und tauscht euch darüber aus.

3 Anna-Lena deutet auch Situationen an, die ihr noch schwerfallen. Welche sind das? Und wie geht sie damit um?

4 Selbstverständlich verfügt jeder Mensch über kleine Schwächen. Wie sieht es damit bei dir aus? Was kannst du bereits sehr gut? Was bereitet dir noch Schwierigkeiten? Mach dir Notizen und sprecht gemeinsam in der Klasse darüber.

5 *Zuverlässigkeit*   *Teamfähigkeit*
Ausdauer   *Belastbarkeit*
Kommunikationsfähigkeit   *Kreativität*
Kritikfähigkeit   *Zielstrebigkeit*

Dies sind persönliche Stärken, mit denen man in jeder Bewerbung punkten kann.
- Besprecht, was man darunter versteht.
- Nennt Fähigkeiten, über die Anna-Lena verfügt.
- Beschreibt weitere Situationen, in denen diese Eigenschaften besonders wichtig sind.

6 Das weiß ich über mich!
Verfasse nun deine eigene, persönliche **Selbsteinschätzung**.
Folgende Fragen können dir bei deiner Selbsteinschätzung helfen:
- Was ist mein Lieblingsfach? / Was sind meine Lieblingsfächer?
- Welche Hobbys habe ich?
- Wofür interessiere ich mich am meisten? / Was mag ich? / Was kann ich besonders gut?
- Probiere ich gern etwas Neues aus?
- Was fällt mir noch nicht ganz so leicht?
- Welche Wünsche / Pläne habe ich für die Zukunft?
Nutze auch den **WORTSCHATZ**.

Ich bin sehr sportlich und viel draußen unterwegs.
Ganz besonders interessiere ich mich für ….
Nicht so gerne mag ich …

7 Befrage auch Menschen aus deinem vertrauten Umfeld (Eltern, Freunde, Geschwister, Lehrer …), um eine Einschätzung von dir zu bekommen. Welche Stärken sehen sie in dir?

 8 Sammle alle Ergebnisse in deinem **Portfolio**.

WORTSCHATZ

Selbsteinschätzung
ausdauernd
belastbar
entschlussfreudig
geduldig
hilfsbereit
kommunikativ
kompromissbereit
kreativ
lernfähig
motiviert
musikalisch
pünktlich
selbstständig
spontan
sportlich
teamfähig
zielstrebig
zuverlässig

Schreiben und Präsentieren

Bewerbung um einen Praktikumsplatz

Sich auf ein Praktikum vorbereiten

1 Sprecht darüber, was ihr euch persönlich von der Praktikumszeit erhofft. Folgende Fragen können auch dabei behilflich sein:

- Was wisst ihr schon über euer Praktikum?
- Was möchtet ihr über das Unternehmen / den Betrieb … erfahren?
- Welche Aufgabenbereiche könnten euch erwarten?
- Was könnten für euch Herausforderungen sein?
- …

2 Lest euch jetzt folgenden Sachtext zunächst in Ruhe durch.

Wie man an ein Praktikum kommt – zehn Tipps

1 Ein Praktikum ist für viele Schülerinnen und Schüler der erste Schritt in Richtung Berufswelt. Im Praktikum sammelt ihr wertvolle Erfahrungen und lernt die realistische Seite des Arbeitslebens kennen. So könnt ihr unverbindlich herausfinden, ob ihr und ein bestimmter Beruf zueinanderpassen und ob eine
5 spätere Ausbildung für euch in Frage käme. Eventuell werden schon erste Kontakte geknüpft, auf die ihr dann zurückgreifen könnt. Und sollte sich die Praktikumsstelle nicht als der „Hit" erweisen – seid ihr jedenfalls um die wichtige Erfahrung reicher, was ihr nicht wollt.

2 Wie findet man denn nun einen Praktikumsplatz? Da gibt es zum Glück viele
10 Wege, die zum Ziel führen. Es ist gut, wenn euch die Eltern und die Schule dabei unterstützen. Werdet aber auf jeden Fall selbst aktiv. Es geht um euch! Begreift die Herausforderung, einen Praktikumsplatz zu finden, als Chance, für spätere Bewerbungen zu trainieren.

3 Sucht euch Adressen und Telefonnummern von den Firmen heraus, die für
15 euch in Frage kommen. Die Kontaktdaten findet ihr im Telefonbuch, im Branchenverzeichnis und natürlich im Internet. „Bloß keine Hemmungen!", fordert eine Ausbildungsleiterin einer Krankenkasse zur Eigeninitiative auf. „Ruft direkt in den Betrieben an und fragt nach, ob ein Praktikum möglich ist." „Kommt doch einfach mal vorbei und fasst selber mal an", lädt ein Handwerksmeister
20 interessierte Jugendliche in seine Werkstatt ein. Gerade bei kleinen Betrieben ist manchmal der direkte Weg der beste. Geht einfach hin, fragt nach einem Praktikumsplatz und stellt euch vor. Kontakt zu größeren Unternehmen solltet ihr dagegen erst mal per Telefon oder E-Mail aufnehmen.

4 Natürlich sind bei der Suche nach einem Praktikumsplatz meistens Eltern,
25 Verwandte und Bekannte eure erste Anlaufstelle. Oft haben eure Lehrerinnen und Lehrer gute Kontakte zu möglichen Praktikumsfirmen. Hilfreiche Tipps könnt ihr außerdem von Schülerinnen und Schülern aus den höheren Klassen bekommen.

5 Auch die Experten von der Arbeitsagentur oder von einer Handwerkskammer
30 vermitteln Praktikumsplätze. Vereinbart einen Gesprächstermin. Ein Berufsbe-

rater erklärt: „Ich nehme den Jugendlichen die Entscheidung nicht ab, die muss schon jeder für sich allein treffen. Aber mit meinem Wissen und meiner Erfahrung kann ich ihnen helfen, einen geeigneten Praktikumsplatz zu finden."

6 Blättert auch in Tageszeitungen und regionalen Anzeigenblättern. Dort kön-
35 nen ebenfalls Praktikumsplätze angeboten werden. Solche Angebote hängen auch oft am Schwarzen Brett aus, zum Beispiel in der Schule oder im Jugendclub.

7 Recherchiert im Internet. So schreiben viele Firmen auf ihren Webseiten Prak-
tikumsstellen aus. Einen guten Überblick über verfügbare Stellen in eurer Region bieten auch die Praktikumsbörsen im Internet. Anbieter sind die Arbeitsagentur,
40 die Handwerkskammer (HWK) und die Industrie- und Handelskammer (IHK) – oft in enger Zusammenarbeit mit eurer Stadt, eurem Landkreis und den örtlichen Schulbehörden.

8 Egal, auf welchem Weg ihr sucht, immer könnt ihr auch bei Firmen nachfragen, die Ausbildungsplätze anbieten. Denn wer auf der Suche nach Auszubil-
45 denden ist, wird in der Regel auch an Praktikanten interessiert sein.

9 Nehmt nicht einfach irgendeine Praktikumsstelle, sondern konzentriert euch auf ein oder zwei Berufsfelder, die ihr für euch herausgefunden habt. Beschränkt euch auch nicht auf einen ganz bestimmten Betrieb, sondern seid offen für Neues. Eine Praktikumsstelle muss auch nicht immer direkt am Schulort sein. Aller-
50 dings müssen – wie bei allen Stellen im Rahmen eines schulischen Betriebsprak-
tikums – außer der Schule auch die Erziehungsberechtigten zustimmen und die anfallenden Kosten tragen.

10 Ganz wichtig: Bewerbt euch frühzeitig! Dann bleibt euch noch genügend Zeit, Alternativen zu finden, wenn es nicht gleich auf Anhieb geklappt haben sollte.

3 Arbeitet zu zweit und notiert zu jedem Absatz Stichpunkte.

4 Insgesamt stecken in diesem Text **zehn** Tipps. Nutzt eure Stichpunkte aus Aufgabe 3 und formuliert diese zu aussagekräftigen Ratschlägen um.
1) *Werde selbst aktiv! Verstehe die Praktikumssuche als Chance!*
2) *Suche Kontaktdaten von passenden Betrieben heraus!*
3) …

5 Diskutiert, welche dieser Ratschläge für euch persönlich wichtig sind. Ergänzt eventuell weitere persönliche Tipps.

6 Stellt jetzt in einer Übersicht zusammen, wie und wo man überall einen Praktikumsplatz finden kann. Nutzt dazu auch die folgenden Anregungen.

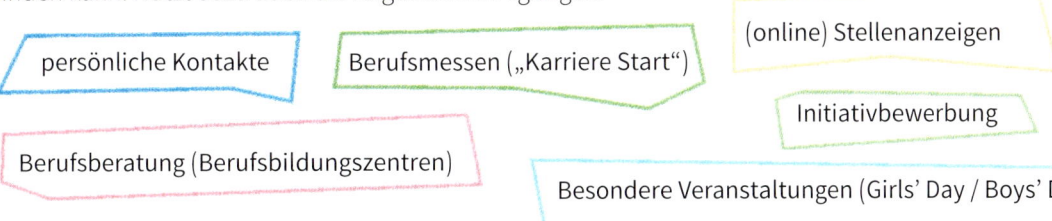

persönliche Kontakte

Berufsmessen („Karriere Start")

(online) Stellenanzeigen

Initiativbewerbung

Berufsberatung (Berufsbildungszentren)

Besondere Veranstaltungen (Girls' Day / Boys' Day)

 7 Sammle alle Ergebnisse in deinem **Portfolio**.

Bewerbung um einen Praktikumsplatz

Kontakt zum Praktikumsbetrieb aufnehmen: Telefongespräch

Bevor ihr euch schriftlich um einen Praktikumsplatz bewerbt, solltet ihr
Kontakt mit dem Betrieb oder dem Unternehmen aufnehmen. Ruft dort an.
Erkundigt euch, ob passende Praktikumsplätze für euch angeboten werden und
welche Bewerbungsunterlagen erwartet werden.

1 Im folgenden Telefongespräch interessiert sich ein Schüler für die handwerkliche
Tätigkeit eines Restaurators. Er hat sich daher im Internet die Telefonnummer einer
Tischlerei herausgesucht, die sich auf die Restauration alter Möbel spezialisiert hat.
Dort ruft er nun wegen eines Praktikumsplatzes an.
Lies dir das Telefonat zunächst allein durch.

> *Guten Tag.*
> *Ich heiße Felix Fröhlich.*
> *Ich möchte mich nach einem*
> *Praktikumsplatz in Ihrem Betrieb*
> *erkundigen.*

> *Hier Tischlerei Gruner –*
> *Ich wünsche einen guten Tag –*
> *mein Name ist Andrea Schmidt.*
> *Was kann ich für Sie tun?*

> *Ich verbinde Sie*
> *mit unserer Personalabteilung.*
> *Einen Moment Geduld,*
> *bitte.*

Musik / Warteschleife

> *Gabi Bahlke am Apparat.*

Praktikant: ...

> *Für Praktikanten ist unser*
> *Tischlermeister Herr Maier persönlich*
> *zuständig. Ich stelle Sie durch.*

Musik / Warteschleife

> *Falk Maier – Guten Tag.*

Praktikant: ...

> *Tischlermeister: ...*

Praktikant: ...

> *In Ordnung, Felix. Ich werde sehen, was ich*
> *für dich tun kann. Bevor ich dir aber endgültig zusagen kann,*
> *brauche ich deine schriftliche Bewerbung und den Lebenslauf.*
> *Vergiss auch nicht, die Bescheinigung von deiner Schule*
> *mitzuschicken.*

> *Ja, ich schicke Ihnen alles*
> *gleich in den nächsten Tagen. Eine Frage*
> *hätte ich aber noch: Wie schreibe ich*
> *Ihren Nachnamen?*

> *Mit ai, also MAIER. Tschüss Felix.*

> *Vielen Dank, Herr Maier. Tschüss.*

2 Lest das Gespräch nun mit verteilten Rollen. Probiert aus, was ihr an den mit drei **...** markierten Stellen sagen müsst:
- Was muss Felix wiederholt erklären?
- Welche Informationen sollte Felix parat haben?
- Auf welche Fragen sollte sich Felix vorbereiten?

3 Bei solchen offiziellen Anrufen sollte man angemessen, höflich und sachlich sprechen.
- Nennt Beispiele, wo das Felix sehr gut gelingt.
- Diskutiert, ob es in Ordnung ist, dass sich Felix mit einem lockeren „Tschüss" von Herrn Maier verabschiedet.

4 Spielt das Telefonat mit Felix und Herrn Maier mehrmals durch.
- Setzt euch dazu in kleinen Gruppen zusammen.
- Vergesst nicht, nach den „Anrufen" eine kurze Gesprächsnotiz zu schreiben.
- Wechselt Rollen und Aufgaben.
- Beachtet auch die **Tipps für offizielle Anrufe**.

5 Wie möchtest **du** dich nach deinem Wunsch-Praktikumsplatz erkundigen?
- Spielt verschiedene Situationen mit verteilten Rollen in euren kleinen Gruppen durch.
- Dabei sollte jeder von euch einmal „anrufen".
- Gebt euch anschließend ein Feedback. Orientiert euch dabei an den **Tipps für offizielle Anrufe**.

6 Prüft, ob die folgenden Äußerungen dem offiziellen Anlass des Anrufs entsprechen.
Tauscht euch aus und begründet eure Einschätzungen.
a) Hallo, mein Name ist …
b) Hey, hier ist die / der …
c) Hi, ich bin …
d) Guten Tag. Hier spricht …
e) Moin moin. Ich heiße …
f) Tach, ich will bloß mal wissen, ob Sie eine freie Praktikumsstelle haben.
g) Sach' mal: Habt ihr was frei bei euch?
h) Bieten Sie in Ihrem Betrieb Praktikumsplätze für Schüler und Schülerinnen an?
i) Ich brauch dringend einen Praktikumsplatz. Bin bissl spät dran.
j) Ich möchte nach einem Praktikumsplatz für Schüler fragen.

7 Sammle deine Erfahrungen mit offiziellen Anrufen in deinem **Portfolio**.

Tipps für offizielle Anrufe

Tipp 1: Schreibe dir **vor** dem Anruf einen „Spickzettel" als Gedankenstütze. Notiere dir, was du sagen und fragen willst. Lege dir Stift und Papier für eigene Notizen bereit.

Tipp2: Überlege dir eine geeignete Begrüßung. Wie stellst du dich vor? Wie trägst du dein Anliegen vor?

Tipp 3: Sprich deutlich und sei freundlich. Denke daran: Ein Lächeln kann man beim Sprechen auch hören!

Tipp 4: Erfrage – falls notwendig –, wie der Name deines Ansprechpartners korrekt geschrieben wird. Somit vermeidest du spätere Probleme beim Bewerbungsanschreiben.

Tipp 5: Bedanke dich für die erhaltene Auskunft und verabschiede dich höflich.

Tipp 6: Schreibe im Anschluss an das Telefonat sofort eine kurze Gesprächsnotiz. Notiere dir:
- Datum und Zeit des Gesprächs,
- den Namen des Betriebes und des Ansprechpartners,
- wichtige Informationen (Termine, Absprachen zur Bewerbung …).

Schreiben und Präsentieren

Bewerbung um einen Praktikumsplatz

Den Aufbau eines Lebenslaufes untersuchen

linker Rand: 2,5 cm

oberer Rand : vier Leerzeilen

rechter Rand: 2 cm

Die Punkte stehen für Leerzeilen.

Überschriften und den eigenen Namen **fett** formatieren

Überschriften und Stichwörter linksbündig ausrichten, zwei exakte Spalten bilden, Tabulator nutzen

Doppelpunkte direkt hinter die Stichwörter setzen

Lebenslauf

Angaben zur Person

Name: **Felix Fröhlich**

Anschrift: Drosselweg 25
                             09130 Chemnitz
                             Tel.: 01234 5678910
                             E-Mail: felix.froehlich@e-mail.de

Geburtstag: 28.03.2009 in Stollberg / Erzgebirge

Eltern: Cornelia Froehlich
                            Robert Vieweger

Bewerbungsfoto
– digitales Foto einfügen
– analoges Foto aufkleben

Praktische Erfahrungen

seit 01.11.2022   Austragen von Zeitungen
seit 01.06.2018   aktiv bei der Jugendfeuerwehr Glösa

Nenne Erfahrungen mit der Arbeitswelt, auch ehrenamtliche Aufgaben zählen.

Schulbildung

Schulabschluss: Hauptschulabschluss im Sommer 2024

01.08.2019 – 31.07.2024   Alexander-von Humboldt-Oberschule

01.08.2015 – 31.07.2019   Dr. Salvador Allende Grundschule

– Beginne mit den Informationen über den Schulabschluss.
– Informiere über deinen angestrebten Schulabschluss.
– Gehe dann zeitlich Schritt für Schritt zurück bis zur Grundschule.

Persönliche Fähigkeiten und Kompetenzen

Computerkenntnisse: Grundkenntnisse in Textverarbeitung

Sprachkenntnisse: gute Englischkenntnisse

Persönliche Stärken: Zuverlässigkeit, Teamfähigkeit,
                            Belastbarkeit, Organisationsfähigkeit

Hobbys: technischer Modellbau, Zeichnen, Tischtennis

Führe deine Stärken an und betone deine Persönlichkeit!

Chemnitz, 05. April 2023

Felix Fröhlich

Ort, Datum – dasselbe Datum wie im Anschreiben

Unterschrift in blauer oder schwarzer Tinte – wie im Anschreiben

unterer Rand: mindestens vier Leerzeilen

1 Schaut euch den Lebenslauf auf Seite 100 aufmerksam an.
- Wie ist der Lebenslauf aufgebaut?
- Über welche Bereiche des Lebens gibt er Auskunft?
- Wie sind die Daten angeordnet?

2 Nennt die persönlichen Angaben in diesem Lebenslauf, die freiwillig sind –
die man also auch weglassen darf. Nehmt den **INFOKASTEN** zu Hilfe.

Bewerbung: Der Lebenslauf

INFO

Der Lebenslauf ist ein wichtiger Bestandteil der **schriftlichen Bewerbung** und gehört zu den **Anlagen** des Bewerbungsschreibens. Knapp und übersichtlich wird er in **tabellarischer Form** am Computer geschrieben. Er enthält vier Teilabschnitte:

- **Angaben zur Person:** Alle Informationen zur Familie sowie die Angaben zu Geburtstag und Geburtsort sind freiwillig. Ebenso freiwillig ist ein Bewerbungsfoto.
- **Praktische Erfahrungen:** Erste Erfahrungen mit der Berufswelt nennen, z. B. einen Ferienjob, ein bereits absolviertes Praktikum oder eine ehrenamtliche Tätigkeit.
- **Schulbildung:** Mit dem voraussichtlichen Schulabschluss beginnen, dann zeitlich zurückgehen bis zur Grundschulzeit.
- **Persönliche Fähigkeiten und Kompetenzen:** Die eigenen Computer- und Sprachkenntnisse realistisch einschätzen, Hobbys sagen etwas über die Persönlichkeit aus.

Der Lebenslauf ist **kein Brief**, deshalb enthält er auch keinerlei Anrede- oder Grußformeln. Mit der **Unterschrift** versichert man, dass die Angaben im Lebenslauf der Wahrheit entsprechen und aktuell sind.

3 Auch ein Foto ist bei der Bewerbung keine Pflicht.
Aber ein gelungenes Bewerbungsfoto kann für euch von Vorteil sein.
- Welche dieser Fotos sind als Bewerbungsfotos geeignet – welche nicht?
- Tauscht euch aus und begründet eure Wertungen.

Bewerbung um einen Praktikumsplatz

Bausteine eines Lebenslaufes tabellarisch richtig ordnen

1 Ordne die folgenden Bausteine eines tabellarischen Lebenslaufes richtig an.
- **Aber Achtung:** Ein Baustein gehört **nicht** in den Lebenslauf. Lass ihn weg!
- Schreibe den Lebenslauf mit dem Computer. Nutze das Rechtschreibprogramm.

Lebenslauf

Angaben zur Person

Geburtsort: Dresden

Name: **Mila Müller**

Hobbys: Tanzen, Schwimmen, Lesen

Geburtstag: 10.09.2009

Eltern: Silvia Müller, geb. Götze
Torsten Müller

Anschrift: Wormser Straße 11
01309 Dresden
Tel.: 0351 4567890
E-Mail: mila.mueller@e-mail.de

Schulbildung

01.08.2015–31.07.2019   25. Grundschule Pohlandplatz, Dresden

01.08.2019–31.07.2025   Sportoberschule, Dresden

Schulabschluss: Realschulabschluss im Sommer 2025

Persönliche Fähigkeiten und Kompetenzen

Sprachkenntnisse:
gute Kenntnisse in
Englisch
Grundkenntnisse in Russisch

Computerkenntnisse:
gute Kenntnisse in Textverarbeitung
und Präsentation
Grundkenntnisse in Programmierung
und Bildbearbeitung

Persönliche Stärken:
Zuverlässigkeit, Ausdauer,
Kommunikationsfähigkeit,
Teamfähigkeit

Mit herzlichen Grüßen

Mila Müller

Dresden, 05. April 2023

 **2** Nimm auch den Teilabschnitt *Praktische Erfahrungen* in den Lebenslauf auf.
- Überlege dir, welche Tätigkeiten du darunter anführen könntest.
- Füge diese Angaben passend in den Lebenslauf ein.

Bewerbung um einen Praktikumsplatz

Das bin ich: Meinen eigenen Lebenslauf schreiben

1 Schreibe jetzt **deinen eigenen** Lebenslauf.
- Nutze den **WORTSCHATZ**.
- Arbeite mit dem Computer und wähle eine sachliche Schriftart, zum Beispiel Times New Roman oder Calibri.
- Speichere für spätere Überarbeitungen alles sorgfältig ab (Festplatte, USB-Stick).

2 Überlege dir auch, ob du zusätzliche freiwillige Angaben in deinen Lebenslauf einbauen möchtest.
- Berufe der Eltern
- Staatsangehörigkeit
- Konfession
- Praktische Erfahrungen

3 Mache dir einen Probeausdruck und überprüfe deinen Lebenslauf gründlich.
- Nutze die folgende **CHECKLISTE** für deine Überprüfung.
- Bitte deine Eltern, Freunde oder auch deine Lehrerin / deinen Lehrer um Hilfe bei der Kontrolle.
- Speichere deine Korrekturen sicher ab.

WORTSCHATZ: TEXTBAUSTEINE

Lebenslauf

E-Mail: ... Tel: ...
Geburtsdatum: ...
Ehrenamtliche Tätigkeit als ...
Ferienjob als ...
Praktikum bei ...
Qualifizierender Hauptschulabschluss /
*   Hauptschulabschluss im Sommer 20XX*
Realschulabschluss im Sommer 20XX
Grundkenntnisse in ...
Gute Kenntnisse in ...
Sehr gute Kenntnisse in ...
Muttersprache ...
Belastbarkeit – Kommunikationsfähigkeit –
*   Kreativität – Sportlichkeit – Teamfähigkeit –*
*   Zuverlässigkeit – Fußball – Lesen –*
*   Musizieren – Schwimmen – Nähen –*
*   Bowling spielen – Vereinssport – Tanzen –*
*   Jugendfeuerwehr – Hunde trainieren*

CHECKLISTE

✔ Ich halte die offizielle Form ein und verwende dieselbe Schriftart und Schriftgröße wie im Anschreiben.

✔ Ich richte den Lebenslauf linksbündig in zwei Spalten aus.

✔ Ich formatiere die Überschrift **Lebenslauf**, die **Zwischenüberschriften** und **meinen Namen** fett.

✔ Ich gebe alle erforderlichen Informationen:
- Angaben zur Person
- Praktische Erfahrungen
- Schulbildung
- Persönliche Fähigkeiten und Kompetenzen
- Hobbys

✔ Am Ende folgen Ort, Datum (dasselbe Datum wie im Anschreiben) und meine Unterschrift.

 4 Sammle alle Ergebnisse in deinem **Portfolio**. 94

Schreiben und Präsentieren

Bewerbung um einen Praktikumsplatz

Ein offizielles Bewerbungsanschreiben untersuchen

1   Auf der gegenüberliegenden Seite findet ihr ein Anschreiben für Felix' Bewerbung um einen Praktikumsplatz. Lest euch den Brief aufmerksam durch. 98–99

2   Womit beschäftigt man sich in dem Beruf, den sich Felix ausgesucht hat? Stellt Informationen zu diesem Beruf zusammen.

3   In offiziellen Briefen wie Bewerbungsanschreiben hält man bestimmte Formen ein. Das hat den Vorteil, dass der Adressat schnell einen Überblick erhält, ob der Bewerber oder die Bewerberin zum Unternehmen passen könnte.
- Schaut euch das Anschreiben auf Seite 105 daraufhin genau an.
- Tauscht euch zu den Hinweisen in den Randbemerkungen aus.
  Klärt gemeinsam unbekannte Begriffe und Angaben.
- Recherchiert selbst auch zum Beruf „Restauratoren für Möbel und Holzobjekte",
  für den Felix sich bewerben möchte. Hinweise dazu erhaltet ihr unter: <u>www.arbeitsagentur.de</u>
- Stellt eure Ergebnisse vor.

4   Bringt folgende Teile des Anschreibens in die richtige Reihenfolge von oben nach unten:
Unterschrift, Betreffzeile, Anrede, Gruß, Adresse des Empfängers, Brieftext,
Anlagen, Adresse des Absenders, Datum

5   Welche Aussagen über den Inhalt des Anschreibens auf Seite 105 treffen zu? Notiert *a), …*
- a) Felix bewirbt sich um einen Praktikumsplatz im Bereich „Restauration für Möbel und Holzobjekte".
- b) Er möchte ein vierwöchiges Ferienpraktikum absolvieren.
- c) Er nennt die genauen Termine für das Praktikum.
- d) Er erinnert daran, dass er deswegen schon angerufen hat.
- e) Er erzählt von seinen Hobbys.
- f) Er begründet seinen Wunsch nach einem Praktikumsplatz in der Tischlerei.
- g) Er interessiert sich vor allem für die Arbeit im Verkauf der restaurierten Möbelstücke.
- h) Er hat sich vorab im BiZ (Berufsinformationszentrum) informiert.
- i) Er möchte den Berufsalltag in der Theorie kennenlernen.
- j) Er freut sich, wenn er zu einem Gespräch eingeladen wird.

6   Der Text des Anschreibens ist durch Leerzeilen in vier Abschnitte gegliedert.
Ordnet den Abschnitten die folgenden Zwischenüberschriften zu. Manchmal passen mehrere.
Notiert: *erster Abschnitt: a), c); zweiter Abschnitt: …*
- a) Bezug auf einen vorherigen Kontakt nehmen
- b) Persönliche Motivation und Interesse für einen bestimmten Praktikumsplatz beschreiben
- c) Wunsch nach einem Praktikumsplatz äußern
- d) Angaben zur Person und Schule machen
- e) Informationen zur schulischen Organisation des Praktikums geben
- f) Freude über eine Einladung bekunden

linker Rand: 2,5 cm   oberer Rand : vier Leerzeilen   rechter Rand: 2 cm

Die Punkte stehen für
Leerzeilen.

Angaben zum Absender
– rechts- oder linksbündig
– Reihenfolge beachten

> Felix Fröhlich
> Drosselweg 25
> 12345 Chemnitz
> Tel.: 01234 5678910
> E-Mail: felix.froehlich@e-mail.de

Empfänger-Adresse
– linksbündig
– Reihenfolge beachten

Tischlerei Gruner
Falk Maier
Forststraße 112
54321 Chemnitz

Datum rechtsbündig

05.04.2023

Betreffzeile fett,
ab hier alles linksbündig

**Bewerbung um einen Praktikumsplatz im Beruf Restauration für Möbel und
Holzobjekte – 06. bis 17.05.2023**

persönliche Anrede
– Komma setzen
– klein weiterschreiben

Sehr geehrter Herr Maier,

vielen Dank für das freundliche Telefongespräch am Montag. Sehr gerne möchte ich in Ihrer
Firma vom 06. bis 17.05.2023 ein Schülerpraktikum absolvieren.

Ich bin 14 Jahre alt und gehe in die Klasse 8b der Friedrich August III. Oberschule in
Chemnitz. Ansprechpartner ist mein Klassenlehrer Herr Tom Franke, der das
Schulpraktikum betreut.

Brieftext
in vier Abschnitte gliedern

Im WTH-Unterricht bauen und dekorieren wir Schüler gerade Verkaufsstände für unser
Sommerfest am Ende des Schuljahres. Ich habe große Freude an Tätigkeiten, die handwerk-
liches Geschick und kreative Gestaltung erfordern. Deshalb möchte ich mehr Erfahrungen
in einem handwerklichen Beruf sammeln. Im Internet habe ich mich bereits über den Beruf
eines Restaurators für Möbel und Holzobjekte informiert. Nun möchte ich sehr gern erfahren, wie die Praxis aussieht.

Ich freue mich sehr, wenn Sie mich zu einem Gespräch einladen.

Mit freundlichen Grüßen

Grußformel
Unterschrift in blauer
oder schwarzer Tinte

Felix Fröhlich

Stichpunkt „Anlagen" fett
Darunter können
angefügte Dokumente
aufgelistet werden,
müssen es aber nicht.

Anlagen
Lebenslauf
Kopie des letzten Schulzeugnisses
Schulbescheinigung

unterer Rand: mindestens vier Leerzeilen

Schreiben und Präsentieren

7 Bei den Adressen von Absender und Empfänger wird eine bestimmte Reihenfolge eingehalten. Ordnet die folgenden Angaben korrekt.

Angaben zum Absender
- E-Mail-Adresse
- Postleitzahl – Ort
- Straße – Hausnummer
- Telefonnummer
- Vor- und Nachname

Angaben zum Adressaten
- Herrn / Frau – Name des Ansprechpartners / der Ansprechpartnerin
- offizieller Firmenname
- Postleitzahl – Ort
- Straße – Hausnummer

8 Offizielle Briefe folgen nicht nur einer bestimmten Form, sondern auch einem bestimmten Sprachstil.
- Manchmal weiß man weder die Namen der Adressaten, noch weiß man, ob es Frauen oder Männer sind. Dann darf man nicht einfach *„Hi Leute"* schreiben, sondern es heißt korrekt *„Sehr geehrte Damen und Herren"*.
- Begründet, ob die folgenden Anrede- und Grußformeln zum offiziellen Stil eines Anschreibens passen.

a) *Hallo, Herr Müller, …*
b) *Guten Tag, sehr geehrte Frau Müller, …*
c) *Sehr geehrter Herr Dr. Müller, …*
d) *Liebe Frau Müller, …*
e) *Hi, Frau Dr. Müller, …*
f) *Mit freundlichen Grüßen*
   Martin Meier
g) *Liebe Grüße von Kati*

h) *Freundliche Grüße*
   Katharina Meier
i) *Herzliche Grüße*
   Ihr Martin Meier
j) *Tschüss*
   Eure Kati Meier
k) *Einen schönen Tag wünscht*
   der Martin.

9 Im folgenden **INFOKASTEN** findet ihr noch einmal alle wichtigen Hinweise für das Bewerbungsschreiben zusammengefasst. Lest sie euch in Ruhe durch.

INFO

Bewerbung: Das Anschreiben

Das **Anschreiben** ist nicht länger als **eine DIN-A4-Seite**. Es wird mit einem Textverarbeitungsprogramm am Computer geschrieben und dann fehlerfrei auf weißem DIN-A4-Papier ausgedruckt.

Das **Anschreiben** ist ein **offizieller Brief**. Deshalb werden beim Schreiben bestimmte **Formen** eingehalten:

- Man wählt **sachliche Schriftarten**, z. B. *Arial* oder *Calibri* (Schriftgröße 11 oder 12).

- Die **Seitenränder** betragen links 2,5 cm, rechts 2 cm; oben und unten lässt man jeweils vier Zeilen leer.

- Der **Briefkopf** besteht aus der **Absender-** und **Empfängeradresse**, dem aktuellen **Datum** und der **Betreffzeile**.

- Auf die höfliche **Anrede** folgt der eigentliche Brieftext, in dem die Bewerbung dargestellt wird. Der **Brieftext** sollte kurz und aussagekräftig sein. Man verabschiedet sich freundlich und unterschreibt handschriftlich.

Wenn dem Anschreiben weitere Dokumente hinzugefügt werden, muss man am Ende des Briefes den Stichpunkt **Anlagen** aufführen. Die „angelegten" Dokumente (z. B. **Lebenslauf, Kopie des letzten Schulzeugnisses, Schulbescheinigung**) kann man darunter einzeln auflisten, aber das muss man nicht tun.

Bewerbung um einen Praktikumsplatz

Ein offizielles Bewerbungsanschreiben überarbeiten

1 Dieses Bewerbungsschreiben enthält noch **Fehler** und **Ungenauigkeiten**. Tauscht euch darüber zunächst in der Tischgruppe aus. Macht Korrekturvorschläge und nutzt die Tipps am Rand.

2 Überarbeite und korrigiere nun das Bewerbungsanschreiben eigenständig.
Tippe dafür das Anschreiben mit dem Computer ab und führe dann die Korrekturen durch.

Hier muss eine wichtige Angabe ergänzt werden. Du findest sie weiter unten.

Wormser Straße 11
01309 Dresden
Tel.: 0351 4567890
E-Mail: mila.mueller@e-mail.de

Falsche Reihenfolge!

Horst Hauptig
Staudengärtnerei Hauptig
01127 Dresden
Maxim-Gorki-Straße 45

Datum rechtsbündig ausrichten!

12.01.2023

Inhalt der Betreffzeile korrigieren!

Bewerbung als Gärtnerin / Fachrichtung Staudengärtnerei

Zu vertraulich! Andere Anrede wählen!

Lieber Herr Hauptig,

Zwei Anredepronomen großschreiben!

gern würde ich in ihrem Betrieb ein Schülerpraktikum absolvieren. Wie ich ihnen bereits telefonisch mitgeteilt habe, handelt es sich um ein einwöchiges Praktikum, das vom 18. bis zum 22. März 2023 stattfindet.

Hier etwas weglassen!

Ich bin 14 Jahre alt und besuche die Klasse 8b der Sportoberschule in Dresden. Meine Klassenlehrerin Frau Bettina Kulke, die ich total nett finde, begleitet das Praktikum.

Dieser Satz ist viel zu lang. Daraus mindestens drei kürzere Sätze bilden. Manchmal auf „und" verzichten.

Wir haben zu Hause einen großen Garten, in dem ich oft arbeite, und der Umgang mit den Pflanzen und die Arbeit draußen an der frischen Luft, auch bei Wind und Wetter, liegt mir und macht mir Spaß und da ich mir sehr gut vorstellen kann, nach der Schule eine Ausbildung als Gärtnerin zu machen, habe ich mich auch schon im BiZ über die Fachrichtung Staudengärtnerin informiert, weil ich mich ganz besonders für die Zucht und Kultivierung von Gartenblumen begeistern kann.

Keine Jugendsprache, kein Smiley! Anbieten, sich persönlich vorzustellen!

Wenn ich mich bei Ihnen vorstellen dürfte, wäre das einfach total genial.☺

Mit freundlichen Grüßen

Falsche Farbe!

Mila Müller

Stichpunkt **Anlagen** fehlt!

Lebenslauf
Kopie des letzten Zeugnisses
Schulbescheinigung

Bewerbung um einen Praktikumsplatz

Sich auf ein Bewerbungsgespräch vorbereiten

1 Einige Betriebe möchten euch zunächst kennenlernen, bevor sie über euer Praktikum entscheiden.
- Stellt zusammen, worauf ihr bei einem solchen Bewerbungsgespräch achten solltet.
- Geht nun auch auf folgende Schlagwörter ein:

Kleidung	*Pünktlichkeit*	*Umgangsformen*
Handy	*Blickkontakt*	*Körperhaltung*

2 Lest folgenden Ausschnitt aus einem Bewerbungsgespräch laut und mit verteilten Rollen.
Euer Lehrer / Eure Lehrerin übernimmt dabei sicherlich gern einmal die Rolle von Frau Richter.

> **Frau Richter:** Guten Morgen, Nicole. Schön, dass du da bist.
> Hast du gut hergefunden?
> **Nicole:** Na ja, ging so. War spät dran und dann hab ich ewig
> auf den Bus gewartet.
> **Frau Richter:** Warum möchtest du denn gern bei uns ein Praktikum
> machen?
> **Nicole:** Ich hab gehört, dass es ziemlich entspannt sein soll.
> Und meine Freundin war auch schon mal hier.
> **Frau Richter:** Wie stellst du dir die Tätigkeit als Einzelhandels-
> kauffrau denn vor?
> **Nicole:** Keine Ahnung. Würde ich mich aber schon noch mal
> mit beschäftigen.
> …
>
> **Frau Richter:** Wir würden uns dann in den nächsten Tagen bei dir
> melden und mitteilen, ob wir dir einen Praktikumsplatz bei uns
> anbieten können.
> **Nicole:** Wäre gut, wenn Sie sich bald melden. Die Schule macht ziemlich
> Druck, weil wir unbedingt ein Praktikum machen müssen.

3 Was glaubt ihr – erhält Nicole den Praktikumsplatz?
Welche „Stolpersteine" sollte Nicole beim nächsten Bewerbungsgespräch vermeiden?

4 Macht Verbesserungsvorschläge, sodass Nicole beim nächsten Bewerbungsgespräch
bessere Chancen hat.

5 Auch die **Körperhaltung** spielt bei einem Bewerbungsgespräch eine wichtige Rolle.
Seht euch dazu die beiden folgenden Bilder an.
- Beschreibt, wie die Körperhaltung der beiden Jugendlichen auf euch wirkt.
- Fasst zusammen, worauf man bei der eigenen Körperhaltung im Bewerbungs-
gespräch also unbedingt achten sollte.

6 Bewerbungsgespräche sind nicht alltäglich, daher sollte man sich in Ruhe darauf vorbereiten. Setzt euch in kleinen Gruppen zusammen und bereitet ein **Rollenspiel** zu einem Bewerbungsgespräch vor. Nutzt dazu auch den **INFOKASTEN**.

- Wählt einen Beruf aus, für den ihr euch ein Praktikum vorstellen könntet. Es wäre hilfreich, wenn ihr euch mit diesem Beruf schon einmal beschäftigt hättet.
- Überlegt euch zunächst gemeinsam sinnvolle Fragen, die ihr in einem Bewerbungsgespräch stellen könntet.
- Findet zu euren Fragen passende und höflich formulierte Antworten.
- Spielt das Gespräch mehrmals durch und wechselt dabei auch die Rollen.
- Besprecht anschließend, was gut gelaufen ist und was noch verbessert werden kann.

7 Sammle die gewonnenen Erfahrungen aus Bewerbungsgesprächen in deinem **Portfolio**.

Bewerbungsknigge – Was es beim Bewerbungsgespräch zu beachten gibt

INFO

- Bedanke dich für die Einladung zum Bewerbungsgespräch.
- Achte auf Pünktlichkeit. Plane genügend Zeit für deinen Weg ein.
- Ziehe saubere und angemessene Kleidung an. Du solltest dich aber auch nicht „verkleidet" fühlen.
- Lies deine Bewerbung vorab noch einmal durch. Somit bist du auf mögliche Fragen dazu vorbereitet.
- Denke auch über eine Begründung nach, warum du dich für diese Praktikumsstelle interessierst.
- Informiere dich über den Betrieb / das Unternehmen. Überlege dir, was du gern noch erfahren möchtest.
- Mache dir Gedanken zu typischen Fragen eines Bewerbungsgespräches. Dazu gehören neben Fragen zu dir als Person auch Fragen zum Bereich Schule und zu deinen beruflichen Interessen.
- Achte auf Höflichkeit und Blickkontakt während des gesamten Gesprächs.
- Verabschiede dich freundlich von deinem Gesprächspartner / deiner Gesprächspartnerin.
- Denke daran: Dein **Handy** sollte die ganze Zeit **weder zu sehen noch zu hören** sein.

Bewerbung um einen Praktikumsplatz

Einen Praktikumsbericht schreiben

Praktikumsberichte helfen euch, eigene Erfahrungen während des Praktikums festzuhalten.
Außerdem vermitteln sie auch außenstehenden Personen einen Eindruck
von deiner Praktikumszeit.

1 Lest euch zunächst die beiden folgenden Praktikumsberichte durch.

Praktikumsbericht 1

Mein Praktikum habe ich im Zeitraum vom ... bis ... in der Kindertagesstätte Knirpsenland in Coswig absolviert.

5 Jeden Morgen ab 8:00 Uhr habe ich mich mit den Kindern beschäftigt, die schon früh in der Kita anwesend waren. Oft haben mir gemeinsam gemalt und

10 gebastelt. Gegen 8:30 Uhr haben wir dann mit den Vorbereitungen für das gemeinsame Frühstück begonnen. Die Kinder sollten dabei immer mithel-

15 fen, was manchmal für einiges Chaos gesorgt hat. Ich musste mich schnell daran gewöhnen, alle Kinder im Blick zu behalten.

Nach dem Frühstück habe ich dabei geholfen,
20 das schmutzige Geschirr zu reinigen. Diese Tätigkeit hat mir immer am wenigsten Spaß gemacht.

Gegen 9:30 Uhr sind wir mit den Kindern nach draußen gegangen, wo wir zum Beispiel
25 Verstecken oder Fangen gespielt haben. Dabei konnte es ziemlich laut werden.

Danach haben wir uns gegen 11:00 Uhr alle wieder im Gruppenraum versammelt, um einen Stuhlkreis zu bilden. Wenn ein Kind Geburtstag
30 hatte, haben wir gemeinsam ein Lied gesungen. Manchmal haben die Kinder auch einfach nur von ihren Erlebnissen der letzten Tage erzählt. Dieses gemeinsame Erzählen habe ich sehr genossen.

Um 11:30 Uhr gab es Mittagessen für die Kin- 35
der. Auch hier habe ich wieder beim Tischdecken und Abräumen geholfen.

Während die Kinder Mittagsschlaf gehalten haben, habe ich oft mit meiner Betreuerin Deko für den Gruppenraum gebastelt. Nebenbei hat 40
sie mir viel über ihre Erfahrungen als Erzieherin erzählt. Auch über die stressigen Seiten ihres Berufs hat sie offen mit mir gesprochen.

Am Nachmittag wurde es dann meist noch einmal sehr laut, wenn wir mit den Kindern auf 45
den Spielplatz im Garten gegangen sind. Gegen 15:00 Uhr konnte ich dann nach Hause gehen. Mein Praktikum hat mir sehr gut gefallen. Ich konnte viele neue Eindrücke vom Beruf als Erzieher / Erzieherin gewinnen. 50

Praktikumsbericht 2

Ich habe die letzten zwei Wochen im Krankenhaus St. Joseph-Stift in Dresden gearbeitet. Obwohl ich jeden Tag sieben Stunden arbeiten musste, verging die Zeit wie im Flug. Ich bin
5 jeden Morgen mit dem Rad ins Krankenhaus gefahren und habe dort erfahren, wo ich an diesem Tag arbeiten sollte. So konnte ich mir einen super Eindruck verschaffen, was man als Krankenpflegerin so alles leisten muss. Ein echter
10 Knochenjob, aber auch super interessant!

Ich habe jeden Tag beim Austeilen des Essens und der Medikamente geholfen. Da muss man schon ganz genau aufpassen, dass man nichts verwechselt. Auch beim
15 Reinigen der Blutdruckmessgeräte muss man vorsichtig sein. Hier hatte ich immer ein bisschen Angst, irgendetwas kaputt zu machen. Vor allem die älteren Patienten haben sich immer total gefreut, wenn ich
20 bei ihnen im Zimmer vorbeigeschaut habe. Sie haben mir dann oft von ihrer eigenen Jugend erzählt. Da muss man dann schon manchmal ganz schön viel Geduld haben.

Wenn ein Patient neu aufgenommen
25 wurde, durfte ich seine Daten in den Computer eingeben, um daraus ein Bettschild zu erstellen. Das habe ich dann ausgedruckt und am Bett des Patienten befestigt. In der zweiten Woche durfte ich dann
30 schon einiges selbstständig erledigen. Zum Beispiel habe ich mich um das Auffüllen von Verbandsmaterial gekümmert. Nachdem ich beim Messen des Blutzuckerspiegels immer ganz genau aufgepasst habe,
35 durfte ich es ein paarmal sogar selbst an

Patienten ausprobieren. Dafür gibt es ein spezielles Gerät, womit man mithilfe eines kleines Bluttropfens aus dem Zeigefinger den Blutzuckerwert ermitteln kann. Coole Sache! Das Einzige, woran ich mich echt erst gewöhnen müss- 40 te, sind die Nachtschichten. Auf jeden Fall habe ich nun einen super Überblick bekommen und weiß jetzt, welche Aufgaben man als Krankenpflegerin / Krankenpfleger bewältigen muss.

2 Suche dir einen Partner / eine Partnerin und wählt jeweils einen Praktikumsbericht aus.
- Stellt in eurem Praktikumsbericht Informationen zusammen, welche **Erfahrungen** die Schüler gemacht und welche **Tätigkeiten** sie während des Praktikums ausgeübt haben.
- Tragt diese Informationen in eine Tabelle ein.
- Besprecht eure Ergebnisse.

3 Gibt es Gemeinsamkeiten im **Aufbau** der beiden Praktikumsberichte? Worin unterscheiden sie sich in ihrer **Form**? Vergleicht die beiden Berichte und tauscht euch aus.

Schreiben und Präsentieren

INFO

4 Informiert euch nun mithilfe des **INFOKASTENS** über Aufbau und Inhalt
   eines Praktikumsberichtes.

Einen Praktikumsbericht schreiben

Was ich bei der **äußeren Form** beachten muss:
- Wähle eine sachliche **Schriftart** (*Arial* oder *Calibri*) und **Schriftgröße** (12)
  für deinen Praktikumsbericht. Behalte diese für den gesamten Praktikumsbericht bei.
- Gliedere deinen Bericht in **Absätze**. Dadurch bekommt dein Bericht
  eine übersichtliche Form.
- Achte außerdem darauf, dass dein Text einheitlich **linksbündig** ausgerichtet ist.

Wie ich meinen Bericht **inhaltlich** strukturieren kann:
Teile deinen Praktikumsbericht in **3 Teile**.
- In der **Einleitung** gibst du die Eckdaten (Wann?, Wo?, Wer?) zu deinem Praktikum an.
  Du kannst auch einen Grund für die Auswahl deines Praktikumsbetriebes nennen.
- Im **Hauptteil** gibst du ausführlich Auskunft über die Tätigkeiten während deines
  Praktikums. Zur besseren Strukturierung verwendest du am besten Zeitangaben,
  wann du welche Aktivitäten ausgeführt hast.
- Im **Schlussteil** ziehst du ein Fazit darüber, wie dir das Praktikum gefallen hat
  und was du dabei Neues gelernt hast.

5 Eine Schülerin der achten Klasse hat ein zweiwöchiges Praktikum in einem
   Blumengeschäft absolviert. Lies dir ihre Stichpunkte zu einem Arbeitstag durch.

Praktikumsbetrieb: „Flora – Blüte in Form", Coswig

Ablauf: Fahrt zur Praktikumsstelle mit dem Bus
9:00 Uhr: Arbeitsbeginn – Auslagen vor dem Geschäft gießen und säubern
9:30 Uhr – 11:00 Uhr: Vorbereitungen für den Wochenmarkt:
       Ware auspreisen, Ware sortieren
ab 11:00 Uhr: Kundendienst: Bestellwünsche aufnehmen
12:30 Uhr – 13:00 Uhr: Mittagspause
ab 13:30 Uhr: Bearbeitung von Kundenaufträgen:
       Gestecke und Sträuße herstellen
15:00 Uhr: Lager sortieren und aufräumen
16:00 Uhr: Austausch verblühter Ware im Ladengeschäft, Arbeitsplatz fegen
16:30 Uhr: Feierabend

persönliche Eindrücke:
Familienbetrieb – drei Mitarbeiter – freundliches Team –
Kreativität gefordert – Geduld im Umgang mit Kunden notwendig –
regelmäßiges Aufräumen und Säubern des Arbeitsplatzes

6 Wandle die Stichpunkte nun in einen sachlichen Praktikumsbericht um.
Nutze den **INFOKASTEN** auf Seite 112 und den **WORTSCHATZ: TEXTBAUSTEINE**.

....

WORTSCHATZ: TEXTBAUSTEINE

*Im Zeitraum von … bis … habe ich ein Schülerpraktikum im Unternehmen /
im Betrieb … in … absolviert.
Da ich mich schon immer für … interessiert habe, wollte ich den Beruf
des / der … unbedingt näher kennenlernen.*

*Der Arbeitstag hat um … begonnen.
Um 9:00 Uhr habe ich …
Von 10:00 Uhr bis … habe ich
Danach / Im Anschluss / Als nächstes / …
Meine Mittagspause dauerte von … bis …
Zu meinen Tätigkeiten gehörten …
Meine erste / zweite / dritte Tätigkeit am Tag war …
Mein Aufgabengebiet umfasste …
Während der ersten Woche … / Im Verlauf der zweiten Woche …
Besonders gefallen hat mir …*

*Schwierigkeiten hatte ich zuerst bei / mit …
Am Ende meines Praktikums kann ich sagen, dass …
Ich habe festgestellt / die Erfahrung gemacht, dass …
Besonders gefreut habe ich mich über die … Rückmeldung von …*

7 Präsentiert eure Ergebnisse und überarbeitet eure Berichte gegebenenfalls.
Dazu könnt ihr auch die folgende **CHECKLISTE** nutzen.

CHECKLISTE

- ✔ Ich gestalte ein schönes Deckblatt und versehe es mit den erforderlichen Angaben.
- ✔ Ich lege ein übersichtliches Inhaltsverzeichnis an.
- ✔ Ich schreibe meine persönlichen Erwartungen an das Praktikum auf.
- ✔ Ich informiere über den Beruf, das Berufsfeld, den Praktikumsbetrieb,
  die Beschäftigten sowie über Aufgaben, Tätigkeiten, Abläufe und Produkte.
- ✔ Ich dokumentiere jeden Praktikumstag in täglichen Kurzprotokollen oder Tagesberichten:
  Angaben zu Tag, Datum, Arbeitszeit, Arbeitsplatz – Beschreibung der ausgeführten Tätigkeiten –
  Unterstützung durch Mitarbeiter – besondere Anforderungen oder Belastungen.
- ✔ Ich formuliere persönliche Schlussgedanken und ziehe ein Fazit.
- ✔ Ich achte bei meinem Bericht auf eine saubere äußere Form, auf Verständlichkeit und
  sprachliche Richtigkeit, auf korrekte Zeichensetzung und Rechtschreibung.
- ✔ Ich erkläre schriftlich (Ort, Datum, Unterschrift), dass ich den Bericht selbstständig verfasst
  und nur die von mir angegebenen Quellen benutzt habe.

 8 Hefte deinen fertigen Praktikumsbericht in deinem **Portfolio** ab. 94

Schreiben und Präsentieren

Bewerbung um einen Ausbildungsplatz
Sich um einen Ausbildungsplatz bewerben

In Klasse 8 bewirbst du dich als Hauptschüler / Hauptschülerin bereits für einen Ausbildungsplatz. Hier könnt ihr solch eine Bewerbung eimal ausführlich üben.

MÖBELLA

Wir sind ein tolles Team und suchen **DICH!**
Lerne uns kennen und werde Teil unserer jungen und kreativen Möbelwelt!
Folgende **Ausbildungsberufe** können wir dir anbieten:

➔ **Kauffrau / Kaufmann im Einzelhandel**

➔ **Fachkraft für Möbel-, Küchen- und Umzugsservice**

➔ **Fachkraft für Lagerlogistik**

Interesse? Dann richte deine schriftliche Bewerbung mit Lebenslauf an: juergen.richter@moebella.de

1 Auf den Internetseiten vieler Unternehmen findet ihr Angebote für einen Ausbildungsplatz wie diesen hier. Lest die Anzeige genau.

2 Sprecht über die Branche und die Berufe, in denen Ausbildungsplätze angeboten werden.

3 Erste Informationen zu den drei Ausbildungsberufen findet ihr in den folgenden drei Texten. Recherchiert dazu aber auch selbst im Internet.

Kurzinfos zu den Ausbildungsberufen

Kaufleute im Einzelhandel arbeiten hauptsächlich in Verkaufs- und Lagerräumen sowie im Büro. Sie verkaufen Konsumgüter wie Lebensmittel an Endkunden. Sie führen Beratungsgespräche und planen die Sortimentsgestaltung mit. Vor allem werden sie in Einzelhandelsgeschäften beschäftigt. Sie betreuen auch Onlineshops und pflegen Produktkataloge.

Fachkräfte für Möbel-, Küchen- und Umzugsservice arbeiten hauptsächlich in Lagerräumen, Transportfahrzeugen und vor Ort bei Kunden. Sie liefern Möbel und Küchen aus, bauen sie auf und installieren z. B. elektrische Geräte oder einen fachgerechten Wasseranschluss. Vor allem werden sie im Küchen- und Möbelhandel beschäftigt oder sind in Umzugsfirmen tätig.

Fachkräfte für Lagerlogistik arbeiten hauptsächlich in Lager- oder Fabrikhallen sowie im Büro. Sie nehmen Waren an, prüfen und lagern sie sachgerecht. Sie leiten Güter innerhalb der Firma weiter und stellen Lieferungen für den Versand zusammen. Sie können in vielen Handels- und Industriebetrieben beschäftigt sein. Oft sind sie in Speditionen und bei Logistikunternehmen tätig.

4 Entscheide dich für einen der drei Berufe und bewirb dich um einen Ausbildungsplatz.
- Beachte die Angaben in der Anzeige.
- Schreibe am Computer und halte die offizielle Form für das Anschreiben und den Lebenslauf ein.
- Speichere deine Dokumente sicher ab.
  Auch handschriftliche Bewerbungen sind möglich. Schreibe sauber und fehlerfrei mit Tinte. Sichtbare Korrekturen machen keinen guten Eindruck. Verwende unbedingt ein Linienblatt.
- Nutze zum Schreiben deiner Bewerbungsunterlagen die **CHECKLISTEN** und die **WORTSCHÄTZE** der rechten Seite für das **Anschreiben** und für den **Lebenslauf**.

🔅 **Tipp:** Nutze zur Fehlerkorrektur die Hinweise deines Schreibprogramms.
Aber Achtung: Das Programm findet **nicht alle** Fehler. Du musst selbst auch gründlich kontrollieren.

CHECKLISTE: ANSCHREIBEN

✔ Ich halte die offizielle Form ein *(Seitenränder, Leerzeilen, Links-/Rechtsbündigkeit)* und wähle eine sachliche Schriftart, z. B. *Arial* oder *Calibri* in Schriftgrad 11 oder 12.

✔ Meine Anschrift und die Adresse des Empfängers sind vollständig und richtig geschrieben.

✔ Das Datum ist aktuell und rechtsbündig ausgerichtet.

✔ Die Betreffzeile ist vollständig und **fett** formatiert.

✔ Die Ansprechpartner spreche ich mit Namen höflich an *(Herr …/Frau …)*.

✔ Die Anredepronomen *Sie, Ihnen, Ihr …* schreibe ich groß.

✔ Den Brieftext gliedere ich in vier Abschnitte:
  • Ich schreibe, auf welche Anzeige ich mich beziehe und um welchen Ausbildungsberuf ich mich bewerbe.
  • Ich gebe mein Alter an und welche Klasse / Schule ich besuche.
  • Ich erläutere, warum ich mich für diesen Ausbildungsberuf und Betrieb interessiere, wo ich mich bereits über den Beruf informiert habe und welche praktischen Erfahrungen ich mitbringe.
  • Über eine persönliche Vorstellung bin ich erfreut.

✔ Ich verabschiede mich *Mit freundlichen Grüßen* und meiner Unterschrift.

✔ Den Hinweis „Anlagen" formatiere ich **fett**.

CHECKLISTE: LEBENSLAUF

✔ Ich halte die offizielle Form ein und verwende dieselbe Schriftart und -größe wie im Anschreiben.

✔ Ich richte den Lebenslauf linksbündig in zwei Spalten aus.

✔ **Fett** formatiere ich „Lebenslauf", die Zwischenüberschriften und meinen Namen.

✔ Ich gebe alle erforderlichen Informationen:
  • Angaben zur Person
  • Praktische Erfahrungen
  • Schulbildung
  • Persönliche Fähigkeiten und Kompetenzen
  • Hobbys

✔ Am Ende folgen Ort, Datum (dasselbe Datum wie im Anschreiben) und meine Unterschrift.

5 Kontrolliere zum Schluss deine Dokumente gründlich. Du hast jetzt alle wichtigen Unterlagen für eine schriftliche Bewerbung trainiert. **Glückwunsch!** Deiner erfolgreichen Bewerbung steht jetzt nichts mehr im Weg!

WORTSCHATZ: TEXTBAUSTEINE

Anschreiben

Bewerbung um einen Ausbildungsplatz für den Beruf des …/der …

Sehr geehrte Frau …,
Sehr geehrter Herr …,
mit großem Interesse habe ich Ihre Anzeige in/im … gelesen.
… möchte ich mich gern um … bewerben.

Ich bin … Jahre alt und besuche zurzeit …
Im BIZ habe ich mich bereits über den Beruf des …/der … informiert.
In der Schule mag ich besonders die Fächer … und arbeite in der Arbeitsgemeinschaft … zuverlässig mit.
… macht mir großen Spaß.
In meiner Freizeit beschäftige ich mich …
… bin geschickt bei/beim …

Habe ich Ihr Interesse geweckt?
Dann stelle ich mich … vor.

Mit freundlichen Grüßen

WORTSCHATZ: TEXTBAUSTEINE

Lebenslauf

E-Mail: …   Tel.: …

Geburtsdatum: …

Ehrenamtliche Tätigkeit als …
Ferienjob als …
Praktikum bei …

Qualifizierender Hauptschulabschluss / Hauptschulabschluss im Sommer 20XX
Realschulabschluss im Sommer 20XX
Grundkenntnisse in …

Gute Kenntnisse in …
Sehr gute Kenntnisse …
Muttersprache …

Belastbarkeit – Kommunikationsfähigkeit – Kreativität – Sportlichkeit – Teamfähigkeit – Zuverlässigkeit

Fußball – Lesen – Modellbau – Musizieren – Schwimmen – Tanzen – Jugendfeuerwehr

Zeitungen lesen und untersuchen

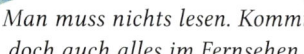 ## Wie sich Jugendliche informieren

1 Wie informieren sich Jugendliche über das aktuelle Tagesgeschehen zum Beispiel zu Politik, Sport, Musik, Mode oder Promis? Lest dazu die folgenden Aussagen.

Beim Frühstücken schau ich auch mal in die Tageszeitung.

Nachrichten lese ich online – im Internet gibt es viele kostenlose Nachrichtenportale.

Man muss nichts lesen. Kommt doch auch alles im Fernsehen.

Bei uns läuft immer Radio. Das ist topaktuell.

Mit dem Handy bin ich immer online – und mit YouTube und Twitter auf dem neuesten Stand.

Über die Schließung unseres Freibads wurde nur in der Zeitung berichtet. Aber im Radio kam darüber gar nichts.

Ich verlass mich lieber auf Blogs und auf meine WhatsApp-Gruppe. Da wird alles gepostet, was mich wirklich interessiert.

Also – ich weiß nicht. Die einen berichten so, die anderen so. Ich finde, man muss schon verschiedene Medien benutzen, um sich selbst ein Bild zu machen.

2 Zählt die verschiedenen Informationsquellen auf, die hier genannt werden.

3 In welchen Äußerungen könnt ihr euch wiederfinden – was seht ihr anders?

4 Berichtet darüber, welche Informationsquellen **ihr** regelmäßig nutzt.
- Worüber informiert ihr euch?
- Begründet, welche Medien ihr besonders gern als Informatonsquelle zum aktuellen Tagesgeschehen nutzt.

5 Stellt euch folgenden Fall vor: Zu ein und demselben Ereignis gibt es einander widersprechende Berichte im Fernsehen, Internet, Radio und in der Tageszeitung.
- Welchem Medium würdet ihr im Zweifelsfall vertrauen?
- Erstellt ein Meinungsbild in der Klasse.
- Haltet die Ergebnisse fest. Erstellt auch eine Rangliste.

Fernsehen	̶H̶H̶ II	Platz 3
Internet	...	...
Radio	...	...
Tageszeitung	...	...

6 Zieht nun ein Fazit.
- Welches Medium schneidet bei der Glaubwürdigkeit am besten ab?
- Tauscht euch darüber aus, woran es liegen kann, dass die Glaubwürdigkeit von Tageszeitungen, Internet, Fernsehen und Radio unterschiedlich eingeschätzt wird.

Zeitungen lesen und untersuchen

Zeitungen in Deutschland

Heutzutage können Nachrichten per Internet, Fernsehen und Radio blitzschnell verbreitet werden. Dagegen ist das auf Papier gedruckte Wort langsamer. Trotzdem lesen in Deutschland immer noch 81,5 Prozent der Bevölkerung regelmäßig eine Zeitung. Dabei stehen rund 330 verschiedene gedruckte Zeitungen oder deren digitale Varianten zur Auswahl.

1 Wann und wo lesen Menschen Zeitung? Erzählt von euren Beobachtungen.

2 Bestimmt habt ihr schon einmal einen Zeitungsartikel gelesen oder eine Zeitung vollständig durchgeblättert. Was hat euch besonders interessiert?

3 Wann spricht man eigentlich von **Zeitungen** und wann von **Zeitschriften**? Und was ist eine **digitale Zeitung**?
- Nennt Beispiele und erklärt die Unterschiede.
- Informiert euch dazu auch im folgenden Infokasten.

Zeitungen und Zeitschriften

Zeitungen erscheinen täglich (Tageszeitung) oder wöchentlich (Wochenzeitung, Sonntagszeitung). Sie sind meist auf großen Seiten aus einfachem Papier gedruckt und nicht zusammengeheftet, sondern gefaltet. Zeitungen informieren hauptsächlich über das aktuelle Tagesgeschehen. Abonnementzeitungen kann man sich liefern lassen. Straßenverkaufszeitungen – auch Kauf- oder Boulevardzeitungen genannt – bekommt man am Kiosk.

Zeitschriften erscheinen in regelmäßigen Abständen, aber nicht täglich. Es handelt sich um gedruckte Hefte mit kleineren Seiten aus höherwertigem (glänzendem) Papier, denn sie enthalten oft sehr viele Fotos. Zeitschriften informieren häufig über spezielle Sachgebiete.

Digitale Zeitungen und Zeitschriften werden auch E-Paper genannt. Es sind elektronische Zeitungen und Zeitschriften, die auf dem Smartphone, dem Tablet oder Computer dargestellt werden. Meist können die Seiten gezoomt werden, um sie besser lesen zu können. Einzelne Artikel können auch mit einem Klick ausgewählt und so vergrößert werden. Einige Zeitungen bieten Apps für das Lesen an. Auch die digitale Zeitung kostet Geld und kann abonniert werden. Meist ist sie allerdings günstiger als das gedruckte Werk. Als Abonnent hat man Zugriff auf ein Archiv, sodass man auch ältere Ausgaben online lesen kann.

INFO

Deutschlands Zeitungen 2021

Anzahl

lokale und regionale Abo-Zeitungen: **226**

verkaufte Auflage* 10,5 Mio.

Wochen-zeitungen: **14** 0,8

Straßen-verkaufs-zeitungen: **9** 1,6

überregionale Zeitungen: **7** 0,8

Sonntags-zeitungen: **4** 1,3

Stand 2. Quartal 2022
*inklusive E-Paper
Quelle: Bundesverband deutscher Zeitungsverleger

015582

Globus

Zeitungslandschaft

Gesamtauflage aller gedruckten Tages- und Wochenzeitungen in Deutschland in Millionen

2016 **19,1 Mio.**
2017 **18,3**
2018 **17,6**
2019 **16,9**
2020 **15,7**
2021 **15,4**
2022 **14,6**

So viel Prozent der verkauften Tages- und Wochenzeitungen waren **E-Paper**

5,1 % **6,6** **8,0** **9,8** **12,7** **14,3** **17,1**

Stand jeweils zweites Quartal

Quelle: Informationsgemeinschaft zur Feststellung der Verbreitung von Werbeträgern, iwd

015667
Globus

ı ıı **4** Verschafft euch zunächst einen Überblick über die linke Infografik.
Besprecht gemeinsam folgende Punkte:
- Um welches Thema geht es?
- Benennt die Quelle und das Jahr, aus dem die Informationen stammen.
- Tauscht euch über den Aufbau und die Gestaltung der Infografik aus.
  Geht dabei auf die **Diagrammart, Eyecatcher, Farben** und **Formen** ein.

ı ıı **5** In der Infografik werden verschiedene Zeitungen aufgelistet.
- Klärt gemeinsam die Bedeutung der Begriffe **lokal, regional, überregional**.
- Wie erklärt ihr euch die hohe Zahl an lokalen und regionalen Zeitungen
  im Vergleich zu den überregionalen?

ııı **6** Verschafft euch einen Überblick über die rechte Infografik.
- Um welches Thema geht es?
- Benennt die Quelle und das Jahr, aus dem die Informationen stammen.
- Tauscht euch über den Aufbau und die Gestaltung der Infografik aus.
  Geht dabei auf die **Diagrammart**, **Eyecatcher** und **Farben** ein.

ııı **7** Beschreibt die Veränderungen in der Zeitungslandschaft von 2016 bis 2022 mit eigenen Worten.
Vergleicht dazu die Entwicklung der Auflagen von gedruckten und digitalen Zeitungen miteinander.

8 Stellt eure Ergebnisse in der Klasse vor.

9 Stelle eine Liste von Zeitungstiteln zusammen.
- Befrage Familie und Freunde, welche Zeitungen in deiner Region gelesen werden können.
- Recherchiere, welche überregionalen Zeitungen es in Deutschland gibt.

10 Auf das folgende Zeitungslexikon könnt ihr bei eurer Arbeit mit Zeitungen zurückgreifen. Lest Eintrag für Eintrag gemeinsam.

Kleines Lexikon rund um die Zeitung

Abonnement und Einzelverkauf
Zeitungen kann man einzeln im Laden kaufen oder regelmäßig im Abonnement beziehen. Dann werden sie von Zeitungszustellern oder der Post direkt ins Haus geliefert. Viele Zeitungen können auch in einer digitalen Ausgabe erworben und am Tablet, Smartphone oder PC gelesen werden.

Artikel, Zeitungsartikel
Texte in der Zeitung, die von der →**Redaktion** geschrieben wurden, heißen Artikel. Man unterscheidet sie von Anzeigen oder Leserbriefen. Ein Artikel besteht in der Regel aus einer Überschrift *(Schlagzeile)*, einem Vorspann *(Lead)* und dem Text. Längere Artikel bekommen zusätzlich zur Schlagzeile noch eine *Dachzeile* (über der Schlagzeile) oder eine *Unterzeile* (unter der Schlagzeile).

Auflage
Eine Zeitungsauflage oder Auflage bezeichnet die Gesamtzahl der gedruckten Exemplare einer Zeitung, die zum Verkauf stehen.

Fotos
Fotos sind ein zentrales Element von Zeitungsseiten. Als Blickfang *(Eyecatcher)* sollen sie das Interesse der Zeitungsleser wecken und ihre Aufmerksamkeit fesseln. Manche Fotos vermitteln auch selbst eine Nachricht.

Impressum
Im Impressum finden die Leser und Leserinnen die Adressen und Verantwortlichen von →**Redaktion** und →**Verlag**. Das Impressum steht meist auf der zweiten Seite.

Layout
Zeitungsseiten werden in Spalten angelegt, weil sie dann übersichtlicher sind. Die Spalten sind das Grundgerüst des Layout-Bogens. Auch die Texte werden in Spalten aufgeteilt. →**Redakteure / Redakteurinnen** planen am Computer den Aufbau von Zeitungsseiten.

Pressefreiheit und Informationsfreiheit
Das deutsche Grundgesetz garantiert Pressefreiheit und Informationsfreiheit: „Jeder hat das Recht, seine Meinung in Wort, Schrift und Bild frei zu äußern und zu verbreiten und sich aus allgemein zugänglichen Quellen ungehindert zu unterrichten." Zeitungen tragen wesentlich dazu bei, dass sich jeder aufgrund umfassender Informationen eine Meinung bilden kann.

Redakteur, Redakteurin, Redaktion
Redakteure und Redakteurinnen sind festangestellte Journalisten und Journalistinnen, die in einer Redaktion zusammenarbeiten. Sie bauen Seiten auf und recherchieren. Sie schreiben und redigieren →**Artikel**: Das heißt, sie bearbeiten und korrigieren Texte für die Veröffentlichung. Ein Chefredakteur / eine Chefredakteurin leitet die gesamte Redaktion.

Sparten und Ressorts
Die Zeitung ist in Sparten aufgeteilt zum Beispiel *Politik, Wirtschaft, Kultur* oder *Sport*. Jede Sparte wird von einer →**Redaktion** bearbeitet. Diese Fachabteilungen nennt man Ressorts. Das Ressort *Sport* zum Beispiel verantwortet die Sparte *Sport*, das Ressort *Wirtschaft* die Sparte *Wirtschaft*. An der Titelseite wirken alle Ressorts mit.

Verlag
Zeitungsverlage sind Wirtschaftsunternehmen, die ein Produkt anbieten und Gewinn erwirtschaften wollen. Einen Großteil ihrer Einnahmen erzielen sie jedoch nicht durch den Verkauf der Zeitung, sondern durch den Verkauf von Anzeigenplätzen in der Zeitung: Je mehr Leser und Leserinnen die Zeitung und damit die Anzeigen lesen, desto mehr Geld kann der Verlag für die Werbeanzeigen verlangen.

11 Macht zu zweit oder in einer kleinen Gruppe ein Quiz. Wechselt euch ab.
- Einer stellt eine Frage zu einem Begriff im Zeitungslexikon.
  Zum Beispiel: *Wo steht in den meisten Zeitungen das Impressum?*
  Oder: *Womit verdienen Zeitungsverlage das meiste Geld?*
- Der andere sucht die Antwort im passenden Lexikoneintrag.

Zeitungen lesen und untersuchen

Die Titelseite einer Zeitung unter die Lupe nehmen

LEIPZIGER VOLKSZEITUNG

GEGRÜNDET 1894

129. Jahrgang | Nr. 252 | 2,00 €

www.lvz.de   Freitag, 28. Oktober 2022

Partner im Redaktionsnetzwerk Deutschland

Distillery-Chef im Interview
Steffen Kache spricht 30 Jahre nach der Gründung über die Anfänge und die Zukunft des Klubs. **Seite 16**

LVZ
THEMEN DES TAGES

LEIPZIG
Bayerischer Bahnhof: Bau von 334 Wohnungen beginnt
Ankündigungen gab es schon viele für das neue Stadtquartier mit bis zu 1800 Wohnungen. Doch jetzt liegen tatsächlich die ersten Baugenehmigungen für 334 Wohnungen vor, starten soll noch dieses Jahr an den Arbeiten. 2023 soll dann ein spektakuläres Musikzentrum folgen. **Seite 15**

SACHSEN
Kriegsverbrechen leugnen gilt als Volksverhetzung
Wer russische Kriegsverbrechen in der Ukraine leugnet, kann nun wegen Volksverhetzung verurteilt werden. Das hat der Bundestag beschlossen. In rechtsextremen Netzwerken ist die Aufregung darüber groß, aber auch Strafrechtsfachleute und Polizei kritisieren die Pläne. **Seite 8**

SACHSEN
Speditionen und Landwirte beklagen steigende Kosten
Nicht nur die hohen Dieselpreise machen Speditionen und Bauern Probleme. Dazu ist die Verfügbarkeit des Diesel-Zusatzes Ad-Blue unsicher. Eine Entspannung zeichnet sich nicht ab. Und bald erhöht sich die CO_2-Steuer auf Brennstoffe wie Benzin, Diesel, Heizöl und Erdgas. **Seite 9**

WETTER

FR	SA	SO
23°|13°	22°|12°	24°|11°

LVZ-KONTAKT

Telefon	0341 2181-0
Abonnenten-Service	0800 2181-020*
Ticket-Service	0800 2181-050*

www.lvz.de
LVZ Leipziger Volkszeitung
@LVZ

*KOSTENLOSE SERVICENUMMERN

Partner im Redaktionsnetzwerk Deutschland rnd

50043

4 194318 402000

Brücke schwebt über die B 95

Ein Kran dreht am Sonntag diese 1650 Tonnen schwere Brücke bei Großdeuben an der B 95 ein, heute beginnt die Vorbereitung. Sie überquert künftig die Autobahn 72 von Leipzig nach Chemnitz. **Seite 9**

FOTO: JAN WOITAS/DPA

Traum von Eigenheim wird in Sachsen immer teurer

Die Europäische Zentralbank (EZB) hebt den Leitzins auf zwei Prozent an. Das hat Folgen auf Immobilienkäufe, schätzen Branchenexperten ein.

Von Thomas Lieb und Andreas Dunte

Leipzig. Die Europäische Zentralbank (EZB) hat den Leitzins am Donnerstag erneut angehoben. Der Zinssatz stieg um 0,75 Prozentpunkte und liegt nun bei 2 Prozent. Das wird empfindliche Auswirkungen auf die Baubranche haben, schätzen Experten ein. Hohe Immobilienpreise, gestiegene Materialkosten, Verzögerungen beim Bau: Entwicklungen, die Immobilieninteressierte derzeit ohnehin vor große Herausforderungen stellen. Für viele Menschen dürfte der Kauf einer Immobilie nun noch schwerer oder gar unmöglich werden, wenn mit der EZB-Entscheidung die Bauzinsen weiter steigen: Betrugen die Bauzinsen auf Baukredite in Sachsen am Jahresanfang noch rund ein Prozent, liegen sie jetzt zwischen drei und vier Prozent. Damit erhöhen sich die monatlichen Belastungen für Kreditnehmer um das Drei- bis Vierfache.

Das Niveau der Bauzinsen ist zwar nicht direkt an den EZB-Leitzins gekoppelt, allerdings hat die Entscheidung der EU-Währungshüter Signalwirkung darauf, zu welchem Zinssatz Käufer ein Darlehen aufnehmen können. Angesichts der wirtschaftlichen Lage und in Erwartung eines Leitzins-Anstiegs erhöhten sich die Bauzinsen bereits seit Anfang des Jahres. Ein weiterer Anstieg bedeutet, dass sich die finanzierbare Summe für Immobilienkäufer noch weiter reduziert. Bei einem stabilen Preisniveau für Wohnimmobilien müssen Käufer entweder ihre Ansprüche an ein Objekt weiter senken oder können sich derzeit gar keine Immobilie leisten.

Für Sachsen sagen Experten eine zunehmende Abschwächung des bislang boomenden Immobilienmarktes vorher. „Auch wenn wir in den ersten neun Monaten dieses Jahres noch eine hohe Kreditvergabe im Segment der Wohnungsbaukredite hatten, müssen wir uns auf eine zurückgehende Nachfrage einstellen", sagt Cosima Ningelgen, Sprecherin des Ostdeutschen Sparkassenverbandes (OSV). Bereits jetzt seien Kunden verunsichert und scheuen sich vor großen Investitionen. „Sie können die Baukosten nicht einschätzen, sehen zugleich, dass die Preise stetig steigen", so die OSV-Sprecherin. Zu hohen Kosten und eingeschränkten Förderbedingungen kommen jetzt weiter steigende Zinsen.

Das spürt auch die Sparkasse Leipzig bereits: „Der Anstieg der Bauzinsen hat Auswirkungen auf die Nachfrage nach Baufinanzierungen. Waren die Baufinanzierungsanfragen im ersten Halbjahr noch sehr stark, ist jetzt ein deutlicher Rück-

> Kunden sind verunsichert und scheuen sich vor Investitionen. Sie können Baukosten nicht einschätzen und sehen, dass die Preise weiter steigen.
>
> **Cosima Ningelgen,** Ostdeutscher Sparkassenverband

gang zu verzeichnen. Nach unserer Einschätzung werden wir am Jahresende einen Rückgang gegenüber dem Vorjahr haben, der voraussichtlich stärker als 20 Prozent ist", prognostiziert Sparkassensprecherin Meike Eisold.

Die Bauzinsen in Sachsen liegen zurzeit bei 4,1 Prozent. Viele hielten zuletzt an ihrem Traum vom Eigenheim fest, mussten ihre Wünsche aber einschränken. Mit der Leitzinsanhebung verschlechtern sich nun für viele die Ausgangsbedingungen, diesen Plan in die Wirklichkeit umzusetzen. Laut einer Studie zum Thema Immobilienkauf, die das Meinungsforschungsinstitut You-Gov im Auftrag der Commerzbank und der Commerz Real durchgeführt hat, gaben 59 Prozent der Befragten angesichts der aktuellen Entwicklungen davon aus, sich auf absehbare Zeit keine Immobilie finanzieren zu können.

Dass viele Leute nicht mehr bauen können oder wollen, liegt neben der Richtungsentscheidung der EZB auch an gestiegenen Baukosten, die durch strengere gesetzliche Regelungen etwa zum Klimaschutz zustande kommen. „Die Preise für Neubauwohnungen in Sachsen haben sich in den letzten zehn Jahren nahezu verdoppelt", berichtet Philip Kley, Niederlassungsleiter der Commerzbank Leipzig.

Schätzung sieht mehr Steuergeld

Berlin. Die Energiekrise sorgt für düstere Aussichten – die Steuereinnahmen werden in diesen Zeiten aber voraussichtlich kräftig steigen. Die Steuerschätzer gehen davon aus, dass Bund, Länder und Kommunen bis 2026 rund 126,4 Milliarden Euro mehr einnehmen als noch im Mai erwartet. Das teilte das Finanzministerium am Donnerstag mit. In diesem Jahr sollen die Steuereinnahmen aber um 1,7 Milliarden Euro geringer als geplant ausfallen. 2023 soll die wegen Corona ausgesetzte Schuldenbremse wieder voll gelten. **Seite 4**

Starkoch Schuhbeck muss in Haft

München. Das Landgericht München I hat Alfons Schuhbeck am Donnerstag wegen Steuerhinterziehung zu drei Jahren und zwei Monaten Haft ohne Bewährung verurteilt. Der Mitangeklagte wurde wegen Beihilfe zu einem Jahr auf Bewährung verurteilt. Die Staatsanwaltschaft hatte dem 73-jährigen Starkoch vorgeworfen, unter anderem mithilfe eines Computerprogramms Einnahmen am Finanzamt vorbeigeschleust zu haben. Es geht um mehr als 2,3 Millionen Euro an hinterzogenen Steuern. **Seite 28**

ANZEIGE

1 Die Leipziger Volkszeitung, kurz LVZ, ist eine Abonnement-Zeitung.
Schaut euch zunächst einmal an, was es auf der Titelseite alles zu entdecken gibt.

2 Untersucht nun den Aufbau und die Gestaltung der Titelseite genauer.
Haltet die wichtigsten Ergebnisse in einer Tabelle fest:

a) **Layout:**
  – Farben: Welche Farben beherrschen die Titelseite?
  – Spalten: Wie viele Spalten gibt es auf der Titelseite?
  – Anteil von Text und Bild: Was überwiegt auf der Titelseite insgesamt?

b) **Zeitungskopf:** Hier steht vor allem der Name der Zeitung.
  – Platzierung: Wo steht der Zeitungskopf?
  – Informationen: Worüber informiert er?

c) **Zeitungsname:**
  Wie sind die Buchstaben gestaltet? Wie der Hintergrund?

d) **Aufmacher-Bild:** Das ist das Bild mit einer großen Schlagzeile.
  – Platzierung: Wo steht das Aufmacherbild?
  – Text: Wie lang ist der Text des Aufmacherbildes?

e) **Aufmacher-Artikel:**
  – Schlagzeile: Wie sind Schriftgröße, Farbe, Hintergrund gestaltet?
    Gibt es eine Dachzeile oder eine Unterzeile?
  – Fotos: Wie viele Fotos gehören zum Aufmacher-Artikel?
  – Text: Wie ist der Text des Aufmacher-Artikels gegliedert?

f) **Anzeigen und weitere Bestandteile:**
  Wie viel Werbung gibt es? Wie viele Artikel gibt es noch?
  Wo sind sie platziert? Welche Bestandteile sind noch zu finden?

	Leipziger Volkszeitung
Layout	Farben: Texte sind schwarz gedruckt, farbige Bilder Spalten: Anteil von Text und Bild:
Zeitungskopf	Platzierung: Informationen:
Zeitungs-name	Buchstaben: Hintergrund:
Aufmacher-Bild	Platzierung: … Text: …
Aufmacher-Artikel	…
Anzeigen und weitere Bestandteile	…

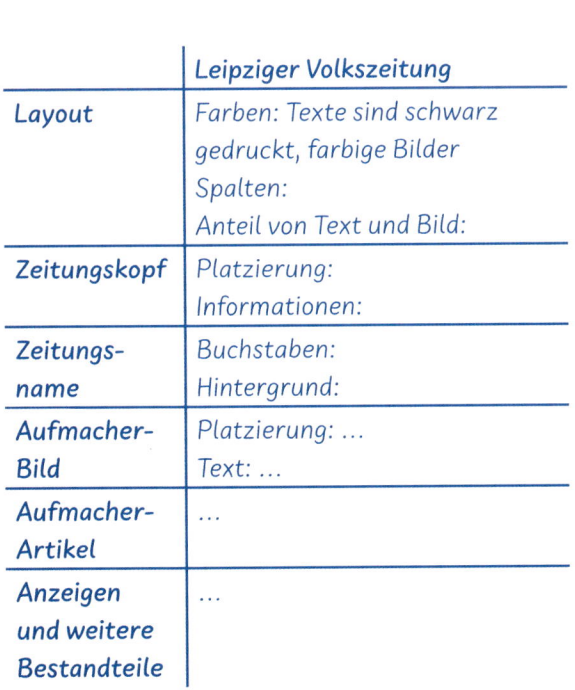

Titelseite

Titelseiten sollen die **Aufmerksamkeit** der Leserschaft wecken. Möglichst viele Menschen sollen die Zeitung in die Hand nehmen und lesen. Deshalb stehen auf der Titelseite die aktuellen Nachrichten, die nach Einschätzung der Zeitungsredaktion an diesem Tag besonders wichtig und attraktiv sind – und damit für ein großes Publikum interessant sind.

Das Aussehen der Titelseite bestimmen Gestaltungselemente wie **Zeitungskopf, Farben, Spalten, Aufmacher, Schlagzeilen** und **Fotos** sowie **Werbeanzeigen**.

Bei Straßenverkaufszeitungen ist der Anteil von Schlagzeilen und Bildern deutlich höher als bei Abonnementzeitungen.

Den Aufbau einer Zeitung untersuchen

Zeitungsseiten besitzen einen Seitenkopf, mit dem die Leser und Leserinnen
auf eine bestimmte Sparte – ein Sachgebiet – hingewiesen werden, zum Beispiel:

Politik   Wirtschaft   Stadt & Land   Sport   Kultur   Ratgeber   Wissenschaft

1 Unter welchem Seitenkopf finden die Leser und Leserinnen wohl folgende Schlagzeilen?
Ordnet sie zu: *ι ιι* a) bis f), *ιιι* g) bis l).

a) Einbußen für die Stahlwirtschaft
b) Mobschatz bekommt ein neues Feuerwehrhaus
c) Spanien ist Ehrengast auf der Buchmesse
d) Ein Punkt reicht fürs WM-Ticket
e) Wahlen in Großbritannien
f) Gesundheits-Apps sollten fachlich geprüft sein

g) Autobranche: Firma für Ladesäulen gegründet
h) Der Nussknacker im Staatstheater
i) Rätsel um Darts-WM
j) Orbán darf wieder auf EU-Milliarden hoffen
k) Energielabel auf Elektrogeräten oft irreführend
l) Verleihung des Nobelpreises in Stockholm

2 Blättert einige Tageszeitungen durch und macht euch Notizen:
• Notiert die Themen der Seitenköpfe.
• Welche Informationen enthalten die Seitenköpfe außerdem?
• Warum gibt es Seitenköpfe? Beachtet die folgenden Informationen.

INFO

Wie Tageszeitungen aufgebaut sind

Zeitungsleser und -leserinnen möchten ihre Lieblingsseiten schnell finden.
Deshalb brauchen Zeitungen eine Ordnung nach Sachgebieten.
Diese Sachgebiete heißen **Sparten**, sie stehen – mit Ausnahme der **Titelseite** –
in den **Seitenköpfen** der Zeitung.

Wichtige Sparten in der Tageszeitung sind zum Beispiel **Politik, Wirtschaft,
Lokales & Regionales, Kultur (Feuilleton)** und **Sport**. Die Seitenköpfe der Zeitung
weisen auf die Sparten hin und bieten den Lesern schnelle Orientierung.

Die zu Lagen gefalteten Zeitungsseiten werden als **Bücher** bezeichnet.
Die dicken Zeitungen am Wochenende haben besonders viele Bücher.

 3 Erläutert, warum die Titelseite einen eigenen Seitenkopf hat.

4 Untersucht, wie die Tageszeitung in eurer Region aufgebaut ist. Stellt die Ergebnisse eurer
Untersuchung übersichtlich in einer Tabelle dar. Orientiert euch an der Übersicht unten.
- Sammelt dafür die Ausgaben einer Tageszeitung von Montag bis Samstag.
- Bildet nun eine Gruppe für jeden Wochentag.
- Notiert die Anzahl der Bücher.
- Schreibt die verschiedenen Sparten, also die Seitenüberschriften (Seitenköpfe), auf.
- Zählt die Seiten der jeweiligen Sparte und notiert die Anzahl in der Tabelle.
- Notiert auch weitere Elemente, wie Beilagen oder Prospekte.

5 Präsentiert anschließend eure Tabelle im Plenum. Tragt die Ergebnisse vor.
Dazu könnt ihr den folgenden **WORTSCHATZ: TEXTBAUSTEINE** nutzen.

....

WORTSCHATZ: TEXTBAUSTEINE

- *Wir haben die Montags- / Dienstags- / … /
Samstagsausgabe unserer Tageszeitung
untersucht.*
- *Die / Der / Das … (Zeitungsname) ist mit …
Büchern und insgesamt … Seiten an diesem
Wochentag ziemlich dünn / nicht besonders
dick / sehr umfangreich.*
- *Die Sparten … haben jeweils ein eigenes
Buch.
Das liegt vermutlich daran, dass …
Sparten, die weniger Raum in der Zeitung
haben, sind …
Darüber hinaus …
Außerdem …*
- *Private Kleinanzeigen nehmen insgesamt …
Es gibt in dieser Ausgabe …*
- *Kommerzielle[1] Werbung spielt an diesem
Wochentag eine große / eher kleine Rolle.
Man findet insgesamt:
… einzelne Werbeanzeigen,
… ganze Seiten mit Werbung,
… Beilagen,
… Prospekte / Flyer mit Angeboten
  der Firmen …*
- *Besonders ist uns an der Zeitung von
Montag / Dienstag / … aufgefallen, dass …*
- *Vergleicht man die einzelnen Tage mit-
einander, so fällt auf, dass …*

[1] kommerziell: geschäftlich, gewinnorientiert

**Leipziger Volkszeitung
Dienstag, 20. Dezember**

1. Buch	Seitenanzahl
Titelseite	1
Blickpunkt	2
Politik	1
Wirtschaft	2
Menschen und Märkte	1
Sachsen und Mitteldeutschland	1
Sachsen / Leserbriefe	1

2. Buch	Seitenanzahl
Kultur	2
Medien / Wetter	1
Fernsehen	1

3. Buch	Seitenanzahl
Leipzig	4
Rund um Leipzig	1
LVZ-Spendenaktion	1
Rätsel	1
Service	1

4. Buch	Seitenanzahl
Sport	3
Panorama	1

Beilage

TV-Programm der nächsten Woche
Werbeflyer

Zeitungen lesen und untersuchen

Nachrichten aus Deutschland und der Welt

ZEIT ONLINE	Aktuelle Schlagzeilen	Donnerstag, 20. November

16:40 **Weltklimakonferenz COP27** UN-Klimagipfel: Ein Durchbruch und Frust über Stillstand – **dpa**

16:39 **Landkreis Rotenburg/Wümme** Feuer in Autohaus zerstört zehn Transporter – **dpa Niedersachsen**

16:29 **Fußball** Podolski: „Gibt für mich keinen Grund, Karriere zu beenden" – **dpa Nordrhein-Westfalen**

16:28 **Russischer Angriffskrieg** Krieg gegen die Ukraine: SO ist die Lage – **dpa**

16:26 **Turnier in Katar** Fußball-WM mit großer Lichtshow eröffnet – **dpa Sport**

16:25 **Volleyball-Bundesliga** 0:3: Netzhoppers ohne Chancen gegen Lüneburg – **dpa**

16:14 **Soziale Medien** Musk lässt Trumps Twitter-Account entsperren – **dpa**

1 Schlagzeilen wie diese kann man täglich in den unterschiedlichen Zeitungen finden. Aber wie gelangen diese Schlagzeilen eigentlich in die Zeitung? Lest dazu einmal den folgenden Text.

Die Nachrichtenmacher

Damit die Zeitungsredaktionen in der Region sowie die überregionalen Redaktionen auch über das Weltgeschehen berichten können, kaufen sie internationale und überregionale Nachrichten von großen **Nachrichtenagenturen** ein. Diese Nachrichtenagenturen beschäftigen Reporter
5 auf der ganzen Welt. Große, internationale Nachrichtenagenturen sind zum Beispiel die amerikanische **AP** (Associated Press) mit weltweit über 4000 Mitarbeitern in rund 100 Ländern. Die französische **afp/AFP** (Agence France-Presse) ist eine der ältesten Nachrichtenagenturen. Ihre Anfänge liegen bereits im Jahr 1835. Noch bevor sich die Telegrafen-
10 technik 1839 durchsetzte, wurden mithilfe von Brieftauben Nachrichten zwischen Städten wie Paris, London und Brüssel hin und her geschickt. Im deutschsprachigen Raum liefert zum Beispiel die **dpa/DPA** (Deutsche Presse-Agentur) Informationen, Bilder und Videos für alle wichtigen Ressorts. Der **sid/SID** (Sport-Informations-Dienst) versorgt speziell
15 das Ressort Sport. Viele Zeitungen und Nachrichtenportale stellen sogenannte **Newsticker** online, sodass jeder aktuelle Nachrichten aus aller Welt rund um die Uhr im Internet verfolgen kann.

2 Welche Informationen waren euch schon bekannt? Was hat euch überrascht?

3 Lest die Schlagzeilen aus dem Newsticker von ZEIT ONLINE oben noch einmal laut.
- Welche Nachrichtenagenturen haben die Schlagzeilen geliefert?
- **Wo** steht die neueste Nachricht? – Warum ist das immer so?
- Welche Schlagzeilen würdet ihr den Ressorts **Politik, Wirtschaft** und **Sport** zuordnen?

4 Sucht im Internet verschiedene Nachrichten- oder Newsticker der überregionalen Zeitungen. Vergleicht die Schlagzeilen, die aktuell verbreitet werden. Welche Unterschiede stellt ihr fest?

Zeitungen lesen und untersuchen

Überprüfe dein Wissen und Können

1 Ordne die Erklärung dem jeweiligen Fachbegriff zu. Notiere die Zahl und den dazugehörigen Begriff.

a) Zeitung
b) Zeitschrift
c) Abo-Zeitung
d) Straßenverkaufszeitung
e) Ressort
f) Aufmacher
g) Sonntagszeitung
h) dpa
i) Nachrichtenticker

1. Hierbei handelt es sich um eine Nachrichtenagentur. Der volle Wortlaut der Abkürzung lautet Deutsche Presse-Agentur.

2. Sie erscheint täglich oder wöchentlich. Sie ist meist auf großen Seiten aus einfachem Papier gedruckt und nicht zusammengeheftet. Sie informiert hauptsächlich über das aktuelle Tagesgeschehen, z.B. über Sportereignisse, Politik, Wirtschaft …

3. Dort kann man im Internet rund um die Uhr die allerneuesten Nachrichten lesen. Diesen Service bieten viele Online-Zeitungen an.

4. Diese Zeitung erscheint nur am Sonntag.

5. Sie erscheint wöchentlich, vierzehntägig oder monatlich. Sie hat kleinere, geheftete Seiten und ist meist auf höherwertigem (glänzendem) Papier gedruckt. Häufig informiert sie über spezielle Themen oder Sachgebiete.

6. Viele Leute haben eine Tageszeitung abonniert und bekommen diese jeden Morgen ins Haus geliefert.

7. Die Texte, Bilder und Grafiken werden nach Sachgebieten geordnet, z.B. nach Politik, Wirtschaft, Kultur …

8. Sie werden in der Regel nicht abonniert, sondern nur im Einzelverkauf angeboten.

9. Das ist die dickste Schlagzeile.

2 Notiere die Zahlen von 1 bis 8 und ergänze den jeweiligen Begriff.

Strichcode
Spalten
Zeitungsname
Schlagzeile
Aufmacher
Unterzeile
Aufmacherbild
Zeitungskopf

3 Eine Schlagzeile auf dieser Titelseite lautet „Glatte Sache".
  • Ordne diese Schlagzeile einem Ressort zu.
  • Begründe deine Entscheidung.

Schreiben und Präsentieren

Materialgestützt journalistisch schreiben
Informierende Texte: Meldungen

1 Meldungen wie diese sind in den regionalen und auch überregionalen Zeitungen täglich zu finden. Lest die Zeitungsartikel zunächst einmal laut.

Meldung A
Winterdienst ab Dienstag

Dresden. Für die Autobahnmeistereien in Sachsen, Sachsen-Anhalt und Thüringen beginnt der Winterdienst traditionell am 1. November. Insgesamt
5 stünden in den 18 Autobahnmeistereien über 180 Fahrzeuge und rund 600 Mitarbeiter für den Winterdienst bereit, teilte ein Sprecher der Autobahn GmbH des Bundes mit. Mit 15700 Ton-
10 nen Salz und 850000 Liter Sole sollen die mehr als 3000 Betriebskilometer in einem befahrbaren Zustand gehalten werden.

Meldung B
SPD fordert Maßnahmen gegen invasive Arten

Der Waschbär und der Staudenknöterich vertreiben einheimische Tiere und Pflanzen. Die SPD fordert einen Maßnahmenkatalog vorzulegen, wie die Stadt Leipzig in
5 Zukunft mit solchen invasiven Arten umgehen will.
Weiter auf Seite 17

Meldung C
Daimler Truck braucht mehr Ladesäulen

München. Der Nutzfahrzeughersteller Daimler Truck nimmt die Politik bei der Infrastruktur für E-Fahrzeuge in die Pflicht. „Der Aufbau einer Infrastruktur für schwere Nutzfahrzeuge in Europa geht viel zu
5 langsam", sagte die Lkw-Chefin für Europa und Lateinamerika, Karin Radström. Ein langsamer Ausbau wäre eine riesige verpasste Chance.

Meldung D
Mondrian-Bild hängt seit Jahrzehnten auf dem Kopf

Düsseldorf. Ein abstraktes Hauptwerk des niederländischen Abstraktionsmalers Piet Mondrian (1872–1944) hängt Fachleuten zufolge seit Jahrzehnten wohl falsch herum in der Kunst-
5 sammlung Nordrhein-Westfalen. Dies enthüllte das Museum gestern bei der Pressekonferenz zur Ausstellung „Mondrian. Evolution", die zum 150. Geburtstag des Künstlers gezeigt wird. Das 1941 entstandene Bild „New York City 1" sei so ins Werkverzeichnis eingegangen und damit all-
10 gemein akzeptiert, hieß es. Es soll daher nicht mehr umgedreht werden.

2 Fasst die Meldungen noch einmal mit eigenen Worten zusammen. Klärt Begriffe, die schwer verständlich sind.

3 Welchen Ressorts würdet ihr die verschiedenen Meldungen zuordnen: *Wirtschaft, Medien, Politik, Sport, Lokales …?* Tauscht euch darüber aus.

4 In einer Zeitung sind neben langen Artikeln auch kurze Texte
wie zum Beispiel die **Meldung** zu finden.
Verschafft euch zunächst einen Überblick, worin sich die verschiedenen Textsorten
voneinander unterscheiden. Lest dazu den Infokasten.

Meldungen

Die wichtigste informierende Textsorte in der Zeitung sind **Nachrichten**.
Sie werden unterschieden in **Meldung** und Bericht.

Die **Kurzform** einer Nachricht wird Meldung genannt. Sie bietet den Lesern und
Leserinnen **schnelle Informationen** in **wenigen Sätzen**.
Meldungen sind oft in einer **Randspalte** untereinander angeordnet.
Auf der Titelseite geben sie häufig einen Hinweis auf einen ausführlichen Bericht
im Innenteil der Zeitung.

Meldungen enthalten Informationen, die für viele Menschen interessant, neu und
wichtig sind.
• Nachrichtentexte werden möglichst **sachlich** formuliert.
• Sie geben Antworten auf **W-Fragen**: **Wer? Was? Wann? Wo? Warum? ...**
• Die wichtigste Information steht bereits in der **Schlagzeile**.

5 Ermittelt, welche W-Fragen die Meldungen auf der linken Seite bereits beantworten.
Gebt den entsprechenden Textbeleg mit an.
Meldung A: ..., Meldung B: ..., ℓ ʊ Meldung C: ..., ℳ Meldung D: ...

6 Die Sprache von Meldungen soll sachlich sein.
• Lest die Texte auf Seite 126 noch einmal aufmerksam.
• Entscheidet gemeinsam, welche Adjektive aus dem **WORTSCHATZ** besonders gut
auf die Inhalte der Meldungen zutreffen.
• Belegt eure Auswahl mit Textbeispielen.

....

WORTSCHATZ

anschaulich – hochsprachlich – informativ – sachlich –
schwierig – spannend – umgangssprachlich – verständlich

....

7 Arbeitet zu zweit und versucht nun selbst einmal,
kurze Meldungen zu verfassen.
• Wählt ein Thema aus eurem Schulalltag
(Schulveranstaltungen, besonderer Unterricht ...)
oder aus eurem Freizeitbereich (Erlebnis mit Freun-
den, Ereignisse im Sportverein ...).
• Legt euch Notizen zu möglichst allen **W-Fragen** an.
• Formuliert eine interessante, kurze Schlagzeile.
• Lest eure Meldungen anschließend in der Klasse vor.

1. **Was** ist geschehen?
2. **Wer** war daran beteiligt?
3. **Wann** ist es geschehen?
4. **Wo** ist es geschehen?
5. **Warum** ist es geschehen?
6. **Wie** ist das Ganze ausgegangen?

Materialgestützt journalistisch schreiben

Informierende Texte: Berichte

In vielen Zeitungen und Onlineausgaben wird jedes Jahr über zwei wiederkehrende Ereignisse berichtet: Die Zeitumstellung. Ursprünglich wurde die Umstellung zwischen Sommer- und Winterzeit eingeführt, um den Tag, also das Tageslicht, optimal zu nutzen und damit Energie zu sparen. Auch die Anpassung an Nachbarländer, die den Wechsel bereits eingeführt hatten, spielte eine wichtige Rolle. So gibt es seit 1980 die Zeitumstellung als Dauerregelung in Deutschland. Erkenntnisse des Bundesumweltamtes zeigen jedoch, dass man während der Sommerzeit zwar abends elektrisches Licht spart, am Morgen jedoch mehr geheizt wird – vor allem in den Monaten März, April und Oktober, wenn es kalt ist. In vielen Ländern wurde die Zeitumstellung wieder abgeschafft. Japan, Indien, Ägypten und Island verzichten darauf. Brasilien hat 2019 als vorerst letztes Land ebenfalls die Zeitumstellung offiziell abgeschafft.

1 Sicherlich hat euch oder eure Familie dieses Thema auch schon einmal beschäftigt. Wie steht ihr zur Zeitumstellung? Äußert spontan eure Meinung dazu.

2 Lest den folgenden Zeitungsartikel, der sich ausführlich mit diesem Thema auseinandersetzt.

Museum dreht an 80 Zeigern

Markus Reutter 25.03.2022 – 19:10 Uhr

Wenn es schon im Privathaushalt lästig ist, die wenigen Uhren auf die Sommerzeit umzustellen, bedeutet das im Deutschen Uhrenmuseum in Furtwangen richtig Arbeit. Am Sonntag ist es wieder soweit.

Furtwangen – Rund 80 Uhren müssen in Furtwangen (Schwarzwald-Baar-Kreis) eine
5 Stunde vorgestellt werden, berichtet Museumssprecherin Eva Renz. Das erfordere etwa acht Stunden Einsatz. Schließlich seien unter den historischen Stücken Exemplare dabei, die besondere Fürsorge bräuchten. Zwar ließen sich bei vielen der tickenden Ausstellungsstücke die Zeiger einstellen. Aber eben nicht bei allen. Dann helfe nur Geduld: Die Uhr anhalten und warten, bis die „richtige Zeit" erreicht sei.
10   Ein oder zwei Mitarbeiter seien mit dieser besonderen Aufgabe beschäftigt. Angefangen werde in der Regel bereits am Freitagabend mit den unauffälligeren Uhren in der Ausstellung. Die große Turmuhr mit gut zwei Metern Durchmesser hinter dem Empfangstresen im Museum dürfe natürlich nicht schon vor der eigentlichen Zeitumstellung vorgestellt werden. Diese Uhr als Blickfang im Foyer werde erst kurz vor Öffnung des
15 Museums am Sonntag auf Sommerzeit gebracht.

Prozedere steht bereits seit mehreren Jahren in der Kritik

Die Zeitumstellung steht schon seit einigen Jahren in der Kritik. Mehrheitlich wird eine Abschaffung gewünscht. Eine EU-Befragung 2018 hat laut Renz gezeigt, dass das Thema vor allem in Deutschland hohe Wellen schlägt. Hier hätten sich

20 3,3 Millionen an der Abstimmung zur Zeitumstellung beteiligt, in anderen europäischen Ländern sei das Interesse geringer gewesen. Wobei eine Tendenz auszumachen sei: Die östlichen Länder bevorzugten eine dauerhafte Sommerzeit, die westlichen, Richtung Sonnenuntergang gelegenen Länder die Winterzeit. Das EU-Parlament habe sich bislang nicht auf eine einheitliche Linie festlegen können, sagt Renz. [...]

25 **Am 30. Oktober geht es dann wieder eine Stunde zurück**

Nun darf man gespannt sein, wie lange Deutschland und Europa der Wechsel von Sommer- und Winterzeit noch erhalten bleibt. Sicher ist schon mal die Dauer der diesjährigen Saison. Am Sonntag, 30. Oktober, heißt es dann erneut Uhr-Umstellung auf Winterzeit. Das beschert dem Uhrenmuseum wieder ein arbeitsreiches Wochenende.

3 Der Grundgedanke hinter der Zeitumstellung war sicherlich ganz sinnvoll.
Fasst noch einmal die positiven Effekte der Zeitumstellung und die Schwierigkeiten zusammen.

4 Vergleicht nun den Aufbau bzw. das Layout des Berichts mit den Meldungen von Seite 126.
Nennt Unterschiede, die ihr ermitteln könnt.

5 Prüft, inwieweit die Punkte aus dem Infokasten auf diesen Bericht zutreffen.
Belegt eure Entscheidung mit Textstellen.

Berichte

Die wichtigste journalistische Textsorte, egal ob Print- oder Online-Zeitungen, ist der Bericht.
Er ist, im Vergleich zur Meldung, die Langform einer Zeitungsnachricht.
Berichte bieten den Leserinnen und Lesern ausführliche Informationen.

- Berichte werden wie Meldungen möglichst **sachlich** formuliert. Die Verfasser äußern keine persönliche Meinung und geben keine Bewertung ab.
- Zumeist wird das Prinzip befolgt: **Das Wichtigste zuerst**.
  Deshalb steht die wichtigste Information bereits in der **Schlagzeile**.
- Häufig folgt der Schlagzeile ein zusammenfassender Vorspann: der **Lead**.
- Berichte geben Antworten auf die **W-Fragen**: Wer? Was? Wann? Wo? Warum? …
- Sie geben Auskunft über die **Quelle**, aus der die Nachricht stammt.
  Oft sind dies Nachrichtenagenturen, wie z. B. dpa.
- Ein Foto soll als **Blickfang** Aufmerksamkeit wecken.

INFO

Die wichtigste Information steht am Anfang.

Dann folgen wichtige Zusatzinformationen und interessante Einzelheiten.

Den Schluss bilden ergänzende Details.

6 Den fettgedruckten Vorspann am Anfang eines Zeitungsberichts nennt man **Lead**.
Welche W-Fragen beantworten bereits die Überschriften und der Lead?

7 Der Infokasten und das Schaubild veranschaulichen den Aufbau von Zeitungsberichten im **Lead-Stil**. Erklärt diesen Aufbau mit euren Worten.
- Benennt Vorteile dieses Stils für die Leserinnen und Leser.
- Weist nach, dass der Bericht „Museum dreht an 80 Zeigern" im Lead-Stil geschrieben ist.

8 Stellt euch vor, in der Zeitung ist nur noch Platz für eine kurze Meldung.
Kürzt den Bericht. Schreibt eine Meldung von rund 70 Wörtern.
Die wichtigsten Informationen müssen aber erhalten bleiben.

Materialgestützt journalistisch schreiben

Die Textsorte „Interview" kennenlernen – ein Interview schreiben

1 Interviews sind eine beliebte Textsorte in vielen Medien.
Woher kennt ihr Interviews bereits? Nennt Personen und Anlässe.

2 Lest das folgende Interview aufmerksam.

Interview mit dem Extremtaucher Sven Penszuk

Sven Penszuk ist Extremsportler. Der Weltmeister im
Freitauchen erzählt uns im PULSTREIBER-Interview,
wie er zum Apnoetauchen kam, in welcher Tiefe eine
Ohnmacht droht und warum ihm auch die Aufgaben
5 als Coach ganz besonders viel Freude machen.

PULSTREIBER: Wie beschreibst Du selber Deinen
Sport?
Sven Penszuk: Freitauchen ist wahrscheinlich eine
der spektakulärsten Extremsportarten. Wenn Men-
10 schen in große unglaubliche Tiefen von bis zu über
200 Meter vordringen und länger als elf Minuten
mit einem einzigen Atemzug unter Wasser bleiben,
spricht man vom Freitauchen oder auch Apnoetauchen. Es gibt verschiedene Gründe, warum Men-
15 schen sich für das Freitauchen begeistern. Einige
tauchen, um die Faszination der Unterwasserwelt
ohne technische Hilfsmittel zu erleben, einfach
nur zum Vergnügen, andere tauchen, um sich mit
anderen Sportlern zu messen und Rekorde aufzu-
20 stellen und eigene Grenzen neu zu definieren.
[...]
PULSTREIBER: Was waren Deine schönsten Erfolge?
Sven Penszuk: Einer der schönsten Erfolge war sicherlich der Weltmeistertitel
2004 als Teamchef der deutschen Nationalmannschaft in Vancouver, Kanada.
25 Die Erfolge, an die ich mich allerdings am liebsten erinnere, sind die, bei denen ich als Coach bzw. Betreuer Teammitglieder zu persönlichen bzw. neuen
sportlichen Bestleistungen animieren konnte. Es ist ein tolles Gefühl, wenn
jemand vor dir steht und stolz die Tiefenmarke präsentiert und zu dir sagt,
„das hätte ich nicht ohne dich geschafft" oder „die Tiefen habe ich nur wegen
30 dir getaucht". Eine Tiefenmarke habe ich heute noch und bin sehr stolz darauf, obwohl ich in diesem Fall gar nicht selbst getaucht bin. [...]
PULSTREIBER: Wenn ein Läufer nicht mehr kann, dann bleibt er einfach
stehen, wenn dir aber in 40 Meter Tiefe die Luft ausgeht, was tust du dann?

Sven Penszuk: Beim Freitauchen wird man aufgrund spezieller physikali-
35   scher Gegebenheiten nicht in die Verlegenheit kommen, dass dies passiert. Beim Freitauchen liegt die Hauptgefahr darin, dass auf dem Rückweg in Tiefen zwischen 20 bis 10 Meter eine Ohnmacht auftreten kann.
Dabei ist es wichtig, immer einen erfahrenen Tauchpartner an seiner
Seite zu haben, der dich auf dem Rückweg in dieser Tiefe abholt, an die
40   Oberfläche begleitet und im Notfall Hilfestellung gibt. [...]

PULSTREIBER: Ist dir persönlich schon einmal etwas passiert?

Sven Penszuk: Nein, zum Glück ist mir noch nie etwas beim Freitauchen
passiert. Ich habe auch immer versucht, ohne Leistungsdruck zu tauchen
und meine körperlichen Fähigkeiten richtig einzu-
45   schätzen. Ich bin mir jedoch immer der Gefahr bewusst, welche diese Extremsportart mit sich bringt,
und versuche natürlich, diese nie zu unterschätzen.

PULSTREIBER: Als Apnoetaucher zählst du bereits
zur Weltelite. Welche Herausforderungen motivie-
50   ren dich noch?

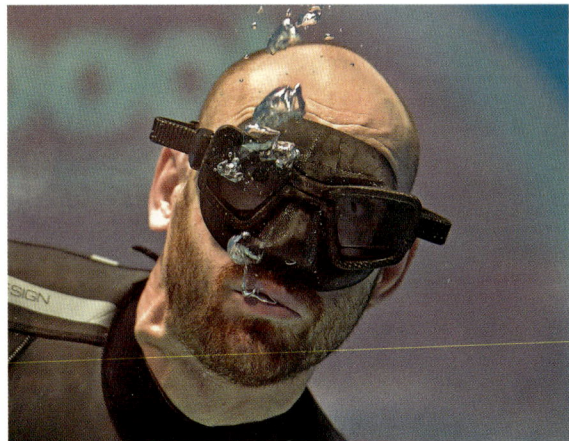

Sven Penszuk: Jeder Tauchgang ist eine Herausforderung, jeder Tauchplatz ist etwas Neues. Ich muss
mich auf jeden Tauchgang gleich konzentriert
vorbereiten – egal, ob die Tiefe 30 Meter oder 80
55   Meter beträgt. Die Herausforderung besteht vielleicht darin, die Freude daran nicht zu verlieren,
auch wenn man vielleicht das sehr hohe Leistungs-
niveau nicht mehr erreichen kann. [...]

PULSTREIBER: Was würdest du sagen, wenn sich dein Kind später auch
60   für den Extremsport begeistert?

Sven Penszuk: Sicherlich hätte ich im ersten Moment Angst, dass meinem
Kind etwas dabei passieren könnte, und würde natürlich alles tun, um es
zu beschützen. Ich wäre aber auch stolz darauf, dass meine Tochter oder
mein Sohn sich ein Hobby oder eine Sportart gesucht hat, woran sie oder
65   er Spaß und Freude findet. Extremsport hat mein Leben entscheidend
geprägt und mir viele wunderschöne Momente geschenkt. Wie könnte ich
versuchen, meine Kinder davon fernzuhalten. Ich habe aber noch etwas
Zeit, mir intensiver darüber Gedanken zu machen. Meine Tochter ist vier
Jahre und mein Sohn erst wenige Wochen alt. Ich wünsche mir nur, dass
70   sie Spaß und Freude daran haben, was sie tun.

3   Was hat euch an dem Interview besonders gefallen?
     Lest entsprechende Textstellen vor.

4   Das Interview ist auf einer Internetseite erschienen.
     Welche Zielgruppe möchte der Verfasser des Interviews wohl gern
     mit seinem Text erreichen? Begründet eure Vermutung.
     Jugendliche – Erwachsene – Freizeitsportler – Taucher – Mediziner

5   Im Mittelpunkt dieses Interviews steht der Extremsportler Sven Penszuk.
Der Autor des Textes bezweckt damit aber noch mehr.
Entscheidet, welche der folgenden Absichten zutreffen. Lest dazu entsprechende Textstellen vor.

- Werbung für die Extremsportart Freitauchen
- Informationen über die Sportart
- Appell an Sportler und Sportlerinnen, dass man mit Disziplin und Konzentration vorankommt
- Warnung an Eltern
- Eine persönliche Sicht, aber auch Sichtweisen anderer aufzeigen
- Unterhaltung der Leser und Leserinnen

INFO

Fragetechniken und Aufbau eines Interviews

Man unterscheidet zwischen **offenen** und **geschlossenen Fragen**.

Bei einer **geschlossenen Frage** ist eine Ein-Wort-Antwort möglich, zum Beispiel:
Frage: *„Braucht man viel Disziplin, um das Tauchen zu erlernen?"*
Antwort: *„Ja."*

Aber je nach Kommunikationssituation kann die angesprochene Person auch ausführlich antworten.
Eine **offene Frage** eröffnet grundsätzlich den Weg für eine umfassendere Antwort, zum Beispiel:
Frage: *„Was waren Deine schönsten Erfolge?"*
Antwort: *„Einer der schönsten Erfolge war sicherlich der Weltmeistertitel 2004 als Teamchef der deutschen Nationalmannschaft in Vancouver, Kanada."*

Ein Interview, das in einer Zeitung abgedruckt wird oder online für Leser / Leserinnen
zur Verfügung steht, besteht in der Regel aus folgenden **Bausteinen**:
- Schlagzeile (evtl. Untertitel)
- Autor / Autorin
- Einleitung (Vorspann / Lead)
- Hauptteil: Befragung der Person
- Schluss / Abrundung und / oder Ausblick / Appell / Verabschiedung

6   Entscheidend für die Qualität eines Interviews sind die Fragen, die gestellt werden.
- Lest dazu den Infokasten.
- Lest nun die Fragen aus dem Interview noch einmal aufmerksam.
Entscheidet, welche Fragen des Interviews eher offene Fragen sind.

7   Schreibt nun selbst Fragen auf, die ihr gern an den Taucher Sven Penszuk stellen würdet.
💡 **Tipp:** Vermeidet eher geschlossene Fragen, damit ihr nicht nur ein einfaches „Ja"
oder „Nein" zur Antwort bekommt.

8   Die Textsorte Interview folgt einem bestimmten Aufbau. Vollzieht das einmal am Beispiel auf den Seiten 130–131 nach. Schreibt dazu die Bausteine für das Interview untereinander auf und notiert daneben die entsprechende Zeilenzahl des Textes.

130–131

9   Fasst mithilfe des folgenden Infokastens auf Seite 133 zusammen, wodurch sich ein Interview von anderen Textsorten unterscheidet und zu welchen Zwecken Interviews durchgeführt werden.

Interview

Ein Interview ist ein **vorbereitetes Gespräch** zwischen zwei oder mehreren Personen. Dabei stellt eine Person **Fragen** zu einem Thema, die der Gesprächspartner / die Gesprächspartnerin beantwortet.

Ziel des Interviews ist es, für die Leserschaft interessante Informationen, Ansichten, Einstellungen, Überlegungen, Gefühle und Gedanken der Person herauszuarbeiten.

Interviews werden entweder mitgeschnitten oder mitgeschrieben und vor der Veröffentlichung in den Medien sprachlich bearbeitet. Man unterscheidet:
- das Sachinterview (vermittelt Fakten und Informationen),
- das Meinungsinterview (stellt Meinungen dar)
- und das Interview zur Person (stellt den Interviewpartner z. B. mit seinen Hobbys vor).

Interviews dienen sowohl der Information als auch der Unterhaltung. Meistens werden dabei offene Fragen gestellt, sodass eine umfassende Antwort möglich ist.

INFO

10 Plant nun selbst einmal ein Interview mit einer Person in eurem Umfeld und führt es durch. Beachtet dazu folgende Schritte:

Schritt 1: Thema und Gesprächspartner bestimmen
Besprecht, zu welchem Thema das Interview geführt werden soll und welcher Schwerpunkt gesetzt wird. Soll ein Sachinterview, ein Meinungsinterview oder Interview zur Person entstehen?

Schritt 2: Fragen formulieren
Achtet darauf, dass die Fragestellungen gut verständlich sind. Verwendet offene oder geschlossene Fragen. Weckt mit den Fragestellungen das Interesse der Leserschaft.

Schritt 3: Reihenfolge der Fragen festlegen
Ordnet die Fragen sinnvoll an. Prüft, welche Frage als Einstiegsfrage besonders geeignet ist.

Schritt 4: Arbeitsmittel für die Gesprächsführung bereitstellen
Entscheidet vor dem Interview, ob ihr die Antworten eures Gesprächspartners mitschreiben oder mitschneiden wollt. Für Letzteres benötigt ihr ein Aufnahmegerät (z. B.: Handy, Tablet). Prüft vorher die Funktionsfähigkeit und den Akku-Stand.

Schritt 5: Termine und Absprachen treffen
Vereinbart mit eurem Gesprächspartner einen Termin und Ort. Lasst ihm / ihr die Fragen vorab zukommen, damit er / sie sich gut darauf vorbereiten kann.

Schritt 6: Durchführung des Interviews
Geht zu zweit zu eurem Interview. Bei auftretenden Pannen könnt ihr besser reagieren und es gehen weniger Informationen verloren. Denkt daran, ein Foto zu machen, sofern der Interviewpartner einwilligt.

Schritt 7: Den Text schreiben und überarbeiten
Die angefertigten Mitschriften sind Rohtexte. Sie werden nun bearbeitet und korrigiert. Vor der Veröffentlichung des Interviews müssen diese Veränderungen von der befragten Person bestätigt werden. Dazu wird dem jeweiligen Interviewpartner ein Ausdruck zur Unterschrift vorgelegt. Zu beachten sind also die Persönlichkeitsrechte der interviewten Person.

Pressefoto und Rezension

„Waiting for Freedom" von Neil Aldrige.
Ein junges Nashorn – betäubt und mit verbundenen Augen – wartet in Botswana darauf, in die Freiheit
entlassen zu werden. Es wurde aus Südafrika umgesiedelt, um vor Wilderern geschützt zu sein.

Pressefotos

Pressefotos sind speziell für die Veröffentlichung in der Presse hergestellte Fotos. In Tageszeitungen, Zeitschriften oder in Medienportalen lichten sie Personen und das aktuelle Geschehen ab. In der Regel gehören die Fotos zu einem Textbeitrag. Der Blick des Lesers fällt fast immer zuerst auf das Bild – und nicht auf den Text. Manche Fotos zeigen **Alltägliches**, z. B. händeschüttelnde Politiker, Straßenfeste oder Sturmschäden. Manche Fotos sind vorgefertigte **Symbolbilder**, die Fotoagenturen zu vielen Themen anbieten. Manche Fotos aber **fangen einen bestimmten Moment ein, rufen Gefühle hervor,** reizen dazu, mehr über die Geschichte dahinter erfahren zu wollen und mit dem Lesen zu beginnen. Der **Bildtext** (Bildunterschrift / Bildzeile) informiert, **wer** oder **was** auf dem Bild zu sehen ist. Meistens ist er der zuerst gelesene Text auf jeder Zeitungsseite, noch vor den Überschriften.

1 Beschreibt dieses Foto:
- Welcher besondere Moment ist auf diesem Pressefoto festgehalten?
- In welcher Situation befindet sich das Nashorn?
- Beschreibt den Ort, die Farben, das Licht, die Stimmung …
- Welche Gefühle und Stimmungen ruft das Foto hervor?
- Welche Informationen enthält die Bildunterschrift?
- Wie erklärt ihr euch den Titel des Fotos: *„Waiting for Freedom"*?

2 Welche Fragen sind für euch noch offen? Vielleicht findet ihr gemeinsam Antworten.

3 Lege einen **Stichwortzettel** zu dem Foto an:
- Notiere deine Beobachtungen und persönlichen Eindrücke.
- Wenn du zur Jury eines Fotowettbewerbes gehören würdest, wie viele von fünf ★ ★ ★ ★ ★ würdest du dem Foto geben?

4 Im Infokasten auf Seite 134 ist die Rede von drei Sorten Pressefotos.
Seht euch daraufhin die Fotos auf Seite 134, 136 und 137 an.
Wie ordnet ihr diese Fotos zu? Begründet eure Entscheidung.

5 Das Foto *Waiting for Freedom* von Neil Aldrige
wurde bei dem angesehenen Wettbewerb
World Press Photo 2018 in der Kategorie
Umwelt nominiert.

Rezension

In einer Rezension wird z. B. ein Buch, Film, Konzert
oder ein Computerspiel kritisch besprochen.
Rezensionen findet man vor allem in Zeitungen,
Zeitschriften und auch in Digitalangeboten.
Die Rezensenten informieren die Leser über die
besprochene Sache und bewerten sie zugleich aus
persönlicher Sicht. Sie können auch eine
Empfehlung dafür oder dagegen aussprechen.

- Stell dir vor, du hast das Foto im Internet
  entdeckt und schreibst dazu eine
  Rezension für die Schülerzeitung. Orientiere
  dich an den folgenden **Arbeitsschritten**.
- Nutze deine **Notizen** aus Aufgabe 3 und den
  WORTSCHATZ: TEXTBAUSTEINE.

INFO

Arbeitsschritte

- Überschrift formulieren
- Fotograf, Foto, Jahr und Anlass der Rezension nennen
- beschreiben, was auf dem
  Foto zu sehen ist
- etwas zu Licht, Stimmung
  und Farbgebung sagen

- Titel des Fotos erklären und
  deuten

- erläutern, wie das Foto auf
  dich als Betrachter wirkt

- Bildunterschrift einbeziehen
- abschließend das Foto und
  seine Wirkung aus persönlicher Sicht bewerten

WORTSCHATZ: TEXTBAUSTEINE

„Waiting for Freedom" von Neil Aldrige
Das Foto von … mit dem Titel … wurde … zum … nominiert.

Das Foto zeigt … Ein Nashorn liegt mitten … Das Tier ist …
*   Es wirkt … Seine Augen … Auf seiner Flanke sieht man …*
Es ist dunkel … Nur wenig Licht fällt auf … Auch die Stimmung
*   ist … Das Foto wirkt fast wie eine Schwarz-Weiß-Aufnahme,*
*   aber die blutrote Stoffbahn … Das Rot wiederholt sich in …*

Den Titel „Waiting for Freedom", übersetzt „Warten auf Freiheit",
*   kann man sich vordergründig so erklären …*
*   Im übertragenen Sinne deute ich den Titel …*

Ein trister, dunkler Stall mit den finsteren Mauern, das
*   erschöpfte, hilflose Tier auf … Auf mich wirkt diese*
*   Szenerie trostlos / mitleiderregend / beängstigend, weil …*
*   Trotzdem ist das Foto ein Zeichen der Hoffnung auf …*
Denn aus der Bildunterschrift geht hervor, dass das Nashorn …
Ich kann gut / nicht verstehen, dass das Foto von … für einen
*   Preis nominiert wurde … Es hat mich … beeindruckt, weil …*
*   Dem Fotografen … ist es hervorragend / kaum gelungen …*
*   Mich spricht das Foto (nicht) an, denn … Es gefällt mir*
*   (nicht), wie … Von mir bekommt das Foto … Sterne.*

6 Lest eure Rezensionen in der Tischgruppe oder im Plenum vor.
- Fragt nach, wenn ihr beim Zuhören etwas nicht genau verstanden habt.
- Vergleicht eure Bewertungen. Habt ihr das Foto ähnlich oder eher unterschiedlich bewertet?
  Woran könnte das liegen?

Schreiben und Präsentieren

Materialgestützt journalistisch schreiben

Eine Reportage untersuchen

Reportagen informieren die Leser und Leserinnen in unterhaltender Weise, zum Beispiel über Expeditionen in ferne Länder, spektakuläre Entdeckungen oder Katastrophen. Aber auch Spannendes aus dem Alltagsleben kann Thema einer Reportage sein.

1 Lest die folgende Reportage über eine Tierschutzaktion im südlichen Afrika.

Per Flieger nach Botswana: Rettungsaktion für Nashörner
-------------100 Dickhäuter aus Südafrika werden umgesiedelt -------------

Kristin Palitza, dpa

A **HLUHLUWE** – Ein Hubschrauber fliegt tief über der Steppe des Phinda-Naturreservats in Südafrika. Drei grasende Breitmaulnashörner laufen verschreckt durchs Gebüsch. Tierarzt Trevor Viljoen lehnt sich aus dem Fenster, zielt und drückt den Abzug. Im Bruchteil einer Sekunde steckt ein
5 Betäubungspfeil in der Hinterbacke eines Bullen. Das Tier läuft noch etwas, bleibt dann stehen. Jetzt heißt es schnell handeln. Dem Nashorn werden die Augen verbunden. Bevor das Betäubungsmittel ganz wirkt, zieht eine Gruppe

Vor dem Transport werden die Tiere vermessen und mit einem Sender versehen. © Kristin Palitza/dpa

Ein betäubtes Breitmaulnashorn wird im Phinda-Naturschutzreservat mit einem Kran auf ein Transportfahrzeug gehievt. © Kristin Palitza/dpa

von Wildhütern, Zoologen und Ärzten das tonnenschwere Tier mit einem Seil an einen Transportlaster heran. Kurz danach sinkt der Bulle auf die Knie.

10 **B** Das Rhinozeros ist eines von 100 Tieren, die als Teil der Aktion *Rhinos without Borders*[1] von Südafrika nach Botswana umgesiedelt werden sollen, um die Art vor dem Aussterben zu retten. Grund dafür ist die Wilderei in Südafrika, wo es die größte Population[2] der gefährdeten Art gibt. Wilderer haben nach Angaben des Umweltministeriums in Südafrika vergangenes 15 Jahr 1054 Nashörner getötet. „Das sind fast drei pro Tag", sagt *Rhinos without Borders*-Projektleiter Les Carlisle. „Wir haben den Punkt erreicht, an dem mehr Nashörner illegal[3] getötet als neu geboren werden."

C Das Horn ist vor allem in Asien gefragt, wo ihm aphrodisierende[4] und heilende Kräfte zugeschrieben werden. Auf dem Schwarzmarkt[5] 20 zahlen Kunden Berichten zufolge etwa 60 000 Euro pro Kilogramm. Der Handel mit Horn, das aus Keratin besteht, dem gleichen Material wie menschliche Fingernägel, ist auf internationaler Ebene verboten.

D In Afrika gibt es schätzungsweise noch bis zu 25 000 Nashörner. Die genaue Zahl halten Behörden geheim – aus Angst, Kriminellen ungewollt 25 Informationen zuzuspielen. Der Traumberuf des Wildhüters sei in Südafrika zum Alptraum geworden, sagt Carlisle. Wilderer seien mit Schnellfeuerwaffen, militärischer Ausbildung und Nachtsichtgeräten ausgestattet. Die Jagd auf das Horn müsse man sich wie „einen kleinen Bürgerkrieg" vorstellen, so Carlisle, bei dem Ranger jede Nacht ihr Leben aufs Spiel setzten, um die 30 Nashörner zu beschützen.

E In Botswana sei das Wildereiproblem dagegen gering, erklärt Map Ives, der offizielle Nashorn-Koordinator Botswanas, der die südafrikanischen Rhinozerosse im Okavango-Delta in Empfang nimmt. Botswana, ungefähr so groß wie Kroatien, besteht zu etwa 70 Prozent aus Nationalparks und hat 35 nur rund zwei Millionen Einwohner. Dazu stelle die Regierung viele Gelder und auch seine Armee zur Verfügung, um Wilderei niedrig zu halten, so Ives.

F Die 100 Nashörner sollen einen neuen Zuchtbestand in Botswana schaffen – eine genetische Absicherung gegen das Aussterben der Art, so Carlisle. Bereits 25 Tiere wurden in den vergangenen Monaten umgesiedelt. 40 Diese Woche kommen zwölf weitere dazu.

G Sanft schnaufend liegt das betäubte Nashorn auf der Erde. Seine pelzigen Ohren zucken. In ihnen stecken aus Stoffresten zusammengeflickte

[1] Rhinos without Borders: *deutsch:* Nashörner ohne Grenzen
[2] Population: eigentlich Bevölkerung, *hier:* die Anzahl der an einem Ort vorkommenden Tiere einer Art
[3] illegal: ungesetzlich
[4] aphrodisierend: sexuell anregend
[5] Schwarzmarkt: illegaler Handel mit verbotenen Waren

Ohrenstöpsel, um das empfindliche Gehör des Tieres zu schützen. Das Tier wird gewogen, vermessen und gekennzeichnet. Ein Wildhüter bohrt ein Loch
45 in das imposante Horn, um einen batteriebetriebenen Sender einzusetzen. So können die Bewegungen des Tieres in Botswana verfolgt werden. Jeder Handgriff der Tierschützer sitzt. Nach nur etwa 20 Minuten spritzt der Veterinär ein Gegenmittel ins Ohr. Carlisle legt noch einmal seine Hand auf den Kopf des Nashorns und murmelt „Danke". Sekunden später wacht das Tier auf,
50 stellt sich auf die Beine und trabt zu seinen Kumpanen im Gehege. Dort muss es vier Wochen in Quarantäne⁶ verbringen, bevor es das Land verlassen darf.

H   Rund 15 Stunden wird dann der Transport in Lastwagen und Flugzeugen dauern, bis die zwölf Nashörner das Okavango-Delta erreichen. Das sei stressig für die wilden Tiere, sagt Grant Tracy, ein südafrikanischer Wildhü-
55 ter, der bereits mit 16 Jahren sein erstes Nashorn einfing. Es sei aber ein fairer Preis, den ein einzelnes Tier für die Rettung der Art zahle. „Wir halten die Belastung so niedrig wie möglich", versichert Tracy.

I   *Rhinos without Borders* betrachtet die Umsiedlung der etwa 100 Nashörner als ersten Schritt zur Rettung der Art. Sobald es eine ausreichende Zahl
60 der Tiere in Botswana gebe, wolle man auch neue Zuchtbestände in anderen Ländern der Region schaffen, erklärt Ives. Es ist nicht das erste Mal, dass Tierschützer Nashörner auf diese Weise vor dem Aussterben retten wollen. Anfang des 20. Jahrhunderts habe es nur noch rund 50 Nashörner in Afrika gegeben, erzählt Carlisle. Dann habe man den Tierbestand durch systematische
65 Umsiedlung über die nächsten fünf Jahrzehnte auf rund 20 000 Nashörner gesteigert. Carlisle ist optimistisch: „Genauso wollen wir das wieder machen."

⁶ Quarantäne: vorübergehende Isolierung als Schutzmaßnahme gegen
   Verbreitung von Krankheitserregern

2 Tauscht euch aus: Was hat euch an dieser Reportage besonders interessiert? Gibt es vielleicht auch etwas, das ihr nicht verstanden habt?

3 Die Reporterin hat für ihre Reportage in Südafrika direkt vor Ort recherchiert.
- Wobei war sie live dabei?
- Nennt Beispiele für eigene Beobachtungen der Reporterin.
- Nennt Beispiele für Erklärungen ihrer Gesprächspartner, die sie wörtlich oder in indirekter Rede wiedergibt.
- Nennt Beispiele für Informationen aus anderen Quellen, z. B. die Zahl der getöteten Nashörner oder die Schwarzmarktpreise für das Kilogramm Horn.

4 Bestimmt hat die Reporterin den Tierschützern auch Fragen gestellt, z. B.:
a) Ist der Transport eine große Belastung für die Tiere?
b) Gab es auch schon früher Umsiedlungsaktionen zur Rettung von Nashörnern?
c) Wird es auch in anderen Ländern eine Neuansiedlung geben?
Was haben die Tierschützer in Afrika wohl darauf geantwortet?

5 Formuliert einige weitere Fragen, die die Reporterin den Tierschützern vermutlich gestellt hat. Beantwortet eure Fragen gegenseitig.

6 Sucht für jeden Punkt des folgenden Kastens ein Beispiel aus der Reportage heraus.

Was Reportagen ausmacht

Reportagen sind **tatsachenbezogene Erlebnisberichte**, die viele Sachinformationen enthalten.

- Meistens berichten Reporter über Ereignisse, die sie selbst – **live** – **miterlebt** haben, in der Regel allerdings **nicht in der Ich-Form**.

- Reporter führen die Leser an den Schauplatz der Reportage, lassen sie das Geschehen hautnah miterleben, **zoomen** es dicht für sie heran.

- Basistempus der Reportage ist das **Präsens**. Mit ihm wird das Geschehen ebenfalls herangezoomt.

- Reporter schildern auch **Atmosphärisches**, z. B. Geräusche, Farben, Details …

- Beteiligte Personen, Zeugen, Experten kommen **direkt** und **indirekt zu Wort**.

- Mithilfe von **Fachsprache** stellen Reporter Dinge und Sachverhalte korrekt dar. Mithilfe von salopper **Umgangssprache** erzeugen sie eine dichte Atmosphäre.

- Reportagen leben vom **Wechsel** zwischen sachlich informierenden und persönlich gefärbten Abschnitten, in denen das Thema die verbindende Klammer bleibt.

- Die **Schlagzeile** soll die Aufmerksamkeit der Leser erregen.

- Der **Untertitel** informiert kurz über den Inhalt.

- Besonders wichtig ist ein **spannender Anfang**, der zum Weiterlesen verleitet. Viele Reportagen beginnen deshalb mit einer interessanten Einzelheit, die mitten in das Geschehen hineinspringt.

- Am **Schluss** der Reportage wird noch ein **letzter Höhepunkt** gesetzt, zum Beispiel mit einem Redebeitrag, der in die Zukunft weist.

7 Viele Reportagen werden von Fotos begleitet.
- Seht euch die beiden Fotos auf Seite 136 und 137 an. Auf welche Absätze der Reportage (Seite 136–139) beziehen sie sich? Was fügen sie dem geschriebenen Wort hinzu?
- Welche grundsätzlichen Funktionen haben Fotos zu Reportagen und zu anderen Zeitungsartikeln?

8 Vergleiche das Foto von Seite 136 mit dem Foto von Seite 134.
- Was ist auf beiden Fotos ähnlich? Worin unterscheiden sie sich?
- Was meinst du: Wäre das Foto von Seite 136 auch für einen Fotowettbewerb geeignet? Begründe deine Einschätzung.

Materialgestützt journalistisch schreiben

Appellative Texte: Kommentare und Leserbriefe

Smartphones sind in der heutigen Zeit nicht mehr wegzudenken und dennoch werden immer wieder Debatten darüber ausgelöst. 2018 entscheidet das französische Parlament, Handys in der Schule zu verbieten. 2022 beschließt der bayerische Landtag, das Handyverbot an Schulen zu lockern.

In den beiden folgenden Kommentaren äußern sich ein Chefredakteur einer Tageszeitung und eine Online-Redakteurin zum Thema „Handyverbot in Schulen".

1 Lest euch die beiden Kommentare auf dieser und auf der folgenden Seite vor und äußert euch spontan dazu.

Kommentar 1
Das Handyverbot ist die einzige Lösung

Hendrik Groth   (Text verändert)

A Das Handyverbot an französischen Schulen ist konsequent. Es ist die einzig wirksame Maßnahme, um die Nutzung von Smartphones zu regeln: Alle anderen Ideen – Handys bleiben in der Tasche, dürfen nur in der Pause eingeschaltet werden oder müssen in den Flugmodus – sind von vornherein
5 zum Scheitern verurteilt. Es mag eine Binsenweisheit[1] sein, aber die Nutzung des Handys lenkt ab vom Lernen und verhindert das Aufpassen.

B Selbstverständlich gilt, dass in der Schule Medienkompetenz vermittelt werden muss. Alles andere wäre lebensfremd und würde den Kindern Zukunftschancen verbauen.

10 **C** Allerdings bringt es für den Schulerfolg nichts, die Kinder in ihren Klassen und auf dem Pausenhof mit ihrem Handy spielen zu lassen, denn sie nutzen dort ohnehin nur die Sozialen Medien. Die Kommunikation dort ist jedoch nur unvollständig. Bei der üblichen zwischenmenschlichen Kommunikation schult man nicht nur das Sprechen und Formulieren, sondern man
15 lernt auch, die Reaktion des Gegenübers anhand von Mimik, Gestik einzuschätzen. Dieser wichtige Teil fehlt bei der Kommunikation in den Sozialen Medien, die Sprache ist weniger vielfältig und roher.

D Ein Handyverbot ist sinnvoll, denn die Schule garantiert auf diese Weise einen Freiraum vor digitalem Zwang[2]. Als Kronzeuge dieser zugege-
20 benermaßen recht kompromisslosen These sei die IT-Ikone[3] Bill Gates herangezogen. Keines seiner Kinder durfte trotz energischer Proteste bis zum 14. Lebensjahr ein Handy besitzen, und noch heute – so die Schilderung von Gates – werde vor dem Essen am Tisch das Smartphone weggelegt.

[1] Binsenweisheit: eine allgemein bekannte Information
[2] digitaler Zwang: der Zwang, ständig online sein zu müssen
[3] IT-Ikone: IT: Informationstechnik; Ikone: Kultfigur, Star

Schreiben
und Präsen-
tieren

Kommentar 2
Handy nutzen, nicht verbieten!

Heike Klovert   (Text verändert)

   A   Smartphones sind wie kleine schwarze Löcher, die Schülern die Aufmerksamkeit aus dem Hirn saugen, die Achtsamkeit, wenn nicht gar die Intelligenz. Diese Angst treibt manche Lehrer so sehr um, dass sie sich oft nicht anders zu helfen wissen als mit einem Verbot. Aber so wertet man Smartphones nur unnötig auf. Denn was verboten ist, ist
5 bekanntlich umso reizvoller.

   B   Dabei steckt in Smartphones eine riesige Chance für Schulen, die wenig Geld für Tablets, Notebooks, PCs und Videokameras haben. Fast 90 Prozent der Schüler besitzen ein Smartphone. In den allermeisten Fällen sind die Geräte internetfähig und mit einer Flatrate ausgestattet.

10 **C**   Das soll jetzt kein Freibrief fürs Daddeln und Surfen im Unterricht sein. Aber ein Appell. Schulen müssen sich viel mehr die riesigen Vorteile zunutze machen, die Smartphones bieten. Als Recherchewerkzeug: Wie schnell dreht sich die Erde? Als Wörterbuch: Was heißt gleich „Prokrastination"? Als Kommunikationsmittel: Morgen fahren keine Schulbusse? Telefonkette adé. So lernen Schüler früh, Handys sinnvoll zu nutzen – zumal
15 die Geräte auch im späteren Leben der meisten eine große Rolle spielen werden.

   D   Die Handys müssen ja nicht klingeln. Ausgeschaltet oder lautlos im Unterricht, das wäre sinnvoll. Und wenn sie nicht im Einsatz sind, liegen alle Handys auf dem Tisch, wie die Taschenrechner in Mathe, nur mit dem Bildschirm nach unten. Dann kann niemand nach einer SMS vom Schwarm aus der Parallelklasse schielen – und gleichzeitig ist
20 klar: Smartphones sind Arbeitsmittel!

---

2 Ordnet den Abschnitten **A** bis **D** im **Kommentar 1** folgende Zwischenüberschriften zu:
  1) Medienkompetenz muss vermittelt werden
  2) Handyverbot als Maßnahme gegen Ablenkung
  3) Garantie für einen Freiraum vor digitalem Zwang
  4) Kein Schulerfolg durch Spielen mit dem Handy

3 Lest noch einmal genau nach und beantwortet folgende Fragen zum **Kommentar 1**:
  • Auf welche Entscheidung das französischen Parlamentes bezieht sich
    der Journalist in seinem Kommentar? Was stellt er gleich zu Beginn klar?
  • Mit welchen Argumenten begründet er seinen Standpunkt?
  • Warum zeigt er sich nicht kompromissbereit?
  • Welchen prominenten „Zeugen" führt er für seine Haltung an?
  • Welche Forderung stellt der Journalist auf?

4 Ordnet den Abschnitten **A** bis **D** im **Kommentar 2**
  folgende Zwischenüberschriften zu:
  1) Riesige Chance für Schulen mit wenig Geld
  2) Praktische Tipps für das Arbeitsmittel
  *   „Smartphone"*
  3) Die Angst vor dem Smartphone
  4) Vorteile von Smartphones sinnvoll nutzen

5 Untersucht nun **Kommentar 2** anhand
  der folgenden Fragen:
  • Womit provoziert die Journalistin
    am Anfang ihres Kommentars?
  • Was kritisiert sie?
  • Wozu ruft sie in ihrem Appell auf?
  • Wie begründet sie ihr Anliegen?
  • Welche praktischen Tipps gibt sie?

6 In den beiden Kommentaren **1** und **2** ist die Sprache insgesamt bewertend.
Ermittelt solche bewertenden Formulierungen in den Texten, z. B.:

… ist konsequent.

Es ist die einzig wirksame Maßnahme, …

… von vornherein zum Scheitern verurteilt.

Diese Angst treibt manche … so sehr um, …

… wertet man … nur unnötig auf.

… ist bekanntlich umso reizvoller.

7 Obwohl die Verfasser der Kommentare auf Seite 141 und 142 gegensätzliche Standpunkte
vertreten, weisen die Texte doch im Aufbau und in der Sprache einige Gemeinsamkeiten auf.

• Prüft zu zweit, auf welchen Kommentar die folgenden Aussagen zutreffen.

• Notiert: *1) Kommentar 1, Kommentar 2;   2) …*

1) Aus der Überschrift kann man das Thema und den vertretenen
Standpunkt entnehmen.

2) Die Überschrift enthält eine Forderung.

3) Die Überschrift ist eine Behauptung.

4) In den ersten Sätzen wird der Anlass für den Kommentar vorgestellt.

5) Es folgen Argumente, die den jeweiligen Standpunkt untermauern.

6) Konkrete Beispiele sorgen für Anschaulichkeit.

7) Das Thema wird subjektiv bewertet.

8) Gegenargumente werden nur kurz berücksichtigt.

9) Überwiegend wird im Präsens und in der 3. Person geschrieben.

10) Es wird ein Appell ausgesprochen.

11) Abschließend wird der jeweilige subjektive Standpunkt bekräftigt.

8 Erläutert eure Ergebnisse in der Tischgruppe oder im Plenum.
Nutzt dazu auch die Informationen aus dem folgenden Infokasten.

Meinungsäußernde Texte: Kommentar und Leserbrief

Als **Kommentar** bezeichnet man persönlich wertende Anmerkungen zu einem
bestimmten Thema. Man spricht von **Leserbriefen**, wenn es sich bei den Verfassern
um Zeitungsleser handelt. Meistens möchte man mit einem Kommentar oder
Leserbrief andere von dem eigenen Standpunkt überzeugen.

Kommentiert werden in der Regel Themen von allgemeinem Interesse, über die
in den Medien berichtet wird, zum Bespiel aus Politik, Wirtschaft, Sport oder Kultur.

Zum Schreiben von Kommentaren oder Leserbriefen gibt es keine vorgeschriebene Form.
Doch oftmals enthalten sie Argumente, Bewertungen, Forderungen und Appelle (Aufrufe).
Ein häufig verwendetes Stilmittel ist die *rhetorische Frage* (eine provozierende Frage,
auf die keine Antwort erwartet wird).

Leserbriefe und Kommentare tragen zur Information und Meinungsbildung von
Leserinnen und Lesern bei. Sie können sachlich, persönlich oder provokant sein –
aber keinesfalls beleidigend oder verunglimpfend.

INFO

Materialgestützt journalistisch schreiben

Leserbriefe und Kommentare schreiben

Nimm zu dem Streitthema „Handyverbot an Schulen" schriftlich Stellung.
Suche dir eine der folgenden drei Aufgaben aus.

1 Welcher der beiden Kommentare auf Seite 141–142 entspricht deiner Meinung?  141–142
- Schreibe dazu einen **Leserbrief**: Unterstütze die Meinung von *Hendrik Groth* oder die von *Heike Klovert*. Schreibe in der Ich-Form und meistens im Präsens.
- Beachte die folgenden **Arbeitsschritte** und nutze den WORTSCHATZ: TEXTBAUSTEINE.

Arbeitsschritte	**WORTSCHATZ: TEXTBAUSTEINE**
• Finde eine **Überschrift** für deinen Leserbrief.	*Ganz meine Meinung!*
• Stimme dem Kommentar zu.	*Spricht mir aus der Seele*
	Frau / Herr … hat mit ihrem / seinem Kommentar „…" vollkommen recht. Ich bin auch der Meinung, dass …
• **Argumentiere** und führe **Beispiele** aus deiner persönlichen Erfahrung an.	*Ein Handyverbot wie in Frankreich ist total unzeitgemäß / auch bei uns dringend erforderlich. Denn …*
	Aus eigener Erfahrung weiß ich, dass zum Beispiel …
	Ich verstehe gut, …
	Jeden Tag kann ich im Unterricht / in den Pausen beobachten …
• Richte einen **Appell** (Aufruf) an die Verantwortlichen und / oder stelle eine **Forderung**.	*Liebe Politiker / Lehrer / Eltern, nehmt euch ein / kein Beispiel an …!*
	Denkt doch bitte an …
	Es muss sich etwas ändern. Handelt endlich!

2 Welcher der beiden Kommentare auf Seite 141–142 entspricht **nicht** deiner Meinung? 141–142
- Schreibe dazu einen **Leserbrief**: Widersprich entweder der Meinung von *Hendrik Groth* oder der von *Heike Klovert*. Schreibe in der Ich-Form und meistens im Präsens.
- Beachte die folgenden **Arbeitsschritte** und nutze den WORTSCHATZ: TEXTBAUSTEINE.

Arbeitsschritte	**WORTSCHATZ: TEXTBAUSTEINE**
• Finde eine Überschrift für deinen Leserbrief.	*Aus der Zeit gefallen*
• Widersprich dem Kommentar.	*So geht's nicht!*
	Frau / Herr … liegt mit ihrem / seinem Kommentar „…" vollkommen daneben. Ich bin überhaupt nicht der Meinung, dass …
• Argumentiere und führe Beispiele aus deiner persönlichen Erfahrung an.	*Ein Handyverbot wie in Frankreich ist total unzeitgemäß / auch an deutschen Schulen längst überfällig. Denn …*
	Ich kann überhaupt nicht nachvollziehen …
	Aus eigener Erfahrung weiß ich, dass zum Beispiel …
	Jeden Tag kann ich im Unterricht / in den Pausen beobachten …
• Appelliere an die Verantwortlichen und / oder stelle eine Forderung.	*Liebe Politiker / Lehrer / Eltern, es kann doch nicht sein, dass …*
	Denkt doch bitte an …
	Es muss sich etwas ändern. Handelt endlich!

lll **3** Stell dir vor, du bist Journalist / Journalistin. Verfasse einen **Kommentar** zum Thema „Handyverbot an Schulen". Beziehe dich auf Informationen aus den beiden Texten auf Seite 141–142.
Verwende als Basistempus das Präsens und schreibe nur ab und zu in der Ich-Form.
   • Beachte folgende **Arbeitsschritte** und nutze den **WORTSCHATZ: TEXTBAUSTEINE**.

141–142

Arbeitsschritte

• Formuliere als Überschrift eine Forderung, eine Behauptung oder eine Frage.

• Leite das Thema kurz ein.
Schreibe überwiegend im Präsens.
• Äußere deine Meinung.
• Räume das wichtigste Gegenargument ein.
• Führe mindestens zwei Argumente an, die deine Meinung überzeugend stützen.

• Führe dazu anschauliche Beispiele aus deiner Erfahrung an.

• Provoziere mit einer rhetorischen Frage.

• Bekräftige abschließend deine Meinung mit einem Appell und / oder mit einer Forderung.

WORTSCHATZ: TEXTBAUSTEINE

(Kein) Handyverbot an unseren Schulen!
Smartphones gehören (nicht) in den Unterricht!
Handyverbot: Sollten wir Frankreichs Beispiel folgen?
Im Sommer 2018 hat das französische Parlament …
Sogar in den Pausen …
Ich finde, dass …
Selbstverständlich gilt aber, dass …
Das soll jetzt aber kein Freibrief sein für …
Dennoch ist es …
Mir ist das besonders wichtig …
Politiker / Lehrer sollten nicht vergessen, dass …
Es kann doch nicht sein, dass …
An meiner Schule kann ich mir zum Beispiel sehr gut / überhaupt nicht vorstellen …
Bestimmt würde es gut / nicht funktionieren, …
Warum sollte das (nicht auch) bei uns funktionieren?
Kennt die Politik denn keine Verantwortung?
Ich bin der festen Überzeugung …
Es ist an der Zeit, dass die Politiker endlich …
Liebe Eltern / Lehrer setzt euch für … ein!
Sonst …

4 Prüft eure Texte mithilfe der folgenden **CHECKLISTE**.

CHECKLISTE

Mein Leserbrief … Mein Kommentar …

✔ hat eine passende Überschrift.
✔ bezieht sich auf eine Nachricht / einen Kommentar.
✔ nennt meinen deutlichen Standpunkt.
✔ *lll* räumt ein wichtiges Gegenargument ein.
✔ führt überzeugende Argumente und Beispiele aus persönlicher Erfahrung an.
✔ *lll* stellt eine rhetorische Frage.
✔ bekräftigt zum Schluss meinen Standpunkt, appelliert an die Verantwortlichen, stellt Forderungen.
✔ ist überwiegend im Präsens geschrieben.
✔ ist gut verständlich und flüssig formuliert.

5 Lest eure Texte im Plenum oder in der Tischgruppe vor. Gebt einander ein faires Feedback.

Schreiben und Präsentieren

Journalistische Textformen materialgestützt gestalten

Wähle aus den folgenden Aufgaben 1, 2 oder 3 eine Aufgabe aus und bearbeite sie.

1 Verfasse eine kurze **Meldung** zur Nashorn-Umsiedlung. 136–139
- Deine Meldung soll wichtige **W-Fragen** beantworten:

  Was geschieht? **Wo** findet es statt?

  Wer ist betroffen? **Wer** handelt?

  Warum geschieht es (Ursache)? **Was** ist die (erhoffte) Folge?

  Lege einen **Notizzettel** mit den Antworten an.
- Dein Text soll zwischen 60 und 90 Wörter haben. Zähle nach.
- Schau beim Schreiben ab und zu auf die **CHECKLISTE** unten links.

2 Verfasse einen **Zeitungsbericht** zur Nashorn-Umsiedlung. 136–139
- Dein Bericht soll die wichtigsten **W-Fragen** beantworten.
- Darüber hinaus soll er Informationen über die Wilderer und den Schwarzmarkt für Horn enthalten, außerdem Aussagen von Tierschützern zum Ablauf und Stand der Umsiedlungsaktion. Lege einen **Stichwortzettel** mit Notizen an.
- Dein Text soll zwischen 150 und 200 Wörter haben. Zähle nach.
- Schau beim Schreiben ab und zu auf die **CHECKLISTE** unten links.

3 Verfasse einen **Leserbrief** zu der Reportage von Kristin Palitza: 136–139
Per Flieger nach Botswana: Rettungsaktion für Nashörner.
- Mach dich in deinem Leserbrief für die Rettung der Nashörner stark.
- Prangere die illegale Geschäftemacherei mit Horn als Ursache für das Leid der Nashörner an.
- Appelliere an die Leser, die Nashörner vor krimineller Wilderei zu schützen und sie vor dem Aussterben zu retten.
- Schau beim Schreiben ab und zu auf die **CHECKLISTE** unten rechts.

CHECKLISTE

Die Zeitungsmeldung …
Der Zeitungsbericht …
- ✔ befolgt das Prinzip: *Das Wichtigste zuerst!*
- ✔ ist sachlich geschrieben.
- ✔ hat eine treffende Schlagzeile.
- ✔ beantwortet wichtige W-Fragen.
- ✔ *u* enthält Informationen über die Wilderer und den Schwarzmarkt für Horn.
- ✔ *u* enthält Aussagen von Tierschützern zum Ablauf und Stand der Umsiedlung.

CHECKLISTE

Der Leserbrief …
- ✔ hat eine appellierende Überschrift.
- ✔ steht überwiegend im Präsens.
- ✔ ist teilweise in der Ich-Form geschrieben.
- ✔ nimmt Bezug auf die Reportage und die Lage der Nashörner in Südafrika.
- ✔ enthält einen deutlichen Standpunkt, prangert Verbrechen an, nennt Schuldige.
- ✔ provoziert mit rhetorischen Fragen.
- ✔ fordert dazu auf, die Wilderei zu beenden und Tierschützer zu unterstützen.
- ✔ appelliert, die Nashörner zu retten.

Materialgestützt journalistisch schreiben

Überprüfe dein Wissen und Können

1 Schreibe den Text ab und ergänze die Leerstellen mit dem entsprechenden Fachwort. Unterstreiche das eingesetzte Wort.

Zu den ? Textsorten gehören die ? , der ? , die Reportage. Aber auch Leserbriefe oder Kommentare werden in Zeitungen gedruckt. Ihrer Funktion nach unterscheidet man informierende und appellierende Texte in den Zeitungen und Onlineausgaben. Eine Reportage ist eher ein ? Text. Ein Leserbrief gehört zu den ? Texten. Die längste journalistische Textsorte ist die ? Hier wird umfangreich über ein ? berichtet. Unterstützt werden die Aussagen mit anschaulichen ? Die kürzeste Form einer ? ist die Meldung. Bericht und Meldung haben die Beantwortung der ? zur Grundlage

appellierenden
Bericht
informierender
journalistischen
Meldung
Pressefotos
Reportage
Thema
W-Fragen
Zeitungsnachricht

2 Lies den folgenden Text einer Onlinezeitung aufmerksam.

Am 27. März ist es wieder so weit   19. 03. 2022, 10:12 Uhr

Mehrheit in Deutschland für Abschaffung der Zeitumstellung

Am 27. März wird die Uhr wieder eine Stunde vorgestellt. Es ist eine wiederkehrende Diskussion: Zwei Mal im Jahr beschweren sich die Deutschen über die Zeitumstellung. Die Meisten würden sie gerne abschaffen – glauben aber nicht daran, dass das auch passiert.

Berlin. Im Frühjahr vor und im Herbst zurück: Die Zeitumstellung ist für die Mehrheit der Menschen in Deutschland eine überflüssige Regelung. Bei einer repräsentativen Forsa-
5 Umfrage im Auftrag der Krankenkasse DAK gaben 72 Prozent an, dass die Zeitumstellung abgeschafft werden sollte. Nur 23 Prozent der Teilnehmer und Teilnehmerinnen hielten sie demnach generell für sinnvoll.
10 In rund einer Woche (27. März) ist es wieder so weit – dann wird die Uhrzeit deutschlandweit um eine Stunde nach vorne gedreht. Auch wenn etwa dreiviertel der Deutschen das als überflüssig empfinden, gesundheitli-
15 che Probleme hatten bisher deutlich weniger.

Für die große Mehrheit von 73 Prozent blieb der Wechsel zwischen Sommer- und Winterzeit bisher ohne Folgen. 27 Prozent der Teilnehmer hatten laut Umfrage hingegen schon einmal Probleme – Frauen sind hier mit 20 34 Prozent deutlich öfter betroffen als Männer mit 21 Prozent. […]

Dennoch sind die meisten Befragten davon überzeugt, dass uns der halbjährliche Wechsel noch eine Weile erhalten bleibt. Nur 25 25 Prozent denken, dass die Zeitumstellung in absehbarer Zeit abgeschafft wird – das sind 8 Prozentpunkte weniger als noch im vergangenen Jahr. 72 Prozent glauben das nicht. (dpa)

3 Benenne die drei gekennzeichneten Bestandteile des Textes.

4 Belege mithilfe von Textbeispielen, warum es sich hierbei um einen Bericht handelt.

5 Kürze den Text auf maximal 70 Wörter. Schreibe eine Meldung mit einer aussagekräftigen Überschrift.

LESEN Umgang mit Texten und Medien

Die Welt der Bücher: Dem Täter auf der Spu

Krimiautoren und deren Helden kennenlernen

Kriminalromane und **-geschichten** erfreuen sich schon immer großer Beliebtheit. Jährlich werden neue **Thriller**, **Krimis** und **Detektivromane** veröffentlicht und weltweit von einer begeisterten Leserschaft verschlungen. Die folgende Doppelseite soll euch helfen, einen ersten Einblick in die Welt der Kriminalliteratur zu bekommen.

A James Bond

1 Begebt euch gemeinsam auf Spurensuche: Ordnet den genannten Autoren und Autorinnen der Kriminalliteratur jeweils ihre bekanntesten Figuren zu. Nutzt auch das Internet für eure Recherche.

1841: Der Amerikaner **Edgar Allan Poe** gilt als Erfinder der Detektivgeschichte. Seine Erzählung *„Der Doppelmord in der Rue Morgue"* enthält neben dem ersten ermittelnden Detektiv auch einen ungewöhnlichen Täter. Der Mörder ist kein Geringerer als ein Orang-Utan. Poe selbst stirbt mit gerade einmal 40 Jahren unter bis heute ungeklärten Umständen.

1901: Obwohl er eigentlich Medizin studiert hatte, war das Schreiben von Detektivromanen **Arthur Conan Doyles** große Leidenschaft. Sein Romanheld erhielt sogar eine eigene Adresse: Baker Street 221B. Ausgestattet mit einer brillanten Beobachtungsgabe und der Unterstützung seines treuen Gefährten löste Doyles Detektiv im schottischen Hochland problemlos den Fall der Geisterlegende *„Der Hund von Baskerville"*.

C Kurt Wallander

B Jane Marple

2013: Als bekannt wurde, dass sich hinter dem Pseudonym **Robert Galbraith** niemand anderes verbirgt als die Harry Potter-Erfinderin **J. K. Rowling**, wurde *„Der Ruf des Kuckucks"* über Nacht zum Bestseller". Ihr ermittelnder Privatdetektiv steckt in einer persönlichen Krise und ist auch nicht gerade für seine gute Laune bekannt. Da er dringend Geld benötigt, nimmt er einen Auftrag rund um ein ermordetes Fotomodell an.
Seit 2017 werden diese Kriminalromane unter dem Titel „Strike" auch als Fernsehserie ausgestrahlt.

D Cormoran Strike

E Auguste Dupin

1953: Ian Fleming wusste genau, welche Tätigkeiten sein Doppel-Null-Agent im Auftrag seiner Majestät (der Queen) zu erfüllen hatte. Immerhin war er selbst Mitarbeiter des britischen Geheimdienstes. Die erste Lizenz zum Töten erteilte er seinem charmanten Spion im „*Casino Royale*". So richtig erfolgreich wurde dieser jedoch vor allem durch die zahlreichen Verfilmungen.

F *Sherlock Holmes / Dr. John Watson*

1991: Immer wieder wollen Krimiautoren ihre Leser und Leserinnen nicht nur unterhalten, sondern auch auf soziale und gesellschaftliche Missstände hinweisen. Besonders erfolgreich im Aufgreifen politischer Themen war der Schwede **Henning Mankell**. Sein etwas griesgrämiger und einsamer Kommissar muss sich im Roman „*Mörder ohne Gesicht*" zunächst mit fremdenfeindlichen Anschuldigungen auseinandersetzen, um den Mord an einem Ehepaar auf einem abgelegenen Bauernhof aufklären zu können.

G *Oliver von Bodenstein / Pia Kirchhoff*

1939: Da sich ihr Buch „*Und dann gab's keines mehr*" weltweit 100 Millionen Mal verkauft hat, gilt **Agatha Christie** bis heute zu Recht als Queen of Crime. Ihre etwas kauzige Hobby-Detektivin kommt in zahlreichen der insgesamt 60 veröffentlichten Bücher zum Einsatz. Christie selbst sorgte für einen Gänsehautmoment, als sie 1926 einmal für mehrere Tage spurlos verschwand.

2006: Bereits seit den 90er-Jahren spielen ausführliche Untersuchungen von Leichen (Obduktion) und DNA-Spuren eine zunehmende Rolle in Krimis. So ist es nicht verwunderlich, dass auch der Journalist **Simon Beckett** in seinem Thriller „*Die Chemie des Todes*" einen Gerichtsmediziner (Forensiker) zur Hauptfigur macht.

2021: Auf den ersten Blick erscheinen der adlige Kriminalkommissar und seine selbstbewusste, manchmal etwas forsche Partnerin ein eher ungewöhnliches Ermittlerduo zu sein. Deren Einsätze rund um den Taunus verhalfen der Autorin **Nele Neuhaus** jedoch zu insgesamt 10 Millionen verkauften Büchern und dem Titel: Deutschlands erfolgreichste Krimiautorin. Ihr neuester Fall führt die beiden Ermittler diesmal „*In ewiger Freundschaft*" in einen Verlag nach Frankfurt am Main, wo zunächst jeder verdächtig erscheint.

H *David Hunter*

2 Erstelle einen Zeitstrahl mit den Jahreszahlen, Autoren und Titeln aus Aufgabe 1. Schreibe außerdem für jede Buchreihe ein besonderes Kennzeichen auf. Gern kannst du auch deinen persönlichen Krimi-Helden oder deine Lieblingskrimiautorin ergänzen.

Die Welt der Bücher: Kriminalistisches Nr. 1

Eine Ermittlung aufnehmen – ein Verbrechen aufklären

Vier Bewohner eines Hochhauses – **Frau Schön**, ein ehemaliges Model; **Rolf Rolf**, ein schlagfertiger Hobbydetektiv; **Ella** und **Georg**, ein neugieriges Mädchen und ein etwas schreckhafter Junge – beschließen gemeinsam, eine Detektei zu gründen. Unterstützt werden sie vom **Fräulein**, einer kleinen Hündin mit markanter Spürnase. Wenn es in ihrer Nachbarschaft mal wieder zu skurrilen Fällen kommt, sind sie meist noch vor der Polizei vor Ort und nehmen die Ermittlungen auf.

1 Lest euch den folgenden Fall der *Detektei Rolf, Schön und Co* zunächst in Ruhe durch.

Selbstmord mit Regenschirm?

Sandra Grimm

Als das Telefon klingelte, war es sehr früh. Die Detektive waren alle noch in ihren Wohnungen. Frau Schön trank gerade ihren Milchkaffee und nahm ab.

5 „Detektei Rolf, Schön und Co, was kann ich für Sie tun, bitte?", fragte sie höflich. Die Stimme am anderen Ende der Leitung flüsterte: „Bitte kommen Sie rasch, bevor noch jemand anderes sie entdeckt."

10 Frau Schön drückte den Hörer näher ans Ohr. „Wie bitte? Sie müssen lauter sprechen!"

„Geht nicht", sagte die Stimme. „Sturmgasse 36." Dann legte die Person auf.

Frau Schön starrte verdutzt das Handy an. 15 Dann seufzte sie, nahm einen letzten Schluck Kaffee und zog sich die Jacke an. Als sie mit dem Fräulein im Schlepptau bei Rolf klingelte, kamen auch Ella und Georg gerade die Treppe herunter.

Ella sah Frau Schön misstrauisch an. „Was 20 machst du denn so früh hier?", fragte sie.

Frau Schön zuckte mit den Schultern. „Ach, ich dachte, Rolf Rolf möchte mit mir einen Kaffee trinken", nuschelte sie schnell.

Ella blieb stehen. „Es hat jemand angerufen, 25 richtig? Und du willst es uns nicht sagen, weil wir zur Schule gehen sollen."

Frau Schön nickte. „Genau richtig. Und so bleibt es auch. Ihr geht zur Schule, während wir uns das mal ansehen."

Ella schob beleidigt die Unterlippe nah vorn. 30 Aber Georg sah auf seine Uhr. „Es ist erst halb acht. Wo ist denn was passiert?"

„Sturmgasse", antwortete Frau Schön, obwohl sie das gar nicht hatte verraten wollen.

„Das liegt auf dem Weg. Kommt!", sagte Ge- 35 org und öffnete die Haustür.

In diesem Moment schaute Rolf Rolf verschlafen durch den Türspalt. „Wasnlos?"

„Ein Fall", sagte Ella im Hinausgehen. „Sturmgasse, beeil dich." 40

In der Sturmgasse angekommen, suchten sie die Nummer 36. Als sie gerade auf die Klingel drücken wollten, keuchte Rolf Rolf herbei. „Ihr ... hättet ... ruhig ... warten ... puh!"

Die anderen grinsten nur. Dann bewegte sich 45 die Klinke. Ein junger Mann winkte sie herein. „Kommen Sie", flüsterte er.

„Warum so geheimnisvoll?", flüsterte Ella zurück. „Ich fürchte, ich bin schuld", sagte der Mann. „Und ich habe Angst vor den Gerüchten 50 in der Nachbarschaft. Und in der Zeitung. Und vor der Polizei!" Er zitterte.

Frau Schön legte ihm beruhigend ihre Hand auf die Schulter. „Nun mal langsam", sagte sie.

55 Aber der junge Mann flitzte schon weiter durch die Hintertür nach draußen. Den Detektiven blieb nichts anderes übrig, als ihm zu folgen. Der kleine Garten, der hinter dem Mietshaus lag, war von Steinmauern umgeben, die ihn von 60 den Nachbargärten abgrenzten.

„Da liegt sie", seufzte der junge Mann.

Und tatsächlich, mitten auf dem Rasen lag eine Frau mit einem aufgespannten Schirm in der Hand.

65 „Haben Sie den Rettungswagen gerufen?", fragte Frau Schön und eilte zu der Frau.

„Wozu?", erwiderte der Mann mit hängenden Schultern.

Frau Schön fühlte den Puls der Frau, aber sie 70 war tot. Sie musste schon die ganze Nacht hier gelegen haben, denn ihre Kleidung war nass vom Tau. Das Fräulein schnupperte neugierig.

„Ich heiße Pinka. Gestern Abend habe ich mit Frau Perser gestritten. Sie wohnt über mir im 75 zweiten Stock und hat drei Katzen. Sie glauben gar nicht, was die für einen Lärm machen können!"

Er sah die Detektive hilflos an. „Aber das Schlimmste ist, wenn sie draußen jaulen. Je-80 denfalls habe ich geklingelt." „Bei Frau Perser?", hakte Frau Schön nach.

„Genau." Herr Pinka nickte. „Ich sagte ihr, dass das aufhören muss, es war immerhin schon zehn Uhr abends. Dann haben wir fürchterlich 85 gestritten und ich habe ihr damit gedroht, die Tiere vom Hausmeister verbieten zu lassen. Der hat sowieso was gegen Katzen, weil sie im Treppenhaus so viele Haare hinterlassen. Manchmal pinkeln sie sogar irgendwo hin."

90 „Wau!", bellte das Fräulein aufgeregt. Sie schien zu spüren, dass es um Katzen ging.

„Und dann?", fragte Ella. „Nichts", antwortete Herr Pinka. „Ich bin zu Bett gegangen, alles war wieder ruhig. Erst heute Morgen, als ich 95 auf den Balkon ging, habe ich Frau Perser unten entdeckt."

„Aber warum sind Sie denn so verzweifelt?", fragte Ella verwirrt.

„Na, sie hat sich umgebracht", schrie Herr Pinka. „Vom Balkon gestürzt, weil ich ihr ge- 100 droht habe!"

Rolf Rolf lachte. „Umgebracht? Und wofür der Regenschirm, für eine sanfte Landung, eine sanfte?"

Herr Pinka sah ihn erstaunt an. „Das weiß 105 ich auch nicht. Meinen Sie, sie hat sich gar nicht umgebracht?"

„Ein Unfall?", vermutete Ella. „Vielleicht ist sie nur heruntergefallen."

„Mit Schirm?", hakte Georg nach. 110

„Womöglich wollte sie keine Treppen steigen und dachte sich, sie fliegt mit dem Schirm herunter", grinste Rolf Rolf. Aber da traf ihn Frau Schöns Ellenbogen in die Rippen. „Entschuldigung", murmelte er. 115

Frau Schön sah sich die Tote genauer an. „Warum nur der Schirm?", fragte sie sich plötzlich. „Hat es gestern geregnet?"

„Nein, es war richtig schwül letzte Nacht", erinnerte sich Herr Pinka. „Beinahe hätte es ge- 120 regnet, aber dann blitzte und donnerte es nur, kein Tropfen kam vom Himmel."

Frau Schön sah ihn elektrisiert an. „Sie stand gar nicht auf dem Balkon!", sagte sie.

„Was?", fragte Herr Pinka. 125

„Sie war einfach im Garten, um nach ihren Katzen zu sehen. Nicht auf dem Balkon."

„Aber woran ist sie dann gestorben?", fragte Georg.

Frau Schön löste die Finger der Toten vor- 130 sichtig vom Schirmgriff.

„Du meine Güte", murmelte Ella.

Georg hickste.

2 Welche Entdeckung hat Ella wohl gemacht? Warum ist sie darüber so erschrocken? Tauscht euch aus.

3 Fasst mündlich zusammen, was ihr bisher erfahren habt. Nutzt dazu folgende W-Fragen:
- **Wer** hat die Leiche entdeckt? Welche Beziehung hatte diese Person zum Opfer?
- **Wo** hat sich das Geschehen ereignet?
- **Wann** ist es vermutlich passiert?
- **Wer** ist ums Leben gekommen?
- **Welche** Spuren wurden bereits gefunden?

4 Der Titel des Ratekrimis enthält eine Frage. Um die Umstände von Frau Persers Tod klären zu können, müssen die vier Hobby-Ermittler genaue Untersuchungen vornehmen. Helft ihnen dabei.
- Fertigt Stichwortzettel zu den wichtigsten Informationen des Ratekrimis an.
- Sammelt diese in Form einer Fahndungswand an der Tafel.

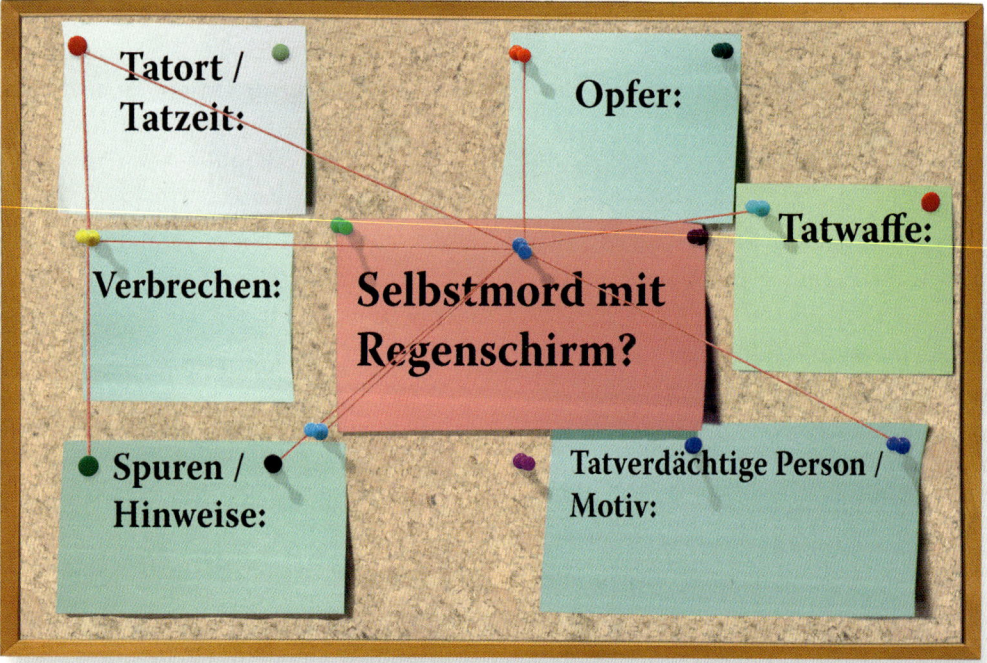

5 Unfall, Mord oder doch Selbstmord? Trefft mithilfe der Informationen an eurer Fahndungswand eine Entscheidung, wie Frau Perser ums Leben gekommen ist. Löst somit den Fall und klärt gleichzeitig das Fragezeichen des Titels.

6 Vergleicht eure Ergebnisse mit dem tatsächlichen Tathergang.
Ihr findet die Auflösung des Falles auf Seite …

7 Diskutiert darüber, ob ihr die Überschrift als gelungen bewertet.
- Wie wird dadurch Spannung erzeugt?
- Sucht auch nach alternativen Überschriften.

Die Welt der Bücher: Kriminalistisches Nr. 1

Bausteine einer Kriminalgeschichte untersuchen

Kriminalgeschichten sind bei Lesern und Leserinnen unterschiedlichster Alters-
stufen sehr beliebt. Sie erzählen in der Regel von Verbrechen, die von der Polizei,
von Detektiven oder manchmal auch von Privatpersonen untersucht und aufgeklärt werden. Viele Krimis leben vordergründig von Spannung und Action.
Manchmal müssen jedoch auch Sachverhalte zwischen den Zeilen entschlüsselt
werden, um das Rätsel rund um das Verbrechen lösen zu können.

1 Welche Erfahrungen habt ihr mit Kriminalgeschichten gemacht?
Welche Krimiserien und Krimibuch-Reihen kennt ihr?
Tauscht eure Erfahrungen aus.

2 Einmal jährlich findet Deutschlands größtes
Krimifestival statt: Die **criminale**.
Um dieses Ereignis entsprechend zu feiern, verfassen mehrere deutschsprachige
Krimiautorinnen und -autoren Kriminalgeschichten passend zum jeweiligen
Austragungsort der CRIMINALE.
Informiert euch im Internet unter www.die-criminale.de
über die diesjährige **criminale**:
- Wann und wo findet diese statt?
- Wer organisiert das Festival?
- Welche Autoren und Autorinnen nehmen daran teil?
- Welche Veranstaltungen sind geplant?

3 Der folgende Kurzkrimi spielt in der
nordrhein-westfälischen Stadt Iserlohn –
dem Veranstaltungsort der **criminale** 2022.
Nähert euch dem Text zunächst durch überfliegendes Lesen.
Um welches Verbrechen handelt es sich hier?

4 Um beim gründlichen Lesen alle wichtigen Details
und Informationen zu erfassen, ist es sinnvoll,
sich **eine eigene Ermittlungsakte** für alle
wichtigen **Bausteine** des Krimis
anzulegen.
- Sammelt in dieser Akte all
eure Ergebnisse zu den
verschiedenen Aufgaben.
(vgl. Seite 155, 156, 157, 159, 160)
- Anschließend könnt ihr eure Akte
natürlich auch passend zu eurem Fall
gestalten.

Umgang mit Texten und Medien

Hahnenkampf (Text verändert)

Rudi Müllenbach

Freitagabend am Seilersee. Derbytime in der Eissporthalle. Die Düsseldorfer Mannschaft zu Gast in der einstmals finstersten „Puckhöhle" Deutschlands. Spielbeginn war zwar erst um
5 neunzehn Uhr dreißig, aber erste Fangruppen waren bereits am späten Nachmittag unterwegs. [...]

Eishockey gehörte einfach zum Leben der Stadt und der Region.
10 Die Fans waren stolz auf ihren Club und lebten für ihren Sport.

Gerrit war einer von ihnen. In seinem Büro hatte er vom Wimpel bis zum signierten Poster alles, was der Roosters[1]-Fanshop hergab. Seine
15 Mitarbeiter taten das hinter vorgehaltener Hand als Spinnerei ab. Und das war noch das Netteste, was man über ihn dachte! Jeder wusste, dass Gerrit im Betrieb ein richtiges Scheusal war, schließlich erlebten sie es täglich. In den letzten
20 Jahren hatte er seine kleine metallverarbeitende Firma im Industriegebiet Sümmern zu einem stattlichen Unternehmen ausgebaut.

Zwei Dinge erfüllten ihn mit Stolz: sein Unternehmen und sein Lieblingseissportverein.
25 Heute war Derby[2] angesagt, und Gerrit streifte sich sein geliebtes Trikot mit der Nummer 21 über, das er vor mehr als zwanzig Jahren vom damaligen Torwart Radek Todt ersteigert hatte. Gerrit schätzte die Torhütertradition seines Ver-
30 eins.

[...]

„Achten Sie mir ja darauf, dass die Jungs nicht wieder vorzeitig den Betrieb verlassen, nur weil sie wissen, dass ich zum Eishockey bin", wies er
35 seine Sekretärin beim Rausgehen an. „Und wenn es doch vorkommt, erwarte ich eine Liste mit den Namen dieser Leute."

Barbara Schmoll nickte kurz und war froh, als ihr Chef endlich das Haus verließ. Das vergan-
40 gene Wochenende haftete immer noch unangenehm in ihrer Erinnerung. Er hatte sie mehr als schlecht behandelt und sich ihr gegenüber als Scheusal präsentiert. Sie schickte ihm einen hasserfüllten Blick hinterher.

45 Als Barbara sicher sein konnte, dass ihr Chef den Firmenbereich verlassen hatte, stand sie auf und packte einige Dinge in ihre Tasche. Eins davon hielt sie einen Moment liebevoll in der Hand. Auch sie wollte zum Seilersee.

50 Zielsicher parkte Gerrit in der Nähe der Tennisanlage des TC Iserlohn und schloss sich einer Gruppe Fans an, die die Fußgängerbrücke über die Seilerseestraße überquerten. Anschließend holte er sich das übliche Spieltagsgedeck, Brat-
55 wurst und Pils. Sobald die Eingangstore geöffnet wurden, bezog Gerrit seinen Platz im oberen Stehplatzrang und genoss das komplette Vorprogramm zur Einstimmung der Fans. Das Organisationsteam der Roosters ließ sich Jahr für
60 Jahr etwas Neues einfallen.

Obwohl er sich schon längst eine Sitzplatzkarte leisten konnte, war Gerrit über die Jahre seinem Stehplatz treu geblieben. Er mochte die Atmosphäre, und er mochte es, die immer glei-
65 chen Bekannten zu treffen. Beim Aufwärmen seiner Mannschaft stellte er fest, dass sein Lieblingsspieler, Julian Lautenschlager, wieder mit von der Partie war – er hatte einige Spiele pausiert. Super. Seine Jungs würden heute Abend
70 die Düsseldorfer vom Eis fegen!

Endlich wurde es dunkel in der Halle. Aus dem Lautsprecher dröhnte laute Musik. Und dann, im Licht eines Scheinwerfers, betrat Icey, das Maskottchen der Iserlohner, das Eis und be-
75 grüßte jeden Spieler, den der überdimensionale Hahnenkopf am Rande der Halle ausspuckte. Jeder Spielername wurde lautstark skandiert. Gerrit liebte diese Momente voller Emotionen.

[1] Roosters: Name des Iserlohner Eishockeyvereins
[2] Derby: sportliche Begegnung zweier Vereine aus derselben Region, oftmals Rivalen

Auch Waldi war voller Emotionen. Eigent-
80 lich hieß er mit bürgerlichem Namen Waldemar
Harthoff, aber seit seiner Schulzeit nannten ihn
alle nur Waldi. Einige mit Respekt und Zunei-
gung, andere eher von oben herab und abfällig.
Vor allem sein Chef ließ keine Gelegenheit aus,
85 ihn zu schikanieren und sich über seinen Namen lustig zu machen.

„Aus dir wäre besser ein Hund geworden, den
richtigen Namen und die Beinstellung hättest
du", war noch eine der harmlosen Bezeichnun-
90 gen bei den ständigen Demütigungen. Alle nie-
deren Arbeiten in der Firma wurden immer nur
ihm auferlegt.

Waldi hasste den Chef von Tag zu Tag mehr.
Das Fass zum Überlaufen hatte das kleine Be-
triebsfest des vergangenen Wochenendes ge- 95
bracht, als er sich demonstrativ an seine Freundin Barbara herangemacht und nicht eher Ruhe
gegeben hatte, bis sie mit ihm verschwunden
war. Dich bringe ich um, waren Waldis Gedanken gewesen, als er am späten Abend allein in 100
seinem Bett lag.

5 Gerrit, Barbara und Waldi treten bisher im Krimi in Erscheinung.
- Welche Informationen erhaltet ihr bereits zu diesen Figuren?
- In welchem Verhältnis stehen sie zueinander?
- Lest im Text nach und haltet eure Ergebnisse
  auf **Figurenkarten** fest.

> **Figurenkarte:** Gerrit
>
> Alter: …
> Äußeres Erscheinungsbild: …
> Eigenschaften: …

6 Die Suche nach dem Motiv ist eine der Hauptaufgaben bei der Aufklärung
eines Verbrechens. Oft ist das Motiv in der Vorgeschichte der eigentlichen Handlung zu finden.
Könnt ihr bereits jetzt Hauptmotive für ein mögliches Verbrechen ausmachen?

💡 **Hauptmotive für Straftaten:**
Eifersucht, Habgier, Handeln im Affekt, Hass, Liebe,
materielle Not, Notwehr, Rache, Wut, …

Baustein: Motiv

Auch Friedhelm, Klaus und Heinz ließen ihrer
Begeisterung freien Lauf, als sie vom Stehplatz
aus ihre Jungs begrüßten. Natürlich war der
105 Mann mit dem 21er-Trikot, den sie nur »Todt«
nannten, auch da. Heute wirkte er besonders
aufgekratzt.

„Lauti ist wieder dabei, das ist gut fürs Team."
Die drei wussten, dass Julian Lautenschlager
110 der aktuelle Lieblingsspieler ihres Tribünen-
nachbarn war. Umso euphorischer wurde der
Mann mit dem Todt-Trikot, als genau dieser
Lautenschlager mit zwei blitzsauberen Toren für
die 2:0-Führung nach dem ersten Drittel sorgte.

„Heute haben die Düsseldorfer keine Chan- 115
ce", befand Todt. „Ich hol mir ein Bier, Jungs."
Sprach's und trottete Richtung Bierstand.

„Todt nicht mehr da?", meinte Friedhelm, als
ihr Platznachbar zu Beginn des zweiten Drittels
nicht mehr neben ihnen stand. 120

Das hatte es in den letzten Jahren nie gege-
ben. Man kannte sich nicht persönlich, aber zum
Bejubeln der Roosters-Tore lagen sich alle in den
Armen. Friedhelm, Klaus, Hein und auch der
Mann mit Trikot 21. 125

7 Friedhelm, Klaus und Heinz – diese drei Personen sind Zeugen
des Geschehens.
- Worüber könnten sie bei einer späteren Befragung Auskunft geben?
- Welche Fragen könnte man ihnen stellen?

Baustein: Zeugen

Waldi war verzweifelt. Zu spät an der Halle und die freundliche Dame im Kassenhäuschen hatte ihm leider mitteilen müssen, dass das Spiel ausverkauft war.

130   Ich muss da rein, dachte er, als er um die Eissporthalle lief in der Hoffnung, vielleicht im rückwärtigen Bereich ein Schlupfloch zu finden. Waldi wusste genau, dass er in der Halle war, denn er war bei jedem Spiel da. Genau da

135 wollte er es ihm heimzahlen. Im Tempel seiner Glückseligkeit, mit den Spielern im blau-weißen Trikot, die er abgöttisch liebte.

Waldi hörte die Jubelschreibe und beschloss zu warten. Wenn die Fans in der ersten Pause zum Bratwurststand drängten, bekäme er seine 140 Chance, in die Halle zu gelangen. Dann würde er zuschlagen. Mit Befriedigung fühlte er den Griff der Waffe in seiner Hosentasche, heute würde er allen Demütigungen ein Ende bereiten.

8   Wenn ein Verbrechen an einem öffentlichen Platz stattfindet, so gestaltet sich die Ausführung anders als an einem abgeschiedenen Ort.
- Was macht die Auflösung des Falls an diesem Ort so schwierig?
- Vermutet, warum der Autor wohl diesen Tatort gewählt hat.

Baustein: Tatort

145   Eismeister Reiner Sill kurvte mit der Eismaschine über die ramponierte Fläche, um sie für das zweite Drittel aufzubereiten. Gemeinsam mit seinem Kollegen auf der zweiten Maschine drehte er seine Runden und überprüfte zu-
150 frieden das Ergebnis. Langsam steuerte er das Fahrzeug zum Lager, um dort die abgetragenen Eisreste zu entladen. Behäbig glitt die schwere Eismaschine in den Lagerraum, als Sill plötzlich bremste. Etwas versperrte den Weg. Er hielt an
155 und sprang von seinem Sitz.

„Oh mein Gott!", entfuhr es ihm, und er zuckte erschrocken zusammen. Im Wasser-Eis-Gemisch lag jemand.

Das passende Trikot hat er ja an, dachte Sill,
160 als er den Namen „Todt" las.

Die verrenkte Haltung und das Messer, das zwischen den Schultern steckte, sprachen eine eindeutige Sprache. Der Typ hier war tot. Über zwanzig Jahre erledigte Sill seinen Job schon,
165 aber eine Leiche im Eis, das hatte es noch nie gegeben.

„Was ist los, warum fährst du nicht weiter?", rief sein Kollege. „Wir sind spät dran, die Schiedsrichter kommen schon wieder auf das Eis." 170

Sills Gedanken rasten. Er wusste, dass 4967 Zuschauer in der Halle waren. Wenn die Masse das jetzt mitbekommen würde, wäre hier die Hölle los. Nur keine Panik auslösen. Also fuhr er langsam weiter, bis ganz nah an die Leiche. Sein 175 Kollege hielt hinter ihm, sprang ebenfalls vom Sitz und machte eine „Hast du sie noch alle?"-Geste. „Was ist los?"

Sill deutete mit dem Kopf nach vorn, wobei seine Hände immer noch zitterten. „Sieh dir das an!" 180

9   Ihr habt nun erfahren, wer das Opfer des Verbrechens ist.
- Lest den entsprechenden Satz vor.
- Macht auch Angaben zur Tatwaffe.
- Wer gerät jetzt als Tatverdächtiger in euer Visier?

Baustein: Tatwaffe/Opfer

Waldis Verzweiflung wuchs von Minute zu Minute. Euphorisierte Eishockeyfans strömten ihm aus der Halle entgegen, aber er fand keine Lücke, durch die er schlüpfen konnte. Dann war
185 da noch die Security, die den Eingang bewachte.

Er musste versuchen, im Schutz einiger Zuschauer an den Aufpassern vorbeizukommen. Im Hintergrund sah er, dass beide Mannschaften wieder die Eisfläche betraten, sodass es in
190 wenigen Minuten weitergehen würde. Sein Plan, in der ersten Drittelpause zuzuschlagen, zerbröckelte wie trockener Kuchen. Plötzlich spürte Waldi einen Arm, der sich um seine Schulter legte. Ein blauer Trikotärmel, aus dem eine gelb-
195 rote, plüschige Krallenhand ragte. Waldi schaute auf und sah einen großen gelb-schwarz-roten Hahnenkopf mit einem riesigen gelben Schnabel. Icey, das Maskottchen der Roosters, hatte ihn fest im Griff. Waldi witterte seine Chance,
200 doch noch in die Halle zu gelangen. Das Maskottchen musste herhalten, ob es wollte oder nicht. Waldi zog den überdimensionalen Hahn um die Ecke der Halle. Der junge Mann, der seit Jahren im Hahnenkostüm vor allem die jungen
205 Zuschauer in der Halle begeisterte, nahm den großen Kopf ab und sah Waldi böse an.

„Was soll das werden, du Vollpfosten?"

Aber er schwieg sofort, als er den kleinen Revolver in Waldis Hand sah, der drohend auf
210 seinen verschwitzten Kopf zeigte.

„Los, raus aus dem Kostüm, Gockel, und zwar zügig!"

Mittlerweile hatten alle Fans die Halle zum zweiten Drittel betreten, und seit einigen Minu-
215 ten lief auch das Spiel wieder. Die Ansagen des Hallensprechers konnte Waldi bis hier draußen hören.

„Hast du es an den Ohren, Kollege, ich sagte ausziehen!"

Entgeistert pellte sich der jungen Mann aus 220 seinem Kostüm und stand schließlich schweißdampfend in Shirt und Boxershorts vor Waldi. Der kam einen Schritt näher, und ehe Icey sich's versah, traf ihn der Griff des Revolvers an der Schläfe. Außer Gefecht, sank er zu Boden. 225 Schnell legte Waldi das Kostüm an und machte sich auf den Weg in die Halle.

„Wird Zeit, dass du aufläufst!", scherzte einer der Aufpasser an der Tür. „Das Spiel läuft schon wieder, und die Fans brauchen Aufmunterung." 230

Ungelenk stolperte Waldi im Inneren des Hahnenkostüms vorwärts. Darin atmete er schwer und hatte große Mühe, durch die Sehschlitze zu blicken. Trotzdem versuchte er, sein Opfer auszumachen. Aber der Schweiß lief ihm 235 in die Augen, und alles war verschwommen.

„Der hat in der Pause wohl einen genommen", rief der Mann vom Rettungsdienst, als das Maskottchen an ihm vorbeistolperte.

10 Nach dem Auffinden der Leiche wird der Blick der Lesers / Leserinnen erneut auf Waldi gelenkt.
Wodurch eigentlich? Äußert Vermutungen.

11 Kann Waldi inzwischen als Täter ausgeschlossen werden?
- Nennt Gründe dafür und belegt diese mit entsprechenden Textstellen.
- Setzt euch dazu noch einmal mit dem Tathergang auseinander.

Baustein: Tathergang

Sill und seine Mitarbeiter standen mit zitternden Knien vor der Leiche. Kopfüber lag sie in einer Lache aus Wasser und Eis, die sich langsam
rot färbte.

„Wie ist der denn hierhergekommen?", fragte
245 Peter Fuchs seinen Chef. „Und was machen wir
nun? Wenn das jemand mitbekommt, ist hier die
Hölle los."

Sill dachte kurz nach. „Du bleibst und achtest
darauf, dass niemand näher kommt. Solange
250 die Eismaschine hier steht, kann man von vorn
nichts sehen. Ich suche die Polizisten, die in der
Halle sind."

Er machte sich auf den Weg zum überdachten
Gang am hinteren Hallenende, wo die dienstha-
255 benden Polizisten während des Spiels Stellung
bezogen. Unterwegs vernahm er irritierende
Rufe von den Tribünen. „Icey, Icey, hahaha!" In
der Regel wurden die Auftritte des Maskottchens
mit Begeisterung bejubelt, jetzt schien man sich
260 über ihn gerade zu beömmeln. Sill erreichte die
Polizeibeamten, die auch beobachteten, wie der
riesige Hahn unkontrolliert durch die Halle ei-
erte.

„Was ist denn mit Icey los, hat der in der Drit-
265 telpause gesoffen?"

Sill sah genauer hin. Tatsächlich, da stimmt
was nicht!

„Den sollten wir uns gleich mal genauer ansehen", meinte Polizeioberkommissar Lumke zu
270 seinem Kollegen Truck, während Icey sich beim
Versuch, eine Tribünenstufe zu erklimmen, der
Länge nach hinlegte.

„Später", ging Sill dazwischen. Eilig führte er
die beiden Polizisten Richtung Eismaschinen-
275 raum, während in der Halle die Masse weiter
das torkelnde Maskottchen auspfiff.

Waldi schwitzte wie ein Schwein. Er war für
das Kostüm schlichtweg zu klein und konnte mit
280 seinen vom Schweiß brennenden Augen nichts
mehr sehen. Von allen Seiten wurde er hin und
her gestoßen. Zu allem Unglück war ihm seine
Waffe durch den Ärmel in das Kostüm gerutscht
und drückte an seinen Fuß. So würde es nichts

aus seiner Rache und Vergeltung! Verzweiflung 285
machte sich breit, als er immer schlechter Luft
bekam und sein Herz bis zum Hals schlug. Er
war anscheinend doch das, für das ihn sein
Ekel-Chef immer gehalten hatte: ein totaler
Versager. Sicherlich hätte er sich trotzdem bes- 290
ser gefühlt, wenn er gewusst hätte, was in der
Zwischenzeit, einige Meter von ihm entfernt,
passiert war. Sein Kopf begann zu dröhnen. Er
konnte die Laute, die an seine Ohren drangen,
nicht mehr filtern. Ihm wurde schlecht, alles um 295
ihn herum begann sich zu drehen. Waldi spürte
einen letzten Stoß in seinen Rücken, aber nicht
mehr, wie er der Länge nach auf den Boden
klatschte. Sehr zur Freude der Gästefans, die das
Aus des Hahns lautstark bejubelten, genauso 300
wie das dritte Tor, das ihre Mannschaft in diesem Augenblick erzielte. Pure Verzweiflung bei
den Iserlohner Fans – und auch bei Sill und den
beiden Polizeibeamten, die in diesem Moment
vor der Leiche im Eis-Wasser-Blut-Gemisch 305
standen.

Vor der Halle erwachte in diesem Augenblick ein junger Mann und brauchte einige Sekunden, um sich zu erinnern, was mit ihm geschehen war. Er fror, da er nur noch das nasse T-Shirt und seine Boxershorts trug. Langsam rappelte er sich hoch und nahm verschwommen eine junge Frau wahr, die, eine Shopper-Tasche unter dem Arm, aus der Halle gerannt kam.

„Hallo, Hilfe!", rief er mit zittriger Stimme. „Hey, warten Sie, haben Sie ein Handy, ich müsste mal telefonieren!"

Die Frau schien ihn gar nicht zu bemerken und lief Richtung Seilersee davon. Dann musste er halt so in die Halle und Hilfe holen. Er schleppte sich zur großen Tür und öffnete sie langsam. Drinnen war die Stimmung auf dem Siedepunkt, die Roosters lieferten sich einen heißen Kampf mit dem ewigen Rivalen aus der Landeshauptstadt. Aber viel wichtiger: Drüben auf den Stufen der Gegentribüne lag lang ausgestreckt das riesige Maskottchen! Eins war schon mal klar: Was immer dieser verrückte Typ in seinem Kostüm auch vorgehabt hatte, es war gescheitert.

„Felix? Häh?" Der Leiter des Orga-Teams stand plötzlich vor ihm. Klar, der musste sich wundern!

„Wer liegt denn dann ihm Hahn dahinten auf der Tribüne?"

„Das wüsste ich auch gerne", murmelte Felix und stolperte in die Kabine der Rote-Kreuz-Helfer.

12 Eine schnell davoneilende junge Frau – äußerst verdächtig!
Wer könnte sich hinter der flüchtenden Person verbergen?
Ist Felix hier vielleicht gerade der Täterin begegnet? Tauscht euch aus.

Baustein: Täter

Lumke und Truck hatten in mehreren Lehrgängen gelernt, wie sie sich in außergewöhnlichen Situationen zu verhalten hatten, deshalb wussten sie sofort, was zu tun war.

„Habt ihr irgendwo eine Plane?", fragte Lumke den Eismeister, der sich sofort auf den Weg machte.

Truck verdrängte die aufkommende Nervosität. Ruhig bleiben, beschwor er sich, auf keinen Fall dürfen die Leute in der Halle merken, was passiert ist.

„Sollen wir das Spiel abbrechen?"

Lumke schüttelte den Kopf. „Nichts überstürzen! Was meinst du, was dann hier los ist! Ich informiere die Leitstelle. Die Kripo muss her. Die können immer noch entscheiden, ob sie das Spiel vorzeitig beenden. Mehr können wir nicht tun."

Sill brachte eine große, dunkle Plane, die Truck über den Toten legte.

Lumke informierte die Leitstelle und machte sich dann auf den Weg zur Notfallplanbesprechung. Was er dort von einem jungen Mann in Boxershorts erfuhr, ließ ihn erbleichen. Wenn es da mal keinen Zusammenhang mit dem Toten im Eishaufen gab!

Gemeinsam mit zwei Mitarbeitern des Ordnungsdienstes eilte Lumke zur Tribüne. Der Hahn lag lang ausgestreckt dort. Schnell zogen sie das Maskottchen in den unbeobachteten Gang neben der Tribüne und drehten ihn dann auf den Rücken. Lumke nahm ihm den großen Kopf ab und starrte in zwei leblose Augen.

13 Verschafft euch einen Überblick darüber, was am Tatort passiert.
• Wie wird der Tatort gesichert?
• Wer wird noch eintreffen, um die Ermittlungen voranzutreiben?

Baustein: Ermittlung

Barbara musste den See zweimal umrunden, um halbwegs zur Ruhe zu kommen. Aus der Halle drangen weiter Jubelgesänge zu ihr nach
375 draußen.

Erledigt ließ sie sich auf eine Bank sinken und wählte Waldemars Nummer. Er meldete sich nicht. Verdammt, wo steckte er bloß?

Es war ganz anders gekommen, als geplant.
380 Okay, leicht war es gewesen, Gerrit in die Katakombe der Halle zu locken. Sein Erstaunen darüber, dass sie plötzlich am Bierstand war, hatte sich zunächst in Abweisung verwandelt. „Was willst du hier? Du störst, verschwinde!"
385 Sie hatte ihm etwas ins Ohr geflüstert und mit ihm geflirtet. Er fühlte sich geschmeichelt. Sofort hatte sich sein ablehnendes Verhalten geändert, und er war mitgegangen.

Aber dann auf einmal war der Typ mit dem Messer aufgetaucht! Alles war so schnell gegan- 390 gen! Sie hatte sich losgerissen und war weggerannt.

„Mach keine Zicken, her mit Smartphone und Geld!", war das Letzte, das sie mitbekommen hatte. 395

Sie selbst war kopflos raus aus der Halle und zum Seilersee gelaufen. Mit zittrigen Fingern drückte sie erneut Waldis Nummer. Wieder nur die Stimme der Mailbox. „Der Teilnehmer ist derzeit nicht erreichbar." 400

„Waldi", flüsterte sie tonlos, „du bist doch … du bist doch sonst immer erreichbar…"

14   Fasst die Lösung des Krimis in euren Worten zusammen.
Klärt gemeinsam, was euch noch unklar geblieben ist und ergänzt eure Ermittlungsakten.
- Wer wurde tatsächlich ermordet?
- Nennt das Motiv für diesen Mord.
- Wer hätte noch ein Motiv für den Mord gehabt?
- Wodurch kam eine weitere Figur zu Tode?
- Kann der Täter/die Täterin eindeutig benannt werden?

Baustein: Lösung

15 Der folgende **INFOKASTEN** fasst nochmals alle wichtigen Bausteine
einer Kriminalgeschichte für euch zusammen. Er kann auch für die
Vervollständigung eurer Ermittlungsakte hilfreich sein.

Bausteine einer Kriminalgeschichte

In Kriminalgeschichten findet man immer wiederkehrende Elemente.
Wir nennen sie „Bausteine".

Ausgangspunkt ist in der Regel ein **Verbrechen** – die Tat –, zum Beispiel
ein Mord, ein Raubüberfall, eine Körperverletzung oder eine Entführung.
Das **Opfer** ist entweder tot oder spielt in der weiteren Handlung nur
eine Nebenrolle.

Im Mittelpunkt stehen die **Ermittlung** des Täters und die **Aufklärung** der Tat.
Die Straftat löst ein Ermittlungsverfahren aus.

Es beginnt die Suche nach dem **Täter** / der **Täterin**. Der Täter ist ein Mensch, der
aus persönlichen **Motiven** ein Verbrechen begeht und dadurch Gesetze bricht.

Ein **Ermittler** / eine **Ermittlerin**, z. B. ein Polizist / eine Polizistin, ein Detektiv /
eine Detektivin oder eine Privatperson, leitet die Aufklärung des Falls.

Mithilfe von Personen aus dem Umfeld des Opfers versucht der Ermittler /
die Ermittlerin das Tatmotiv aufzudecken und den **Tathergang** zu rekonstruieren.

Manchmal ergibt sich bei der **Lösung** des Falles am Ende eine unerwartete
Wende. In den meisten Fällen wird der Täter letztlich überführt und bestraft.

16 Der Krimi „*Hahnenkampf*" beinhaltet eine Vielzahl von Figuren.
Um einen besseren Überblick über die verschiedenen Figuren und ihre Rollen
zu erhalten, ist es hilfreich, eine **Personenkonstellation** zu erstellen.
- Erstellt dazu ein **Schaubild**, in dem ihr alle wichtigen Personen auftreten lasst.
- Folgende Begriffe sollten in eurem Schaubild auftauchen:
  Täter – Opfer – Zeugen – Tatverdächtige – Ermittler

i ii **17** Schreibt mithilfe eurer Informationen aus der Ermittlungsakte
einen abschließenden Ermittlungsbericht.
- Rekonstruiert den Tathergang und baut alle wichtige Figuren
  der Geschichte mit ihrer entsprechenden Funktion ein.
- Nutzt dazu auch euer Schaubild.

iii **18** Felix – als Maskottchen Icey – hat einen ereignisreichen Tag
in der Eissporthalle hinter sich.
Nun wird er auch noch von der Polizei verhört.
- Welche Angaben könnte er machen?
- Was hat er alles gesehen, gehört und erlebt?
- Schreibt Felix' Zeugenaussage auf.

Die Welt der Bücher: Einen Krimi schreiben

Den Einstieg in einen Krimi untersuchen

1 Ein guter Einstieg in einen Krimi entscheidet darüber, ob er den Leser /
die Leserin fesselt und neugierig auf das weitere Geschehen macht.
Dafür gibt es verschiedene Möglichkeiten. Lest dazu die folgenden Textanfänge.

In Terminal 4 wimmelt es von Menschen, der
Geruch von feuchter Wolle und Kerosin umgibt
mich. Ich warte direkt hinter der Glasschiebe-
tür, und jedes Mal, wenn sie sich öffnet, schlägt
5 mir die kalte Winterluft entgegen.

Menschen verschwinden jeden Tag. [...]
Man sitzt vielleicht Schulter an Schulter mit jemandem, der in diesem Augenblick den letzten
Moment als derjenige erlebt, der er war, und
10 weiß es nicht.

Aber nur sehr wenige Menschen machen
sich klar, wie schwierig es ist, wirklich zu verschwinden. Welche Sorgfalt notwendig ist, um
auch die winzigste Spur zu beseitigen. [...]

Ich hänge meine Tasche über die Schul- 15
ter und folge ihr, schlüpfe bei der Sicher-
heitskontrolle in die Schlange direkt vor ihr,
denn ich weiß, dass Menschen auf der Flucht
nur hinter sich schauen, niemals nach vorn. Ich
warte auf meine Gelegenheit. Sie weiß es noch 20
nicht, aber bald wird sie eine der Verschwun-
denen sein.   "

...

So ist es immer im Eis. Zuerst hört man die
Stimme der Bestie, dann stirbt man. Gletscher-
spalten wie die, in der ich mich jetzt befand,
waren voller Leichen von Kletterern, die dieser
5 Stimme zuerst ihre Kräfte, dann den Verstand
und schließlich ihr Leben geopfert hatten. [...]

Um 14 Uhr 19 an diesem verdammten 15.
September löste sich aus dem Eis eine Stimme,
die nicht die der Bestie war. Es war ein Mann,
10 sein roter Anorak leuchtete aus all dem Weiß
hervor. Wieder und wieder sagte er meinen
Namen, während die Seilwinde ihn langsam zu
mir herabließ. [...]

Seine Hände und Augen suchten nach Verletzungen, die meinen Zustand erklärten. [...] 15
Da erblickte ich sie. Allein, jenseits von Zeit
und Raum, erblickte ich sie. Die Finsternis. Totale Finsternis. Doch ich starb nicht. O nein. Die
Bestie spielte mit mir. Sie ließ mich am Leben
Sie raunte: „Du bleibst bei mir, für immer und 20
ewig ..."   "

...

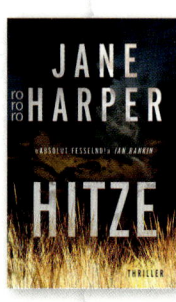

Natürlich war der Tod auf der Farm nichts
Neues, und die Schmeißfliegen waren nicht
wählerisch. Sie machten keinen Unterschied
zwischen einem Kadaver und einer Leiche. Die
5 Dürre hatte den Fliegen den Sommer über ein
reichhaltiges Angebot beschert. [...]

„Bald kommt der Regen", wiederholten die
Farmer gebetsmühlenartig, während die Mona-
te verstrichen und das neue Jahr begann. [...]
10 Doch die schick gekleideten Meteorologen in
Melbourne waren anderer Ansicht. [...]

Wenigstens die Schmeißfliegen waren zufrieden. Doch an diesem Tag waren ihre Fun-
de ungewöhnlich – kleiner und mit weicherem
Fleisch. [...]   15

Der Körper auf der Lichtung war der fri-
scheste. Die Fliegen brauchten ein wenig länger, um die beiden anderen im Farmhaus zu
entdecken, obwohl die Haustür einladend offen
stand. Diejenigen, die sich nach dem ersten An- 20
gebot in der Diele noch weiter vorwagten, wurden mit einem weiteren Fund im Schlafzimmer
belohnt. Der Körper war zwar noch kleiner,
aber von weniger Rivalen umschwärmt.

"

...

Der dichte Nebel zieht vom stahlgrauen Wasser des Firth of Forth herauf wie eine Wand aus Kumuluswolken. Er verschlingt die hellen Lichter der Trendhotels und schicken Restaurants, der 5 neuesten Spielwiese dieser Großstadt. [...] Hätte sie geschrien, als sie überfallen wurde, wäre ihr Schrei im Nebelschleier erstickt worden. Eines steht fest. Sie wird nie wieder schreien. [...]

10 Dr. Harry Gemmell kauert neben der Leiche, seine behandschuhten Finger betasten Dinge, an die Detective Inspector Campell Grant nicht einmal denken mag. Statt den Gerichtsmediziner zu beobachten, schaut Grant zu den Kollegen von der Spurensicherung in ihren weißen Overalls hinüber. Sie suchen beim Schein trag- 15 barer Lampen den Bereich um die Leiche ab. [...] Schließlich brummt Gemmell etwas, steht auf und streift die blutbefleckten Latexhandschuhe ab. Er schaut auf seine klobige Sportuhr und nickt zufrieden. „Ja" sagte er, „der achte 20 September, tatsächlich." [...]

„Und was heißt das, Harry?", fragt Grant missmutig. [...] „1888 in Whitechapel, 1999 in Edinburgh. [...] Ich glaube, Cam du hast einen Nachahmungstäter vor dir. Du solltest wohl 25 nach einem schottischen Ripper suchen."

2 Wodurch wird eure **Neugierde geweckt**? Tauscht euch aus.

3 Welchen Angaben zu **Ort**, **Zeit** (Jahreszeit, Tageszeit …), **Figuren** könnt ihr bereits jetzt machen? Notiert die entsprechenden Angaben stichpunktartig. Vergleicht anschließend eure Ergebnisse.

4 Auch das **Cover** und der **Titel** eines Krimis können Hinweise auf die Handlung liefern. Seht euch die Einbände der Bücher genauer an und ergänzt eure Aufzeichnungen zu Aufgabe 3.

5 Einige Textanfänge enthalten genaue Angaben zum Verbrechen, andere werden nur angedeutet. Überlegt gemeinsam, welche Verbrechen sich hinter den **Andeutungen** der Textanfänge verbergen könnten.

6 Autoren und Autorinnen von Krimis wählen unterschiedliche **Erzählperspektiven**, um den Einstieg in ihre Geschichten zu gestalten. Beschreibt, worin sich die Perspektiven dieser Textanfänge unterscheiden.

Einen Einstieg für einen Krimi schreiben

Der **Einstieg** in einen Krimi sollte den Leser **neugierig** auf die weitere Handlung machen.

Auf unterschiedliche Art und Weise macht der Einstieg den Leser bekannt mit
- den **Figuren** (Geschlecht, Äußeres, Besonderheiten, Opfer – Täter – Ermittler),
- dem **Ort** der Handlung (Stadt, Land, geschlossener Raum oder im Freien).
- der **Straftat** oder der **Andeutung eines Verbrechens** und
- der **Erzählperspektive** des Autors / der Autorin.

Außerdem werden bereits durch den Texteinstieg die **Stimmung** und die **Atmosphäre** des Textes verdeutlicht.

INFO

In einem Krimi Spannung erzeugen

1 Krimis werden vor allem deshalb so gern gelesen, weil sie bis zum Schluss spannend sind. Ein Geheimnis eines Krimis, das oftmals erst am Ende gelöst wird, ist das **Motiv** des Täters. Welche Ursachen und Umstände könnten einen Täter zu einer Straftat angetrieben haben? Tauscht euch aus.

2 Damit Leser und Leserinnen nicht bereits nach wenigen Seiten wissen, wer der Täter oder die Täterin ist, sollte es dem Autor / der Autorin gelingen, **falsche Fährten** – sogenannte *red herrings* – einzubauen. Oftmals werden dafür unterschiedliche Erzähltricks verwendet. Ordnet die folgenden Textausschnitte den passenden erzählerischen Kniffen **A, B, C, D** zu.

1 Wie kamen die beiden Männer – wenn es zwei waren – in das leere Haus? Was ist aus dem Kutscher geworden, der sie gefahren hat? Wie konnte der eine den anderen zwingen, Gift zu nehmen? Woher stammen die Blutspuren? Was bewog den Mörder zu seiner Tat, da er keinen Raub beabsichtigte? Welcher Frau hat der Trauring gehört?

2 „Der Trauring einer Frau – wie kommt der hierher?", rief er. Wir starrten alle auf den goldenen Ring in seiner flachen Hand; welche Braut mochte den am Finger getragen haben? „Die ohnehin schon verwickelte Angelegenheit wird durch diesen Fund noch schwieriger", bemerkte Gregson.

3 „Der Täter ist nicht unbemerkt entkommen", fuhr Lestrade fort. „Ein Milchjunge, der vom Kuhstall zur Hotelküche ging, sah, dass an einem offenen Fenster des zweiten Stocks eine Leiter lehnte."

4 „Das alles erscheint nur deshalb so sonderbar", fuhr Holmes fort, „weil Sie gleich zu Anfang die einzig richtige Spur, welche deutlich vorlag, nicht erkannt haben. [...] So kam es, dass alles, was den Fall in Ihren Augen verdunkelte, mir neues Licht brachte und meine Annahmen bestätigte."

A Es tauchen immer mehr Beweisstücke auf, deren Herkunft ungeklärt ist.

B Der Leser / die Leserin wird durch eine Vielzahl von Informationen und Fragen abgelenkt und teilweise auch bewusst überfordert.

C Dem Leser werden Information vorenthalten, die nur der Ermittler zu haben scheint.

D Zeugen und deren Beobachtungen werden als Ablenkungsmanöver eingebaut.

3 Wer einen Krimi schreibt, weiß als Autor, was der Leser anfangs noch nicht weiß.
Daher sind **Bemerkungen** und **Andeutungen**, die eine Person verdächtig machen,
von besonderer Bedeutung.
Ordne die folgenden **Verdachtsmomente** den verschiedenen Straftaten zu.
Erpressung – Fahrerflucht – Brandstiftung – Körperverletzung

a) In der Garage des Nachbarn werden leere Benzinkanister gefunden.
b) Herr Meier erzählt seiner Frau, dass sein neuer Arbeitskollege
   bei jeder Gelegenheit gleich ausrastet.
c) Der Restaurantinhaber freut sich, dass er nun einen Konkurrenten
   weniger hat.
d) Ein weißer Lieferwagen wird zum Lackieren in eine Autowerkstatt
   gebracht.

4 Ein Krimi lebt vom Detail. Durch **genaue Beschreibungen** verschiedener
Situationen kann Spannung erzeugt und auch gesteigert werden.
• Schreibe den folgenden Lückentext ab und setze treffende Adjektive ein.
• Du kannst auch den **WORTSCHATZ** dazu nutzen.

> Paula war auf dem Weg zu ihrer Freundin. Schon seit einigen Minuten
> hatte sie ein ? Gefühl. War da nicht gerade noch jemand hinter ihr
> gelaufen?
> Ganz ? dachte Paula: Was ist das? War diese ? Gestalt ihr wirklich
> gefolgt? Durch die ? Zweige konnte Paula nur wenig sehen. Ganz ?
> und ? bewegte sie sich in Richtung Straße. Sie lief immer ? und ?.
> Endlich zeigten ihr die ? Lichter der Autos, dass sie der ? Gefahr
> wohl vorerst entkommen war. Aber da merkte sie ? …

• *ttt* Schreibe den Lückentext zu Ende.
  Was könnte Paula plötzlich bemerkt haben?

WORTSCHATZ

Spannung erzeugen

alt
behutsam
dicht
drohend
dunkel
dürr
erschrocken
furchtbar
furchteinflößend
hell
geistesgegenwärtig
langsam
merkwürdig
schneller
schrecklich
trocken
verrückt

In einem Krimi Spannung erzeugen

Dem Leser und der Leserin werden Geheimnisse vorenthalten, die sich erst im Verlauf
der weiteren Handlung Schritt für Schritt auflösen, wie zum Beispiel das **Motiv** des Täters.
So wird ein **Spannungsbogen** aufgebaut.

Außerdem gibt es auch **Spannungsmomente**, bei denen dem Leser / der Leserin der Atem
stockt: Etwas Unerwartetes passiert, womit der Leser nicht rechnet. Vielleicht gerät sogar
eine der Figuren oder der Ermittler selbst in Gefahr. **Falsche Fährten** erhöhen ebenfalls die
Spannung.

Zusätzliche Spannung wird durch **Andeutungen** und **Bemerkungen** erzeugt, durch die
bestimmte Figuren verdächtig erscheinen sollen. Diese Andeutungen dienen auch dazu,
auf noch weitere unbekannte Ereignisse zu verweisen. Dafür besonders geeignet sind
Spannung erzeugende Wörter, die etwas Geheimnisvolles oder Schauriges erahnen lassen.

INFO

Die Welt der Bücher: Einen Krimi schreiben

Den Plot eines Krimis entwickeln

1 Sieh dir zunächst das Bild in Ruhe an. Kannst du bereits erkennen,
welche Straftaten im Trubel des Weihnachtsmarktes begangen werden?

2 Kommissarin Friedrich ist die leitende Ermittlerin der SOKO „Weihnachtsmarkt".
Lies dir ihre Eindrücke zum Geschehen durch.

> Kommissarin Friedrich ist ratlos. Seit mehreren Tagen werden ihre Kollegen und
> Kolleginnen immer wieder zu Einsätzen auf dem Dresdner Neumarkt gerufen. Dabei
> hatte sie sich so auf eine besinnliche Vorweihnachtszeit gefreut. Das Merkwürdigste an
> der ganzen Sache waren jedoch die Zeugenaussagen vor Ort. Immer wieder wurde von
> 5 seltsam gekleideten Personen berichtet. Und was hatte es mit diesen gestreiften Hosen
> auf sich, die alle Täter angeblich trugen? Was sollte sie bloß mit solchen Beschreibun-
> gen anfangen? Damit lässt sich doch auf gar keinen Fall ein ordentliches Phantombild
> erstellen! Es bleibt ihr wohl nichts anderes übrig, als selbst einen Beobachtungsposten
> auf dem Neumarkt zu beziehen. Schließlich verfügt sie über jede Menge Berufserfah-
> 10 rung. Da macht ihr so schnell keiner mehr was vor!

3 Vergleiche die Angaben von Kommissarin Friedrich mit dem Bild. Was fällt dir auf?   166–167 🔍
  * Wo befindet sich die Kommissarin auf dem Bild? Wieso taucht sie mehrmals auf?
  * An welchen Merkmalen kannst du sie erkennen?
  * Was kann sie alles beobachten?
  * Wohin schickt sie ihre beiden uniformierten Kollegen?

4 Gehe nun ein weiteres Mal auf Spurensuche in dem Wimmelbild. Lass deine Augen dabei
von links nach rechts wandern. Mache dir Notizen zu folgenden Fragen:
  * Was verbindet die Figuren am äußeren linken Bildrand? Worüber könnten sie sich austauschen?
  * Wo genau tauchen diese Figuren überall wieder auf?
  * Wieso kommt es rechts unten im Bild zu einer Verhaftung? Was wird den Tätern wohl vorgeworfen?

5 Fehlt da nicht jemand? Ermittelt, wo im Bild es wohl gleich zu einer weiteren Straftat kommen könnte.

6 Nutze deine Stichpunkte und die folgenden **Krimi-Bausteine**, um einen **Plot** (ein Handlungsgerüst)
für das Krimi-Wimmelbild zu erstellen.

1. Ausgangslage
Wer erzählt?
Wer sind die Opfer?
Was stößt ihnen zu?

2. Ermittler / Ermittlerin
Was für ein Typ ist er / sie?
Welche Eigenschaften/
Besonderheiten hat er / sie?

3. Aufklärungsphase
Welche Zeugen gibt es?
Wer wird befragt?
Wer ist verdächtig?
Welche Spuren werden gesichert?

4. Täter / Täterin
Wer sind die Täter?
Was ist ihr Motiv?
Wodurch werden sie überführt?

5. Die Lösung des Falls
Wie werden die Täter gefasst?
Welche Bestrafung / Verurteilung
ist angemessen?

7 Eine spannende Kriminalgeschichte lebt
von überzeugenden Figuren.
Die **Ermittlerfigur** sollte klug und geschickt
im Umgang mit Verbrechensaufklärung sein.
Zusätzlich dazu darf sie auch gern über einige
„Ecken und Kanten" verfügen.
Vervollständige die Figurenkarte der Kommissarin
mit deinen eigenen Ideen:
Äußeres, Alter, Eigenschaften,
Besonderheiten, Lebensumstände …

Figurenkarte

Kommissarin Friedrich

Alter: Mitte 40, 20 Jahre Berufser-
fahrung, groß, schlank, feuerrote
Haare, trägt gern lange Mäntel,
verfügt über gute Beobachtungsgabe, arbeitet am liebsten allein …

8 Entscheide, welche **Figuren** du neben der Ermittlerin noch für deinen Krimi brauchst.
(Täter, Opfer, Zeugen).
- Lege auch für diese Personen Figurenkarten an.
- Sei sparsam mit den Figuren, damit du den Überblick nicht verlierst.
- Nutze dazu den **WORTSCHATZ**.

· ·

WORTSCHATZ: FIGUREN EINES KRIMIS BESCHREIBEN

Täter:	Opfer:	Zeugen:
erfahren	leichtgläubig	aufmerksam
skrupellos	unvorsichtig	einfühlsam
getarnt	geschockt	empathisch
verkleidet	hilflos	aussagefähig
mutwillig	panisch	hilfsbereit
entschlossen	verzweifelt	
brutal	ängstlich	
aussagefähig	ratlos	

· ·

9 Auch die Umgebung, der eigentliche **Tatort**, spielt bei einem Krimi eine wichtige Rolle.
Diesen Ort zu beschreiben und dadurch eine bestimmte Atmosphäre entstehen zu lassen,
muss ebenfalls gut geplant werden.
- Warum ist der Weihnachtsmarkt eigentlich eine geeignete Kulisse für einen Diebstahl?
- Welche Stimmung herrscht auf einem Weihnachtsmarkt?
  Beziehe deine eigenen Erfahrungen mit ein. Nutze auch hier den **WORTSCHATZ**.

· ·

WORTSCHATZ: ORTE BESCHREIBEN, STIMMUNGEN ERZEUGEN

Substantive:
Abenddämmerung – Düfte / Gerüche – Licht der Straßenlaternen –
Menschenmenge – Musik – strahlende Kinder – Weihnachtslieder – Winterwetter –

Adjektive / Partizipien:
abgelenkt – dämmrig – dunkel – kalt – regnerisch – schummrig – trüb –
überfüllt – unvorsichtig – verschneit

· ·

Schreiben und Präsen- tieren

10 Überlege dir genau, aus wessen Sicht du erzählen möchtest.
Du hast zwei Möglichkeiten:
- **Ich-Erzähler:**
  Er kann nur das erzählen, was er selbst weiß.
  Er könnte in die Rolle eines Täters oder des Ermittlers schlüpfen.
- **Auktorialer Erzähler:**
  Er betrachtet das Geschehen von außen, ist Alleswisser und kritischer Beobachter.
  Er kann Vermutungen äußern, Andeutungen machen sowie die Gefühle und
  Motive aller Personen beschreiben.

11 Füge nun alle Gedanken und Stichpunkte deines Plots mit den
dazugehörigen Figuren zusammen.

12 Nun kannst du dich ans selbstständige Schreiben eines Krimis wagen,
der die Geschichte auf dem weihnachtlichen Neumarkt erzählt.
- Rufe dir noch einmal in Erinnerung, mit welchen sprachlichen Mitteln
  du Spannung in deinem Krimi erzeugen kannst:
  **Andeutungen – Täuschungsmanöver – falsche Fährten –
  Vorausdeutungen – Verzögerungen**.
- Achte auf sprachliche Spannungsmacher in deinem Krimi.
  Du kannst dazu auch auch den **WORTSCHATZ** nutzen.
- Überlege dir zum Schluss eine spannende Überschrift.

WORTSCHATZ

anschauliche Verben:
aufschrecken – sich davonschleichen – sich davonstehlen – entkommen – entwinden –
schleichen – verschwinden – sich vorbeischlängeln – wegreißen – zerren – zittern …

anschauliche Adjektive:
mit **gierigen** Händen greifen – sich **geräuschlos** bewegen –
nächtliches Treiben beobachten – **stumm** vor Schreck sein –
sich **arglistig / geräuschlos / vorsichtig /** anschleichen –
ein **mulmiges** Gefühl im Magen haben – **aufgeschreckt** davonrennen

Tipp:
Ihr könnt natürlich auch **zu zweit**
einen Krimi schreiben.
- Legt euch dazu gemeinsam eine
  Fahndungswand als Schreibboard an
  und sammelt dort eure Ideen.
- Ihr könnt auch die sechs Schritte
  zum Schreiben einer Kriminalgeschichte
  auf der rechten Seite nutzen.
  Viel Erfolg!

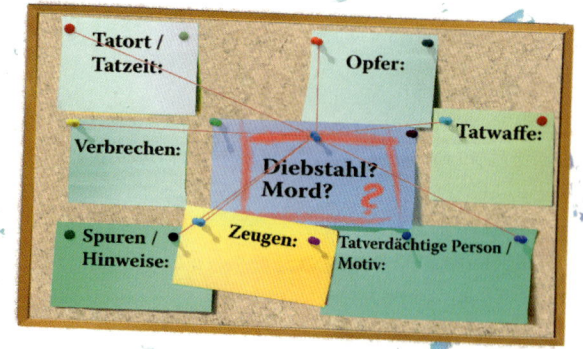

Ⓜ Sechs Schritte zum Schreiben einer Kriminalgeschichte

1 Suche nach **einer Idee / einem Einfall** für den Krimi. Wahre Begebenheiten
können dabei auch die Grundlage für deine Geschichte bilden.

2 Entwickle einen **Plot** (ein Handlungsgerüst).
Entwirf dazu eine Übersicht / Skizze.

- Wer ist der Erzähler?
- Wer ist die Hauptfigur der Geschichte?
- Wer sind die Nebenfiguren?
- Welche Straftat ist aufzuklären?
- Was stößt dem Opfer zu?
- Wann und wo findet die Straftat statt?
- Wer ermittelt?
- Gibt es Zeugen?
- Wer ist tatverdächtig?
- Gibt es einen oder mehrere Täter?
- Was ist das Motiv?
- Wie sieht die Lösung des Falles aus?

3 Schreibe einen **Einstieg**, der den Leser / die Leserin neugierig macht.
Deute an, dass etwas Schlimmes passiert ist oder dass sich jemand in Gefahr befindet.

4 Fertige **Figurenkarten** für die wichtigsten Figuren an.
Der **Ermittler / die Ermittlerin** (zum Beispiel ein Polizist / eine Polizistin,
ein Detektiv / eine Detektivin oder eine Privatperson) sollte eine besonders
markante Persönlichkeit haben.
Ordne dieser Figur spezifische Eigenschaften und Vorlieben zu.
Beschreibe auch das äußere Erscheinungsbild dieser Figur.

Der Ermittler / die Ermittlerin versucht durch das Aufspüren von **Indizien**
(verdächtige Anzeichen) sowie durch die Befragung von Zeugen und Personen aus dem
Umfeld des Opfers, das **Tatmotiv** aufzudecken und den **Tathergang** zu rekonstruieren.

5 **Andeutungen** machen den Krimi spannend. Denke dir Gefahren, Stolpersteine,
falsche Alibis, Täuschungsmanöver und Gegner aus, die im Verlauf der Aufklärungsarbeit
die Ermittlungen behindern.
Überlege, welche **Spuren** der Täter / die Täterin hinterlassen haben könnte,
die ihn / sie letztendlich dann aber doch überführen.

6 Manchmal ergibt sich bei der **Lösung des Falles** am Ende eine unerwartete Wende.
Am **Schluss** sollte das Verbrechen aufgeklärt werden:
Überführung des Täters, Festnahme, Verurteilung, Strafe.

Expressionismus
Eine Kunstepoche kennenlernen

Anfang des 20. Jahrhunderts entwickelte sich in der Malerei eine neue Kunstrichtung: der Expressionismus. Die beiden Bilder auf dieser Seite wurden von jungen Künstlern des Expressionismus gemalt.

1 Nehmt euch Zeit und lasst die Bilder auf euch wirken.
- Welche Gefühle und Gedanken lösen die Bilder bei euch aus?
- Welche Fragen an die Bilder / die Personen gehen euch durch den Kopf?

Ludwig Meidner: Ich und die Stadt (1913)

Edvard Munch: Der Schrei (1910)

2 Führt nun mithilfe eurer Eindrücke und Fragen ein Gespräch über diese Bilder.

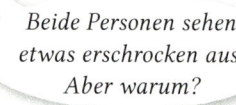

Beide Personen sehen etwas erschrocken aus. Aber warum?

Das ist mir auch aufgefallen. Vielleicht ist es der Person links in der Stadt zu laut?

Ja, das geht mir auch so. Ich wüsste gern, warum die Person schreit und sich die Ohren zuhält.

Das linke Bild sieht aus, als würde eine Stadt einstürzen. Und der Mann ist darüber ganz verzweifelt.

Ich finde die Person rechts richtig gruselig. Das ist ja ein schreiender Totenkopf.

3 Sicher habt ihr bei eurem Gespräch gemerkt, dass manche Fragen zunächst einmal offenbleiben. Im folgenden Text bekommt ihr einen ersten Eindruck davon, was die Künstler des Expressionismus' mit ihren Bildern ausdrücken wollten und welche Anliegen sie hatten.

Was waren das für mutige junge Leute, die vor 100 Jahren die Literatur veränderten! Die meisten von ihnen waren zwischen zwanzig und dreißig Jahre
alt, als sie ihre Kunstwerke malten und Geschichten schrieben. Und sie waren
aufsässig. Sie lehnten sich auf gegen ihre Väter und Lehrer. Sie hassten das
5 autoritäre Kaiserreich. Sie litten unter dem Chaos des modernen Großstadt-
lebens. Sie kritisierten die Folgen der der Industrialisierung. Sie sagten dem
Militarismus[1] und der Gewalt den Kampf an. Und sie wollten nicht mehr so
malen, wie es ihre klassischen Vorfahren getan hatten. Es entstand fast so
etwas wie eine Revolution in der Malerei – genauso wie in der Literatur.
10 Es ist die Zeit zwischen 1910 und 1925, die als „Expressionismus" bezeichnet wird – also als Ausdruck der Gefühle. Der Begriff entstammt der damaligen Malerei.
Die Bilder des jungen Picasso und von Franz Marc wurden in jener Zeit
„expressionistisch" genannt. Das bekannteste Bild des Expressionismus ist
15 wohl „Der Schrei" des Norwegers Edvard Munch, das auch als Sinnbild für
die expressionistische Dichtung bezeichnet werden kann. Man schrie heraus,
worunter man litt. Man erfand neue Wörter und Wortverbindungen, um auszudrücken, was man empfand. Man wollte auf das Leid der Menschen und
auf die Gefahren, die man im maßlosen Anwachsen der Großstädte sah, mit
20 seiner Sprache in Wort und Bild aufmerksam machen – und damit die Welt
verbessern.

[1] Militarismus: Der Begriff „Militarismus" bezeichnet eine Gesellschaft, in der militärische Werte
und Verhaltensweisen die Politik und den Alltag der Menschen bestimmen.

4 Besprecht gemeinsam, was ihr in diesem Text über die Expressionisten erfahrt.
• Nennt die Anliegen der jungen Künstler: Was wollten sie erreichen?
• Wie haben sie zum Ausdruck gebracht, was sie bewegt hat und worunter sie gelitten haben?

5 Betrachtet die Bilder nun noch einmal genauer.
Vielleicht könnt ihr mithilfe des Textes schon die ein oder andere Frage beantworten,
die im ersten Gespräch noch offengeblieben ist.

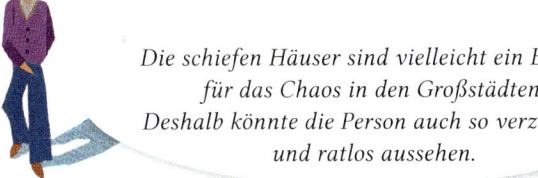

*Die schiefen Häuser sind vielleicht ein Beispiel
für das Chaos in den Großstädten.
Deshalb könnte die Person auch so verzweifelt
und ratlos aussehen.*

*Vielleicht steht die rote Farbe
im rechten Bild für Feuer und Krieg.
Und der schreiende Totenkopf bedeutet
für die Person Gefahr.*

Expressionismus

Die Entstehungszeit expressionistischer Kunstwerke kennenlernen

Um die Kunstwerke der Expressionisten besser zu verstehen,
könnt ihr euch im folgenden Text über die tiefgreifenden Veränderungen
in der damaligen Gesellschaft informieren.

1 Lest euch den Text zunächst einmal **laut** vor.
Ihr könnt die Absätze auf verschiedene Leser / Leserinnen aufteilen.

Eine Gesellschaft im Umbruch

A Beginn der Industrialisierung

Die Spinnmaschine, die Dampfmaschine oder erste Verfahren zur Stahlge-
winnung veränderten die Arbeits- und Lebensbedingungen der Menschen
grundlegend. In Deutschland erreichte die Industrialisierung ihren ersten Hö-
5 hepunkt um 1900. Nun konnten auch hier durch höhere landwirtschaftliche
Erträge und bessere medizinische Versorgung die Menschen länger leben. Die
Städte wuchsen, die Bevölkerungszahl stieg von 1866 bis 1914 von rund 40 auf
67,5 Millionen an.

Erfindung der Dampfmaschine: Auswirkungen auf die Arbeits- und Lebensbedingungen der Menschen

B Die gesellschaftliche und politische Situation

10 Auch die Form des gesellschaftlichen Zusammenlebens änderte sich. In der
alten Ständegesellschaft entschied die Geburt über standesgemäße Heirat und
Berufswahl eines Menschen. Mit der Industrialisierung wurden die Menschen
je nach Besitz an Kapital und Bildungsgrad in drei Klassen eingeteilt. Deshalb
spricht man auch von einer Dreiklassengesellschaft. Der ehemals erste Stand,
15 der Adel, brachte die besten Voraussetzungen mit: Adlige besetzten weiter-
hin die führenden Stellen in Politik und Militär. So kam das 1871 gegründete
deutsche Kaiserreich ohne die Beteiligung des Volkes zustande und war ein
militärisch ausgerichteter Obrigkeitsstaat. Denn von 1888 bis 1918 gab Kaiser
Wilhelm II. die politische Richtung vor. Die zweite Klasse, das Bürgertum,
20 folgte ihm. Zum Bürgertum zählten verschiedene Gruppen wie z.B. Fabrik-
besitzer, Bankiers, Ärzte und Beamte bzw. Handwerker. Zwischen ihnen gab
es große Unterschiede in der Lebensweise und dem Einkommen. Gemeinsam
war ihnen, dass der Vater für das Einkommen sorgte und die Familie mit fast
militärischer Strenge führte. Die Mutter kümmerte sich um die Kinder und
25 den Haushalt. Existenzielle Not gab es nur selten. Die zahlenmäßig größte
dritte Klasse aber war die besitzlose Arbeiterklasse, die meist am Rande des
Existenzminimums lebte.

Dreiklassengesellschaft:
1. Klasse: Adlige
2. Klasse:
*   wohlhabendes*
*   Bürgertum*
3. Klasse:
*   besitzlose*
*   Arbeiterklasse*
unterschiedliche
Rechte, unter-
schiedliche Lebens-
und Arbeitsbedin-
gungen

Konrad Felixmüller: Der alte Kohlenarbeiter. Radierung (Stahlstich) auf Maschinenbütten (1921)

C Arbeiterleben in der Großstadt

Mit dem Bau von großen Industriebetrieben wuchs auch der Bedarf an Ar-
30 beitskräften. Deshalb wanderten immer mehr Menschen vom Land in die
Städte. Da die Arbeiter in den Industriebetrieben trotz einer 6-Tage-Arbeits-
woche und einer 13-stündigen täglichen Arbeitszeit nur geringe Löhne erhielten, stieg die Nachfrage an preiswerten Wohnungen sprunghaft an. Deshalb
entstand um den historischen Kern der Städte ein Gürtel dicht gedrängter,
35 minimal ausgestatteter Mietshäuser. Für eine sechsköpfige Familie stand oft
nur ein Zimmer zur Verfügung. Die Gemeinschaftstoiletten befanden sich im
Treppenhaus oder auf dem Hof. Doch die Menschen litten nicht nur unter
den ärmlichen Wohnverhältnissen, unmenschlichen Arbeitsbedingungen
und überlangen Arbeitszeiten, sondern auch unter der Anonymität. Her-
40 ausgerissen aus der ländlichen Großfamilie, lebten sie nun in sogenannten
Kernfamilien ohne soziale Sicherung. Um ihre Lage zu verbessern, schlossen
sich die Arbeiter in Parteien und Gewerkschaften zusammen. Diese politische
Arbeit versuchte der Staat zu unterbinden. So wurde per Gesetz verboten,
Flugblätter zu verteilen und Versammlungen abzuhalten. Personen, die sich
45 politisch betätigten, wurden verhaftet und mitunter auch ausgewiesen.

*schwierige Lebens-
bedingungen für
Arbeiterfamilien*

D Ausbau des Bildungssystems

Da die Industrialisierung immer mehr und vor allem gut ausgebildete Ar-
beitskräfte brauchte, wurde das Bildungssystem stark ausgebaut. Bildung
wurde eine Grundlage für den sozialen Aufstieg von Männern und zuneh-
50 mend auch von Frauen. Zwar gab es die allgemeine Schulpflicht schon seit
längerer Zeit, doch setzte sie sich erst im Kaiserreich flächendeckend durch.
Dies führte zum Ausbau der Volksschulen. Aber auch die höheren Schulen
entwickelten sich weiter. Dennoch blieben die Gymnasien und Universitäten
für Arbeiterkinder meist unerreichbar, da viele schon im Alter von 9 Jahren
55 neben dem Besuch der Schule in den Fabriken zum Lebensunterhalt der Familie beitragen mussten. Somit verschärfte sich die Kluft zwischen Arm und
Reich weiter.

*Ausbau des Bil-
dungssystems*

*Verschärfung der
Kluft zwischen Arm
und Reich*

E Die veränderte Rolle der Frau

Frauen unterstanden im Kaiserreich ihrem Vater oder Ehemann. Gleichbe-
60 rechtigung gab es nicht. Der Mann bestimmte, wo die Familie wohnte, wie
sie lebte und wie das Geld verwendet wurde. Er allein konnte auch darüber
entscheiden, ob seine Frau berufstätig sein durfte. Dennoch veränderte sich
die wirtschaftliche und soziale Stellung der Frau im Kaiserreich. Eine Arbei-
terfrau musste neben Haushalt und Kindererziehung zusätzlich Fabrikarbeit
65 leisten, um zum Überleben der Familie beizutragen Aber auch bürgerliche
Frauen, die unverheiratet waren, wurden selbstständiger. Sie kümmerten sich
um eine Ausbildung, die ihnen ein eigenständiges Leben ermöglichte. Mit
der Berufstätigkeit stieg auch das Selbstbewusstsein der Frauen. Sie forderten

*Veränderungen der
wirtschaftlichen
und sozialen Stel-
lung der Frau*

politisches Mitspracherecht und gründeten Vereine. Erste Erfolge errangen
70 sie ab 1900, als auch Mädchen in Jungengymnasien aufgenommen und zum
Studium zugelassen wurden. Aber erst mit der Einführung der Weimarer Ver-
fassung im Jahr 1919 erhielten die Frauen das gesetzliche Wahlrecht.

Heinrich Zille: Hof im Scheunenviertel, Berlin (1919)

Umgang mit Texten und Medien

F Stimmung in der Gesellschaft

Viele Menschen spürten da-
75 mals ein großes Unbehagen,
denn der Einfluss der gesellschaftlichen und technischen
Entwicklungen auf ihr Leben
nahm rasant zu. So bestimmte
80 beispielsweise nun der Ablauf
in den Fabriken den Tages-
ablauf der Menschen. Auch
durch die Entwicklung des
Automobils und der Eisenbahn
85 erschien den Menschen das
Leben schneller und unkont-
rollierbarer, sodass sich Ängste, Irritationen und ein großes

Kriegsbegeisterte junge Männer, Sommer 1914

Gefühl von Entwurzelung in ihnen breit machte. Ein Teil der Menschen hat-
90 te daher die Hoffnung, dass durch einen großen Krieg die gesellschaftlichen
und politischen Probleme gelöst werden könnten. Zudem gab es immer mehr
Menschen, die in Deutschland eine bessere Kultur und Nation sahen und
andere Länder und Völker als weniger wertvoll oder sogar Feinde ansahen.
Daher nahmen viele Menschen alles Militärische und den Ausbruch des Ers-
95 ten Weltkrieges anfangs begeistert auf. Umso größer war nach Ausbruch des
Krieges das Entsetzen über die Kriegsrealität.

Gründe für die Kriegsbegeisterung in Deutschland zu Beginn des 20. Jahrhunderts

2 Erarbeitet euch den Text **„Gesellschaft im Umbruch"** nun selbstständig
mithilfe der **Sechs-Schritt-Lesemethode**.

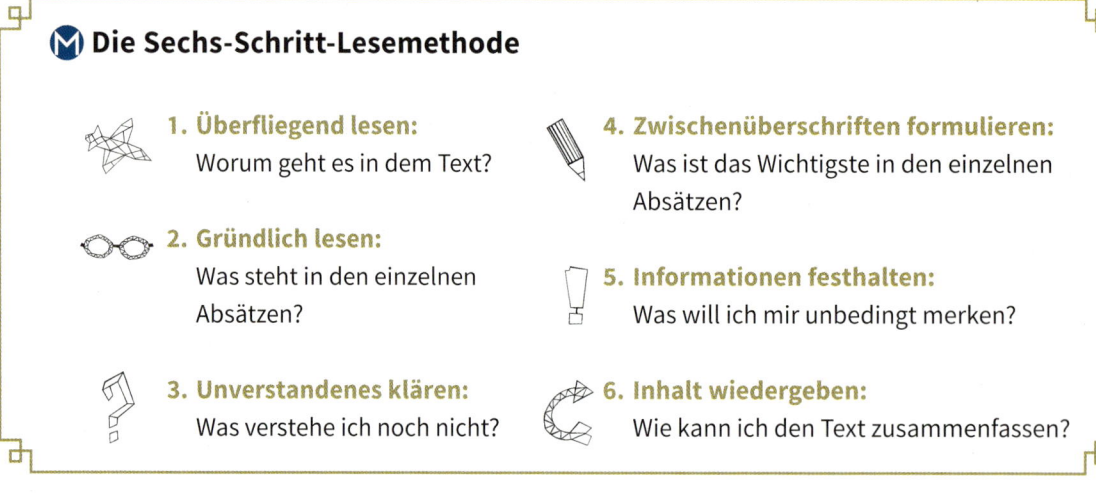

ⓜ Die Sechs-Schritt-Lesemethode

1. Überfliegend lesen:
Worum geht es in dem Text?

2. Gründlich lesen:
Was steht in den einzelnen Absätzen?

3. Unverstandenes klären:
Was verstehe ich noch nicht?

4. Zwischenüberschriften formulieren:
Was ist das Wichtigste in den einzelnen Absätzen?

5. Informationen festhalten:
Was will ich mir unbedingt merken?

6. Inhalt wiedergeben:
Wie kann ich den Text zusammenfassen?

3 Fasst nun **gemeinsam** zusammen, welche großen Umbrüche
damals in der Gesellschaft stattgefunden haben.
Greift dazu auf eure Notizen aus **Aufgabe 2** zurück.

Expressionismus

Ein expressionistisches Gedicht über die Großstadt kennenlernen

Zu Beginn des 20. Jahrhunderts entstanden in vielen Städten große Fabriken. Um dort zu arbeiten, zogen immer mehr Menschen vom Land in die Städte. Für sie wurden sehr einfache, eng beieinander stehende Mietshäuser gebaut. Trotzdem konnte der Bedarf an Wohnraum kaum gedeckt werden, sodass viele Familien oftmals auch mit wenig Platz auskommen mussten. Aber die Menschen litten nicht nur unter diesen ärmlichen Wohnverhältnissen. In den Großstädten bestimmten häufig auch Anonymität und Einsamkeit das Leben der Menschen. Auch viele Dichter und Maler des Expressionismus' lebten in Großstädten wie Berlin. Sie brachten ihre Wahrnehmung über das Stadtleben in ihren Kunstwerken zum Ausdruck.

Ludwig Meidner: Straßen und Cafés: Potsdamer Platz (1913)

1 Schaut euch das Bild in Ruhe an und steigt darin ein – als wärt ihr selbst ein Teil davon. Tauscht dann eure Beobachtungen und Wahrnehmungen aus.
- Wie **fühlt** ihr euch mitten unter den vielen Menschen?
- Beschreibt, was ihr alles *hören, sehen, fühlen* und *riechen* könnt.

Vergleichbar mit dem Bild auf Seite 179 haben Expressionisten auch Gedichte verfasst, in denen sie die damalige gesellschaftliche Stimmung und ihre individuellen Gefühle zum Ausdruck gebracht haben.

Städter (1914)

Alfred Wolfenstein (1883–1945)

Dicht wie die Löcher eines Siebes stehn ↱
Fenster beieinander, drängend fassen ↱
Häuser sich so dicht an, dass die Straßen ↱
4 Grau geschwollen wie Gewürgte stehn.

Ineinander dicht hineingehakt ↱
Sitzen in den Trams¹ die zwei Fassaden ↱
Leute, ihre nahen Blicke baden ↱
8 Ineinander, ohne Scheu befragt.

Unsre Wände sind so dünn wie Haut,
Dass ein jeder teilnimmt, wenn ich weine.
Unser Flüstern, Denken … wird Gegröle …

12 – Und wie still in dick verschlossner Höhle
Ganz ungerührt und ungeschaut
Steht ein jeder fern und fühlt: alleine.

¹ Straßenbahnen

Jacob Steinhardt: Die Stadt (1913)

3 Gebt wieder, welche Stimmung ihr in dem Gedicht spontan wahrnehmt. Ihr könnt dazu auch den **WORTSCHATZ** nutzen.
*Die expressionistischen **Maler** hielten ihre Eindrücke von der Großstadt in **Bildern** fest – so wie ihr hier eins dieser Bilder seht. Der Dichter Alfred Wolfenstein drückt in seinem Gedicht mit sprachlichen **Bildern** aus, wie er die Großstadt und das Zusammenleben der Menschen wahrnimmt.*

4 Vergleicht einmal die ersten beiden Verse des Gedichtes
„Dicht wie Löcher eines Siebes stehn / Fenster beieinander"
mit dem Bild von Jacob Steinhardt. Was stellt ihr fest?

5 Ermittelt weitere **sprachliche Bilder** in dem Gedicht und entschlüsselt sie:
• Welche Wörter beschreiben z. B. die **Enge** und **Dichte des Stadtlebens**?
• Welche Bilder drücken Gefühle wie **Traurigsein** und **Einsamkeit** aus?
• Welche **Vergleiche** entdeckt ihr – und was bewirken sie?
• Welchen Eindruck gewinnt ihr insgesamt vom Zusammenleben der Menschen?

193

WORTSCHATZ

bedrückend
einsam
kalt
traurig
trostlos
unruhig

6 Tragt das Gedicht nun laut vor.
Versucht dabei, seine besondere Stimmung zum Ausdruck zu bringen.
Beachtet die Enjambements.

7 Auch die beiden folgenden Fotos geben einen Einblick in die damalige
Lebenssituation der Menschen. Beschreibt die Fotos.

Gängeviertel, Hamburg-Altstadt (1925)

*Wohnraum einer Familie in einem Elendsquartier,
Berlin um 1910*

8 Vergleicht die Fotos mit den Gemälden der Expressionisten und mit dem Gedicht:
- Beschreibt Eindrücke, die ihr wiedererkennen könnt.
- Tauscht aus, welche Gefühle und Stimmungen die Expressionisten
  besonders intensiv zum Ausdruck gebracht haben.
- Vermutet, warum die Künstler des Expressionismus' ihre Wahrnehmungen
  mithilfe von Bildern und Gedichten verstärkt haben.

9 Vergleicht nun auch einmal die Lebens- und Wohnsituationen in unseren
heutigen Städten mit den gesellschaftlichen Lebensbedingungen der Expressionisten.
Welche Gemeinsamkeiten / Unterschiede stellt ihr fest?

Expressionismus

Ein expressionistisches Großstadtgedicht erschließen

1 Lasst euch das folgende Gedicht vortragen. Ihr könnt beim Zuhören die Augen schließen.

Die Stadt (1913)

Alfred Lichtenstein

Ein weißer Vogel ist der große Himmel.
Hart unter ihn geduckt stiert[1] eine Stadt.
3   Die Häuser sind halbtote alte Leute.

Griesgrämig glotzt ein dünner Droschkenschimmel[2].
Und Winde, magre Hunde, rennen matt.
6   An scharfen Ecken quietschen ihre Häute.

In einer Straße stöhnt ein Irrer: Du, ach, du –
Wenn ich dich endlich, o Geliebte, fände ...
9   Ein Haufen um ihn staunt und grinst voll Spott.

Drei kleine Menschen spielen Blindekuh[3] –
Auf alles legt die grauen Puderhände
12 Der Nachmittag, ein sanft verweinter Gott.

[1] starrt
[2] Pferd, was die Kutsche zieht
[3] Blindekuh: ein Spiel, bei dem einem Kind die Augen verbunden
   werden. Dieses Kind muss die anderen fangen. Wer gefangen wird,
   ist als nächstes die blinde Kuh.

2 Beschreibt die Bilder, die vor eurem inneren Auge entstanden sind.
Tauscht aus, welche Bilder ihr eher mit **positiven** bzw. eher mit **negativen** Gefühlen verbindet.

3 Lest euch nun das Gedicht noch einmal in Ruhe durch.
Sprecht anschließend darüber, wie das Gedicht auf euch wirkt.

4 Das Gedicht erhält seine sprachliche Wirkung durch die Kombination
besonderer **Adjektive** und **Verben**.
- Schreibt verschiedene Beispiele auf:
  Adjektive: weißer, große, hart, halbtote ...
  Verben: stiert, glotzt, rennen ...
- Beschreibt, auf welche Weise diese Wörter das Zusammenleben der Menschen charakterisieren.

5 Wie deutet ihr den letzten Vers dieses Gedichtes?

Expressionismus

Zwei expressionistische Gedichte über den Zustand der Welt deuten

Ludwig Meidner: Brennende Stadt (1913)

In der Zeit des Expressionismus' hielten es manche Menschen – darunter auch Dichter – für möglich, dass der Weltuntergang bevorsteht. Der Halleysche Komet stand 1910 hell am Himmel. Man fürchtete, dass er mit der Erde zusammenstößt. Naturkatastrophen rissen neu erbaute Eisenbahnbrücken und Dämme ein. Hochhäuser von nie da gewesener Höhe wuchsen in den Himmel. Der Passagierdampfer „Titanic" lief auf einen Eisberg, ging unter und riss 1500 Menschen in den Tod. Die Welt schien aus den Fugen geraten zu sein, das Weltende schien nah.

1 Eines der berühmtesten Gedichte des Expressionismus' ist das Gedicht „Weltende" von Jakob van Hoddis. Was verbindet ihr mit dieser Überschrift?

2 Lest das Gedicht vor.

Weltende (1911)

Jakob van Hoddis (1887–1942)

Dem Bürger fliegt vom spitzen Kopf[1] der Hut,
In allen Lüften hallt es wie Geschrei,
Dachdecker stürzen ab und gehn entzwei
4 Und an den Küsten – liest man – steigt die Flut.

Der Sturm ist da, die wilden Meere hupfen
An Land, um dicke Dämme zu zerdrücken.
Die meisten Menschen haben einen Schnupfen.
8 Die Eisenbahnen fallen von den Brücken.

---

[1] Die Metapher „spitzer Kopf" kennzeichnet den ehrgeizigen Spießbürger, dem es nur darum ging, möglichst viel Geld zu verdienen und die ärmeren Menschen auszunutzen.

3 Beschreibt, wie dieses Gedicht nach dem ersten Lesen auf euch wirkt.

4 Welche Ängste der Menschen aus dem Einführungstext auf Seite 174–178 spiegeln sich eurer Ansicht nach in diesem Gedicht wider? Begründet eure Meinung mit entsprechenden Textstellen.

5 Obwohl es in diesem Gedicht um das Weltende geht, enthält es auch Stellen mit bitterem Humor (Sarkasmus). Lest solche Passagen vor.

6 Versucht einmal, die Metapher „in allen Lüften hallt es wie Geschrei" im zweiten Vers zu deuten.

7 Führt nun ein **literarisches Gespräch** über dieses Gedicht. In solch einem Gespräch könnt ihr euch darüber verständigen, wie ihr die Verse versteht. Ihr könnt natürlich auch über merkwürdige oder schwierige Stellen sprechen. Die Gesprächsleitung kann eure Lehrerin / euer Lehrer übernehmen. Vielleicht traut sich aber auch jemand von euch diese Aufgabe zu?

Ⓜ️ **Ein literarisches Gespräch führen**

1: Setzt euch im Kreis zusammen, sodass sich alle anschauen können.

2: Sorgt für ein angenehmes Klima, in dem ein offener Austausch für alle möglich ist.

3: Jeder kann sich an diesem Gespräch beteiligen. Ihr könnt ansprechen:
- Gedanken, die euch durch den Kopf gehen,
- Fragen, die euch beschäftigen,
- Stellen im Text,
  - die euch irritieren oder wütend / traurig machen,
  - die ihr vielleicht noch nicht ganz verstanden habt,
  - die ihr noch einmal nachlesen oder auch vorlesen wollt,
  - in denen es um Mut, um Angst … geht,
  - in denen ihr Nähe oder auch Distanz zu den Figuren wahrnehmen könnt.

4: Entscheidend ist an solch einem Gespräch, dass ihr unterschiedliche Ansichten zu literarischen Texten kennenlernt. Dabei könnt ihr auch eigene Erfahrungen einbringen.

8 Das folgende Gedicht hat Else Lasker-Schüler verfasst.
Es trägt denselben Titel wie das Gedicht von Jakob van Hoddis.
Doch es ist von ganz anderer Art.
Lest es einmal laut vor und spürt seiner Stimmung nach.

Weltende (1903)

Else Lasker-Schüler (1869–1945)

Es ist ein Weinen in der Welt,
Als ob der liebe Gott gestorben wär,
Und der bleierne Schatten, der niederfällt,
4 Lastet grabesschwer.

Komm, wir wollen uns näher verbergen ...
Das Leben liegt in aller Herzen
Wie in Särgen.

8 Du! Wir wollen uns tief küssen –
Es pocht eine Sehnsucht an die Welt,
An der wir sterben müssen.

9 Was für eine Stimmung wird in diesem Gedicht
zum Ausdruck gebracht?
Welche Art von „Weltende" beklagt die Dichterin?
Tauscht eure Deutungen aus.

10 Was könnte wohl mit der Metapher
„der bleierne Schatten" gemeint sein?
Gebt diese Metapher mit eigenen Worten wieder.

11 Vergleicht die beiden Gedichte über das „Weltende".
Welches der beiden Gedichte ...
- … empfindet ihr eher als traurig,
  welches eher als protestierend?
- … ist von einer Art bösem Humor mitbestimmt,
  welches von tiefem Ernst?
- … spricht über Gefahren in der Umwelt, welches
  vor allem über eine persönliche Beziehung?
- … sieht die größte Gefahr im Chaos,
  welches im Tod?
- … ist eher individuell und unkonventionell
  aufgebaut – welches eher traditionell?
Begründet eure Meinung mit Aussagen aus beiden
Gedichten.

Else Lasker-Schüler: Deckblatt zu:
Gesammelte Gedichte

Expressionismus

Zwei literarische Texte im historischen Kontext erschließen

Bis zum Ausbruch des Ersten Weltkrieges (1914–1918) sahen einige expressionistische Dichter den Krieg als Chance für einen Neuanfang. Sie glaubten, dass mit einem großen Krieg die alte Gesellschaft untergehen würde und sich Möglichkeiten für einen Neuanfang ergeben würden. Einige Dichter waren voller Begeisterung in den Krieg gezogen. Dort aber brach die grausame Kriegswirklichkeit über sie herein. Viele junge Expressionisten, z. B. Alfred Lichtenstein, August Stramm, Georg Trakl, fielen bereits in den ersten Kriegstagen des Jahres 1914. Die überlebenden Künstler wandten sich mit ihrer Literatur und Malerei nun vehement gegen den Krieg.

Otto Dix: Sturmtruppe geht unter Gas vor, 1924.
© VG Bild-Kunst, Bonn 2021

1 Das Gedicht von Wilhelm Klemm ist ganz anders, als es Gedichte sonst sind:
Es besteht zwar aus Versen und Strophen. Aber …
Lest das Gedicht und untersucht, welche lyrischen Elemente ihm fehlen.

2 Auffällig in diesem Gedicht sind
die **Ausdrücke für den Krieg**.
Stellt sie zusammen und beschreibt,
wie sie auf euch wirken.

Schlacht am Nachmittag (1915)

Wilhelm Klemm (1881–1968)

3 Wie wird die **Natur** in diesem Gedicht
beeinflusst und verändert?
Zitiert Stellen, an denen das deutlich
wird.

Fern in dunkles Blau staffelte sich
Das Land. Dörfer brannten. Flammenfahnen
Standen schräg empor. Der Rauch ging träge
4 Und dünn über den Horizont, der geheimnisvoll gärte[1]

4 Der **Regen** spielt hier ebenfalls eine
besondere Rolle.
Welche Aussagen treffen auf ihn zu?
- Er steht auf der Seite des Feindes.
- Ihm ist der Krieg gleichgültig.
- Er verhilft den Kriegern zum Sieg.
- Er unterscheidet nicht zwischen
  Freund und Feind.

Geschützdonner rollte ernst. Über den Fluss
Drang verworrener Lärm. Gewehrfeuer meckerte.
Überall platzten Schrapnells[2]. Die Wolken des Himmels
8 Wurden gefasert. Standen in blassen Flocken

Trübe über der Erde. Bis der Regen kam,
Gegen Abend. Lückenlos fallend auf Freund und Feind
Auf das Feld der Ehre und Unehre. Auf Mann und Ross
12 Auf Rückzug und Vormarsch. Auf Tote und Lebende.

5 Untersucht gemeinsam, welche
Einstellung der lyrische Sprecher
zum Krieg hat.

188

[1] gären: brodeln, sich schäumend auflösen
[2] Schrapnells: Splittergeschosse

6 Lest euch diesen Ausschnitt aus einer Geschichte vor, in der ein junger Soldat mit Namen Clemens im Ersten Weltkrieg (1914–1918) die schrecklichen Kriegswirren in einer von Panzern zerstörten Stadt erleben musste.

Stücke

Fritz von Unruh (1916)

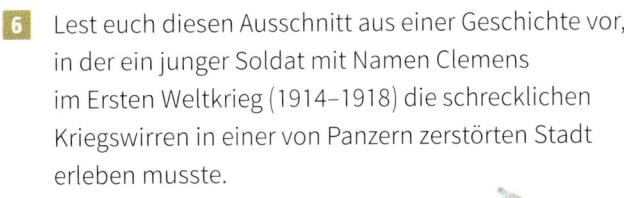

Geräusche, Echo und Gegenecho, lärmten straßenheran. Grundmauern bebten. Fenster beschlugen vom Dampf fauchenden Atems; Ungeheuer regten sich in der Ruinenstadt. Cle-
5 mens schreckte hoch, zimmerein quoll rote Luft. In seinen Mantel gekrallt, starrte er durch das Bodenfenster zur Straße: Um Höllenmaschinen marschierten dünne Männchen mit roten Beinen; ihr Wille trieb den Nachtspuk an; Pflaster-
10 steine bäumten sich auf wie Menschenleiber. Sie wurden niedergestampft, dass sie hinklapperten wie Skelette und ein Blutstrahl aus dem Herzen der Menschheit mitten durch den Himmel spritzte. Clemens brach in die Knie und bohr-
15 te beide Arme in den funkensprühenden Himmel [...] Während ihm alles Böse der Erde aus zerrissener Luft eine Grimasse schnitt, sank er schweißkalt zur Erde neben seinem Freunde hin [...] Hauserschütternder Lärm in der Un-
20 terstadt schreckte ihn auf. Fliegerabwehrkanonen beschossen französische Doppeldecker. Da die Straßen geräumt werden mussten, suchte er Schutz. Clemens hatte sich auf einen Hügel geflüchtet, der das Städtchen überhöhte. Knospendralle Zweige vergitterten ihm schwankend 25 den Himmel. Windweißes Gras blieb hinter seinem Schritt. Ein Baum, der mächtig im Ast und Gezweige wuchs, fesselte ihn. Nachdenklich schritt er über goldwarme Steinplatten und Moos von Jahrhunderten durch einen Kirchhof 30 auf die Grabkapelle zu. Türen waren offen, er ging hinein. Eine Bank, auf die er sich setzen wollte, brach zusammen [...] Clemens stierte ins Graue, als sei er der letzte Mensch und außer ihm nur noch Gewürm auf Erden [...] Er fühlte 35 sich schwach im Gebein und schlich, als folgte ihm Fremdes, mit verhaltenem Atem aus der Kirche. Das weite Land übersah er mit allen Straßen wie vom Mittelpunkt aus. Überall bewegten sich Beine. Regimenter marschierten; Batterien[1] 40 rasselten. Unaufhörlicher Lärm vorrückender Truppen. Wie Plätschern von tausend Bächen, die bis zum Meer streben. Sein Herz klopfte bis in den Hals hinein [...]

[1] Batterien: Kriegsgerät

7 Welchen Eindruck macht dieser Textausschnitt auf euch?
Gebt euch gegenseitig Auskunft, was ihr beim Lesen empfunden habt.

8 Was fällt euch an der Sprache dieses Textes auf?
Nennt Wörter, die ihr noch nie vorher gelesen habt.

9 Wie werden in dem Text Gefühle zum Ausdruck gebracht – und welche Gefühle sind es?

10 Welche sprachlichen Gestaltungsmittel werden in diesem Text eingesetzt?
Bilder – Metaphern – Wortneuschöpfungen – Satzbau
Sucht entsprechende Textstellen heraus und lest sie vor.

Gedichtewerkstatt
Ein Gedicht untersuchen und kommentieren

Was ich sein möchte

Fritz Deppert

Ein Eckensteher möchte ich sein,
der steht
und sich Wind um die Nase blasen lässt
und andern zuguckt,
5 wie sie an ihm vorübergehn
und lachen oder weinen.
Ein Luftgucker möchte ich sein,
der mit den Augen Wolken nachgeht
und sieht, wie Flugzeuge
10 im Himmel verschwinden.
Ein Nichtsnutz[1] möchte ich auch sein,
der tanzt
und Zeit hat,
Steine im Wasser hüpfen zu lassen
15 und Vogelnester auf den Bäumen zu zählen;
er kann Wolkenkuckucksheime[2] bewohnen
und sich unsichtbar machen,
fliegen kann er auch.
Und was möchte ich noch sein?
20 Einer, den du magst.

[1] Nichtsnutz: *abwertend* für Faulenzer
[2] Wolkenkuckucksheim: Fantasiewelt eines Träumers, der freundlich und naiv an etwas glaubt oder sich etwas wünscht, was in Wirklichkeit nicht zu erreichen ist.

1 Wie stellt ihr euch dieses lyrische Ich vor, das hier spricht?
Und was haltet ihr von seinen Wünschen?
Ist vielleicht auch ein Wunsch für euch dabei, den ihr gern teilen würdet?

INFO

Das Lyrische Ich:
Das Ich, das in Gedichten spricht

Wenn es ein „Ich" gibt, das in Gedichten etwas erzählt oder beobachtet, so nennt man es das **lyrische Ich**.
Das **lyrische Ich** kann jemand ganz anderes sein als der Dichter: ein Kind, ein Junge, ein Mädchen, ein Mann oder eine Frau, aber auch ein Baum, ein Tier, eine Blume, eine Jahreszeit, ein Gegenstand …

2 Am Ende des Gedichtes kann man den Eindruck gewinnen, dass das lyrische Ich all seine Wünsche einem anderen Menschen mitteilt.
• An welchem Vers könnt ihr das festmachen?
• Wer könnte diese Person sein?

3 Beschreibt, inwiefern sich der letzte Wunsch von allen anderen Wünschen unterscheidet.

4 Du kannst selbst auch ein Teil dieses Gedichtes werden, indem du
einzelnen Versen deine Gedanken oder Fragen als Kommentare hinzufügst.
Hier findest du ein Beispiel für solch einen Kommentar.

Was ich sein möchte

Fritz Deppert

Ein Eckensteher möchte ich sein,
(Was ist das denn?)
der steht
und sich Wind um die Nase blasen lässt
5 *(Das wär mir zu kalt.)*
und andern zuguckt,
wie sie an ihm vorübergehn
(...)
und lachen oder weinen.
10 Ein Luftgucker möchte ich sein,
(Ist das so was wie ein Träumer?)
der mit den Augen Wolken nachgeht
und sieht, wie Flugzeuge
im Himmel verschwinden.
15 *(...)*
Ein Nichtsnutz möchte ich auch sein,
(Oh, da bin ich dabei!)
der tanzt
und Zeit hat,
20 Steine im Wasser hüpfen zu lassen
(...)
und Vogelnester auf den Bäumen zu zählen;
(...)
er kann Wolkenkuckucksheime bewohnen
25 *(Ich sag's ja, ein Träumer ...)*
und sich unsichtbar machen,
(...)
fliegen kann er auch.
(...)
30 Und was möchte ich noch sein?
(Jetzt bin ich aber gespannt ...)
Einer, den du magst.
(...)

5 Versuche es selbst auch einmal. Schreibe den Originaltext ab
und füge deine Kommentare dort ein, wo **du** das möchtest.

Gedichtewerkstatt

Fragen an ein Gedicht stellen – Leerstellen deuten

1 Lest euch das Gedicht durch. Beachtet, dass darin Ausdrücke in Berliner Mundart vorkommen: *eena = einer, nuscht = nichts …*

Gestern

Günter Bruno Fuchs

Jestern
kam eena klingeln
von Tür zu
Tür. Hat nuscht
5 jesagt. Kein

Ton. Hat so schräg
sein Kopf
jehalten, war
still. Hat nuscht
10 jesagt,

als wenn der
von jestern
war
und nur mal rinnkieken wollte,
15 wie's sich so lebt.

2 Welche Stimmung nehmt ihr wahr? Gibt es auch etwas, über das ihr euch wundert?

3 Erarbeitet euch das Gedicht mithilfe der folgenden Fragen zu zweit oder in Tischgruppen.

Fragen zum Inhalt:
- Was könnte das für *eena* sein? Und warum hat der wohl *nuscht jesagt*?
- Wer mag die Person sein, die das alles beobachtet hat und jetzt erzählt? Wo mag sie sich befunden haben, als *eena* von Tür zu Tür ging?
- Was mögen die Hausbewohner wohl beim Anblick des Fremden gedacht haben?

Fragen zur sprachlichen Gestaltung des Gedichtes:
Welche sprachlichen Gestaltungsmittel fallen besonders auf?
- Alltagssprache (als ob das jemand seiner Frau erzählt oder dem Nachbarn),
- besondere Wörter oder Formulierungen, die Gefühle ansprechen,
- Auffällige Wiederholungen einzelner Wörter,
- Aufbau der Verse.

Fragen zur Deutung:
- Wie versteht ihr die letzte Strophe?
- Wie deutet ihr die Formulierung *als wenn der / von jestern / war*? Damit ist sicher nicht der Tag zuvor gemeint …
- Übersetzt die beiden letzten Verse mit euren Worten.

4 Wenn ihr das Gedicht aufmerksam lest und dabei leise vor euch hin murmelt, könnt ihr folgende Feststellung machen:

Am Versende müsst ihr beim Lesen oft mit den Augen in die nächste Zeile hinübergleiten. Ein Satz (oder eine Sinneinheit) ist hier nicht immer identisch mit einem Vers. Er wird im nächsten Vers fortgesetzt und „hüpft" sogar auch einmal von einer Strophe zur nächsten. Solch ein Hinübergleiten eines Gedankens nennt man **Enjambement**. Überlegt: Welche Wirkung hat dieses Hinübergleiten? Nutzt dazu den Infokasten.

Enjambement

Bei einem Enjambement geht ein Satz oder eine Sinneinheit über das Zeilenende eines Verses hinaus (↱) und gleitet in den nächsten Vers hinein. Das Ende eines Gedankens oder Satzes und das Ende des Verses fallen **nicht** zusammen.

Beim Vortrag sollte man dort eine ganz kleine Pause ↱ machen, **ohne** die Stimme **absinken** zu lassen. Denn Enjambements sind immer kleine **Spannungssignale**.

5 Tragt das Gedicht nun laut vor. Beachtet dabei die Vorlesezeichen.

Jestern ↱
kam eena klingeln /
von Tür zu ↱
Tür. / Hat nuscht ↱
5 jesagt. / Kein ↱

Ton. / Hat so schräg ↱
sein Kopf ↱
jehalten, / war ↱
still. / Hat nuscht ↱
10 jesagt, /

als wenn der ↱
von jestern ↱
war /
und nur mal rinnkieken wollte, /
15 wie's sich so lebt. //

6 Wie lest ihr den Text, wenn die Wörter und Sätze hintereinanderweg aufgeschrieben sind? Beschreibt die Unterschiede zu eurem Vortrag aus Aufgabe 5.

Jestern kam eena klingeln von Tür zu Tür. Hat nuscht jesagt. Kein Ton. Hat so schräg sein Kopf jehalten, war still. Hat nuscht jesagt, als wenn der von jestern war und nur mal rinnkieken wollte, wie's sich so lebt.

Gedichtewerkstatt

Umgang mit Texten und Medien

Bilder und Vergleiche: Metaphern entschlüsseln

1 Das folgende Gedicht kommt euch beim ersten Lesen bestimmt etwas merkwürdig vor. Seine Sprache ist ungewöhnlich und einzelne Wörter und Formulierungen entsprechen nicht so ganz unserer Alltagssprache.
Versucht es trotzdem, und lest das Gedicht gleich zu Beginn einmal laut.

April

Rose Ausländer

Da kommt er
wirft Luftlappen ins Gesicht
drückt Sonne auf den Rücken
lacht überlaut wickelt den
5 Park in grünen Taft[1] zerreißt
ihn wieder stellenweise
pufft die Kinder spielt mit den
Röcken erschreckter Gouvernanten[2]
drückt alle Regenhebel
10 macht los die Nordhunde von den Ketten und
lässt sie laufen nach Windlust

Ein toller Geselle
eine Art Eulenspiegel
auch gangsterhafte Gesten hat er
15 (jaja mein Lieber du
machst es uns nicht leicht
dich lieb zu haben)

Und doch und doch
im Großen und Ganzen
20 ein prächtiger Kerl
dieser April

[1] Taft: Stoff aus Seide oder Kunstseide
[2] Gouvernante: veraltete Bezeichnung für Hauslehrerin oder Erzieherin

2 Bei welchen Wörtern habt ihr gestutzt?
An welchen Stellen seid ihr beim Lesen vielleicht sogar etwas „gestolpert"?
Tauscht Fragen und mögliche Erklärungen aus.

3 Dieser April hat es so richtig in sich …
Ist er euch eigentlich sympathisch, der Bursche?

4 Rose Ausländer hat den April durch und durch als Person mit menschlichen Zügen dargestellt. Sie hat ihn **personifiziert**.
Was genau macht der Kerl eigentlich mit den Menschen, den Kindern, dem Park …?
Schreibt auf, was er alles kann und tut.
Der April kommt …, wirft …, drückt …

5 Es gibt eine Strophe, da wird der April höchstpersönlich angesprochen.
- In welcher Strophe ist das der Fall?
- Wie wirkt diese Ansprache auf euch?
- Was könnte der April darauf antworten?

6 Rose Ausländer beschreibt den April mit besonderen sprachlichen Bildern. Lest dazu im **Infokasten**.

Metaphern

Zu den besonderen Merkmalen von Gedichten gehören **Bilder** und **Vergleiche**. Meistens werden Lebewesen der Natur oder Dinge mit Menschen verglichen. Sie werden **personifiziert**. Auf diese Weise erhalten sie Eigenschaften, Fähigkeiten oder Gefühle, die vor allem Menschen haben: Kraft, Stärke, Liebe, Traurigsein, Mitleid, Angst oder Sehnsucht.

Solche Bilder und Vergleiche nennt man **Metaphern**. Durch Metaphern werden Dinge, Lebewesen und Erscheinungen der Natur lebendig.

Metaphern sprechen in besonderer Weise unsere **Gefühle** und unsere **sinnliche Wahrnehmung** an – und prägen sich deshalb auch viel stärker ein.

Alltagssprache: *Im April* ***wehen Windböen*** *ins Gesicht.*
Metapher: *Der April* ***wirft Luftlappen*** *ins Gesicht.*

7 Schaut euch einige Metaphern aus dem Gedicht hier noch einmal an:

wirft Luftlappen ins Gesicht
drückt Sonne auf den Rücken
lacht überlaut
wickelt den Park in grünen Taft
zerreißt ihn wieder stellenweise
pufft die Kinder
macht los die Nordhunde von
    den Ketten und lässt sie
    laufen nach Windlust

Ordnet den Metaphern nun die folgenden Formulierungen zu, die wir wohl eher in unserer Alltagssprache dafür verwenden würden. Dann könnt ihr besser nachvollziehen, dass Metaphern unsere Gefühle und Sinne besonders intensiv ansprechen.

weht Windböen ins Gesicht
lässt uns die Sonne auf dem Rücken spüren
macht, dass die Menschen lauter lachen
verleiht dem Park ein erstes zartes Grün
verwandelt ihn dann wieder in Matsch
lässt die Kinder toben
bringt die ersten Frühjahrsstürme mit heftigen Regenfällen

8 In welchen Versen des Gedichtes könnt ihr **Enjambements** ausfindig machen?

191

9 Vermutet, warum Rose Ausländer in diesem Gedicht keine Kommas und Punkte gesetzt hat.

10 Bereitet nun das Gedicht für einen gestaltenden Vortrag vor. Achtet dabei auch auf die Enjambements, mit denen ihr **kleine Momente der Spannung** für euer Publikum erzeugen könnt.

191

Gedichtewerkstatt

Metaphern sprechen unsere Sinne und Gefühle an

1 Lest das Gedicht von Christine Busta laut.

Die Frühlingssonne

Christine Busta

Unhörbar wie eine Katze
kommt sie über die Dächer,
springt in die Gassen hinunter,
4 läuft durch Wiesen und Wald.

Oh, sie ist hungrig! Aus jedem
verborgenen Winkel schleckt sie
mit ihrer goldenen Zunge den Schnee.

8 Er schwindet dahin wie Milch
in einer Katzenschüssel.
Bald ist die Erde wieder blank[1].

Die Zwiebelchen unter dem Gras
12 spüren die Wärme ihrer Pfoten
und beginnen neugierig zu sprießen.

Eins nach dem andern blüht auf:
Schneeglöckchen, Krokus und Tulpe,
16 weiß, gelb, lila und rot.
Die zufriedene Katze strahlt.

[1] blank: *hier:* frei werden von Schnee und Eis

2 Dieses Gedicht ist vom Anfang bis zum Ende ein einziger Vergleich mit einer Katze.
Was haben eine Katze und die Frühlingssonne denn eigentlich gemeinsam?

3 Notiert Verse, die das Bild von der Katze in diesem Gedicht prägen.
„Übersetzt" diese Bilder dann, indem ihr sie auf die Kraft und Wirkung der Sonne übertragt.

Katze
- *schleicht unhörbar über Dächer*
- *springt lautlos in Gassen hinunter*
- *ist hungrig, schleckt Milch*
- *Pfoten wärmen den Boden*
- *Katze ist zufrieden*

Frühlingssonne
- *man hört sie nicht, aber …*
- *plötzlich bekommt auch die kleinste Gasse …*
- *bringt mit ihrer Kraft und Wärme …*
- *ihre Wärme strömt bis … und lässt … sprießen*
- *…*

4 Beschreibt, welche besondere Wirkung das Gedicht auf euch hat.

Gedichtewerkstatt

Vom Metrum der Verse

Das **Metrum** eines Verses kann man vergleichen mit dem **Takt** in der Musik.
Da gibt es Lieder im Zweiertakt: *dámta, dámta, dámta, dámta* und im Dreiertakt:
dámtata, dámtata, dámtata. Vor allem der Schlagzeuger gibt mit der Pauke den Takt an.
Der Takt gibt der Musik einen festen Bewegungsablauf.

Und so ist es auch im Gedicht. Das **Metrum** gibt dem Gedicht etwas Gleichmäßiges in der
Bewegung. Es ist der Wechsel von **betonten** und **unbetonten** Silben, der dafür sorgt, dass
der Vers ein **Metrum** (ein festes **Maß**) erhält. Das Metrum sieht man aber den geschriebenen
Versen nicht an – man hört es erst beim Sprechen.

Es gibt Verse im **Zweiertakt**. Sie haben **eine betonte** und **eine unbetonte** Silbe.
Man kann sich diese **Metren** an Vornamen oder Städtenamen merken:

1. Trochäus *(Paula, Hamburg)*:   ***dám**ta / **dám**ta / **dám**ta / **dám**ta*
                                              ***In** des / **Wal**-des / **tiefs**-ten / **Grün**-den*

2. Jambus *(Sophie, Berlin)*:   *ta**dám** / ta**dám** / ta**dám** / ta**dám***
                                              *Es **kracht** / der **Schnee** / von **mei**- / nem **Tritt***

Es gibt Verse im **Dreiertakt**. Sie haben **eine betonte** und **zwei unbetonte Silben**:

3. Daktylus *(Christian, Magdeburg)*:   ***dám**tata / **dám**tata / **dám**tata / **dám***
                                              Drau**-ßen die / **Dü**-ne und / **ein**-sam das / **Haus

4. Anapäst *(Natalie, Osnabrück)*:   *tata**dám** / tata**dám** / tata**dám** / ta**dám***
                                              *Wenn der **Mops** / mit der **Wurst** / ü-bern **Spuck**- / napf **springt***

5. Amphibrachys *(Andrea, Hannover)*:   *ta**dám**ta / ta**dám**ta / ta**dám**ta / ta**dám**ta*
                                              *Kein **Stern**-chen / mehr **fun**-kelt / tief **nächt**-lich / um-**dun**-kelt*

1 Im folgenden Gedicht sind jeweils zwei Verse vorgegeben, doch zwei Verse müsst ihr noch bearbeiten.
Welche Wörter am Rand passen in das Metrum der Verse hinein? Erprobt es beim Vorlesen.

Zu fällen einen schönen Baum

Eugen Roth

Zu fällen einen schönen Baum,
braucht's eine halbe Stunde kaum.
Zu wachsen, bis ? ihn bewundert,
braucht er, ? , ein Jahrhundert.

jeder, mancher, man
denkt daran, bedenkt es, beachtet es

LESEN Umgang mit Texten und Medien

2 Im Gedicht von Christian Morgenstern müsst ihr beim Vorlesen in den letzten beiden Versen jeweils ein Wort weglassen, das **nicht** in das Metrum hineinpasst.

𝓤 𝓤𝓤 **3** Wie nennt man die Metren in den beiden Gedichten aus **Aufgabe 1** (Seite 195) und **2**?
1. Im Gedicht von Eugen Roth ist es der …
2. Im Gedicht von Morgenstern ist es der …

Novembertag (Auszug)

Christian Morgenstern

Nebel hängt wie Rauch ums Haus,
Drängt die Welt nach innen;
Ohne Not geht heute niemand aus,
Alles fällt jetzt in Sinnen.

4 Hier sind Ausschnitte aus fünf Gedichten und Liedern abgedruckt.
Lest sie euch vor.

A *Ludwig Christoph Heinrich Hölty*
aus: ***Frühlingslied***

Die **Luft** / ist **blau** / , das **Tal** / ist **grün**,
die kleinen Maienglocken blühn
und Schlüsselblumen drunter;
der Wiesengrund
ist schon so bunt
und malt sich täglich bunter.

B *Wilhelm Busch*
aus: ***Frühlingslied***

Ü-ber / **uns** die / **lie**-ben / **Ster**-ne
Blinken hell und frohgemut,
Denn sie sehen schon von ferne,
Auch hier unten geht es gut.

C *Hannes Wader*
aus: ***Heute hier, morgen dort***

Heu-te **hier** /, mor-gen **dort** /,
bin kaum da, bin ich fort,
hab mich niemals deswegen beklagt.
Hab es selbst so gewählt,
nie die Jahre gezählt,
nie nach gestern und morgen gefragt.

D *Johann Wolfgang von Goethe*
aus: ***Glückliche Fahrt***

Es säu-seln / die Win-de,
Es rührt sich der Schiffer.
Geschwinde! Geschwinde!
Schon seh ich das Land.

E *Friedrich Leopold zu Stolberg*
aus: ***Lied auf dem Wasser zu singen***

Mit-ten im / Schim-mer der / spie-geln-den / Wel-len
Gleitet die Seele dahin wie ein Kahn;
Denn von dem Himmel herab auf die Wellen
Tanzet das Abendrot rund um den Kahn.

5 Jeder dieser Ausschnitte ist in einem anderen Metrum gebaut.
Wenn ihr die Anfangsverse deutlich sprecht, könnt ihr
das jeweilige Metrum hören.
𝓵　In welchem Metrum steht das Gedicht **A**?
𝓤　In welchen Metren stehen die Gedichte **A**, **B** und **C**?
𝓤𝓤　In welchen Metren stehen die fünf Gedichte?

6 Wer verliebt ist, hat es nicht immer ganz leicht.
Das hat auch Heinrich Heine gewusst, als er das folgende Gedicht geschrieben hat.
Lest es euch vor.

Ein Jüngling liebt ein Mädchen

Heinrich Heine

Ein Jüngling liebt ein Mädchen,
Die hat einen andern erwählt;
Der Andre liebt eine Andre
⁴ Und hat sich mit dieser vermählt.

Das Mädchen nimmt aus Ärger
Den ersten besten Mann,
Der ihr in den Weg gelaufen;
⁸ Der Jüngling ist übel dran.

Es ist eine sehr alte Geschichte,
Doch bleibt sie ewig jedesmal neu;
Und wem sie just¹ einmal passieret,
¹² Dem bricht das arme Herz entzwei.

¹ just: gerade, eben, jetzt

7 Gebt in eigenen Worten wieder, wie viele Personen in dem Gedicht vorkommen
und wie sie zueinander stehen: *1. ein Jüngling, 2. …*

8 Wie viele Silben werden in den Versen dieses Gedichtes betont?
Überprüft es beim Sprechen: *Ein **Jüng**ling **liebt** ein **Mäd**chen …*

9 In der dritten Strophe ist das anders.
Hier haben wir in jeden Vers ein Wort hineingemogelt, das das Metrum
durcheinanderbringt.
- Überlege, welches Wort in jedem Vers der letzten Strophe weggelassen werden müsste,
  damit das Metrum stimmt.
- Schreibe dann die dritte Strophe neu auf.

10 Lest euch eure Lösungen vor und vergleicht sie miteinander.

ttt **11** Es ist nicht ganz einfach, das Metrum in diesem Gedicht zu bestimmen;
denn Heine hat sich nicht ganz an die Regeln gehalten.
Das Grundmetrum, das das Gedicht bestimmt, wird jeweils an den ersten Versen
der ersten und zweiten Strophe deutlich. Wie heißt es?
Schaut euch noch einmal an, was zu den Metren auf Seite 195 gesagt wird.

195

Gedichtewerkstatt

Einem Gedicht eine besondere Form geben

1 Dieser Text ist eigentlich ein Gedicht von Arno Holz. Hier findet ihr die Sätze zunächst einmal hintereinanderweg aufgeschrieben. Was genau passiert hier?

2 Gebt den Inhalt des Textes mit eigenen Worten wieder.
- Wer erzählt diese Geschichte? Und wie alt ist diese Person wohl eurer Meinung nach?
- Wem begegnet das lyrische Ich?
- Und wo genau spielt das Ganze?

Die Diele knackt! Mir graut vor meinem Schatten. Es hat einen dicken Krötenbauch, Geierkrallen, lange, schlenkernde Affenarme und Schweinsaugen. Ich leuchte in alle Win-
5 kel. Staub, abgeblätterter Kalk, tote Fliegen und Spinnweben. Wie ich mich endlich unter das Bett bücke, die Haare sträuben sich mir, das Licht schlottert, in eine Ecke geklemmt, sitzt das Biest da. Aus seinem Maul, halb zer-
10 kaut, hängt mein Pantoffel. Entsetzt stieren wir uns an. Leise, hin und her, ringelt sich sein Rattenschwanz.

3 Nennt Wörter, die diese Szenerie anschaulich machen und für Grusel sorgen.

4 Wie versteht ihr in der achten Zeile die Formulierung *„das Licht schlottert"*? Wodurch kommt dieses *Schlottern* wohl zustande?

5 Sucht weitere sprachliche Gestaltungsmittel, die den Grusel anschaulich zum Ausdruck bringen.

Arno Holz hat für seine Gedichte immer eine
ganz besondere Form des Drucksatzes gewählt.
Die Verse sind grundsätzlich zentriert gesetzt
und auf einer **Mittelachse** angeordnet – so wie ihr es **hier** seht.
Diese Anordnung der Verse war vor über hundert Jahren
von ihrer Form her sehr überraschend und neu.
„Warum soll das Auge am Drucksatz eines Gedichtes
nicht seine besondere Freude haben?"
Mit dieser Frage hat Arno Holz
die ungewöhnliche Formgebung seiner Texte verteidigt.

6 Macht ihr es nun wie Arno Holz und gebt dem Text „Die Diele knackt!" ebenfalls ein solch **zentriertes Druckbild**.
- Findet euch in Gruppen von drei bis vier Schülern zusammen.
- Überlegt gemeinsam, an welchen Stellen ihr die Zeilen umbrechen (also neu beginnen) möchtet. Erprobt verschiedene Möglichkeiten.
- Schreibt die Fassung, die euch am besten gefällt, mit dem Computer auf. Es kann aber auch jeder von euch einzeln am Computer arbeiten.
- Ihr könnt den Text auch handschriftlich auf ein großes Zeichenblockblatt schreiben.
- Präsentiert eure Ergebnisse in der Klasse und „verteidigt" eure Anordnungen.
- Schaut euch zum Schluss auch die Fassung von Arno Holz auf Seite 340 an. Was hat er anders gemacht, was ist gleich?

345

Gedichtewerkstatt

Ein Gedicht untersuchen – seine Bauweise erschließen

Das folgende Gedicht von Eduard Mörike ist eines der schönsten und bekanntesten Gedichte in deutscher Sprache, das jeder Schüler und jede Schülerin einmal kennengelernt haben sollte. Es ist über 150 Jahre alt und wird immer wieder gern vorgetragen.
Viele Erwachsene kennen es noch aus ihrer Schulzeit und können es sogar auswendig.
Was macht dieses Gedicht denn nun so besonders und eindrucksvoll? Geht auf Spurensuche.

1 Lasst euch das Gedicht zunächst einmal von eurem Lehrer / eurer Lehrerin vortragen.

Er ist's 🔊

Eduard Mörike

Frühling lässt sein blaues Band
Wieder flattern durch die Lüfte;
Süße, wohlbekannte Düfte
4 Streifen ahnungsvoll das Land.
Veilchen träumen schon,
Wollen balde kommen.
– Horch, von fern ein leiser Harfenton!
8 Frühling, ja du bist's!
Dich hab ich vernommen!

2 Bei Eduard Mörike wird der Frühling auf besondere Weise willkommen geheißen.
- Welche Pracht wird gepriesen?
- Welche „Boten" werden wahrgenommen?

3 In diesem Gedicht spielt auch eine **Farbe** eine besondere Rolle. Lest die beiden ersten Verse.
- Was könnte das sein, das *blaue Band*?
- Was hat es wohl mit dem *Flattern* auf sich?

4 In den letzten drei Versen nimmt das lyrische Ich den Frühling auch musikalisch wahr.
- Wie stellt ihr euch das vor?
- Welche Verbindung zwischen einem *leisen Harfenton* und dem Frühling stellt sich in euren Köpfen ein?
- Was hört **ihr**, wenn ihr die Augen schließt und der Natur lauscht?

5 Der siebte Vers fällt bei Eduard Mörike optisch auf. Und auch vom Rhythmus her fällt dieser Vers aus dem Rahmen. Untersucht diesen Rhythmus genauer, indem ihr beim lauten Sprechen die betonten Silben in jedem Vers zählt. Arbeitet hier zu zweit oder in Gruppen.

6 Stellt eure Ergebnisse vor:
- In wie vielen Versen könnt ihr **vier** betonte Silben ermitteln?
- In wie vielen Versen kommt ihr beim Zählen auf **drei** betonte Silben?
- Inwiefern fällt der **siebte** Vers rhythmisch auf? Wie viele betonte Silben habt ihr gezählt?

7 **Weshalb** hat Eduard Mörike den siebten Vers wohl so deutlich herausgehoben?
- Was macht er **optisch** und **klanglich** damit deutlich?
- Denkt bei euren Untersuchungen daran, dass das lyrische Ich den Frühling bereits aus ganz weiter Ferne wahrnehmen kann, so als habe es schon lange auf ihn gewartet!

Gedichtewerkstatt

Leerstellen entdecken – Fragen stellen – Deutungen wagen

1 Vielleicht wart ihr schon einmal zu Besuch in einem Zoo und habt
dort auch die Raubtiere in ihren Gehegen gesehen und beobachtet.
Was ist euch davon in Erinnerung geblieben?

2 Lasst euch das folgende Gedicht von eurem Lehrer / eurer Lehrerin vortragen.

Der Panther 🔊

Im Jardin des Plantes, Paris[1]

Rainer Maria Rilke

Sein Blick ist vom Vorübergehn der Stäbe
so müd geworden, dass er nichts mehr hält.
Ihm ist, als ob es tausend Stäbe gäbe
4 und hinter tausend Stäben keine Welt.

Der weiche Gang geschmeidig starker Schritte,
der sich im allerkleinsten Kreise dreht,
ist wie ein Tanz von Kraft um eine Mitte,
8 in der betäubt ein großer Wille steht.

Nur manchmal schiebt der Vorhang der Pupille
sich lautlos auf –. Dann geht ein Bild hinein,
geht durch der Glieder angespannte Stille –
12 und hört im Herzen auf zu sein.

[1] Jardin des Plantes: Botanischer Garten in Paris.
Er liegt im Südosten der Stadt, am südlichen Ufer der Seine.

3 Schon beim ersten Hören erzeugt dieses Gedicht eine besondere Stimmung.
Welche Gefühle und Gedanken löst es bei euch aus?

4 In welcher Situation befindet sich der Panther hier?
Welchen Eindruck macht er auf euch?

5 Lest gemeinsam einmal Strophe
für Strophe laut.
Untersucht dabei, in welchen
Strophen und Versen sich folgende
Gegensätze verbergen:

Außen	–	*Innen*
Weichheit	–	*Stärke*
Bewegung	–	*Im-Kreis-Drehen*
Kraft	–	*Müdigkeit*
Sehen	–	*Vergessen*

6 Jedes Gedicht enthält „Leerstellen".
Diese Leerstellen eröffnen euch Spielräume für Fragen, die ihr mit eurer Fantasie
ausgestalten und deuten könnt.
- Geht miteinander auf Spurensuche in diesem Gedicht (Partner- oder Gruppenarbeit).
- Versucht die Bedeutung der sprachlichen Bilder gemeinsam zu ergründen
  und lasst euch dabei von folgenden Fragen leiten:

Vers 1:   Welche Art von „Stäben" ist hier gemeint?
Vers 3 und 4: Eine Welt, die es **hinter** den „Stäben" nicht gibt?
                   Vermutet einmal: Was wäre das denn für eine Welt?
Vers 7:   „ein Tanz von Kraft um eine Mitte"
                   Das ist eine Metapher.   193
                   Was stellt ihr euch unter dieser Metapher vor?
Vers 8:   „Ein großer Wille", der „betäubt" ist.
                   Wie kann man diese Formulierung deuten?
Vers 9:   „Der Vorhang der Pupille"
                   Das ist eine Metapher.   193
                   Was ist wohl mit diesem Bild gemeint?
Vers 10:   Hier ist von einem „Bild" die Rede.
                   Welches Bild könnte das Herz des Panthers denn erreichen?

7 Tauscht eure Ergebnisse anschließend im Plenum aus.

8 In welchem Rhythmus würdet ihr dieses Gedicht sprechen:
eher leicht und gelöst, eher forsch und beschwingt, eher ruhig und besonnen?
Erläutert, welchen Zusammenhang ihr zwischen dem Inhalt des Gedichtes
und seinem Rhythmus erkennt.

9 Schaut nun noch einmal auf die Übersicht zu den Metren auf Seite 195.   195
Ermittelt dann, welches Metrum diesem Gedicht zugrunde liegt,
indem ihr die betonten Silben in jedem Vers zählt.

10 Der letzte Vers der dritten Strophe fällt optisch auf.
Und auch die Anzahl der betonten Silben verändert sich.
- Lest diese Strophe noch einmal gemeinsam laut.
- Beschreibt, was ihr im letzten Vers mit Blick auf die betonten Silben
  erkennen könnt.
- Stellt nun einen Zusammenhang her zwischen dem Inhalt und
  der Anzahl der betonten Silben.

11 Setzt euch zum Schluss mit diesen Fragen auseinander:
- Hat dieses Gedicht eurer Meinung nach etwas mit Menschen zu tun?
- Wofür mag der Panther hier wohl ein **lyrisches Bild** sein?
  Beschreibt die Wirkung, die dieses Bild bei euch in Gang gesetzt hat.
- Deutet dieses Bild anschließend gemeinsam im Gespräch.

Gedichtewerkstatt

Gedichte erschließen und deuten

Schaut euch die folgenden Seiten 202–205 mit den verschiedenen Gedichten
und den dazugehörigen Aufgaben an.
Entscheidet dann, welches Gedicht ihr euch erschließen und deuten möchtet.
Ihr könnt die Materialien auch **zu zweit** oder **in Gruppen** bearbeiten.
Tauscht zum Schluss alle miteinander eure Ergebnisse im Plenum aus.

Glück

Josef Guggenmos

Wir saßen,
wir standen auf,
gingen;
4 wir stiegen ein,
fuhren
und kamen an.

Wir legten an
8 mit unserm Kahn
an einer Felseninsel.
Die Insel war klein,
doch mit Buschwerk, Gestein
12 eine Urwelt für uns ganz allein.

1 Wie stellst du dir das lyrische Ich vor, das hier spricht?
- Wer mag das wohl sein?
- Wie gibt sich das lyrische Ich hier zu erkennen?
- In welcher Stimmung ist das lyrische Ich?

188

2 Mit welchen anderen Menschen mag sich das lyrische Ich auf den Weg machen?

3 Beschreibe mit deinen Worten, worin das „Glück" besteht,
das die Gruppe für sich entdeckt.
- Was erfährst du über den Ort ihrer Reise?
  Und was ist das Besondere an diesem Ort?
- Was ist für die Ankommenden außerdem noch wichtig?

4 Du kannst selbst auch ein Teil dieser Reisegruppe werden, indem du
einzelnen Versen deine Gedanken und Fragen in Form von
Kommentaren hinzufügst.

189

u **5** Lies dir das Gedicht von Christian Morgenstern zunächst einmal in Ruhe durch.

Wintermondnacht

Christian Morgenstern

Der Mond tritt über die Eichen

und wandelt[1] die Äcker im Schnee

mit seinem geisterbleichen

Schimmer in einen weiten See.

Tiefdunkle Wälder säumen

den regungslosen ein,

und hoch aus blassen Räumen

tropft Sternensilberschein.

[1] wandelt: *hier:* verwandelt

u **6** Welches Bild ist nach dem ersten Lesen vor deinen Augen entstanden?

u **7** Wer ist der „Hauptdarsteller" in diesem Gedicht?
  - Zu welcher Jahres- und Tageszeit entfaltet er hier seine besondere Wirkung?
  - Wie verwandelt sich die Natur durch seinen „Auftritt"?

vorher	**nachher**
Äcker im Schnee	???

u **8** Welche Adjektive und Substantive tragen dazu bei, dass du diese Verwandlung beim Lesen hautnah miterleben und vor dem inneren Auge sehen kannst?

u **9** Stell dir vor, du könntest in dieser Mondnacht dort draußen live dabei sein:
  - Was kannst du dann alles beobachten und sehen?
  - Und was würdest du wohl im letzten Vers empfinden?
    Achte hier auf das besondere Zusammenspiel von Verben und Substantiven.

u **10** Bereite das Gedicht nun für einen gestaltenden Vortrag vor.
  Achte dabei auch auf die Enjambements.

𝓊𝓊 **11**   Lies dir das Gedicht von Bertolt Brecht zunächst einmal in Ruhe durch.

Der Pflaumenbaum

Bertolt Brecht

Im Hofe steht ein Pflaumenbaum
Der ist klein, man glaubt es kaum.
Er hat ein Gitter drum
4 So tritt ihn keiner um.

Der Kleine kann nicht größer wer'n.
Ja größer wer'n, das möcht er gern.
's ist keine Red davon
8 Er hat zu wenig Sonn.

Den Pflaumenbaum glaubt man ihm kaum
Weil er nie eine Pflaume hat
Doch er ist ein Pflaumenbaum
12 Man kennt es an dem Blatt.

𝓊𝓊 **12**   Erarbeitet euch das Gedicht zu zweit oder in der Gruppe und lasst euch dabei von folgenden Fragen leiten. Haltet eure Ergebnisse schriftlich fest. Ihr braucht sie später noch.

Ⓜ Leitfragen zur Erschließung des Gedichtes „Der Pflaumenbaum"

Fragen zum Inhalt:
- Im Mittelpunkt des Gedichtes steht ein Pflaumenbaum.
  Was erfahrt ihr in der ersten Strophe über seinen Lebensraum?
- Untersucht in der zweiten Strophe, aus welchen Gründen
  das Bäumchen nicht wachsen kann.
- Untersucht, welches Problem in der dritten Strophe dargestellt wird.

Fragen zur sprachlichen und klanglichen Gestaltung des Gedichtes:
Welche sprachlichen Gestaltungsmittel fallen euch auf:
- Alltagssprache?
- besondere Wörter oder Formulierungen, die Gefühle ansprechen?
- Wiederholungen einzelner Wörter?
- Reimschema der Verse?

Fragen zur Deutung:
- Wie versteht ihr die letzte Strophe?
- Wie deutet ihr die beiden letzten Verse?

Bertolt Brecht war sein Leben lang ein Dichter der kleinen Leute.
Immer wieder widmete er sich in seinen Gedichten, Theaterstücken und Geschichten
den Kindern und Schülern, den Armen und Vernachlässigten, dem einfachen Volk,
das von Herrschern unterdrückt wurde.

Das wird auch in diesem Gedicht deutlich, in dem er einmal mit viel Liebe einen
kleinen Baum beschrieben hat, der für die kleinen Leute steht, mit denen er
großes Mitleid empfunden hat.

Stellt euch einmal vor, dass dies nicht nur ein Gedicht über ein verkümmertes
Pflaumenbäumchen ist, sondern auch ein Gedicht über Menschen. Dann sind
mit dem Pflaumenbäumchen nicht nur die Erscheinungen der Natur gemeint,
sondern auch die Menschen selbst.

ttt **13** Übertragt die einzelnen Naturbilder jetzt einmal auf menschliche Lebensverhältnisse:

ein Pflaumenbaum	*ein Kind – ein Mann – eine Frau*
Gitter drum	…
kann nicht größer wer'n	…
Ja größer wer'n, das möcht er gern.	…
's ist keine Red davon	…
hat zu wenig Sonn	…
Weil er nie eine Pflaume hat	…
Doch er ist ein Pflaumenbaum	…
Man kennt es an dem Blatt.	…

ttt **14** Fasst eure Ergebnisse in einem kleinen Text für andere Mitschülerinnen
und Mitschüler zusammen. Ihr könnt dabei so vorgehen:
- Im ersten Teil schreibt ihr auf, zu welchen Ergebnissen ihr mit eurem Partner /
  eurer Partnerin oder eurer Gruppe in **Aufgabe 12** gelangt seid.
- Danach schreibt ihr dann auf, wie man das Gedicht auch verstehen und deuten kann,
  wenn man es auf die Lebensumstände eines Menschen überträgt (Aufgabe 13).

Ⓜ 📋 Ein Erzählgedicht erschließen und gestaltend vortragen

Kinderkreuzzug

Bertolt Brecht

1 In Polen, im Jahr Neununddreißig
War eine blutige Schlacht
Die hatte viele Städte und Dörfer
Zu einer Wildnis gemacht.

2 Die Schwester verlor den Bruder
Die Frau den Mann im Heer;
Zwischen Feuer und Trümmerstätte
Fand das Kind die Eltern nicht mehr.

3 Aus Polen ist nichts mehr gekommen
Nicht Brief noch Zeitungsbericht.
Doch in den östlichen Ländern
Läuft eine seltsame Geschicht.

4 Schnee fiel, als man sich's erzählte
In einer östlichen Stadt
Von einem Kinderkreuzzug
Der in Polen begonnen hat.

5 Da trippelten Kinder hungernd
In Trüpplein hinab die Chausseen[1]
Und nahmen mit sich andere, die
In zerschossenen Dörfern stehn.

6 Sie wollten entrinnen[2] den Schlachten
Dem ganzen Nachtmahr[3]
Und eines Tages kommen
In ein Land, wo Frieden war.

7 Da war ein kleiner Führer
Das hat sie aufgericht'.
Er hatte eine große Sorge:
Den Weg, den wußte er nicht.

8 Eine Elfjährige schleppte
Ein Kind von vier Jahr
Hatte alles für eine Mutter[4]
Nur nicht ein Land, wo Frieden war.

9 Ein kleiner Jude marschierte im Trupp
Mit einem samtenen Kragen
Der war das weißeste Brot gewohnt[5]
Und hat sich gut geschlagen.[6]

10 Und ging ein dünner Grauer mit
Hielt sich abseits in der Landschaft.
Er trug an einer schrecklichen Schuld[7]:
Er kam aus einer Nazigesandtschaft[8].

11 Und da war ein Hund
Gefangen zum Schlachten
Mitgenommen als Esser
Weil sie's nicht übers Herz brachten.

12 Da war eine Schule
Und ein kleiner Lehrer für Kalligraphie[9].
Und ein Schüler an einer zerschossenen Tankwand[10]
Lernte schreiben bis zu Frie...

13 Da war auch eine Liebe.
Sie war zwölf, er war fünfzehn Jahr.
In einem zerschossenen Hofe
Kämmte sie ihm sein Haar.

14 Die Liebe konnte nicht bestehen
Es kam zu große Kält:
Wie sollen die Bäumchen blühen
Wenn so viel Schnee drauf fällt?

15 Da war auch ein Begräbnis
Eines Jungen mit samtenem Kragen
Der wurde von zwei Deutschen
Und zwei Polen zu Grab getragen.

16 Protestant, Katholik und Nazi war da
Ihn der Erde einzuhändigen[11].
Und zum Schluß sprach ein kleiner Kommunist
Von der Zukunft der Lebendigen.

17 So gab es Glaube und Hoffnung
Nur nicht Fleisch und Brot.
Und keiner schelt sie mir[12], wenn sie was stahln
Der ihnen nicht Obdach[13] bot.

18 Und keiner schelt mir den armen Mann
Der sie nicht zu Tische lud:
Für ein halbes Hundert, da braucht es
Mehl, nicht Opfermut.

19 Sie zogen vornehmlich nach Süden.
Süden ist, wo die Sonn
Mittags um zwölf steht
Gradaus davon.

20 Sie fanden zwar einen Soldaten
Verwundet im Tannengries[14].
Sie pflegten ihn sieben Tage
Damit er den Weg ihnen wies.

21 Er sagte ihnen: Nach Bilgoray[15]!
Muß stark gefiebert haben
Und starb ihnen weg am achten Tag.
Sie haben auch ihn begraben.

22 Und da gab es ja Wegweiser
Wenn auch vom Schnee verweht
Nur zeigten sie nicht mehr die Richtung an
Sondern waren umgedreht.

23 Das war nicht etwa ein schlechter Spaß
Sondern aus militärischen Gründen.
Und als sie suchten nach Bilgoray
Konnten sie es nicht finden.

24 Sie standen um ihren Führer.
Der sah in die Schneeluft hinein
Und deutete mit der kleinen Hand
Und sagte: Es muß dort sein.

25 Einmal, nachts, sahen sie ein Feuer
    Da gingen sie nicht hin.
    Einmal rollten drei Tanks[16] vorbei
    Da waren Menschen drin.

26 Einmal kamen sie an eine Stadt
    Da machten sie einen Bogen.
    Bis sie daran vorüber waren
    Sind sie nur nachts weitergezogen.

27 Wo einst das südöstliche Polen war
    Bei starkem Schneewehn[17]
    Hat man die fünfundfünfzig
    Zuletzt gesehn.

28 Wenn ich die Augen schließe
    Seh ich sie wandern
    Von einem zerschossenen Bauerngehöft
    Zu einem zerschossenen andern.

29 Über ihnen, in den Wolken oben
    Seh ich andre Züge, neue, große!
    Mühsam wandernd gegen kalte Winde
    Heimatlose, Richtungslose.

30 Suchend nach dem Land mit Frieden
    Ohne Donner, ohne Feuer
    Nicht wie das, aus dem sie kamen
    Und der Zug wird ungeheuer.

31 Und er scheint mir durch den Dämmer[18]
    Bald schon gar nicht mehr derselbe:
    Andere Gesichtlein seh ich
    Spanische, französische, gelbe!

32 In Polen, in jenem Januar
    Wurde ein Hund gefangen
    Der hatte um seinen mageren Hals
    Eine Tafel aus Pappe hangen.

33 Darauf stand: Bitte um Hilfe!
    Wir wissen den Weg nicht mehr.
    Wir sind fünfundfünfzig
    Der Hund führt euch her.

34 Wenn ihr nicht kommen könnt
    Jagt ihn weg.
    Schießt nicht auf ihn
    Nur er weiß den Fleck.

35 Die Schrift war eine Kinderhand.
    Bauern haben sie gelesen.
    Seitdem sind eineinhalb Jahre um.
    Der Hund ist verhungert gewesen.

[1] Chaussee: gut ausgebaute Landstraße
[2] entrinnen: entkommen
[3] Nachtmahr: *veraltete Bezeichnung für:* Albtraum
[4] Hatte alles für eine Mutter: kümmerte sich wie eine Mutter
[5] war das weißeste Brot gewohnt: ist behütet und umsorgt aufgewachsen
[6] hat sich gut geschlagen: hat tapfer durchgehalten
[7] trug an einer schrecklichen Schuld: fühlte sich schuldig
[8] kam aus einer Nazigesandtschaft: kam aus einer national-sozialistischen Familie
[9] Kalligraphie: die Kunst des schönen Schreibens mit der Hand
[10] zerschossene Tankwand: zerschossene Hülle eines Panzers
[11] Ihn der Erde einzuhändigen: ihn zu beerdigen

[12] Und keiner schelt sie mir: und keiner soll sie aus-schimpfen
[13] Obdach: Unterkunft, ein Dach über dem Kopf
[14] Tannengries: grobe, kleine Stücke von Tannenzweigen
[15] Bilgoray: Stadt in Polen, am 8. und 11. September 1939 von der deutschen Wehrmacht bombardiert und nieder-gebrannt
[16] Tanks: schwer bewaffnete Kampfpanzer
[17] Schneewehn: starker Schneefall, von Wind und Sturm begleitet
[18] Dämmer: Dämmerlicht = halbdunkles Licht: Übergang vom Tag zur Nacht oder von der Nacht zum Tag

Am 1. September 1939 überfällt die deutsche Wehrmacht das völlig unvorbereitete Polen in einem Angriffskrieg und zerstört das Land innerhalb weniger Wochen.

Bertolt Brecht beschreibt in seinem großen Erzählgedicht „Kinderkreuzzug", wie eine Gruppe von Kindern, die dieser Polenfeldzug zu Kriegswaisen gemacht hat, auf der Suche nach einem friedlichen Land durch das zerstörte Polen Richtung Süden zieht. Dieses kleine „Trüpplein" setzt sich aus verschiedenen Schichten und Gruppierungen der Gesellschaft zusammen: aus Deutschen, Polen, Juden, Nazideutschen, Kommunisten, aus Vornehmen und Armen, aus Jüngeren und Älteren, aus Katholiken und Protestanten, aus Kleinen und Großen.

Doch trotz aller Solidarität und Hilfsbereitschaft, mit der sie füreinander sorgen und einstehen, bleiben sie auf sich allein gestellt und müssen die grausamen Schrecken des Krieges erleiden, bis sie schließlich elend an Hunger und Kälte zugrunde gehen.

1 Versucht mithilfe der folgenden Angaben nachzuspüren, wie Bertolt Brecht diesen leidvollen Weg der Kinder dramaturgisch gestaltet hat. Folgt dabei den verschiedenen „Stationen" des Gedichtes und tauscht euch im Gespräch darüber aus:

- Einleitung   Strophe 1 bis 6
- Vorstellung ausgewählter einzelner Kinder   Strophe 7 bis 12
- Blick auf Gefühle und besondere Ereignisse:
  Liebe, Begräbnis, Zusammenhalt, Hoffnung, Abweisungen   Strophe 13 bis 18
- Begegnung mit einem Soldaten und vergebliche Hoffnung
  auf den Ort ihrer Sehnsucht   Strophe 19 bis 23
- Wege in die Irre bis zu ihrem Verschwinden im Nirgendwo   Strophe 24 bis 27
- Die Sicht des Ich-Erzählers bis in die Zukunft hinein und zu uns   Strophe 28 bis 31
- Die Schlussstrophen, die den traurigen Ausgang andeuten   Strophe 32 bis 35

2 Was genau ist eigentlich unter dem Begriff *Kinderkreuzzug* zu verstehen? Recherchiert Informationen dazu. Vergleicht sie mit dem „Kinderkreuzzug" von Bertolt Brecht.

3 Bringt diesen „Kinderkreuzzug" mit wechselnden Sprechergruppen in einem Sprechchor zur Aufführung. **Tipp:** Lasst die Strophen 28–31 aber von **Einzelsprechern** vortragen. Das wäre eine Art szenisches Theater, über das sich Bertolt Brecht sicher freuen würde.

☀ **Tipps für eure Inszenierung im Sprechchor:**

Tipp 1: Die einzelnen Gruppen müssen ihre Strophen rhythmisch gut einstudieren, damit ihr sie dann im Sprechchor **synchron** sprechen könnt.

Tipp 2: Eure Stimmen solltet ihr ruhig, monoton und sachlich beschreibend einsetzen, damit euer Vortrag eine Art Dokumentation wird – und nicht unangemessen emotional. Das wäre nicht im Sinne von Bertolt Brecht!

Tipp 3: Ein leiser, kontinuierlicher Trommelschlag könnte eurem Vortrag den Grundtakt verleihen.

Tipp 4: Wenn die verschiedenen Sprechergruppen und auch die Einzelsprecher den Vortrag ihrer Strophen geübt und einstudiert haben, könnt ihr gemeinsam das synchrone Sprechen im **Sprechchor** proben. Eure Aufführung wird so bestimmt sehr eindrucksvoll – und ihr könnt mit eurer Inszenierung diesen verlorenen Kindern eine Stimme geben!

Kriminalistisches Nr. 2
Einen Kurzkrimi lesen

1 Lest zunächst den Anfang der folgenden Geschichte.

Mörder!

Cindy Bittner

Betty und Mary hatten, wie jeden Donnerstag, ihren Yogakurs gegen 19:00 Uhr   **Vorgeschichte**
verlassen. Erst seit Kurzem besuchen sie den Kurs gemeinsam, denn so lange
kennen sich die beiden noch nicht. Vor drei Wochen stand Mary etwas unbeholfen in der Umkleidekabine und kämpfte mit einem Spind, der partout nicht
5 aufgehen wollte. Schmunzelnd hatte Betty ihre Hilfe angeboten und so waren sie
ins Gespräch gekommen. Die beiden verstanden sich auf Anhieb. Heute hatten
sich die beiden Frauen vorgenommen, den Tag gemeinsam ausklingen zu lassen.
Betty hatte ihre neue Freundin in ihre Wohnung eingeladen, um gemeinsam zu
kochen. Mary war eine Meisterin im Erfinden von neuen Rezepten. Beide freuten
10 sich auf einen gemütlichen Abend bei einem Glas Wein und gutem Essen.

    Bestens gelaunt schloss Betty die Wohnungstür auf   **1. Szene**
und bat die Freundin herein. Mary folgte ihr in den Flur
und bestaunte die vielen Fotos, die eine Wand dekorierten. Betty hatte schon angedeutet, dass sie ihr unbedingt
15 noch ein Fotobuch ihres letzten Urlaubs zeigen musste.
Während Mary weiter im Flur die Bilder bestaunte, holte Betty schnell eine Weinflasche aus dem Kühlschrank.
Zwei Gläser nahm sie auch mit und ging damit zurück zu
Mary. Mary folgte nun ihrer Freundin Richtung Wohn-
20 zimmer. In der rechten Hand die Flasche, in der linken die
Gläser, drückte Betty die Klinke der Wohnzimmertür mit
dem Ellenbogen herunter und schob die Tür des Wohnzimmers langsam auf. Mit einem lauten Schrei wich Betty entsetzt zurück. Mary ahnte, dass etwas Schreckliches
25 passiert sein musste.

    Nun sah sie es auch: Eine große, feuchte Lache hatte den verschlissenen Tep-   **2. Szene**
pich, der auf dem Parkett lag, dunkel eingefärbt. Scherben lagen verstreut auf
dem Fußboden des Wohnzimmers. „So etwas habe ich schon lange befürchtet.
Irgendwann musste es ja geschehen", schrie Betty und schlug die Hände vors Ge-
30 sicht. „Diesen Max habe ich schon immer gehasst", fuhr sie aufgebracht fort, „ich
konnte ihn noch nie ausstehen. Er hatte stets etwas Böses im Blick." Sie wandte
sich verzweifelt an ihre Freundin: „Aber wie wird man so einen los?"

    Vorsichtig traten die beiden Frauen ein und Betty blickte sich suchend um.   **3. Szene**
Ihre Augen wanderten unruhig im Zimmer umher. Mary schaute sie fragend an.
35 Noch mehr wunderte sie sich, als Betty unter den Tisch schaute. Ihn bedeckte ein

helles Tischtuch, das bis auf den Boden hinunterreichte. Anschließend kniete sie sich nieder und sah unter die breite Couch. „Irgendwo muss die Tote doch liegen", murmelte sie verzweifelt. Plötzlich spürten beide, wie ein sanfter Lufthauch durch das offene Wohnzimmer strich. Wie auf
40 Kommando blickten die beiden Frauen zum Fenster, das nur leicht geöffnet war. „Also hier muss er hereingekommen sein!", stellte Betty fest und ließ sich ächzend in einen Sessel fallen. Ihre Freundin stand immer noch sprachlos im Raum. Irgendwie ergab das alles für Mary keinen Sinn. „Tot! Cleo ist also tot! Tot!", sprach Betty fassungslos vor sich hin „Und
45 er hat sie mitgenommen!" Dann machte sie ihrer Wut Luft. „Mörder! Du Mörder!", schrie sie, schlug ihre Hände vors Gesicht und weinte.

2 Fasst zusammen, welche Situation die beiden Frauen beim Betreten des Wohnzimmers vorfinden. Lest die entsprechende Textstelle vor.

3 Beschreibt, wie Betty auf die Entdeckung in ihrem Wohnzimmer reagiert.

4 Mary muss sich die Szenen im Wohnzimmer mit ansehen. Versetzt euch in ihre Lage. Formuliert die Gedanken, die ihr durch den Kopf gehen könnten.

5 Stellt nun Vermutungen an, was in Bettys Wohnzimmer wohl passiert sein könnte.

6 Lest, wie es nach dem Schreckmoment weitergeht.

4. Szene

Mary legte der Freundin den Arm um die Schulter und schwieg. Sie musste ihr einen Augenblick geben, um die Situation zu verarbeiten, das war klar. Dennoch rasten in Marys Kopf Fragen über Fragen anein-
50 ander vorbei. „Was war hier nur los?", sagte sie leise zu sich selbst. Nach einer Weile stand Betty auf und ging wortlos in den Flur. Dort stand das Telefon. Mary wich ihr nicht von der Seite. Nun sei es genug, meinte Betty und wählte mit zitternden Fingern eine Nummer. Sie schluchzte: „Es ist etwas Furchtbares passiert!" Auf einmal hörte sie auf zu weinen
55 und schrie völlig aufgebracht: „Ihr Kater hat es nun endlich geschafft! Er ist wieder einmal durch mein Stubenfenster eingedrungen und hat meine Cleo ermordet. Ich verspreche Ihnen, den Goldfisch werden Sie mir teuer bezahlen!" Mary stand fassungslos daneben.

7 Sicher hat euch das Ende der Geschichte überrascht. Vergleicht es mit euren Vermutungen.

8 Für Mary ergibt nun alles einen Sinn. Formuliert ihre Gedanken, als sie erfährt, was tatsächlich passiert ist. Bezieht den letzten Satz der Geschichte und das Bild in eure Überlegungen mit ein.

9 Vielleicht habt ihr eine Idee für ein anderes Ende? Schreibe eure Ideen auf und lest sie in der Klasse vor.

Kriminalistisches Nr. 2

Einen Text verfilmen: Das Drehbuch schreiben

1 Damit aus einer Geschichte ein Film entstehen kann, ist es notwendig, den Text in ein **Drehbuch** umzuschreiben. Lest im Infokasten nach, was genau ein Drehbuch ist.

INFO

Das Drehbuch

Ein **Drehbuch** ist eine Art Ablaufplan für die Handlung der Figuren und deren Dialoge. Es beinhaltet also klare Anweisungen für die Schauspieler und damit all das, was die Zuschauer später sehen und hören werden.

- Ein Drehbuch schreibt man am besten mit dem Computer. Dafür verwenden Profis die Schriftart Courier oder Courier New in der Größe 12pt.
- Jede **Szene** beginnt mit einer kurzen Infozeile. Diese enthält die **Nummer**, eine Angabe zum **Raum** – das heißt, ob sie in einem Raum innen oder außen spielt, sowie eine genaue Angabe des **Ortes** und der **Tageszeit**.
- Danach folgt eine **Regieanweisung**. Sie beschreibt, was der Zuschauer sieht und hört. Sie dient als Empfehlung für den Regisseur und ist stets im **Präsens** geschrieben.
- Die **Dialoge** sind wörtlich ausformuliert, genauso wie sie gesprochen werden sollen. Es wird zunächst der Name der sprechenden Person angegeben und anschließend ihr Redetext. Es werden beim Schreiben der Dialoge keine Anführungszeichen verwendet.

2 Hier findest du nun einen Ausschnitt des Krimis „Mörder" (linke Spalte) und den Beginn der ersten Szene des Drehbuchs (rechte Spalte). Verschaffe dir einen Überblick.

Beate Günter: „Mörder!"

... Bestens gelaunt schloss Betty die Wohnungstür auf und bat die Freundin herein. Mary folgte ihr in den Flur und bestaunte die vielen Fotos, die eine Wand dekorierten. Betty hatte schon angedeutet, dass sie ihr unbedingt noch ein Fotobuch ihres letzten Urlaubs zeigen musste. Während Mary weiter im Flur die Bilder bestaunte, holte Betty schnell eine Weinflasche aus dem Kühlschrank. Zwei Gläser nahm sie auch mit und ging damit zurück zu Mary.

```
1. Szene: INNEN - IM FLUR - AM ABEND
(Mary steht im Flur. Die Wohnzimmer-
tür ist noch geschlossen. Betty kommt
mit zwei Gläsern und einer Flasche Wein
dazu.)
                    BETTY
Heute machen wir es uns richtig gemüt-
lich. Ich habe noch eine Flasche Wein
im Kühlschrank. Ah, dir gefallen die
Bilder? Die sind alle in den letzten
Jahren entstanden. Ich fotografiere
sehr gern. Lass uns ins Wohnzimmer ge-
hen. Ich möchte dir noch ein Fotobuch
zeigen.
```

3 Lies die Texte nun noch einmal aufmerksam.

4 Vergleiche den Aufbau und die einzelnen Informationen der Texte. Nutze den Infokasten oben, um die einzelnen Bestandteile des Drehbuchs nachzuvollziehen.

5 So geht es mit dem Originaltext und dem Drehbuch weiter.
Lies diese Szene zu ende.

Mary folgte nun ihrer Freundin Richtung Wohnzimmer. In der rechten Hand die Flasche, in der linken die Gläser, drückte Betty die Klinke der Wohnzimmertür mit dem Ellenbogen herunter und schob die Tür des Wohnzimmers langsam auf. Mit einem lauten Schrei wich Betty entsetzt zurück. Mary ahnte, dass etwas Schreckliches passiert sein musste.

```
(Betty geht vor Richtung Wohnzimmertür,
die Flasche Wein und die Gläser in den
Händen. Mary folgt ihr. Betty öffnet
die Wohnzimmertür. Sie blickt hinein
und schreit auf.)


              BETTY
Oh, nein. Wie schrecklich.
```

6 Nun kommt es zu einem Situations- und Ortswechsel. Damit beginnt gleichzeitig auch eine neue Szene. Wie die einzelnen Szenen des Originaltextes eingeteilt sind, kannst du auf den Seiten 210–211 noch einmal nachlesen. 210–211

Nun sah sie es auch: Eine große, feuchte Lache hatte den verschlissenen Teppich, der auf dem Parkett lag, dunkel eingefärbt. Scherben lagen verstreut auf dem Fußboden des Wohnzimmers.

„So etwas habe ich schon lange befürchtet. Irgendwann musste es ja geschehen", schrie Betty und schlug die Hände vors Gesicht.

„Diesen Max habe ich schon immer gehasst", fuhr sie aufgebracht fort, „ich konnte ihn noch nie ausstehen. Er hatte stets etwas Böses im Blick."

2. Szene: INNEN – AN DER WOHNZIMMERTÜR – AM ABEND

```
(Im Wohnzimmer steht ein Tisch mit
Stühlen und eine Couch. Auf dem Tisch
liegt eine Tischdecke, die fast bis zum
Boden reicht. Es ist aufgeräumt und
sauber. Ein Fenster steht leicht offen.
Davor hängt eine Gardine.
Auf dem Teppich breitet sich eine
dunkle Wasserlache aus. Überall liegen
Scherben herum.
Mary starrt unbeweglich auf die Pfütze,
Betty blickt sich suchend um.)


              MARY
Was ist los?


              BETTY
So etwas habe ich schon lange
befürchtet. Irgendwann musste es
ja geschehen.
(Sie schlägt die Hände vor das
Gesicht.)


Diesen Max habe ich schon immer ge-
hasst. Ich konnte ihn noch nie aus-
stehen. Er hatte stets etwas Böses im
Blick.
```

Sie wandte sich verzweifelt an ihre Freundin: „Aber wie wird man so einen los?"

```
                    BETTY
(Betty dreht sich zu Mary um und blickt
sie an.)
Aber wie wird man so einen los?

                    MARY
(Schaut zu Betty, zuckt fragend mit den
Schultern)
Was …? Was musste geschehen? Was hast
du befürchtet? … Und wer ist dieser
Max?
```

7 In der zweiten Szene entspricht der Drehbuchtext nicht ganz dem Original. Lest die Textstellen noch einmal laut vor, die im Drehbuch hinzugekommen sind.

8 Begründet, warum es an dieser Stelle sinnvoll ist, in den Originaltext einzugreifen.

9 Szene 3 ist wieder mit einem Ortswechsel verbunden. Schaut noch einmal in den Infozeilen nach, welchen Weg die beiden Frauen durch die Wohnung nehmen.

10 Auch die Stimmung ändert sich wieder. Lest Szene 3 aufmerksam und vergleicht anschließend, wie sich die emotionale Lage von Betty in den drei Szenen ändert.

Vorsichtig traten die beiden Frauen ein und Betty blickte sich suchend um. Ihre Augen wanderten unruhig im Zimmer umher. Mary schaute sie fragend an. Noch mehr wunderte sie sich, als Betty unter den Tisch schaute. Ihn bedeckte ein helles Tischtuch, das bis auf den Boden hinunterreichte. Anschließend kniete sie nieder und sah unter die breite Couch.

„Irgendwo muss die Tote doch liegen", murmelte sie verzweifelt.

3. Szene: INNEN – IM WOHNZIMMER – AM ABEND

```
(Die beiden Frauen treten ein.
Betty untersucht das Zimmer, sie
schiebt das Tischtuch zur Seite und
schaut unter den Tisch. Sie kniet sich
hin und sieht unter die Couch. Sie
steht auf und schüttelt mit dem Kopf.)

                    BETTY
Irgendwo muss die Tote doch liegen.
```

Plötzlich spürten beide, wie ein sanfter Lufthauch durch das offene Wohnzimmer strich. Wie auf Kommando blickten die beiden Frauen zum Fenster, das nur leicht geöffnet war. „Also hier muss er hereingekommen sein!", stellte Betty fest und ließ sich ächzend in einen Sessel fallen. Ihre Freundin stand immer noch sprachlos im Raum. Irgendwie ergab das alles für Mary keinen Sinn. „Tot! Cleo ist also tot! Tot!", sprach Betty fassungslos vor sich hin „Und er hat sie mitgenommen!" Dann machte sie ihrer Wut Luft. „Mörder! Du Mörder!", schrie sie, schlug ihre Hände vors Gesicht und weinte.

(Durch einen Lufthauch bewegen sich die Gardinen. Wie auf Kommando blicken die zwei Frauen zum geöffneten Fenster.)

BETTY
Also hier muss er hereingekommen sein!
(Völlig geschafft setzt sie sich)

MARY
(Sie steht immer noch an der gleichen Stelle und schüttelt mit dem Kopf.) Das ergibt doch alles keinen Sinn?!

BETTY

?

11 Am Ende der Szene fehlen Bettys Sprechtext und auch die Regieanweisungen. Ergänze sowohl den Sprechtext als auch die Regieanweisungen in deinem Heft.

12 Vergleicht eure Aufzeichnungen in der Klasse.

13 Für Betty ist der Fall nun klar. Mary aber hat noch immer keine Ahnung, was in der Wohnung passiert ist.
Szene 4 bringt die Lösung des Rätsels um den schrecklichen Mord.
• Arbeitet zu zweit und schreibt das Drehbuch für die 4. Szene.
• Orientiert euch an den vorangegangenen Szenen und nutzt den Infokasten auf Seite 212.

Kriminalistisches Nr. 2

Einen Text verfilmen: Die Dreharbeiten vorbereiten

Das Drehbuch bildet die Textgrundlage für einen Film. Um einen Film abwechslungsreich und spannend zu gestalten, ist es wichtig, auch über die Kameraführung nachzudenken. Unterschiedliche **Einstellungsgrößen**, also die Nähe zum Objekt, sowie die **Kameraperspektiven** können die Handlung und die Figuren wortwörtlich in Szene setzen. In einem **Storyboard** werden die Szenen und Filmsequenzen festgehalten.

1 Informiert euch mithilfe der Tabelle, welche **Einstellungsgrößen** und **Kameraperspektiven** beim Drehen eines Filmes genutzt werden.

Einstellungsgröße	Beschreibung	Funktion
Großaufnahme	Hier ist ein kleiner Ausschnitt oder ein Detail des Szenenbildes zu sehen.	Mimik einer Figur in den Mittelpunkt stellen oder z. B. einen Gegenstand, der für die Handlung wichtig ist.
Halbnahe	Die Personen sind etwa von der Hüfte bis zum Kopf zu sehen.	Besonders geeignet, wenn Menschen miteinander sprechen.
Totale	Das gesamte Szenenbild ist zu sehen, zum Beispiel eine Häuserreihe, eine Landschaft oder ein Raum.	Vermittelt einen Gesamteindruck vom Spielort und führt in einen Drehort ein.
Halbtotale	Ein Ausschnitt des Szenenbildes ist sichtbar, z. B. ein Haus, eine Person oder eine Gruppe.	Die Körpersprache oder das Verhalten der Personen steht im Mittelpunkt, nicht ihr Text.

Perspektive	Beschreibung	Funktion
Zentralperspektive	Die Kamera befindet sich vor dem Geschehen oder der Person.	Betrachter wird in die Szene einbezogen, ist auf Augenhöhe mit der handelnden Figur.
Vogelperspektive	Die Kamera befindet sich über dem Geschehen und erfasst das Bild von schräg oben.	Gibt einen guten Überblick über den Handlungsort. Baut Spannung auf, indem der Zuschauer etwas sieht, was die Filmfigur noch nicht weiß.
Froschperspektive	Die Kamera befindet sich weit unterhalb des Gegenstandes oder der Person und filmt senkrecht nach oben.	Die Bilder sind oft überraschend. So wirken die Personen größer und mächtiger und die Dramatik / Spannung wird erzeugt.

2 Bildet für die Dreharbeiten feste Gruppen. Verteilt die Aufgaben in eurer Gruppe sinnvoll. Folgende Personen werden gebraucht:

- **Regisseur / Regisseurin:** eine Person, die die Arbeit organisiert und den Dreh leitet
- **Schauspieler / Schauspielerin:** Personen, die in die Rolle der Figuren schlüpfen
- **Kameramann / -frau:** eine Person, die nur für die Kameraführung zuständig ist
- **Fachleute für Bühnen- und Kostümgestaltung:** Mitwirkende, die sich um das Bühnenbild, die Requisiten, die Kostüme und das Make-up kümmern
- **Techniker / Technikerinnen:** Fachleute, die sich mit der Technik auskennen und den Film später am Computer fertigstellen können

3 Plant nun die Produktion eures Films in Form eines **Storyboards**. Damit wird der Ablauf eines Films genau aufgezeichnet und in einzelnen Bildern beschrieben – ähnlich einem Comic.

Großaufnahme

4 Legt euch die benötigten Materialien bereit: Zeichenpapier (DIN-A4), Bleistift, Radierer.
- Zeichnet **nur** auf die **Vorderseite** des Blattes und **jeweils nur eine** Szene. Dann habt ihr schnell einen Überblick und müsst nicht lange blättern.
- Hier seht ihr Beispiele für die verschiedenen **Einstellungsgrößen** und **Kameraperspektiven**:

Halbnahe

Zentralperspektive

Totale

Vogelperspektive

Halbtotale

Froschperspektive

5 Die erste Szene eures Films „Mörder!" könnte mit diesem Storyboard beginnen:

Mörder! – Storyboard	
Mörder! Große Überschrift, geheimnisvoller, dunkler Hintergrund	2 Personen Betty und Mary betreten den Flur durch die Wohnungstür Totale
Titelbild: Filmtitel	Szene 1 Ort: Flur, Wohnungstür Ton: Schlüsselklappern, Gespräch
Betty geht in die Küche Mary vor Fotowand Mary, Großaufnahme	Betty kommt aus der Küche hält 2 Gläser und eine Flasche Wein in der Hand, Mary schaut in ihre Richtung, Halbtotale
Szene 1 Ort: Flur, Blick Richtung Küchentür Ton: öffnende Küchentür, öffnende Schranktür	Szene 1 Ort: Flur, Blick Richtung Küchentür Ton: Gläser klimpern
Betty und Mary Betty freut sich, Mary Fotos zeigen zu können (Mimik), Wohnungstür hinter den beiden, Großaufnahme	Betty drückt Türklinke der Wohnzimmertür Mary sieht man von hinten Halbtotale
Szene 1 Ort: Flur Ton: Gespräch	Szene 1 Ort: Flur Ton: sich öffnende Tür, Gläser klimpern, Gespräch

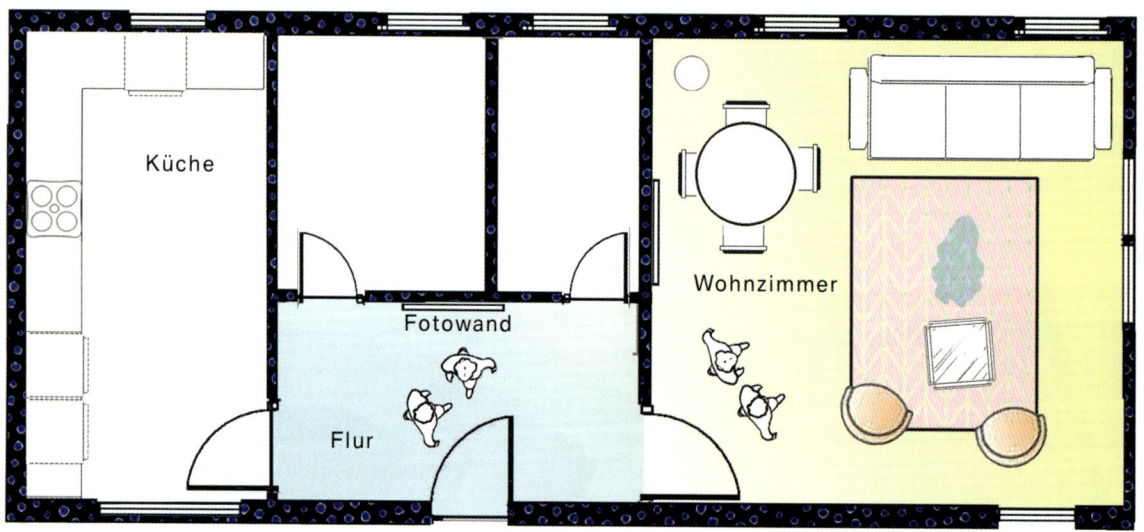

6 Plant nun auf diese Weise die **Szenen 2, 3** und **4** selbstständig. Geht dazu folgendermaßen vor:
- Lest das Drehbuch nochmals gründlich.
- Sprecht darüber, was auf den einzelnen Bildern zu sehen sein soll. Bedenkt dabei Folgendes:
  - Welcher Text wird gesprochen?
  - Was muss unbedingt zu sehen sein?
  - Welche Kameraeinstellung passt am besten zur Situation?
  - Welche zusätzlichen Geräusche sind notwendig?
- Vervollständigt euer Storyboard durch eigene Bilder. Teilt die Arbeit untereinander auf.

Kriminalistisches Nr. 2

Einen Text verfilmen: Den Film drehen und fertigstellen

1 Jetzt können die praktischen Vorbereitungen für die Dreharbeiten beginnen. Organisiert eure Gruppenarbeit. Jedes Gruppenmitglied erfüllt nun seine Aufgabe. Eine enge Zusammenarbeit mit allen anderen Gruppenmitgliedern ist jedoch genauso wichtig, damit die **Proben und Aufnahmen** gut ablaufen können:

- **Der Regisseur / die Regisseurin** plant und leitet die Proben und Aufnahmen. Er / Sie ist Ansprechpartner/in für alle Details.
- **Die Schauspieler** lernen ihre Texte auswendig. Sie üben die Dialoge, bis sie diese sicher beherrschen.
- Diejenigen, die für das **Bühnenbild** und die **Requisiten** verantwortlich sind, besorgen benötigte Gegenstände oder stellen diese selbst her. Während der Aufnahme unterstützen sie die Schauspieler mit den Kostümen und bauen das Bühnenbild um.
- **Die Techniker** kümmern sich um geeignete Lichtquellen, finden Möglichkeiten, notwendige Geräusche zu erzeugen, und unterstützen bei der Aufnahme.
- **Die Kamerafrau / Der Kameramann** macht sich mit dem Drehort vertraut und führt Probeaufnahmen durch. Sie / Er übernimmt die Aufnahme.

2 Informiert euch über geeignete Aufnahmemöglichkeiten. Sprecht dazu mit eurer Lehrerin oder eurem Lehrer. Ihr könnt den Film als Ganzes aufnehmen. Es ist aber auch möglich, die Szenen einzeln aufzuzeichnen. Dann muss das Material später geschnitten werden.

3 Probt die Aufnahmen mehrmals, denn nur so merkt ihr, ob alles stimmig ist.
- Ist der Ton gut zu hören?
- Passen die Geräusche?
- Stimmen die verschiedenen Kameraeinstellungen, Perspektiven und Lichtverhältnisse?

4 Sind die Dreharbeiten erfolgreich abgeschlossen, seht euch die Szenen gemeinsam auf dem Bildschirm an, um eventuell nachzudrehen.

5 Vergesst auf keinem Fall den **Abspann**.
Alle Beteiligten sollten mit ihrer Funktion und ihrem Namen aufgeführt werden.
Das ist auch eine Würdigung für eure Arbeit.

 Tipp:
Sicherlich gab es während der Dreharbeiten ein paar witzige Versprecher oder lustige Situationen. Haltet sie in den **Outtakes** fest.

6 Nun wird es Zeit, das Publikum einzubeziehen. Plant die **Erstaufführung** eures Films. **Wer** soll ihn sehen, **wo** und **wann**?

7 Werbung gibt dem interessierten Publikum einen kleinen Vorgeschmack auf euren Film.
- Gestaltet ein Filmplakat zu eurer Krimiverfilmung.
- Orientiert euch an Filmplakaten aus dem Kino. Enthalten sein sollte unbedingt:
  der Filmtitel – eine Szene als Hintergrund – der Ort und die Zeit der Vorführung.

Dialekte
Dialekt und Hochsprache unterscheiden

In vielen Regionen Deutschlands sprechen die Menschen kein Hochdeutsch,
sondern im Dialekt: Bairisch, Hessisch, Sächsisch, Schwäbisch, Plattdeutsch …

1 Sicher kennt ihr die Comic-Geschichten über die gallischen Helden Asterix und Obelix,
die den Römern Widerstand leisten.
Schaut euch dazu die folgenden Bilder an und lest auch die Texte.

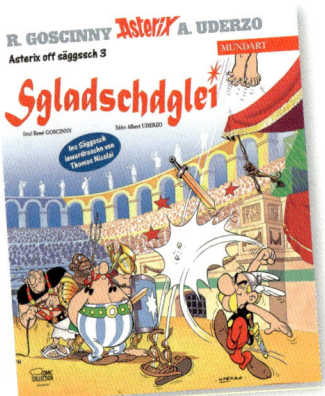

Titelbild (Cover)

Letztes Panel auf Seite 5

Die ersten vier Panels auf Seite 6

2 Bestimmt habt ihr festgestellt, dass der Comic im Dialekt geschrieben ist.
- Arbeitet zu zweit und übersetzt die Texte auf den Bildern ins Hochdeutsche.
- Wenn ihr einzelne Wörter nicht versteht, versucht diese gemeinsam
  aus dem Zusammenhang oder mithilfe der Bilder zu erschließen.

3 Gebt jetzt gemeinsam in der Klasse die kleine Geschichte mit euren Worten wieder.

4 Troubadix ruft seinen Freunden am Ende *„Ihr bleedn Misdgriebl!"* zu.
- Vielleicht habt ihr diesen Ausruf auch schon einmal gehört?
- Warum ist Troubadix eigentlich sauer auf seine Freunde?

5 Lest den Text mit verteilten Rollen in der Klasse laut vor.
Versucht dabei, die Wörter so auszusprechen, wie sie aufgeschrieben sind.
Die folgenden „Ausspracheregeln für das Sächsische" können euch dabei helfen.

*Sprich anstelle von **ch** und **ig** lieber ein **sch**!*

*Sprich die harten Konsonanten (**k, p, t**) weich aus (**g, b, d**)!*

*Sprich statt **ei, au, ö** richtig schön gedehnte Vokale **ee** und **oo**!*

*Zum Beispiel: **misch***

*Zum Beispiel: **gud***

*Zum Beispiel: **nee***

6 Hier könnt ihr üben, Wörter **sächsisch** auszusprechen. Lest dazu den Witz laut vor.

Zwei Mütter unterhalten sich.

„Wie heeßdn eechendlich Ihr Gleener?"
„Gindr."
„Wie gonndn Se dähm bloß so ä Nahm gähm?!
Wenn Se nu mal ‚Gindr' rufn, da gomm doch alle
meechlichn Gindr, bloß nich Ihr Gindr."

7 Erklärt, warum der Witz nur mit sächsischer Aussprache funktioniert.

8 Lest den folgenden Infokasten aufmerksam. Versucht dann mit euren Worten wiederzugeben,
was einen Dialekt von der Hochsprache unterscheidet.

Dialekt und Hochsprache

Ein **Dialekt** ist eine Form der Sprache, die in einer **bestimmten Region**
(wie Sachsen, Berlin, Bayern oder Schwaben) gesprochen wird.
In Dialekten werden Wörter **anders ausgesprochen** als im Hochdeutschen, z. B. *ick (berlinisch)* anstatt *ich*.
Es gibt aber auch **eigene Dialektwörter**. Das sind Wörter, die man in anderen Regionen
oder im Hochdeutschen nicht kennt, z. B. das Wort *Nischl (sächsisch) für Kopf*.

Hochsprache (auch Standardsprache) ist die verbindliche Form der Sprache. Sie wird **überregional**
in der Öffentlichkeit verwendet. Die Hochsprache ist die Grundlage unserer **Schriftsprache**.

INFO

Dialekte

Dialektwörter kennenlernen und der Hochsprache zuordnen

1 Es gibt in Deutschland viele verschiedene Dialektregionen, in denen für Lebensmittel und Speisen zum Teil unterschiedliche Wörter verwendet werden. Das wird auch im folgenden Gespräch deutlich. Lest euch den Dialog vor.

Beim Bäcker

Ein Junge aus Berlin kommt in den Ferien in einen Bäckerladen in Köln. Er bestellt: „Ick hätte gern Pfannkuchen." Die Verkäuferin wundert sich: „Wat wellste? Pfannekuche han wir nit." „Aber dit ist doch Pfannkuchen!", sagt der Junge und zeigt auf ein Gebäck. „Ach du meins Berliner!", lacht die Verkäuferin und packt ihm das Gebäck ein.

2 Was wollte der Junge kaufen und was hat die Verkäuferin verstanden?

3 Die folgende Karte zeigt die Länder *Deutschland*, *Österreich* und *Schweiz*, in denen Deutsch gesprochen wird. Schaut euch die Karte an und lest die verschiedenen Dialektwörter für das hochdeutsche Wort *Kartoffelbrei* vor.

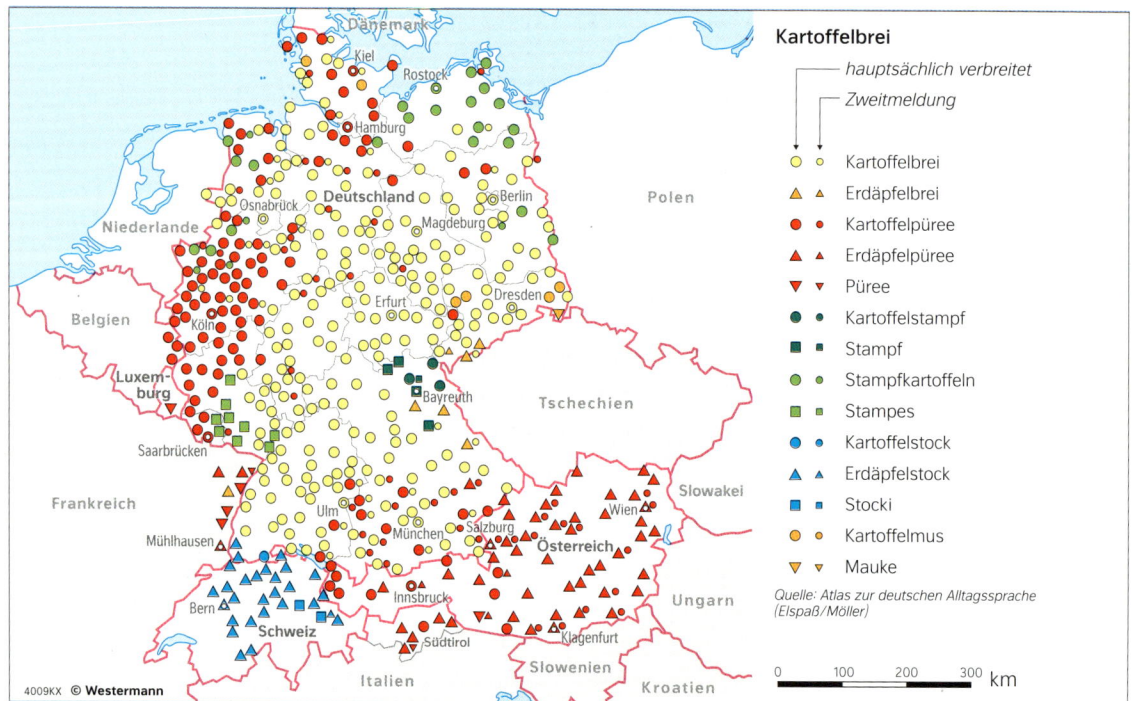

4 Welche der Dialektwörter für *Kartoffelbrei* kanntet ihr schon, welche sind euch noch unbekannt?
- Findet Wörter, die vorwiegend in Mitteldeutschland beziehungsweise vorwiegend im Westen Deutschlands gesprochen werden.
- Sucht Wörter, die in der Schweiz oder in Österreich verbreitet sind.
- Nennt die Wörter, die nur in ganz wenigen Regionen verwendet werden.

5 Welche Wörter verwendest **du**? Schreibe die Sätze ab und ersetze dabei
die Bilder durch ein Wort, das du verwenden würdest.

Bei uns gibt es zum Frühstück  .

Zum Mittag gibt macht mein Vater am liebsten  .

Ich mag aber lieber  essen!

Die  gebe ich aber meinem Kaninchen.

6 Vergleicht eure Sätze in der Klasse:
Wie viele verschiedene Wörter habt ihr verwendet?
Erstellt gemeinsam eine Strichliste.

7 In der Wörterliste rechts findet ihr weitere 24 Wörter für Speisen,
Lebensmittel und Süßigkeiten, die in verschiedenen Regionen
gesprochen werden.
Versucht einmal, jeweils drei Wörter dem hochdeutschen Wort zuzuordnen.

Apfelrest   **Kartoffelpuffer**
Brathähnchen   **Bonbons**
Quark   **Feldsalat**
(Weihnachts-)Plätzchen   **Anfangs-/Endstück von Brot**

8 Bei einigen Wörtern ist euch die Zuordnung sicher leichtgefallen.
Bei anderen Wörtern war sie vielleicht etwas schwieriger. Dann könnt ihr
durch eine Internet-Recherche herausbekommen, was die Dialektwörter bedeuten.
Lest im **Infokasten** nach, wie ihr dabei vorgehen könnt.

Bibeleskäs
Bollchen
Broiler
Brötle
Butzen
Göckele
Griebsch
Guatl
Guetzli
Hendl
Kamelle
Kanten
Kardoffelkiachla
Keks
Knust
Makei
Nüsel
Nüssli-Salat
Rämpftla
Rapunzel
Reibekuchen
Reiberdatschi
Topfen
Vogerl-Salat

Zu Dialekten recherchieren

INFO

Geht für eure Recherche auf die Internetseiten des *Atlas' zur deutschen Alltagssprache*:
www.atlas-alltagssprache.de Nun gibt es für euch zwei Wege:

a)   *(leicht)* Ihr sucht direkt den Dialektbegriff? Dann klickt „Suchregister" an.
Ihr seht nun alphabetisch geordnet alle Wörter. Sucht nun euren Dialektbegriff.
Gleich daneben steht das passende hochdeutsche Wort.

b)   *(etwas schwieriger)* Ihr sucht das hochdeutsche Wort und alle passenden Dialektwörter?
Dann klickt „Thematisches Register" an. Ihr seht rechts eine Art Inhaltsverzeichnis.
Unter **3. Speisen und Getränke** müsst ihr überlegen, zu welchem Bereich euer Wort gehört.
Klickt diesen Bereich an und sucht euer Wort.
Klickt dann das Wort an und entdeckt die verschiedenen Dialektwörter auf der Karte.

Dialekte

Dialektregionen auf einer Karte ermitteln

1 Seht euch die Karte mit den verschiedenen Dialektregionen innerhalb
des deutschen Sprachraums aufmerksam an.

Anmerkungen zur Karte:

Sorbisch ist eine eigene Sprache, kein deutscher Dialekt.
Auch **Friesisch** wird oft als eigene Sprache betrachtet.
Der **niederfränkische Dialekt** wird auch in Teilen der Niederlande (neben dem Niederländischen) gesprochen.

2 Versucht nun, die Karte genauer zu lesen. Orientiert euch mithilfe der Legende.
- Welche Staaten umfasst der deutsche Sprachraum?
- Die Karte zeigt von Nord nach Süd vier unterschiedliche Farben.
  Wofür stehen diese Farben?
- Diese großen Mundartgebiete sind in kleinere Sprachgebiete (Dialektregionen)
  unterteilt. Findet mithilfe der eingezeichneten Sprachgebietsgrenzen die Bezeichnung
  für verschiedene Dialekte. An welcher Wortendung erkennt ihr diese?
- In welcher Dialektregion lebt ihr?

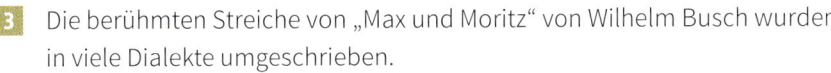

3 Die berühmten Streiche von „Max und Moritz" von Wilhelm Busch wurden in viele Dialekte umgeschrieben.
- Welche Streiche von Max und Moritz kennt ihr? Erzählt davon oder lasst euch von eurem Lehrer oder eurer Lehrerin erzählen, was die beiden Lausbuben alles angestellt haben.
- Lasst euch nun die einzelnen Einleitungsverse vorlesen.

Max und Moritz

Wilhelm Busch

Vorwort
Ach, was muss man oft von bösen
Kindern hören oder lesen!
Wie zum Beispiel hier von diesen,
Welche Max und Moritz hießen.

Badisch-Pfälzisch (Rudolf Lehr)
Ach, was muss man oft vun beese
Kinner heere odder lese,
wie zum Beischbiel aa von denne,
wu sich Max un Moritz nenne.

Fränkisch (Willi R. Reichert)
Ach, woas muss vo böasa Kinner
Mer sich ouhör und derinner.
Beispielsweis, der Max und Moritz,
Vo der Bravheit helt mer gornix!

Schwäbisch (Michael Spohn)
Jee, wa liist mer oft ond heert
Von de Kinner, bees ond gschärt!
Wia zom Beischbiil grad von sälle,
Max ond Moritz, zwoa ganz hälle.

Helgoländer Friesisch
Felmoals kan man lees en hear,
War fer Diirter[1] Künner wear.
Maks en Morits wear ein roor
Bispiil fer sek diirti Poor.

Berlinisch
Nee, von de Berlina Jörn
Jibtdit ümma wat ze hörn!
Von so zwee ist hier de Rede,
Max und Moritz hießen beede.

[1] Diirter: Tiere

4 Welchen Dialekt könnt ihr am besten verstehen?

5 Schaut auf der Karte von Seite 224 nach, wo die einzelnen Dialekte gesprochen werden.

ttt **6** Findet heraus, in welchem Dialekt der Text rechts steht.

> Mei, wos hört und liest man heit
> Net von Saubuam ois, es Leit!
> A Bagasch wia de zwoa do,
> Max und Moritz, schaugts as o.

💡 **Tipp**
Ein Vergleich mit den Dialekten oben und ein Blick auf die Karte von Seite 224 kann euch helfen.

Eine eigene Mini-Zeitung schreiben

Eine Mini-Zeitung zum Selbermachen

KÖTITZER KURIER

ZEITUNG DER KLASSE 8a

Oberschule Kötitz   Coswig, 12. Mai 20..

Exkursion der Klasse 8a der Oberschule Kötitz in einen Escape Room nach Dresden
Ein Bericht von Stefanie, Klasse 8a

Kunstraub am Dresdner Flughafen

Coswig. Exkursion mal anders – 26 Schüler und Schülerinnen auf der Suche nach einem gestohlenen Kunstwerk am Dresdner Flughafen. Logisches Denken und Teamarbeit waren gefragt!

Für unseren ersten gemeinsamen Klassenausflug im neuen Schuljahr hatten wir uns etwas ganz Besonderes vorgenommen. Sechs Länder wollten wir bereisen und das alles an einem Tag. Wo so etwas möglich ist? Am Dresdner Flughafen natürlich!

Zwei Wochen vor dem eigentlichen Exkursionstermin buchten wir online schon einen Flug bei den Airlines der Dresdner Adventure Rooms. Vor Ort konnten wir uns dann entscheiden, wohin genau die Reise für uns gehen sollte. Nach Italien, in die USA oder ins bisher für uns noch unbekannte Rumänien? Genauer gesagt ins Schloss des Grafen Dracula.

Die meisten haben sich dann doch für einen etwas weniger blutrünstigen Trip nach Frankreich entschieden. Aufgeteilt in drei Gruppen konnte das Abenteuer beginnen. Ziel war es, innerhalb kürzester Zeit unterschiedliche Rätsel rund um einen spektakulären Kunstraub zu lösen. Wie konnte es der Diebesbande gelingen, die Security abzulenken? Und wohin waren sie mit dem gestohlenen Meisterwerk entkommen? Nur gemeinsam konnten wir die Spuren richtig deuten und so einer Pariser Galerie dabei helfen, ihr wertvolles Ausstellungsstück zurückzuerobern.

Persönliche Eindrücke und Fotoimpressionen findet ihr auf Seite …

---

1 Was gefällt euch gut an dieser **Titelseite**?
Wie wirken der **Zeitungskopf**, der **Aufmacher**, das **Layout** und das **Foto**?

2 Worum geht es in dem Aufmacher-Artikel? Welche **W-Fragen** werden beantwortet?

3 Schreibt eure eigene Mini-Zeitung.
Sie soll aus zwei DIN-A4-Seiten bestehen.
- Bildet Redaktionsteams von vier bis fünf Personen.
- Überlegt, zu welchen Themen ihr in eurer
Mini-Zeitung Beiträge schreiben wollt, z. B.:
Klassenfahrt – Jugendparlament – Schul-News –
Wetterereignisse – Interviews – Schulband –
Aktuelles aus dem Kiez – Buchtrends –
Serienhighlights – Schulhofgestaltung …

4 Jedes Redaktionsteam gestaltet nun seine eigene
Zeitungsseite mit selbstverfassten Beiträgen.

💡 Tipps für eine Mini-Zeitung

- Eure Zeitung braucht einen Namen – einen Namen,
den man sich gut merken kann.
- Legt fest, was in eurer Zeitung stehen soll. Denkt dabei
an die unterschiedlichen Interessen eurer Leser. Witz
und Kritik sind erlaubt. Aber übertreibt es damit nicht!
- Teilt die Aufgaben unter euch auf:
→ Wer entwirft den „Kopf" für die Titelseite?
→ Wer kann Comics oder Karikaturen zeichnen?
→ Wer schreibt über welches Thema?
→ Wer macht die passenden Fotos dazu?
Achtung! Jede Person kann selbst frei entscheiden, ob
Fotos von ihr gemacht und ob sie veröffentlicht werden
dürfen. Fragt die Personen immer um Erlaubnis, bevor
ihr sie fotografiert. Sprecht mit eurer Lehrerin / eurem
Lehrer über das **„Recht am eigenen Bild"**.
- Ganz wichtig ist der Redaktionsschluss. Legt fest, wann
die Beiträge fertig sein sollen. Haltet diesen Termin ein!
- Tragt euer Material in der Redaktion zusammen. Sichtet
Fotos und Texte. Habt ihr treffende Schlagzeilen gefun-
den? Vergesst die Bildunterschriften nicht.
- Eure Namen stehen im Impressum, denn ihr seid für den
Inhalt eurer Zeitung verantwortlich. Es muss also stim-
men, was ihr schreibt. Ihr dürft niemanden beleidigen
oder etwas Unwahres über eine Person behaupten.
- Denkt auch daran, die Texte gegenseitig Korrektur zu
lesen. Viele Augen sehen mehr als zwei.
- Nutzt für das Layout ein Textverarbeitungsprogramm.
Gestaltet die Seiten am PC und druckt sie aus.

5 Präsentiert eure Mini-Zeitungen in einem „Galeriegang".
Nehmt euch danach noch etwas Zeit und lest die Artikel,
die euer besonderes Interesse geweckt haben.

✓ *Aktuelles*
✓ *Interview mit dem neuen*
Hausmeister
✓ *Krimi-Wettbewerb*
✓ *Die neue Schulband*
✓ *Testbericht für Gamer*
✓ *Was ist in? Was ist out?*
✓ *Witze und Comics*
✓ *Impressum*

Redaktionsschluss
☞ **Freitag, 12.00 Uhr** ☜

Impressum
Texte: Mia Voss, Ferdi Winter
Fotos: Nick Meier
Titel: Melike Gökay
Layout: …

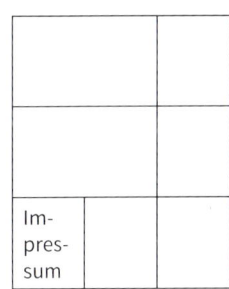

Ⓜ Galeriegang

Vorstellung eurer Arbeitsergebnisse:
- Legt die Mini-Zeitungen auf den
Tischen aus oder hängt sie an
die Pinnwand.
- **Rundgang:**
Versammelt euch vor der ersten
Mini-Zeitung, die von ihrem
„Redaktionsteam" präsentiert wird.
Wenn eure Fragen dazu beantwortet
sind, geht ihr weiter zur nächsten
Zeitung.

Eine eigene Titelseite gestalten

1   Ihr habt bereits einige Titelseiten von Tageszeitungen kennengelernt.
Nun sollt ihr selbst eine Titelseite mit interessanten Beiträgen und Bildern gestalten.
Bildet dafür kleine Gruppen.

2   Überlegt gemeinsam, welcher Name sich besonders für den Zeitungskopf eignet. Stimmt in der Gruppe ab, welchen Namen eure Titelseite tragen soll.

3   Sprecht nun darüber, wie eure Titelseite gegliedert wird.
Eine Anregung findet ihr in der Abbildung rechts.

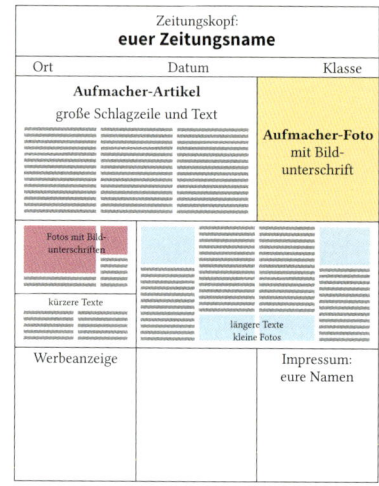

Tipp:

Mithilfe von Präsentationsprogrammen wie PowerPoint oder Keynote lassen sich einfach Seiten erstellen, auf denen ihr eure Beiträge anordnen könnt.
Legt die Folie zu Beginn im Hochformat A4 an. Mithilfe von Textfeldern lassen sich die Beiträge flexibel einfügen und verschieben.
So habt ihr die Möglichkeit eure Ausschnitte so lange hin und her zu schieben, bis ihr mit der Wirkung zufrieden seid.
Die Titelseite könnt ihr später auch ausdrucken oder als pdf zu speichern.

4 Überlegt, welche Themen und Beiträge auf eurer Titelseite veröffentlicht werden sollen. Erstellt gemeinsam eine Sammlung. Denkt dabei sowohl an die Themen, als auch an geeignete journalistische Textsorten. Ein paar Anregungen findet ihr hier:

Klassenfahrt	*Jugendparlament*	*Schul-News*	*Interviews*
Aktuelles aus dem Kiez	*Schulband*	*Buchtrends*	*Serienhighlights*
Werbung	*Bericht*	*Wetter*	

5 Teilt nun die Aufgaben unter euch auf:
- Wer schreibt was?
- Wer kümmert sich um die passenden Fotos?
- Wer entwirft den „Kopf" für die Titelseite?
- Wer kann Comics oder Karikaturen zeichnen?

💡 **Tipps für die Gestaltung**
- Welche Schlagzeilen und Fotos eignen sich aus eurer Sicht besonders als Aufmacher? Recherchiert im Internet eure Themen und Materialien.
- Achtet bei der Suche auf die **Bildrechte**. Wählt zum Beispiel für die Bildsuche den Suchfilter Creative Commons-Lizenzen aus.

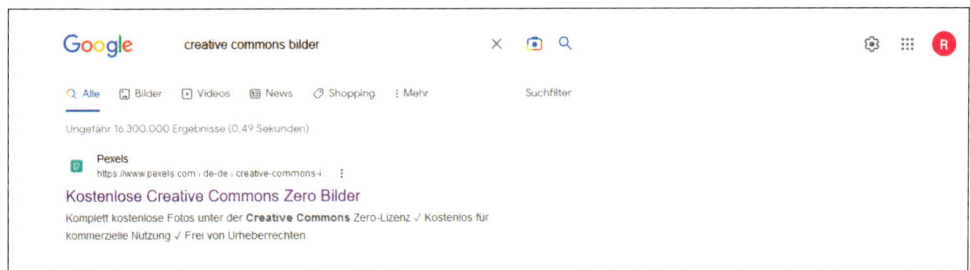

- Tragt eure Materialien in der Redaktion zusammen. Sichtet Fotos und Texte.
- Habt ihr treffende Schlagzeilen gefunden? Vergesst die Bildunterschriften nicht.
- Legt fest, wann der Redaktionsschluss ist, also bis wann eure Texte fertig sein müssen. Haltet diesen Termin ein!
- Denkt auch daran, eure Texte gegenseitig Korrektur zu lesen. Viele Augen sehen mehr als zwei!
- Eure Namen stehen im Impressum, denn ihr seid für den Inhalt eurer Zeitung verantwortlich. Es muss also stimmen, was ihr schreibt. Ihr dürft niemanden beleidigen oder absichtlich etwas Unwahres sagen.

Impressum
Texte: Mia Voss, Ferdi Winter
Fotos: Nick Meier
Titel: Melike Gökay
Layout: …

- Gestaltet die Seiten so, dass ihr das Interesse möglichst vieler Schülerinnen und Schüler weckt und sie eure Titelseite gern lesen mögen. Vielleicht dürft ihr eure Titelseiten im Schulgebäude oder auf der Schulhomepage veröffentlichen. Unter www.schuelerzeitung.de gibt es noch mehr Tipps und Informationen.

Die Schreibung der Wörter
Verschiedene Arten von Wörtern

Über die Rechtschreibung habt ihr in den vorangegangenen Schuljahren schon eine Menge gelernt. Hier geht es darum, das Gelernte zu wiederholen und zu üben.
Ihr wisst: In unserer Sprache werden die Wörter grundsätzlich so geschrieben, wie sie ausgesprochen werden. Das heißt, die **Laute** werden in **Buchstaben** wiedergegeben. Ein gesprochenes /m/ erscheint auf dem Papier als geschriebenes m. Und so ist es bei vielen Lauten und Buchstaben. Doch es gibt große Unterschiede in Einzelheiten der Schreibung.

1. Manche Wörter sind leicht zu schreiben. Das sind die sogenannten **lautreinen** Wörter. Man **schreibt** sie, wie man sie **ausspricht**: *Juni, kalt, üben …*

2. Doch die meisten Wörter werden (etwas) anders geschrieben, als man sie spricht.
   So spricht man in /hant/ ein /t/ am Ende, schreibt aber ein d (Hand).
   Und man spricht ein e in der Mitte wie in /hende/, schreibt aber ein ä (Hände).
   In solchen Fällen muss man das Wort von einer anderen Wortform **ableiten**.

3. Viele Wörter kann man nur dann richtig schreiben, wenn man die **Regeln** kennt.
   Oft weiß man nicht: Wann schreibt man *das* oder *dass*? Wann schreibt man groß oder klein, wann getrennt oder zusammen?

4. Manche Wörter, die man häufig gebraucht, kann man an ihren Lauten nicht eindeutig erkennen – und auch nicht ableiten. Solche Wörter muss man sich durch Lesen, Schreiben und Üben **einprägen** und **merken**.

5. Und manche Wörter muss man im Zweifelsfall **im Wörterbuch** oder **online nachschlagen**.
   Es gehört zu einem kompetenten Rechtschreiber, ein Wort möglichst rasch finden zu können.

1. Lautreine Wörter	2. Ableitungswörter	3. Regelwörter	4. Merkwörter	5. Nachschlagewörter
Wörter, die so geschrieben werden, wie man sie spricht:	Wörter, deren Schreibung man von anderen Wortformen ableiten kann:	Wörter, für deren Schreibung es Wort- und Satzregeln gibt:	Häufig vorkommende Wörter, deren Schreibung man sich merken muss:	Selten gebrauchte Wörter, die man im Wörterbuch nachschlagen sollte:
Juni, Juli, Auto, grün, rot, bunt, leben, lügen …	*Gelände → Land, reist → reisen, treibt → treiben …*	Getrenntschreibung Großschreibung *das* oder *dass*?	*gar nicht, vielleicht, irgendjemand …*	*Sympathie, Weihnacht, aggressiv, Karussell …*
Strategie: deutlich aussprechen	**Strategien:** verlängern, verkürzen	**Strategie:** Regeln lernen, merken, anwenden	**Strategie:** Üben: lesen und schreiben	**Strategie:** Nachschlagen im Wörterbuch

1 Zu welchen Gruppen gehören die folgenden Wörter? Wie kannst du ihre Schreibung ermitteln? Schau dir die Tabelle auf der linken Seite unten an. Ordne die Wörter zu und schreibe sie richtig auf. Manchmal kannst du ein Wort auch in zwei Gruppen unterbringen:

anschwärzen	*fegen*	*Brot*
Cabrio / Kabrio	*endweder / entweder*	*Fanthom / Phantom*
gar kein / garkein	*Hinweiß / Hinweis*	*heute abend / Abend*
irgendwo / irgentwo	*Kiebord / Keyboard*	*kleinschreiben / klein schreiben*
Lose	*mehr Mals / mehrmals*	*November / Nowember*
Orthographie / Orthografie	*Rad fahren / radfahren*	*raten*
sich totlachen / todlachen	*traben*	*Vanilje / Vanille*
verendern / verändern	*verseumen / versäumen*	*zurück kommen / zurückkommen*

1. Diese Wörter schreibt man so, wie man sie spricht: *fegen …*
2. Diese Wörter kann man von anderen Wortformen ableiten: *anschwärzen → schwarz …*
3. Für diese Wörter muss ich Regeln kennen: *heute Abend …*
4. Diese Wörter sollte ich mir merken: *entweder …*
5. Diese Wörter würde ich nachschlagen: *…*

Ⓜ Strategie: Eine kürzere Wortform suchen

1 Die folgenden Wörter werden mit **äu** oder **eu** geschrieben. Suche zu ihnen eine andere Wortform mit **au**. Wenn du eine findest, dann wird das Wort mit **äu** geschrieben. Wenn du unsicher bist, schlage im Wörterbuch nach.

l	*ll*	*lll*
Geb**de, Kr**zung	*verstr**en, kr**seln*	*vert**feln, vers**men*
Str**cher, tr**men	*Str**selkuchen, sch**men*	*K**chhusten, sich schn**zen*
Geh**l, sich fr**en	*F**ste, S**re*	*umherstr**nen, h**fig*

2 Die folgenden Wörter werden mit **ä** oder **e** geschrieben. Suche zu ihnen eine andere Wortform mit **a**. Wenn du eine findest, dann wird das Wort mit **ä** geschrieben. Wenn du unsicher bist, schlage im Wörterbuch nach.

l	*ll*	*lll*
verst*cken, am l*ngsten	*R*nder, H*ndler, P*ndler*	*Gl*tte, sch*dlich, S*ndung*
sch*len, Qu*lle	*kl*ttern, sch*tzen, bequ*m*	*Pl*ne, st*ndig, sch*lten*
qu*len, Fl*ck	*Z*pfchen, s*lber, H*ngst*	*qu*ngeln, p*tzen, Anh*nger*

3 Eine Reihe von Wörtern mit **ä** und **äu** solltest du dir unbedingt merken. Für sie gibt es nämlich kein verwandtes Wort mit **a** – oder man kann es nicht mehr erkennen. Bilde mit jedem Wort einen Satz.
Säule, Strähne, Bär, Ähre, Käfig, Säge, Ärger, nämlich

Rechtschreibung und Zeichensetzung

Die Schreibung der Wörter

 Strategie: Eine längere Wortform suchen

1 Bei den folgenden Wörtern hörst du am Ende immer ein /t/. Manche von ihnen werden aber am Ende mit **d** geschrieben. Ob ein Wort mit **d** oder mit **t** geschrieben wird, kannst du hören, wenn du die Wörter verlängerst. Sprich die verlängerte Form erst deutlich aus und schreibe sie dann auf.

I

run*, bun*, gesun*
Rekor*, blon*, dor*
wil*, Gel*, Wel*

II

blin*, Zel*, jeman*
Stran*, Ran*, Gebur*
Krau*, Wor*, zar*

III

nieman*, Gestal*, Gewal*
absur*, ätzen*, bal*
das gil*, Elemen*, geschwin*

2 Bei den folgenden Wörtern hörst du am Ende immer ein /p/. Manche von ihnen werden am Ende mit **b** geschrieben. Ob ein Wort mit **p** oder mit **b** geschrieben wird, kannst du hören, wenn du die Wörter verlängerst. Sprich die verlängerte Form erst deutlich aus und schreibe sie dann auf. Wenn du unsicher bist, schlage nach.

I

Kor*, Sta*, Tra*
Ty*, trü*, Die*

II

Kal*, tau*, Mikrosko*
Poly*, Sie*, plum*

III

Antrie*, Horosko*, Lum*
Stau*, Lo*, Prinzi*

3 Bei den folgenden Wörtern hörst du am Ende immer ein /k/. Manche von ihnen werden am Ende mit **g** geschrieben. Ob ein Wort mit **k** oder mit **g** geschrieben wird, kannst du hören, wenn du die Wörter verlängerst. Sprich sie erst deutlich aus und schreibe sie dann auf.

I

Bur*, klu*, Fabri*
Mitta*, sie lo*, Zeu*

II

er mer*t, wel*, Sar*
Geschen*, Spu*, Dialo*

III

Laufste*, Feuerwer*
Gelen*, Fahrzeu*, Leichtathleti*

4 Es gibt Wörter mit dem Suffix (der Nachsilbe) **-end** und solche mit der Nachsilbe **-ent**. Der Wortbaustein **-end** ist ein Kennzeichen für das Partizip I: *laufen → laufend*. Der Wortbaustein **-ent** ist eine Endung bei vielen Fremdwörtern.

- Schreibt die folgenden Wörter in normaler Schreibung auf. Wenn ihr die Wörter verlängert, könnt ihr das **d** vom **t** unterscheiden.
  laufen – *das Talen** – *das Elemen** – *glühen** – *die Gegen** – *keuchen** – *der Patien** – *das Fundamen** – *blutstillen** – *spannen** – *der Präsiden** – *das Elen**
- Schlagt im Zweifelsfall im Wörterbuch nach.

5 Im folgenden Text haben sich sieben Rechtschreibfehler eingeschlichen. Schreibe den Text richtig auf. Schlage im Zweifelsfall im Wörterbuch nach.

Auf dem Leichtathletigfest unseres Vereins habe ich fast einen Rekort aufgestellt. Wir mussten auf der Aschenbahn dreimal runt um das Stadion laufen. Von Runde zu Runde wuchs mein Vorsprunk. Ich kam zwar keuchent und ausgepumbt am Ziel an, doch ich hatte tatsächlich gewonnen. Der Vereinspräsidend übergab mir die Siegerurkunde.

Die Schreibung der Wörter

 # Strategie: Merkwörter üben – Fremdwörter

Es gibt eine Reihe von Fremdwörtern, die du üben kannst, sodass du nicht ständig im Wörterbuch nachschlagen musst. Das sind Fremdwörter mit bestimmten Endungen und Vorsilben, die man sich merken kann.

System, Temperament, Adresse, Diskussion, Intelligenz, Apparat, Fabrik, Defekt, Technik, Aggression, Symmetrie, Advent

Distanz, Internet, Dialekt, Mimik, Symbol, Interesse, Klinik, Objekt, Konkurrent, Organisation, Temperatur, Adverb

Display, abstrakt, Funktion, Sympathie, Interview, Produktion, direkt, Projekt, Kontakt, korrekt, Panik, Operation

Einüben könnt ihr diese Fremdwörter auf folgende Weisen:

1 Überprüft zunächst, ob ihr die Bedeutung aller Wörter kennt. Denn ohne zu wissen, was sie bedeuten, kann man sie kaum üben. Gebt euch also gegenseitig Auskunft oder schlagt im Wörterbuch nach.

2 Suche dir eine Spalte oben aus. Schreibe jedes Wort auf einen Zettel. Ordne die Zettel nach dem Alphabet: *Adresse, Advent …*

3 Ordne einige der Wörter nach bestimmten Vorsilben und Nachsilben: *Sy-: … Ad-: … In-: … -ik: … -ekt: … -akt: … -on: … -ent: …*

4 Schreibe Wörter auf, die bestimmte schwierige Merkmale wie **ph, th, y** oder **Doppelkonsonanten** haben. Unterstreiche diese Merkmale: *System, Aggression …*

5 Bilde mit einigen Substantiven aus den drei Spalten dazugehörige Adjektive mit den Nachsilben **-iv, -isch**:
Aggression – aggressiv …
Symbol – symbolisch …

6 Bilde aus einigen Substantiven dazugehörige Verben mit **-ieren**: *Diskussion – diskutieren …*

7 Schreibe mit acht ausgewählten Wörtern je einen Satz auf. Unterstreiche dabei das Fremdwort.
Sie hat großes Interesse an Frauenfußball. …

8 Schreibe mit ausgewählten Wörtern Sätze auf, in denen immer zwei der Wörter (Substantive, Adjektive oder Verben) vorkommen. Unterstreiche dabei die Fremdwörter.
Der Besuch der Fabrik war interessant. …

9 Diktiert euch gegenseitig ausgewählte Wörter. Kontrolliert euch dabei.

Recht- schreibung und Zeichen- setzung

Groß- und Kleinschreibung
Umgang mit dem Regelverzeichnis

Es gibt einige Fälle der Groß- und Kleinschreibung, für die die meisten Menschen ein Wörterbuch benötigen. Wenn man nicht weiß, wie man *Sie spricht englisch/Englisch* schreibt, dann sollte man im Wörterbuch nachschauen. Auskunft gibt zum Beispiel der DUDEN an zwei verschiedenen Stellen:

- unter den Regeln zur Groß- und Kleinschreibung am Anfang des Buches und
- unter dem Stichwort *englisch*.

Damit ihr den Umgang mit Regeln lernen könnt, sind hier Beispiele abgedruckt, wie sie auf ähnliche Weise im Regelverzeichnis des DUDENS stehen.

1 Lest euch den Text erst einmal vor.

Das Unerwartete ist immer am überraschendsten

nach einer wahren Begebenheit

Es war **vorgestern Nachmittag**, als dem Schüler Marco **etwas sehr Ungewöhnliches** passierte. Er war auf dem Weg in die Stadt zu einem **englischen** Austauschschüler, bei dem er **das Übersetzen** lernen wollte. Als er auf dem Bahnhof ankam, merkte er plötzlich, dass er die Adresse vergessen
5 hatte. Das war ihm natürlich peinlich. Zum Glück hatte er seinen Laptop dabei, auf dem er **das Gelernte** speichern wollte. Darauf hatte er auch die Adresse des Bekannten gespeichert, mit dem er **englisch sprechen** wollte. Marco setzte sich **als Erstes** auf eine Bank, um das Programm zu öffnen. Doch der Akku war leer. Da dachte er: Wer **suchen** gelernt hat, der findet
10 auch! Er suchte also **als Nächstes** eine Steckdose **zum Aufladen**. In der Nähe eines Infoschalters sah er ein Verlängerungskabel mit zwei farbigen Steckdosen. In **die rote** stöpselte er seinen Computer ein und fand dann auch die gesuchte Adresse. Er dachte: **Am wichtigsten** ist halt, wenn man sich zu helfen weiß! Doch auf die erste Freude folgt durchaus nicht immer
15 **die zweite**. Vielmehr wurde er von zwei Beamten des Bundesgrenzschutzes festgenommen. **Der erste** von ihnen warf ihm **das Stehlen** von Strom aus einer privaten Steckdose vor. Marco hätte wohl **alles Mögliche** erwartet, nur das nicht! Doch die seltsame Geschichte nahm ein gutes Ende. **Das Entnehmen** des bisschen Stroms blieb ohne Folgen. Und Marco hat seinen
20 Helfer **für Englisch** auch noch rechtzeitig gefunden.

2 Lies dir die Regeln auf der nächsten Seite durch.

3 Schreibe die **fett** gedruckten Wörter und Wortkombinationen ab – und die Nummern der Regeln dahinter:
das Unerwartete (R2), am überraschendsten (R4) …

Regeln:

R1 **Tageszeiten,** die nach anderen <u>Zeitangaben</u> stehen wie *heute, morgen …*
werden **großgeschrieben**:
   vorgestern Abend, <u>heute</u> *Morgen,* <u>morgen</u> *Mittag …*

R2 **Adjektive** und **Partizipien** werden in der Regel **großgeschrieben**, wenn ihnen Wörter wie
der, die, das, alles, etwas, nichts, viel, wenig … vorausgehen:
   <u>Das</u> *Gelernte,* <u>nichts</u> *Neues,* <u>etwas</u> *Schönes …*
   <u>Das</u> *Weiche besiegt* <u>das</u> *Harte. Auf* <u>die</u> *Schnelle,* <u>das</u> *Blau des Himmels.*
   Er fand <u>das lange</u> *Gesuchte wieder. Ich halte dich* <u>auf dem</u> *Laufenden. …*

R3 **Adjektive** und **Partizipien,** die allein mit einem Artikel stehen, werden **kleingeschrieben**,
wenn sie zu einem <u>vorangehenden</u> oder <u>folgenden</u> Substantiv gehören:
   Das blaue (Auto) dort ist mein <u>Auto</u>. *Mir gefällt das* <u>Kleid</u> *gut, besonders das blaue (Kleid).*

R4 **Superlative** mit *am,* nach denen man mit *wie?* fragen kann, schreibt man **klein**:
   Das ist (wie?) <u>am</u> *besten,* <u>am</u> *schönsten,* <u>am</u> *wichtigsten …*
Setzt sich das Wort *am* aber aus <u>an dem</u> zusammen, schreibt man groß:
   Es fehlt uns <u>am (an dem)</u> *Wichtigsten.*
Der Superlativ *der/die/das Beste* wird **großgeschrieben**:
   Er war <u>der</u> *Beste, es ist* <u>das</u> *Beste,* <u>der</u> *erste Beste.*
Bezieht sich der Superlativ aber auf ein <u>vorausgehendes</u> oder <u>nachfolgendes</u> Substantiv,
schreibt man **klein**:
   Dieses <u>Eis</u> *ist das beste (Eis). Das ist die beste (Welt) aller* <u>Welten</u>.

R5 **Aus Substantiven entstandene Wörter** werden **kleingeschrieben**,
wenn sie mit <u>sein</u> oder <u>werden</u> verbunden sind:
   Mir <u>wird</u> *angst und bange. Du* <u>bist</u> *schuld daran.* **Aber:** *Ich habe Angst. Du hast Schuld.*

R6 **Adjektive,** die aus **Ländernamen** wie Deutschland *(deutsch)* abgeleitet sind, schreibt man **groß**,
wenn man ein <u>flektiertes Adjektiv</u> einfügen und *was?* fragen kann:
   Sie spricht – was? – <u>gutes</u> *Deutsch.*
Wenn man aber ein <u>unflektiertes Adjektiv</u> einfügen und mit *wie?* fragen kann, schreibt man **klein**:
   Sie spricht – wie? – <u>gut</u> *deutsch.*

R7 **Verben im Infinitiv** schreibt man **groß**, wenn ein Artikel oder ein <u>flektiertes Adjektiv</u>
oder *zum, beim …* davor steht:
   Sie hat <u>das richtige</u> *Üben gelernt. Er sieht ihr* <u>zum</u> *Verwechseln ähnlich.*
Infinitive ohne Artikel können groß- oder kleingeschrieben werden:
   Sie hat <u>segeln/Segeln</u> *gelernt.*

R8 **Zahlen** und **Adjektive,** vor denen *der, die, das, jeder, mancher, als …* steht, schreibt man **groß**:
   Wenn zwei sich streiten, freut sich <u>der</u> *Dritte.* <u>Jeder</u> *Zweite bekommt etwas ab.*
   <u>Den</u> *Letzten beißen die Hunde.* <u>Als</u> *Erstes machte er seine Hausaufgaben.*

Groß- und Kleinschreibung

Die Groß- und Kleinschreibung erkennen und üben

1 Schreibe die folgenden Wortgruppen auf. Schreibe die jeweilige Regel dahinter:
Ⅰ am besten ist (R4) …   Ⅱ zum Schwimmen (R 7) …   Ⅲ … sie spricht englisch (R 6) …   ⦿235

Ⅰ

Ⅰ	*Ⅱ*	*Ⅲ*
am besten ist, wenn …	*zum Schwimmen*	*sie spricht englisch*
beim Turnen	*sie ist die Beste*	*ich bin pleite*
übermorgen Mittag	*du bist schuld*	*ich kann Italienisch sprechen*
mir wird angst	*sage es auf Deutsch*	*viel Interessantes*
er wurde Erster	*nichts Besonderes*	*du bist mir gram*
etwas Warmes	*das ist am wichtigsten*	*im Liegen*

Plagegeister

Ein bestimmtes Geräusch, das im Sommer oft zu hören ist, hat ETWAS GRAUSAMES an sich: Die Rede ist VOM SUMMEN der Mücken. So schlimm wie gestern und VOR-GESTERN ABEND war es noch nie. SCHULD WAR wohl das schwüle Wetter. Doch es gibt einige Hausmittel, die helfen. DIE BESTEN von ihnen seien IM FOLGENDEN genannt:

Ⅱ Ⅲ DAS EINREIBEN mit Essig hält die Plagegeister eine Zeit lang ab. Offenbar wird ihnen VON DER SCHÄRFE des Geruchs ANGST und BANGE. Oder der Essig verhindert DAS AUFSTEIGEN von Schweißgeruch, der für die Mücken so verlockend ist. DAS WICHTIGSTE ist aber, dass man Arme und Beine mit Stoff bedeckt. Durch DIE DICKE DES STOFFES können ihre Saugrüssel in der Regel nicht hindurchdringen.

Ⅲ AM BESTEN aber ist an solchen Abenden: Man versteckt sich einfach in der Wohnung. EIN SOLCHES VERSTECKEN hilft natürlich nur, wenn die Mücken nicht schon in das Haus eingedrungen sind. Denn dann umschwirren sie einen auch dort – und stechen DEN ERSTEN BESTEN, den sie finden, ins Ohr.

2 Schreibe die in großen Buchstaben geschriebenen Wörter und Wortkombinationen auf. Orientiere dich an den Regeln R1–R8. Schreibe die Regel jeweils dahinter: ⦿235
etwas Grausames (R2) …

3 Die folgenden Wortkombinationen solltest du üben. Schreibe Sätze mit ihnen.

Angst haben, im Großen und Ganzen, im Wesentlichen, alles Gute, kein Einziger

Ⅱ Ⅲ nicht im Geringsten, alles Weitere, zu seinem Recht kommen, den Kürzeren ziehen

Ⅲ genau das Richtige, als Nächstes, das Gleiche machen, das Schlimmste, als Letzter

ℓ **4** Schreibe die folgenden Sätze richtig auf.

a) VIELE WÖRTER IM DEUTSCHEN WERDEN GROSSGESCHRIEBEN.
b) DAS ZU ERKENNEN IST ABER FÜR MANCHE MENSCHEN SCHWIERIG.
c) NUR DURCH DAS NACHDENKEN UND ÜBEN KANN MAN ES LERNEN.
d) ZUM GLÜCK KANN MAN ABER AUCH IM WÖRTERBUCH NACHSCHLAGEN.
e) DAS AUFFINDEN EINES WORTES IST ABER AUCH NICHT GANZ EINFACH.
f) AUCH DAS MUSS MAN LETZTEN ENDES ÜBEN.

ℓ ℓℓℓ **5** Schreibe die folgenden Sätze richtig auf.

a) DAS FOLGENDE GEHÖRT NICHT GERADE ZUM EINFACHSTEN IN DER
   RECHTSCHREIBUNG!
b) FAST ALLE WÖRTER IM DEUTSCHEN KÖNNEN NÄMLICH ZU SUBSTANTIVEN WERDEN.
c) DAS IST FÜR JEMANDEN, DER DEUTSCH LERNT, EINE SCHWIERIGKEIT.
d) DIE MEISTEN VON EUCH LERNEN ABER DANN DOCH RICHTIG SCHREIBEN.
e) DAS WICHTIGSTE BEI DIESEM PROBLEM IST DAS NACHDENKEN.
f) AM ZWEITWICHTIGSTEN IST DAS ÜBEN!
g) UND WENN ALLES NICHTS HILFT, DANN HILFT DAS NACHSCHLAGEN
   IM WÖRTERBUCH.

6 Lest euch Satz für Satz durch und fügt eine der passenden Formulierungen ein,
die unter dem Text stehen. Manchmal sind mehrere möglich.

Häufig gebrauchte Formulierungen

a) Du sollst *** einige Wortgruppen einsetzen, die häufig vorkommen.
b) Auf der Kirmes erfreuten sich *** an den Karussells und Autoscootern.
c) Wer Zeitung liest, bleibt über alle Neuigkeiten stets ***.
d) Wer zu spät kommt, muss manchmal ***
e) Nach einem heftigen Streit versuchte sie es noch einmal *** mit ihm.
f) Sie dachte *** daran, sich für ihr Verhalten zu entschuldigen.
g) Sie hatte die schwierige Aufgabe *** verstanden.
h) Die Party war zwar etwas verregnet, aber *** gut gelaufen.
i) Manchmal muss man in einer Diskussion *** gut abwägen.
j) Er war *** gespannt, wie der Film zu Ende gehen würde.
k) *** interessierte ihn nicht besonders.
l) Es hatte ihr zwar auf der Party gefallen, aber *** ärgerte sie sich doch
   über einige Leute.

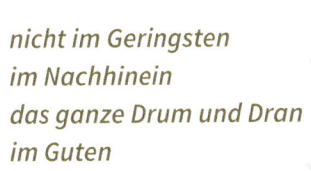

im Großen und Ganzen	*im Wesentlichen*	*nicht im Geringsten*
im Folgenden	*auf dem Laufenden*	*im Nachhinein*
den Kürzeren ziehen	*aufs Äußerste*	*das ganze Drum und Dran*
Groß und Klein	*das Für und Wider*	*im Guten*

7 Schreibe die Sätze aus Aufgabe 6 auf: ℓ a)–d), ℓℓ a)–i), ℓℓℓ a)–l).

Groß- und Kleinschreibung

Die Schreibung von Eigennamen und Herkunftsbezeichnungen

Jeder von euch weiß, dass er seinen Vor- und Familiennamen großschreiben muss: *Julia Richter, Franziska Hammerschmidt, Maximilian Lorenz.*
Die Großschreibung ergibt sich daraus, dass Namen etwas Einmaliges sind. Sie bezeichnen nämlich stets Personen, die es nur einmal gibt.
Nun gibt es ja nicht nur Eigennamen für Personen, sondern auch für bestimmte Dinge, Naturerscheinungen, Pflanzen, Ämter usw.
Diese Eigennamen werden grundsätzlich auch großgeschrieben. Doch es ist nicht immer leicht zu entscheiden, ob tatsächlich ein Eigenname vorliegt oder ob es sich um Dinge handelt, von denen es sehr viele gibt.

1   Lest euch den folgenden Text aufmerksam durch.

Nachtwanderung

Seit drei Tagen befindet sich unsere Klasse im Landheim. Und gestern Nacht haben wir eine Nachtwanderung gemacht. Alina, die Mitglied des *Roten Kreuzes* ist, hatte vorsorglich ihre Sa-
5 nitätstasche mitgenommen. Es war eine ster-nenklare Nacht und Frau Fischer, unsere Klas-senlehrerin, hat uns auf den *Großen Wagen* aufmerksam gemacht. Es handelt sich dabei um das bekannteste Sternbild Mitteleuropas. Dabei
10 ist das gar kein eigenständiges Sternbild, son-dern nur Teil eines größeren, nämlich des *Gro-ßen Bären.* Er besteht aus den sieben hellen Ster-nen, die bei uns eben als *Großer Wagen* bekannt

sind, und aus vielen weiteren Sternen. Wenn man diese am Himmel beobachtet, kann man er- 15 kennen, dass sie aussehen wie der Kopf und die Beine eines echten *großen Bären.* Als wir uns auf den Rückweg machten, gab es noch eine große Überraschung. Schon von Weitem sahen wir ein *rotes Kreuz* blinken und rätselten, was denn das 20 sein könnte. Als wir näher kamen, freuten wir uns sehr. An der Stelle, an der das Kreuz blinkte, wartete ein *großer Wagen,* vor dem zwei Pfer-de aufgeregt schnaubten. Schnell waren wir auf den Wagen geklettert, und los ging es zurück 25 zum Landheim.

2   In dem Text befinden sich drei gleiche Wortgruppen, die einmal groß- und einmal kleingeschrieben sind.
- Nehmt euch jede Wortgruppe einzeln vor und sprecht darüber, warum sie im Text unterschiedlich geschrieben werden müssen.
- Vergleicht eure Lösungen in der Klasse miteinander.

3   Vergleicht die *kursiv gedruckten* Herkunftsbezeichnungen, die auf *-en, -er* und *-isch* enden. Schreibt die Fügungen danach geordnet auf.

Auf dem Wagen hatten wir noch Zeit, etwas zu essen und zu trinken. Max holte ein Stück *sächsischen Käse* heraus, Nele trank Tee und behauptete, sie trinke echten *russischen Tee.* Pit biss herzhaft in ein *Frankfurter Würstchen* und hatte sogar eine Tube mit *Bautz'ner Senf* dabei. Lucie schälte eine *spanische Banane.* Es war eine sehr lustige Fahrt bis zu unserem *Ottendorfer Landheim.*

Schreibung von Eigennamen und Herkunftsbezeichnungen

INFO

1. Sind **Adjektive Teile** eines **Eigennamens,** werden sie **großgeschrieben:**
   der Kleine Bär (Sternbild), der Nahe Osten, die Sächsische Schweiz …

2. Die **Wörter auf -er,** die **von geografischen Namen abgeleitet** sind, schreibt man immer **groß:**
   das Brandenburger Tor, der Leipziger Schriftsteller, die Görlitzer Peterskirche …

3. Die **Adjektive auf -isch,** die **von geografischen Namen abgeleitet** sind, werden **klein-geschrieben:** *der indische Tee, die mecklenburgischen Städte, der bayerische Dialekt …*

4. Manchmal jedoch sind die **Adjektive auf -isch,** die von geografischen Namen abgeleitet sind, Teile eines **Eigennamens.** Dann werden sie **großgeschrieben:**
   die Mecklenburgische Seenplatte, die Sächsische Schweiz, die Französische Revolution …

4 Arbeite mit einer Partnerin oder mit einem Partner zusammen.
- Überprüft mithilfe eines Wörterbuches, welche der folgenden Wortgruppen Eigennamen sind.
- Stellt dannß eine Liste dieser Eigennamen zusammen.

DER GESELLIGE ABEND	DER GROßE BELT	DIE DRITTE WELT
DIE GROßE PAUSE	DAS NEUE JAHR	DAS AUTOGENE TRAINING
DIE NIEDERE TATRA	DER MITTLERE OSTEN	DAS TOTE MEER
DER BUNTE VOGEL	DAS SCHWARZE MEER	DER ALTE FRITZ
DER ALTE MANN	DAS NEUE WARENHAUS	DER HEILIGE VATER

💡 **Tipp: Strauß**
Schlage unter dem Anfangsbuchstaben des ersten Wortes der Wortgruppe nach, zum Beispiel unter *gesellig*. Wenn das gesuchte Beispiel weder dort noch unter *Abend* zu finden ist, dann ist das Beispiel kein Name. Also musst du *gesellige* kleinschreiben.

5 Formuliere die folgenden Fügungen so um, dass die Herkunftsbezeichnung vor dem Substantiv steht. Achte auf die Groß- und Kleinschreibung:
der Dresdner Zoo …

der Zoo in Dresden
die Fans aus Schweden
die Lieferung aus Südafrika
der Spargel aus Brandenburg
der Dom in Köln
die S-Bahn in Berlin
der Tee aus Indien
der Salat aus Frankreich
die Band aus England

der Zuschauer aus Rostock
die Universität zu Leipzig
die Handballmannschaft aus Kiel

Recht-
schreibung
und Zeichen-
setzung

Groß- und Kleinschreibung

Abkürzungen und Kurzwörter

1 Lest die Zeitungsschlagzeilen laut vor.

> Viele verpassen fällige
> **TÜV**-Untersuchung

> Wie wäre es **z. B.** einmal mit
> 96,4 **MHz** in eurem Radio?

> Niedersedlitzer **Str.** für zwei
> Monate gesperrt

> Der **DFB** wählt neuen Präsidenten

> **Rad**-Wanderung durch
> die Heide war großer Erfolg

> **Mathe**-Olympiade
> in Leipzig eröffnet

> Unglaublich: mit dem
> **Mofa** durch die Wüste

2 Wie habt ihr die verkürzten Wörter vorgelesen: als abgekürztes oder als vollständiges Wort? Überlegt, was die verkürzten Wörter bedeuten.

3 Lest nun einmal die folgenden Sätze vor und vergleicht sie mit den Schlagzeilen.

Die Mannschaft vom Verein für Leibesübungen Wolfsburg rutscht nach fünf sieglosen Spielen auf den drittletzten Platz der Bundesliga ab.
Guten Abend, meine Damen und Herren, hier ist die Arbeitsgemeinschaft der öffentlich-rechtlichen Rundfunkanstalten der Bundesrepublik Deutschland mit der Tagesschau.

- Wie würdet ihr diese Sätze normalerweise formulieren?
- Sprecht darüber, warum die Verwendung von abgekürzten Wörtern sinnvoll ist.

INFO

Die Schreibung von Abkürzungen und Kurzwörtern

Abkürzungen und Kurzwörter werden vor allem aus Gründen des rationellen Sprachgebrauchs verwendet. Sie werden auf unterschiedliche Weise geschrieben.

1. **Abkürzungen** (als vollständige Wörter gesprochen):
   a) **mit** Punkt: *i. V. (in Vertretung), usw. (und so weiter)* …
   b) **ohne** Punkt (Maße, Gewichte, Währungen, Himmelsrichtungen):
      ha (Hektar), t (Tonne), € (Euro), SW (Südwest) …

2. **Buchstabenwörter** (ohne Punkt):
   a) Buchstaben **einzeln** gesprochen: *PKW (Personenkraftwagen), U-Boot (Unterseeboot)* …
   b) Buchstaben **gebunden** gesprochen: *UNO (United Nations Organization)* …

3. **Silbenwörter** (Zusammenziehen der Wortanfänge in zusammengesetzten Wörtern):
   Kripo (Kriminalpolizei), Schiri (Schiedsrichter) …

4. **Kurzwörter** (Weglassen von Wortbestandteilen, immer ohne Punkt):
   a) am **Wortanfang:** *Bus (Omnibus), Rad (Fahrrad)* …
   b) am **Wortende:** *Ober (Oberkellner), Akku (Akkumulator)* …

Kürzere Wörter gesucht

Auszubildender	*Information*	*Atomkraftwerk*
das heißt	*Doktor*	*Tachometer*
Natrium	*Bundesgartenschau*	*unbekanntes Flugobjekt*
Demonstration	*beziehungsweise*	*Transformator*
Universität	*Abitur*	*zurzeit*
Kindertagesstätte	*Nordost*	*Deutsche Jugendherberge*
Kilometer pro Stunde	*Kalium*	*Straßenverkehrsordnung*
oder Ähnliches	*Wohnungsbau*	*Dezimeter*
Weltmeisterschaft		

4 Bilde zu den Wörtern entsprechende Abkürzungen und Kurzwörter.
Wenn du dir nicht sicher bist, benutze den Duden bzw.
ein Abkürzungswörterbuch: *Azubi = Auszubildender …*

5 Übernimm die folgende Übersicht in dein Heft und ordne
die gefundenen Abkürzungen und Kurzwörter richtig zu.
1) **Abkürzung mit Punkt:** *d. h. …*
2) **Abkürzung ohne Punkt:** *Na …*
3) **Buchstabenwörter:** *AKW …*
4) **Silbenwörter:** *Azubi …*
5) **Kurzwörter:** *Info …*

6 Die Abkürzungen und Kurzwörter unten werden häufig gebraucht.
Schreibe die Abkürzungen und die Wörter in ungekürzter Form auf.
Wenn du nicht sicher bist, schlage wieder im Duden oder in einem
Abkürzungswörterbuch nach: *z. B. = zum Beispiel …*
Ordne diese Beispiele in die Übersicht aus Aufgabe 5 ein.

*z. B. – CD – DVD – evtl. – AG – Nr. – DIN – mm – geb. – PC – MDR –
RBB – Nato – EG – MA. – SMS – EUR – vgl. – s.o. – m.E. – MdB –
MB – ü.d.M. – DRK – DGB – ver.di – ugs. – svw. – sm – SMH*

7 Mitunter begegnen uns im Alltag Wörter, die eigentlich Kurzwörter sind,
von uns aber nicht als solche erkannt werden.
In Hannover zum Beispiel findet in jedem Jahr eine Messe statt – die *Cebit.*
Dieses kurze Wort ist aus Teilen einer langen Wortgruppe entstanden:
Centrum für Büroautomation, Informationstechnologie und Telekommunikation.
Ein solches abgekürztes Wort nennt man auch **Kofferwort.**
Finde heraus, wie dieses Kofferwort entstanden ist.

8 Analysiere die Entstehung der Kofferwörter *Teuro, Motel* und *Datei.*

9 Versuche, aus Teilen der drei Wortpaare jeweils ein Kofferwort zu bilden.
Smoke + Fog   **Breakfast + Lunch**   **Information + Entertainment**

Recht-
schreibung
und Zeichen-
setzung

Getrennt- und Zusammenschreibung
Regeln anwenden – Wörter nachschlagen

Im Laufe der Geschichte der Rechtschreibung sind immer mehr Einzelwörter zusammen-
gewachsen. Denn man schreibt in der Regel zwei Einzelwörter zusammen, wenn sie unter
einem einzigen Akzent stehen, z. B. *Septémbermorgen*. Ganz so einfach ist es oft aber nicht!
Es gibt zwar eine Fülle von Regeln für die Getrennt- und Zusammenschreibung, die man
lernen kann; in vielen Fällen sollte man aber besser in einem Wörterbuch nachschlagen.

INFO

Substantiv + Verb: *Rad fahren*

Ist der erste Bestandteil ein **Substantiv**, schreibt man in der Regel **getrennt**: *Rad fahren*.
Doch es gibt auch einige Kombinationen, die man kleinschreibt, z. B.: *eislaufen* …

1 Schreibe die folgenden Wörter so auf, wie du sie schreiben würdest. Dabei solltest du sie immer
in Sätze einfügen wie: *Ich kann gut brustschwimmen – Brust schwimmen.*
Wenn diese Wörter als Substantive verwendet werden, schreibt man sie natürlich immer
zusammen und groß: *das Brustschwimmen.*
*BRUST/SCHWIMMEN   RAD/FAHREN KOPF/RECHNEN   KOPF/STEHEN KUCHEN/BACKEN
SCHLANGE/STEHEN   SCHLITTSCHUH/LAUFEN   TEIL/NEHMEN   FUßBALL/SPIELEN
ACHT/GEBEN   STAND/HALTEN   LEID/TUN*

2 Schlage nun im DUDEN (neueste Ausgabe) nach, wie man die Wörter schreiben muss – oder schreiben
kann. Hinweise dazu findest du im **Regelverzeichnis auf den ersten Seiten** oder im **Wörterverzeichnis.**

INFO

Verb + Verb: *spazieren gehen*

Ist der erste Bestandteil ein **Verb** oder **Partizip**, wird in der Regel **getrennt** geschrieben:
schreiben lernen, getrennt schreiben.

3 Verwende einige dieser Wörter in Sätzen mit *möchte, soll, muss: Ich soll einkaufen gehen.*
*einkaufen/gehen   schreiben/lernen   kennen/lernen   liegen/lassen
baden/gehen   lesen/üben   tauchen/lernen   spazieren/gehen*

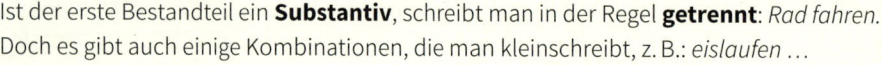

INFO

Adjektiv + Verb: *kleinschreiben – klein schreiben*

Ist der erste Bestandteil ein **einfaches Adjektiv**, kann **getrennt** oder **zusammengeschrieben** werden:
Du musst die Möhren kleinschneiden / klein schneiden.
Man schreibt aber **stets getrennt** bei **gesteigerten Adjektiven**, bei **erweiterten Verben** und **erweiterten
Adjektiven**: *Du musst die Möhren etwas kleiner schneiden. Ich habe die Möhren klein geschnitten.*
Zusammen schreibt man aber, wenn die Kombination Adjektiv + Verb eine **übertragene Bedeutung** besitzt.
Man unterscheidet dann z. B. zwischen: *Adjektive muss man kleinschreiben.* und: *Du solltest nicht so klein schreiben.*

uu **4** Schreibe die folgenden Wörter auf. Schlage dann nach, wie sie geschrieben werden.
*warm/laufen schmutzig/machen klein/schneiden kleiner/schneiden groß/schreiben
kaputt/machen schachmatt/setzen lauwarm/baden blank/putzen ganz nahe/kommen*

5 Bilde Sätze mit diesen Wortpaaren:
freisprechen – frei sprechen, schwerfallen – schwer fallen, großschreiben – groß schreiben.

Adverb + Verb: zu<u>sam</u>menschreiben – zusammen <u>schreiben</u>

Adverbien wie die folgenden werden in Kombination mit Verben zusammengeschrieben:
**auseinander-, heraus-, herum-, hinaus-, hinein-, hinterher-, hinüber-, umher-,
vorbei-, wieder-, zurück-, zusammen- ...**
*Wir sind ihnen hinterhergelaufen. Diese beiden Wörter muss man zusammenschreiben.
Wenn das Wort zusammen aber gemeinsam bedeutet, schreibt man getrennt:
Können wir beide nicht etwas zusammen (gemeinsam) schreiben?*

INFO

l **6** Bilde acht Zusammensetzungen mit Verben: *auseinanderbrechen* ... Schau dazu in den Infokasten.

u uu **7** Bilde mit den Wörtern aus dem Infokasten Zusammensetzungen mit Verben und schreibe Sätze:
Ihr solltet nicht so viel herumrennen! ...

8 Achte darauf, dass man auch längere Wortformen zusammenschreibt! Schreibe die Sätze auf. **Aber Achtung:** Einmal musst du getrennt schreiben!

a) Der Baum ist auseinander/gebrochen.
b) Diese Wörter sind zusammen/zu/schreiben.
c) Ich habe vor, morgen bei euch vorbei/zu/kommen.
d) Ich bin mit dem Bus zurück/gefahren.
e) Die Radfahrer sind hintereinander/gefahren.
f) Wir haben das Referat zusammen/gehalten.
g) Wir achten darauf, dass wir einander nicht hinterher/schreien.

Zusammensetzungen mit Fremdwortbestandteilen: Open Air – Open-Air-Festival

Fremdwörter werden vielfach den deutschen Regeln der Getrennt- und Zusammenschreibung angepasst. Manchmal gibt es mehrere Möglichkeiten, ein Wort zu schreiben:
Man kann entweder seine fremdsprachliche Schreibweise weitgehend beibehalten oder es der deutschen Schreibung anpassen. Dabei kann man bei einigen Wörtern den Bindestrich verwenden.

INFO

9 Schreibe diese Wörter aus der Sammlung rechts zunächst so auf, wie du sie schreiben würdest.

10 Überprüfe dann im DUDEN, ob du diese Wörter tatsächlich so schreiben kannst oder ob du sie anders schreiben musst.

*HOT/DOG OPEN/AIR/FESTIVAL
CHAT/ROOM CHEWING/GUM
KICK/DOWN FAIR/PLAY
PODIUMS/DISKUSSION SOFT/DRINK
CASTING/SHOW JOB/CENTER
ROUND/TABLE/GESPRÄCH*

Recht-
schreibung
und Zeichen-
setzung

WORTSCHATZ

getrennt – groß:		**zusammen – klein:**	
das erste Mal	viele Male	diesmal	keinmal
nächstes Mal	mehrere Male	einmal	vielmal – vielmals
manches Mal	ein anderes Mal	noch einmal	manchmal
dieses Mal		zweimal	ein andermal
jedes Mal		auf einmal	ein paarmal

INFO

Mal oder *-mal*

Steht vor dem Wort *Mal* ein Wort mit einer Endung, so schreibt man **getrennt** und **groß**: *manches Mal*.
Steht vor dem Wort *-mal* ein Wort ohne Endung, so schreibt man **zusammen** und **klein**: *manchmal*.
Manche Kombinationen kann man auf zweierlei Weise schreiben:
hundertmal – hundert Mal – hunderte Male, ein paarmal – ein paar Mal.

11 Schreibe den folgenden Text auf und setze dabei *Mal / Male* oder *-mal* ein.
Orientiere dich an den Wörtern im Infokasten und im **WORTSCHATZ** oben.

l Ich habe dir das schon hundert*** gesagt!
Aber sie hat hunderte*** nicht zugehört.
Er hat eben manch*** Glück.
Aber manches*** hat sie auch Pech.
Ich denke, ein*** darf man sich irren!
Viele*** sollte man das aber nicht!

ll lll Ich komme ein anderes*** zu euch.
Ein ander*** passt es mir besser.
Sie hat zum ersten*** alles richtig gemacht.
Noch ein*** passiert ihr das vielleicht nicht.
Darüber ist sie dies*** richtig glücklich.
Sie hat es sich dieses*** auch verdient!
Sie musste das Lied viele*** üben.
Und sie hat es auch viel*** geübt.

l **12** Im folgenden Text sind vier Fehler unterstrichen.
Schreibe den Text richtig auf. Schau im Zweifelsfall im Wörterbuch nach.
a) Vorige Woche hatte sie den Film zum <u>letztenmal</u> gesehen.
b) Sie hatte ihn sich schon mehrere <u>male</u> angeguckt.
c) Sie wollte ihn aber unbedingt noch einmal mit ihrer Freundin zusammen sehen.
d) Doch <u>jedesmal</u>, wenn sie bei ihrer Freundin vorbeikam, war keiner zu Hause.
e) Manchmal hat man eben kein Glück!
f) Sie wird es ein <u>ander Mal</u> probieren.

ll lll **13** Im folgenden Text sind einige Fehler enthalten. Schreibe den Text richtig auf.
Schau im Zweifelsfall im Wörterbuch nach.
a) Diesmal sollte es an die Ostsee gehen.
b) Dort wollte er wenigstens ein einziges mal seinen neuen Kite fliegen lassen.
c) Er probierte es viele Male aus.
d) Doch manch Mal war der Sturm zu stark,
e) und ein anderes mal wehte überhaupt kein Lüftchen.
f) Doch dann kam der Tag, an dem er aufeinmal flog.

Groß- und Kleinschreibung   Getrennt- und Zusammenschreibung

Überprüfe dein Wissen und Können

Groß- und Kleinschreibung

Die ganze Hektik war umsonst!

Am Morgen wurde Paul durch HEFTIGES POLTERN (1) an der Tür AM WEITERSCHLAFEN (2) gehindert. Als er vor der verschlossenen Badezimmertür stand, tönte von drinnen LAUTES RAUSCHEN (3). Seine Schwester war also mit DER DUSCHEREI (4) noch nicht fertig. Und dann hatte sie NICHTS BESSERES (5) zu tun, als sich wahrscheinlich auch noch ZU SCHMINKEN (6). Paul verschlang dann IM STEHEN (7) sein Frühstück. Er raste wie EIN WILDER (8) zur Schule. Noch immer bemerkte er NICHTS AUFFÄLLIGES (9). Erst BEIM ERREICHEN (10) der Schule fiel ihm auf, dass er niemanden sah. Doch dann fiel es ihm ein: DER AUSFALL (11) des Unterrichts war ja gestern bekannt gegeben worden! All SEINE HETZEREI (12) war also umsonst gewesen!

1 Schreibe die markierten Wortgruppen richtig auf. **Achtung:** Eine Wortgruppe wird kleingeschrieben!
1): *heftiges Poltern*, 2): ..., 3): ...

ℓ ℓℓ **2** Welche der folgenden Schreibungen sind richtig? Schreibe die vier Buchstaben auf.
a) Am besten ist, du kommst morgen.
b) Das beste wäre, wenn du erst morgen kommst.
c) Sie ist die Beste in der Klasse.
d) Dieser Junge ist der Beste von allen Schwimmern.
e) Mir ist Angst und Bange.
f) Ich habe große Angst.
g) Wir haben aus Emmas Referat viel Neues erfahren.
h) Am Tollsten war aber, wie Emma alles rübergebracht hatte.

ℓℓℓ **3** Schreibe die fehlerhaften Schreibungen aus Aufgabe 2 richtig auf.

Getrennt- und Zusammenschreibung

4 Schreibe zu den folgenden zwei Regeln je einen Beispielsatz auf:
a) Substantiv + Verb werden in der Regel getrennt geschrieben.
b) Verb + Verb werden in der Regel getrennt geschrieben.

ℓ **5** Schreibe zu den folgenden Wortkombinationen je einen Beispielsatz auf.
zusammenschreiben,
zusammen schreiben

ℓℓ **6** Schreibe zu der folgenden Wortkombination zwei Beispielsätze auf: in einem Satz **Getrenntschreibung**, im anderen Satz **Zusammenschreibung**.
zusammen/gefunden

ℓℓℓ **7** Schreibe zu den folgenden beiden Wortkombinationen je einen Beispielsatz auf.
a) zusammen/gewachsen
b) zusammen/gearbeitet

8 Schreibe die folgenden Wortkombinationen richtig auf.
EINANDERESMAL, AUFEINMAL, MEHREREMALE, NOCHEINMAL, BEIMNÄCHSTENMAL

Rechtschreibung und Zeichensetzung

Zeichensetzung
Satzgefüge erkennen

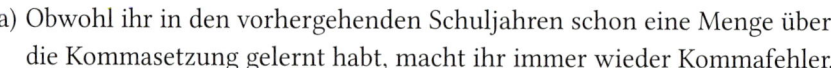

a) Obwohl ihr in den vorhergehenden Schuljahren schon eine Menge über die Kommasetzung gelernt habt, macht ihr immer wieder Kommafehler.
b) Das kommt daher, dass ihr beim Schreiben die Kommas einfach manchmal vergesst.
c) Auch vernachlässigt man die Kommasetzung, weil man die Regeln nicht kennt.
d) Manche halten es auch einfach für nicht so wichtig, dass man auf Kommas achtet.
e) Da aber die Kommas für das Lesen eine große Hilfe sind, sollte man sich schon um die Kommasetzung bemühen.
f) Ein Text ist nämlich, wenn er ganz ohne Kommas geschrieben wird, nicht so leicht zu verstehen.
g) Die Kommasetzung lernt man also vor allem, damit man seinen Lesern das Lesen erleichtert.

1 Alle diese Sätze sind Satzgefüge, die aus einem Hauptsatz und einem Nebensatz bestehen.
Lest die Sätze vor – und macht dabei zwischen Hauptsatz und Nebensatz eine kleine Sprechpause.

2 Ihr erinnert euch: Ein Nebensatz wird meistens durch eine Konjunktion eingeleitet.
- Nennt die Konjunktionen, die in den Sätzen a)–g) vorkommen.
- Schreibt sie an die Tafel: *obwohl ...*
- Ergänzt eure Liste durch weitere Konjunktionen, die ihr noch kennt.

3 An welchen Stellen stehen in den Satzgefügen a)–g) die Nebensätze?
Schreibe es auf einen Zettel:
– Hier steht der Nebensatz vor dem Hauptsatz: Satz a) ...
– Hier steht der Nebensatz nach dem Hauptsatz: ...
– Hier ist der Nebensatz in den Hauptsatz eingeschoben: ...

Die Kommasetzung ist gar nicht so schwer. – Man übt sie.

l **4** Schreibe diese beiden Sätze so auf, dass ein Satzgefüge mit *wenn* daraus entsteht.

u **5** Bilde aus den beiden Sätzen schriftlich zwei Satzgefüge mit *wenn*:
Einmal soll der Nebensatz vor, einmal nach dem Hauptsatz stehen.

uu **6** Bilde aus den beiden Sätzen drei Satzgefüge mit *wenn*.
Einmal soll der Nebensatz vor dem Hauptsatz, einmal nach dem Hauptsatz stehen – und einmal in den Hauptsatz eingefügt sein.

Zeichensetzung

Die Stellung von Nebensätzen in Satzgefügen

Satzgefüge

Satzgefüge sind Verbindungen von **Hauptsätzen** und **Nebensätzen**.

1. Der Nebensatz kann **vor** dem Hauptsatz stehen:
Da es immer mehr Autos gibt, nimmt der Verkehr auf unseren Straßen ständig zu.

2. Der Nebensatz kann **nach** dem Hauptsatz stehen:
Der Verkehr nimmt auf unseren Straßen ständig zu, da es immer mehr Autos gibt.

3. Der Nebensatz kann in den Hauptsatz **eingeschoben** sein:
Der Verkehr nimmt, da es immer mehr Autos gibt, auf unserer Straßen ständig zu.

Nebensätze werden meistens mit einer **Konjunktion** eingeleitet und enden
mit dem finiten (gebeugten) **Verb** am Schluss.
Nebensätze werden von Hauptsätzen durch **Komma** abgegrenzt.

1 Lest die Sätze a)–e) vor. Sprecht die Kommas dort mit, wo sie stehen müssten.

Verkehrsunfälle

a) Weil es immer mehr Fahrzeuge gibt ereignen sich immer mehr Verkehrsunfälle.
b) Doch Unfälle gab es schon zur Zeit als noch Kutschen auf den Straßen fuhren.
c) Pferde brachen wenn sie durch etwas erschreckt wurden oftmals panikartig aus.
d) Häufig waren dann die Kutscher in solche Unfälle verwickelt da sie unter die
umstürzenden Kutschen gerieten.
e) Opfer waren aber obwohl manche Unfälle schlimm ausgingen zum Glück
nur selten zu beklagen.

2 Schreibe nun die Sätze aus Aufgabe 1 ab. Setze beim Abschreiben
die Kommas an den richtigen Stellen ein.

ttt **3** Nach welchen Regeln aus dem Infokasten sind diese Sätze gebildet?
Schreibe es dahinter: *Satz a): Regel 1, Satz b): …*

Recht-schreibung und Zeichen-setzung

4 Verbinde beim Abschreiben die Sätze f)–i) mit einer der Konjunktionen, die am Rand stehen. Dabei kannst du selbst entscheiden, ob der Nebensatz **vor** oder **nach** dem Hauptsatz steht. Achte auf die Kommas!

f) Heute aber sind die Straßen weit gefährlicher.
   Die Fahrzeuge sind immer schneller geworden.
g) Im Jahr 2018 wurden 3.220 Getötete gezählt.
   Die Unfallstatistik weist es aus.
h) Verkehrsunfälle passieren besonders häufig.
   Man fährt mit überhöhter Geschwindigkeit.
i) Die Frage ist berechtigt.
   Können durch Geschwindigkeitsbegrenzungen die Unfallzahlen gesenkt werden?

bevor   wenn
da   seitdem
bis   nachdem
wenn   solange
als   obwohl
wie   ob
dass   sodass
während

5 Verbinde beim Abschreiben die Sätze f)–j) mit einer der Konjunktionen, die am Rand stehen. Wende dabei die Regeln aus dem Kasten von Seite 247 folgendermaßen an: Für Satz f): Regel 2; für Satz g): Regel 3; für Satz h): Regel 2; für Satz i): Regel 2. Achte auf die Kommas!

247

6 Man kann ein Satzgefüge aus Haupt- und Nebensatz besonders gut durchschauen, wenn man ein Satzmodell dazu zeichnet:

| Hauptsatz | , | Nebensatz | . |

Verkehrsunfälle gibt es, seit es Fahrzeuge gibt.

Zeichne zu den Sätzen a)–c) im Text „Verkehrsunfälle" (Seite 247) die Satzmodelle.
Zeichne zu den Sätzen a)–e) im Text „Verkehrsunfälle" (Seite 247) die Satzmodelle.

247

7 Schreibe mit den folgenden beiden Sätzen drei Satzgefüge mit der Konjunktion *wenn* auf. Einmal soll der Nebensatz vor, einmal nach dem Hauptsatz stehen, und einmal soll er in den Hauptsatz eingefügt sein. Achte dabei auf die Kommas. Zeichne jedes Mal das Satzmodell darüber.
Das soll der Hauptsatz sein: Das soll der Nebensatz sein:
Ich muss besonders aufpassen.   **Es gibt keinen Radweg.**

8 Bilde jeweils ein Satzgefüge, indem du zu den Hauptsätzen einen passenden Nebensatz formulierst. Suche dir dafür die Konjunktionen am Rand aus. Vergiss die Kommas nicht!
a) Manchmal verliere ich die Geduld …
b) Dann rege ich mich so lange auf …
c) Einmal bin ich richtig ausgerastet …
d) Das passiert mir aber ziemlich selten …
e) Einmal hat sich mein Freund über mein Verhalten aufgeregt …
f) Ich bin etwas ruhiger geworden …

wenn   bevor
bis   während
als   dass
weil   obwohl
sodass   nachdem
seitdem damit

9 Schreibe eine Fünf-Satz-Geschichte nach folgenden Satzmodellen:
a) └─┘,└─┐. b) ┌─┐,└─┐. c) ┌─┐,┌─┐,└─┐. d) ┌─┐,└─┘. e) └─┘,┌─┐.

Zeichensetzung

Kommas hörbar machen, Kommas einfügen

1 Lest euch gemeinsam den folgenden Text so vor, dass man an den Pausen hört,
wo die Kommas stehen.
Achtung: In einen Satz gehört **kein** Komma!

Hunde müssen auch nachts mal raus!

a) Wir besitzen einen Collie der den Namen Eddie hat.

b) Da er zur Familie gehört müssen sich auch alle um ihn kümmern.

c) Dass das manchmal viel Mühe macht wusste ich.

d) Aber es war mir nicht klar dass er mich auch nachts manchmal
aus dem Bett holt.

e) Eines Nachts wachte ich weil Eddie laut bellte plötzlich auf.

f) Schlaftrunken öffnete ich die Haustür während der Hund in die
Nacht hinauslief.

g) Dann war von ihm in der Finsternis lange nichts mehr zu sehen.

h) Auf der Straße konnte ich ihn da es dunkel war nicht sehen.

i) Obwohl ich nach ihm rief kam er nicht.

j) Doch plötzlich kam er während er mit seinem Schwanz wedelte
angerannt.

k) Nachdem er an mir hochgesprungen war lief er zurück ins Haus.

l) Wenn er in der nächsten Zeit noch einmal bellen sollte während
ich schlafe stehe ich nicht mehr auf!

2 Setze beim Abschreiben in den Text die Kommas ein:
𝓵 𝓾 Sätze a), b), e), f), j), k), 𝓾𝓾 alle Sätze.

𝓵 𝓾 **3** Zeichne zu den Sätzen die Satzmodelle:
𝓵 Sätze b), e), f), 𝓾 Sätze h), i), j).

𝓾𝓾 **4** Zeichne zu den Sätzen j), k) und l) die Satzmodelle.
Aber Achtung: Einer der Sätze ist besonders schwierig, da er zwei Nebensätze enthält.

5 Verbinde die Haupt- und Nebensätze unten links und rechts zu **sinnvollen** Satzgefügen.
Setze die Kommas ein.

Unwetter

1) Am Sonntag zog ein Unwetter über das Land

2) Während es seinen Höhepunkt erreichte

3) Ein Open-Air-Konzert musste ausfallen

4) Als das Wasser in die Keller lief

5) Obwohl die Polizei vor Aquaplaning warnte

6) Das Unwetter wütete den ganzen Abend

a) musste die Feuerwehr mit Pumpen anrücken.

b) ehe es gegen Mitternacht abflaute.

c) wie es die Stadt seit Jahren nicht erlebt hatte.

d) kam es zu schweren Unfällen.

e) fielen tennisballgroße Hagelkörner.

f) weil das Stadion überschwemmt war.

Zeichensetzung

Kommasetzung: Relativsätze

Spinnenphobie

a) Manche Menschen leiden unter einer Angst die man Spinnenphobie nennt.

b) Es handelt sich dabei vielleicht um eine Angst die genetisch vererbt sein könnte.

c) Unsere Vorfahren lebten nämlich in Gegenden die von giftigen Spinnen bevölkert waren.

d) Wahrscheinlich aber handelt es sich um eine Angst die ein erlerntes Verhalten darstellt.

e) Eine Therapie die den Menschen von dieser Angst befreit ist die Verhaltenstherapie.

f) Der Patient muss dabei Spinnen die er fürchtet berühren.

g) Die Angstsituation die er dabei mit einem Therapeuten erlebt führt meistens zur Heilung.

h) Menschen die geheilt wurden halten sich danach oft Spinnen als Haustiere.

1 Lest euch den ganzen Text vor – und sprecht die Kommas mit:
Manche Menschen leiden unter einer Angst (Komma) *die man Spinnenphobie nennt.*

2 Schreibe den Text ab und setze die Kommas ein: *𝓵* Sätze a)–d), *𝓾* Sätze a)–f), *𝓾𝓾* alle Sätze.

INFO

Relativsätze

Relativsätze sind eine bestimmte Art von Nebensätzen. Sie werden durch **Relativpronomen** eingeleitet. Die wichtigsten Relativpronomen sind *der, die, das, was, welcher, wer*.
Vor den Relativpronomen stehen oft **Präpositionen**: *von dem, an den, auf dem*.
Relativsätze stehen immer **nach** dem Hauptsatz oder **zwischen** dem Anfang und dem Ende des Hauptsatzes.

Hauptsatzanfang ,	**Relativsatz**	,	**Hauptsatzende**
Alle **Spinnen** ,	*die in unseren Gegenden leben*	,	*sind für Menschen ungiftig.*

Hauptsatz	,	**Relativsatz**
Für Menschen sind alle **Spinnen** *ungiftig* ,	*die in unseren Gegenden leben.*	
Für Menschen sind alle **Spinnen** *ungiftig* ,	*von* **denen** *unsere Gegend bevölkert ist.*	

3 Lest euch die folgenden Sätze vor. Was ist an ihnen so komisch?
a) Die Geburtstagskerze wurde von Paula ausgepustet, die auf der Torte brannte.
b) Seinen Bleistift musste Carlo, dessen Spitze abgebrochen war, wieder anspitzen.
c) Die Katze kratzte mit ihrer Kralle Franziska, die ziemlich scharf war, in die Hand.
d) Auf Anna strahlte die Sonne herab, die davon einen Sonnenbrand bekam.

4 Schreibt die Sätze richtig auf. Achtet auf die Kommas.

INFO

Ein Relativsatz bezieht sich auf das **Substantiv**, das **am nächsten davor** steht:
richtig: *Schüler machen manchmal* **Fehler,** ← *die komisch wirken.*
falsch: *Solche Fehler werden manchmal von* **Schülern** *gemacht,* ← *die komisch wirken.*

Zeichensetzung

Kommasetzung: Sätze mit *das* und *dass*

Das Wörtchen *das* wird in der deutschen Sprache besonders oft verwendet:

- als Artikel: **das** Buch, **das** Fenster …
- als Relativpronomen: *das Buch,* **das** *ich gelesen habe* …
- als Demonstrativpronomen: *Ich glaube* **das** *nicht!*

Deswegen macht man auch oft Fehler beim Wort *dass*, das viel seltener vorkommt.

1 Lest euch die Sätze vor. Sprecht die Kommas mit. Sagt, ob ihr *das* oder *dass* einsetzen würdet:
a) Hier ist das Buch (Komma)*, das* (mit einem **s**) *du mir geliehen hast.*

Ein *das*- oder ein *dass*-Satz?

a) Hier ist das Buch **?** du mir geliehen hast.

   b) Ich weiß genau **?** du mir das Buch geliehen hast.

c) Dort ist das T-Shirt **?** ich morgen kaufen werde.

   d) Ich freue mich schon darauf **?** ich morgen ein T-Shirt kaufen werde.

e) Ich lobte mein Pferd **?** über die Hürde gesprungen ist.

   f) Ich freue mich **?** mein Pferd über die Hürde gesprungen ist.

g) Ich weiß **?** ich heute noch üben muss.

   h) Das ist das Lied **?** ich heute noch üben muss.

i) Es tut mir leid **?** ich verschlafen habe.

   j) Das ist ein Ereignis **?** ich verschlafen habe.

k) Milchreis ist etwas **?** ich immer schon gern gegessen habe.

   l) Ich gebe es zu **?** ich Milchreis immer schon gern gegessen habe!

2 Schreibe die Sätze mit
das oder *dass* auf:

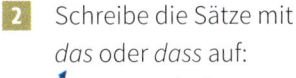
  Sätze a)–d),

  Sätze a)–h),

  alle Sätze.

Unterstreiche die Wörter, auf
die sich *das* oder *dass* bezieht.
Setze die Kommas dazwischen
ein:

a) *Hier ist das Buch, das du
mir geliehen hast.*

b) *Ich weiß genau, dass du
mir das Buch geliehen
hast.*

Das oder *dass*?

Manchmal sehen *das*-Sätze und *dass*-Sätze ganz ähnlich aus.

Der **Relativsatz** mit dem **Relativpronomen** *das* bezieht sich fast
immer auf ein sächliches **Substantiv** im vorausgehenden Hauptsatz:
Das ist **das Gedicht**, ← **das** *ich gut gelernt habe.*

Der **Nebensatz** mit der **Konjunktion** *dass* bezieht sich fast
immer auf ein **Verb** im vorausgehenden Hauptsatz:
Ich **freue** *mich darüber,* ← **dass** *ich gut gelernt habe.*

Vor Relativsätzen mit *das* und vor Nebensätzen mit *dass* steht
immer ein **Komma**.

INFO

3 Verschiebe die *dass*-Sätze aus Aufgabe 1 an den Anfang der Satzgefüge.
Dabei verändert sich etwas im Hauptsatz, der nun hinten steht:
b) Dass du mir das Buch geliehen hast, weiß ich genau.

Rechtschreibung und Zeichensetzung

ℓ ℓℓ **4** Entscheide, welches Wort passt: *dass* oder *das*. Schreibe die Sätze auf. Achte auf die Kommas!

Du hast gesagt   *das/dass* du ein Buch lesen willst.
Hier ist ein Buch   *das/dass* ich schon kenne.
Ich nehme an   *das/dass* du es noch nicht kennst.
Ich bin sicher   *das/dass* es dir gefällt.

ℓℓℓ **5** Bilde zu den folgenden Nebensätzen jeweils einen vorausgehenden Hauptsatz a) und b): Einmal soll ein *das*-Satz folgen, das andere Mal ein *dass*-Satz. Für die *das*-Sätze brauchst du immer ein sächliches Nomen:

... *das/dass* du nicht verlieren kannst.   ... *das/dass* ich gewinne.
... *das/dass* ich nicht gern lerne.   ... *das/dass* ich sehr gern lese.
... *das/dass* sie mir vorsingt.   ... *das/dass* ich täglich esse.

a) *Das ist ein Spiel, das du nicht verlieren kannst.*
b) *Ich weiß ja, dass du nicht verlieren kannst.*

Nebensätze mit *dass*

INFO

Nebensätze mit **dass** stehen meistens nach den Verben des **Denkens, Meinens** und **Wollens,** wie sie im **WORTSCHATZ** stehen:
*Ich **denke**, **dass** man alles anders machen könnte.*
*Ich **meine**, **dass** sie recht hat.*
*Ich **will**, **dass** ich das wirklich schaffe.*

Wenn diese Verben zu **Substantiven** werden (siehe **WORTSCHATZ**), folgen ebenfalls oft **dass**-Sätze:
*Mir kommt gerade der **Gedanke**, **dass** man alles anders machen könnte.*
*Ich vertrete die **Meinung**, **dass** sie recht hat.*
*Ich habe den festen **Willen**, **dass** ich das schaffe.*

WORTSCHATZ

annehmen
behaupten
beobachten
denken
erwarten
fühlen
fürchten
glauben
hoffen
meinen
sagen
wissen
wollen
wünschen

ℓ **6** Forme die Substantive *Glauben, Meinung, Hoffnung, Gedanke* zu Verben um. Schreibe die Sätze auf. Vergiss die Kommas nicht. Nutze den **WORTSCHATZ**.
a) Ich habe den Glauben, dass bald alles besser wird.
b) Ich bin der Meinung, dass man sich dafür anstrengen muss.
c) Ich habe die Hoffnung, dass wir das nächste Spiel gewinnen.
d) Mir kommt gerade der Gedanke, dass alles falsch sein könnte.

die Befürchtung haben
die Behauptung aufstellen
die Beobachtung machen
die Furcht haben
die Meinung vertreten
den Willen haben
den Wunsch haben

ℓℓ ℓℓℓ **7** Forme die Verben *behaupten, fürchten, wünschen, beobachten* zu Substantiven um. Schreibe die Sätze auf. Vergiss die Kommas nicht.
a) Sie behauptet, dass sie nichts davon gewusst hat.
b) Er fürchtet, dass er die Prüfung nicht bestehen könnte.
c) Sie wünscht sich, dass ihr jemand hilft.
d) Er beobachtet schon lange, dass etwas nicht stimmt.

Zeichensetzung

Komplizierte Satzgefüge

Komplizierte Satzgefüge

1. Ein **Nebensatz** kann zwischen **zwei Hauptsätzen** stehen. Der zweite Hauptsatz ist dann oft mit der Konjunktion ***und*** angeschlossen. Dann steht auch **vor *und* ein Komma**.

Erster Hauptsatz	,	**Nebensatz**	,	**zweiter Hauptsatz**
Spinnenangst ist unnötig	,	*da Spinnen bei uns ungefährlich sind*	,	*<u>und</u> sie kann geheilt werden.*

2. **Mehrere Nebensätze** können aufeinander folgen:

Hauptsatz	,	**Nebensatz**	,	**Nebensatz**
Spinnen sind nützlich	,	*da sie Insekten vertilgen*	,	*die schädlich sind.*

1 Schreibe einen der Texte ab und füge dabei die Kommas ein.

l Die Spinne – in vier Satzgefügen mit 6 Kommas

Die Spinne spinnt einen Faden der so lange im Wind weht bis er sich irgendwo festhakt. Dann hangelt sie sich an diesem Faden entlang den sie mit Seide aus ihrem Hinterleib verstärkt und so spinnt sie mehrere Fäden. Das tut sie so lange bis sie einen Mittelpunkt für ihr Netz geschaffen hat. Von hier aus erweitert sie die Fäden
5 zu einer Art Teppich den sie noch mit einer klebrigen Fangspirale ausstattet.

ll Die Spinne – in fünf Satzgefügen mit 8 Kommas

Die Spinne erklimmt einen Strauch den sie mit einem feinen Faden umspinnt der so lange waagerecht im Wind weht bis er sich irgendwo festhakt. Dann hangelt sich die Spinne an diesem Faden entlang den sie mit Seide aus ihrem Hinterleib verstärkt und so spinnt sie mehrere Fäden. Das tut sie so lange bis sie einen
5 Mittelpunkt für ihr Netz geschaffen hat. Von hier aus erweitert sie die Fäden zu einer Art Teppich den sie noch mit einer klebrigen Fangspirale ausstattet. An dessen Rand wartet sie bis sich ein Insekt im Netz verfängt.

lll Die Spinne – in sieben Satzgefügen mit 12 Kommas

Die Spinne erklimmt einen Strauch den sie mit einem ersten feinen Faden umspinnt der waagerecht im Wind weht. Dann hangelt sie sich an diesem Faden entlang wobei sie ständig Seide abspult damit der Faden an Halt gewinnt. Wenn sie sich dann wieder hinauf gehangelt hat heftet sie mit ihrem Hinterleib einen Rahmen-
5 faden fest. Danach zieht sie einen Faden zur Mitte des Netzes bis sie einen Punkt erreicht der später den Mittelpunkt des ganzen Netzes bildet und erweitert von hier aus die Fäden zu einer Art Teppich. An dessen Rand ist der Platz von dem aus sie auf ihre Beute wartet. Von diesem Warteplatz aus legt die Spinne eine Fangspirale die mit klebrigem Leim benetzt ist. Es dauert kaum eine halbe Stunde bis so ein kunst-
10 fertiges Netz fertiggestellt ist wie es bis heute keine Technik nachahmen kann.

Zeichensetzung

ttt Die Kommasetzung bei mehrgliedrigen Sätzen

Paul kam zur Party. Emma war weggegangen.

ttt **1** Ist das nicht rätselhaft? Mag Emma den Paul nicht? Bedauert Paul, dass sie weggegangen ist? Oder ist das zufällig passiert? Oder gleichzeitig oder nacheinander?
Wenn die Hauptsätze so nebeneinanderstehen, muss man sich selber ausdenken, warum oder wann das passiert ist. Wenn man die Hauptsätze aber mit Konjunktionen verbindet, wird es klarer.
Verbindet die beiden Hauptsätze mit unterschiedlichen Konjunktionen:
Bevor Paul zur Party kam, … – Paul kam zur Party, obwohl Emma…

Mary lachte. Jemand hatte einen Witz über sie gemacht.

ttt **2** Verbinde die beiden Hauptsätze mit einer Konjunktion so, dass deutlich wird:
a) Eigentlich mag es Mary nicht, wenn man über sie lacht.
b) Mary hat es ganz gern, wenn man über sie lacht.

ttt **3** Du hast schon gelernt: Nebensätze werden durch Kommas abgegrenzt. Schreibe die drei folgenden mehrgliedrigen Sätze ab und füge die Kommas ein.
Eine Hilfe bekommst du: Die Konjunktionen und Relativpronomen sind **fett** gedruckt.
Eine zweite Hilfe ist: Lies dir jeden Satz erst deutlich selbst vor, dann merkst du an den Pausen, wo ein Komma steht.

Sechs Kommas:

Manchmal fahre ich **obwohl** die Bushaltestelle nicht weit weg ist mit dem Rad in die Schule **was** aber kürzlich dazu führte **dass** ich beinahe einen Igel **der** über den Radweg lief überfahren hätte.

Sieben Kommas:

Der Igel musste mich gehört haben **da** er sich **als** ich abbremste zusammenrollte **sodass** ich ihn in den Straßengraben tragen konnte **wo** er **wie** ich beobachtete sofort davonlief.

Acht Kommas:

Das hatte mich **weil** ich mich mit dem Beobachten zu lange aufgehalten hatte so viel Zeit gekostet **dass** ich **als** der Unterricht schon begonnen hatte in die Schule kam **was** mir aber die Lehrerin **der** ich von meinem Erlebnis erzählte nicht übelnahm.

Die Kommasetzung in mehrgliedrigen Nebensätzen

Nebensätze, die mit einer **Konjunktion** eingeleitet werden, werden durch Komma(s) abgegrenzt:
Wir könnten doch, wenn du willst, das Referat gemeinsam vorbereiten, sobald wir einmal Zeit haben.

Nebensätze, die mit einem **Relativpronomen** eingeleitet werden, werden ebenfalls durch Kommas(s) abgegrenzt: *Am Sonntag komme ich in deine Wohnung, wo wir dann das Referat, das wir halten sollen, in den Rechner tippen.*

---

4 Lest euch den Text rechts gegenseitig vor. Sprecht dabei die Kommas mit:
*Taschendiebe haben am Donnerstag in Pirna hohe Beute gemacht **Komma** indem sie …*

5 Wenn du die Kommasetzung üben willst, kommst du leider nicht darumherum, einen Text abzuschreiben. Schreibe also den Text ab. Die **fett** gedruckten Konjunktionen und Relativpronomen helfen dir dabei, die Nebensätze zu erkennen.

6 Lest euch die ersten vier Sätze des Textes „Fair Play" zuerst gegenseitig vor. Setzt für die **?** eine Konjunktion oder ein Relativpronomen ein (siehe **WORTSCHATZ** auf Seite 254), sodass aus den **?**-Sätzen Nebensätze werden. Dabei müsst ihr in den Nebensätzen Umstellungen vornehmen:
Es geschieht manchmal etwas Merkwürdiges, das man sich nicht erklären kann, weil es überraschend eintritt.

8 Schreibe den Text nun mit den Nebensätzen auf. Tausche deine Ergebnisse mit einem Partner / einer Partnerin aus.

Diebe stehlen Geld und EC-Karte

Taschendiebe haben am Donnerstag in Pirna hohe Beute gemacht **indem** sie einem 82-jährigen Kunden eines Supermarktes die Geldbörse stahlen in **welcher** sich 1 200 Euro befanden. **Ob** die Täter bereits im Markt selbst oder auf dem Parkplatz zugeschlagen haben konnte das Opfer nicht sagen **da** es den Diebstahl nicht unmittelbar bemerkt hatte. Kurz danach nutzten die Täter die erbeutete EC-Karte aus **weil** sich auch diese im Portmonee befand **indem** sie am Geldautomaten 2 000 Euro abhoben. **Wenn** Zeugen den Diebstahl bemerkt haben sollten melden sie sich bitte bei der nächsten Polizeidienststelle.

Fair-Play

a) Es geschieht manchmal etwas Merkwürdiges. **?** Man kann sich das nicht erklären. **?** Es passiert überraschend.

b) Das Training hatte noch nicht begonnen. **?** Er kam in die Kabine. **?** Ein Schweigen breitete sich aus.

c) **?** Alle wandten sich von ihm ab. Er blieb ratlos stehen. **?** Sie hatten ihn doch immer freundlich empfangen.

d) **?** Er stupste einen an. Der drehte sich von ihm ab. **?** Er war doch sonst immer sein Freund.

e) Er dachte nach. **?** Hatte er etwas falsch gemacht? **?** Sie hatten gestern das Spiel verloren.

f) **?** Er war im Torraum der Gegner hingefallen. Der Schiedsrichter gab keinen Elfmeter. **?** Er warf ihm eine „Schwalbe" vor.

g) Er hatte es zugegeben. **?** Er konnte nicht lügen. **?** Er war gar nicht gefoult worden.

h) Die anderen Spieler hatten ihm die Schuld gegeben. **?** Ein hatte keinen Elfmeter ausgehandelt. **?** Der hätte ihnen ein Unentschieden gebracht.

i) Er hatte seinen Mitspielern erklärt. **?** Er fand das richtig. **?** Fair-Play ist ein Grundgesetz des Sports.

j) Die meisten Mitspieler lobten es. **?** Er hatte gehandelt. **?** Andere schüttelten nur mit dem Kopf.

Zeichensetzung

Recht-
schreibung
und Zeichen-
setzung

Die Kommasetzung bei Infinitivkonstruktionen

a) Pit hatte mir versprochen heute pünktlich zum Spiel da zu sein.
b) Meine Schwester hat die Absicht Mathematik zu studieren.
c) Richard ging ins Zimmer um das Gedicht zu lernen.
d) Wir empfehlen ihm zu folgen.

1 In den Sätzen a) bis d) befindet sich jeweils eine Wortgruppe, die einen Infinitiv mit dem Wörtchen *zu* (eine Infinitivkonstruktion) enthält.
- Findet in Partnerarbeit heraus, wo in den Sätzen die Infinitivkonstruktion beginnt und wo sie endet.
- Schreibt dazu die vier Sätze auf und unterstreicht die jeweilige Infinitivkonstruktion.
- Setzt an der Grenze zwischen der Infinitivkonstruktion und dem übrigen Satz ein Komma.
- Vergleicht eure Lösungen in der Klasse.

INFO

Die Kommasetzung bei Infinitivkonstruktionen

1. Infinitivkonstruktionen mit *zu* **können** grundsätzlich durch **Komma** vom übrigen Satz **abgegrenzt** werden. Man muss also nur wissen, wo die Infinitivkonstruktion mit *zu* beginnt und wo sie aufhört, denn an der Grenze zwischen ihr und dem übrigen Satz wird das Komma gesetzt: *Sie hoffte **(,)** irgendwann einmal nach Frankreich fahren zu können*.

2. In folgenden Fällen **müssen** Infinitivkonstruktionen mit *zu* durch Komma abgegrenzt werden:
   a) Sie werden mit **als, anstatt, außer, ohne, statt, um** eingeleitet:
   *Ich tue alles, **um** das Klassenziel zu erreichen*.
   b) Sie beziehen sich auf ein vorausgegangenes **Substantiv:**
   *Unser **Entschluss**, eine Radtour zu machen, steht schon lange fest*.
   c) Sie werden durch ein **Hinweiswort** wie **daran, darauf, es ...** im Satz **angekündigt:**
   *Er hat stets **daran** geglaubt, im Sommer an die Ostsee fahren zu dürfen*.
   d) Sie werden durch ein Hinweiswort wie **das, es, daran ...** im nachfolgenden Satz **wieder aufgenommen:**
   *Im Sommer an die Ostsee fahren zu dürfen, **daran** hat er stets geglaubt*.

3. Das Komma **sollte** immer dann gesetzt werden, wenn man Missverständnisse ausschließen will:
   Ich rate dir nicht alles zu sagen. → *Ich rate dir nicht, alles zu sagen.*
   → *Ich rate dir, nicht alles zu sagen.*

2 In den Sätzen a) bis d) aus Aufgabe 1 habt ihr bereits das Komma eingefügt.
- In zwei Sätzen **muss** das Komma stehen, in einem Satz **kann** es stehen.
- Und in einem Satz **sollte** das Komma gesetzt werden, um ein Missverständnis auszuschließen. Schreibe die entsprechenden Buchstaben auf. Notiere dahinter, welche Regel aus dem Infokasten auf welchen der vier Sätze zutrifft.

3 Schreibe die Sätze a) bis e) auf.
- Unterstreiche zuerst die Infinitivkonstruktion mit *zu* und markiere den übrigen Satz farbig.
- Setze dann zwischen die beiden Teile das Komma.
  Achtung: Einmal ist die Infinitivkonstruktion in den Satz eingeschoben.
- Schreibe hinter jeden Satz die zutreffende Regel aus dem Infokasten.
- Vergleicht eure Lösungen miteinander. Bei welchen Sätzen hattet ihr Schwierigkeiten?

a) Angélique hatte ihre Brieffreundin Emma eingeladen nach Frankreich zu kommen.
b) So käme Emma endlich auch dazu ihre Französischkenntnisse zu verbessern.
c) Und Angélique würde sich freuen sie endlich persönlich kennen zu lernen.
d) Emma hatte ohne einen Augenblick zu zögern sofort der Einladung zugestimmt.
e) Sie dachte daran für die Familie ihrer Freundin kleine Geschenke mitzunehmen.
f) Emma hoffte darauf ihre französische Aussprache zu verbessern.
g) Viel Zeit mit Angélique verbringen zu können das wäre ganz toll.
h) Geld um ihr Reisevorhaben zu verwirklichen hatte sie genug gespart.
i) Also hatte Emma beschlossen mit dem Flugzeug zu verreisen.
j) Einmal zu fliegen darauf war sie sehr neugierig.
k) Sie konnte es kaum erwarten ihre Reise anzutreten.

4 Zwei Partner lesen abwechselnd einen der Sätze von f) bis k) vor und sprechen die Kommas an den Stellen mit, an denen sie stehen müssten. Danach muss die Kommasetzung begründet werden. Orientiert euch an den Regeln im Infokasten.

5 Setze beim Abschreiben in die Sätze f) bis k) die Kommas ein. Notiere hinter jedem Satz die zutreffende Regel aus dem Infokasten.

6 In den folgenden Sätzen kannst du das Komma an zwei unterschiedlichen Stellen einfügen. Das Komma entscheidet, welche Bedeutung die Sätze haben sollen. Sprecht über eure Lösungen.
   a) Clara versprach Mia einen Brief zu schreiben.
   b) Carl bat uns unbedingt helfen zu dürfen.
   c) Felix beschloss heute Paula anzurufen.

7 Im folgenden Text fehlen sechs Kommas.
   Schreibe nur die Sätze auf, in denen Kommas fehlen.

Fuß vom Gas ist zu wenig

1) Die Anzahl von Unfällen mit Kindern im Straßenverkehr ist dramatisch gestiegen. 2) Deshalb müssen die Kraftfahrer stärker daran denken die Fahrgeschwindigkeit den konkreten Bedingungen anzupassen. 3) Wenn die Kinder mit dem Fahrrad unterwegs sind, dann sind sie fast nur mit sich beschäftigt. 4) Sicher müssen die Kinder auch lernen die Geschwindigkeit von Fahrzeugen richtig einzuschätzen. 5) Trotzdem sind vor allem die Erwachsenen gefordert aufmerksam und umsichtig zu fahren. 6) Nur den Fuß vom Gaspedal zu nehmen das reicht eben nicht aus. 7) Die ständige Bereitschaft vor Schulen sofort anhalten zu können ist mehr als je gefordert.

Zeichensetzung

Die Kommasetzung bei Partizipialkonstruktionen

Partizipialkonstruktionen solltet ihr vom übrigen Satz durch Kommas abgrenzen, z. B. so:

1. mit dem Partizip II

a) Genau **betrachtet**, ist es ein Fehler.
b) Das ist, genau **betrachtet**, ein Fehler.
c) Das ist ein Fehler, genau **betrachtet**.
d) Das, genau **betrachtet**, ist ein Fehler.
e) Genau **betrachtet**, ist das ein Fehler.
f) Das Verhalten, genau **betrachtet**, ist ein Fehler.

2. mit dem Partizip I

a) Aus vollem Halse **lachend**, kam sie zu uns.
b) Sie kam, aus vollem Halse **lachend**, zu uns.
c) Sie kam zu uns, aus vollem Halse **lachend.**
d) So, aus vollem Halse **lachend**, kam sie zu uns.
e) Aus vollem Halse **lachend**, so kam sie zu uns.
f) Meine Schwester, aus vollem Halse **lachend**, kam zu uns.

1 Untersucht, an welchen Stellen in den Sätzen Kommas stehen.
- Überprüft, ob es zwischen der Kommasetzung bei den Konstruktionen mit dem Partizip II und denen mit dem Partizip I Unterschiede gibt.
- Lest euch die Sätze gegenseitig vor und sprecht die Kommas mit.

2 Wählt euch nun die Sätze a)–f) oder g)–l) aus. Schreibt diese Sätze ab und setzt die Kommas. Unterstreicht jeweils die Partizipialkonstruktion.
a) Wenig beeindruckt von Majas Worten ging Lisa einfach weiter.
b) Lisa ging wenig beeindruckt von Majas Worten einfach weiter.
c) Lisa ging einfach weiter wenig beeindruckt von Majas Worten.
d) Wenig beeindruckt von Majas Worten so ging Lisa weiter.
e) So wenig beeindruckt von Majas Worten ging Lisa weiter.
f) Lisa wenig beeindruckt von Majas Worten ging einfach weiter.
g) Seine Redekarten in der Hand haltend hielt Elias seinen Kurzvortrag.
h) Elias hielt seine Redekarten in der Hand haltend seinen Kurzvortrag.
i) Elias hielt seinen Kurzvortrag seine Redekarten in der Hand haltend.
j) Seine Redekarten in der Hand haltend so hielt Elias seinen Kurzvortrag.
k) So seine Redekarten in der Hand haltend hielt Elias seinen Kurzvortrag.
l) Elias seine Redekarten in der Hand haltend hielt seinen Kurzvortrag.

Die Kommasetzung bei Partizipialkonstruktionen

Partizipialkonstruktionen enthalten als Kern entweder ein **Partizip I** *(singend)* oder ein **Partizip II** *(getroffen, beeindruckt)*. Sie stehen manchmal anstelle von Nebensätzen in Texten.

Partizipialkonstruktionen sollten **grundsätzlich** immer durch **Kommas** vom übrigen Satz **abgegrenzt** werden. Sie helfen nämlich, die Gliederung des Satzes zu verdeutlichen. Sie ermöglichen es dem Leser, den Satz besser verstehen zu können. Man muss nur wissen, wo die Partizipialkonstruktion beginnt und wo sie endet:
*Die Zuschauer**,** <u>in großer Zahl erschienen</u>**,** waren vom Spiel begeistert.*
<u>*Laut schreiend*</u>**,** *feuerten sie ihre Mannschaft an.*

3 Lest die folgenden Sätze vor und sprecht die Kommas an den Stellen mit, an denen sie stehen müssten.

a) Laut schreiend wachte Pit aus seinem Albtraum auf.

b) Von ihrer langwierigen Krankheit erholt belegte Amelie gleich wieder einen guten dritten Platz im Weitsprung.

c) Nur langsam kamen die Wanderer von der brennenden Sonne geplagt auf ihrer Tour voran.

d) Von den Fans lautstark unterstützt so gewann unsere Mannschaft das Endspiel.

e) Der Torwart musste von einem Schuss aus nächster Nähe getroffen verletzt ausgewechselt werden.

f) Mein Großvater kam die Treppe herauf schwer atmend und auf einen Stock gestützt.

4 Schreibe drei Sätze aus Aufgabe 3 ab und füge die Kommas ein:
• einen Satz mit der Partizipialkonstruktion am Anfang des Satzes,
• einen Satz mit der Partizipialkonstruktion in der Mitte des Satzes,
• einen Satz mit der Partizipialkonstruktion am Ende des Satzes.

Am Fluss

1) (…) Wir konnten an dem einen Ende stehend das andere Ende der Brücke kaum ausmachen.

2) Tagtäglich überquerten die einrädrigen Schubkarren die Brücke beladen mit Säcken voll Reis und Mehl.

3) Wir saßen an ihr nur das gedämpfte Murmeln der Wellen vernehmend.

4) Kaum aber angelangt erfüllten die Karren alles mit Lärm und Getöse.

5) Mit äußerster Kraftanstrengung stießen schweißüberströmte Kulis fest die Zähne zusammenbeißend ihre Karren auf die höher liegende Brücke.

6) In diesem Moment tauchte der rotgesichtige Dickwanst auf eilfertig nebenherlaufend und laut schreiend.

7) Er streckte ebenso schwitzend wie die Kulis den Fuhrleuten die Hand entgegen. (…)

5 Füge beim Abschreiben der Sätze die Kommas an der richtigen Stelle ein. In drei / vier Sätze musst du jeweils ein Komma, in einen Satz / drei Sätze musst du jeweils zwei Kommas setzen.

6 In den folgenden Sätzen sind die Partizipialkonstruktionen fehlerhaft gebraucht.
• Sprecht darüber, woran das liegen kann.
• Schreibe die Sätze korrekt auf. Achte auf die Kommas.

a) Der Bus mit den Ferienkindern fuhr fröhliche Lieder singend langsam weiter.

b) Unter Alkoholeinfluss stehend wurde das Türschloss von einem Dieb aufgebrochen.

c) Kaum das Frühstücksbrot aufgegessen wurde die Arbeit von den Technikern fortgesetzt.

d) Mit Farbe übergossen nahm der Keramiker die Figuren aus dem Bottich.

Recht- schreibung und **Zeichen-** setzung

Zeichensetzung

Die Zeichen der wörtlichen Rede

Die Zeichensetzung bei der wörtlichen Rede habt ihr über viele Schuljahre hin geübt. Trotzdem geschieht es beim Schreiben eurer Texte immer wieder, dass ihr manche Zeichen vergesst – oder falsch setzt. Deswegen findet ihr auf diesen Seiten zur Wiederholung noch einmal die wichtigsten Regeln und einige Übungen.

INFO

Die Zeichen der wörtlichen Rede

Wörtliche Reden bestehen aus einem **Redesatz** und einem **Begleitsatz**.
Im **Redesatz** steht, **was** einer sagt. Im **Begleitsatz** steht, **wer** es sagt.

1. **Vorausgestellter** Begleitsatz: *Er fragte:* „Kommst du morgen zu Besuch?"
2. **Nachgestellter** Begleitsatz: „Kommst du morgen zu Besuch?", *fragte er.*
                                       „Ich komme so gegen vier Uhr (kein Punkt)", *sagte sie.*
3. **Eingeschobener** Begleitsatz: „Ich komme", *sagte sie,* „so gegen vier Uhr."

1 Dass der Redesatz in Anführungszeichen steht, das vergisst man meistens nicht. Aber wie ist es mit den anderen Satzzeichen? Schaut euch die vier Beispielsätze im Infokasten an. Besprecht, an welcher Stelle der Doppelpunkt, die Kommas, der Punkt und das Fragezeichen stehen.

2 Schreibe die folgenden Sätze mit allen Zeichen der wörtlichen Rede auf, die hier weggelassen sind.
   a) Sie sagte Ja, ich besuche dich   b) Das ist ja wunderbar rief er
   c) Hast du fragte sie etwas anderes erwartet d) Nein, das habe ich nicht antwortete er

3 Schreibt die vier Sätze an die Tafel. Vergleicht! Habt ihr die Kommas, Ausrufezeichen und Fragezeichen alle an die richtigen Stellen gesetzt?

4 Hier sind vier Sätze, die genauso aufgebaut sind wie die Sätze im Kasten. Schreibe sie auf und setze alle Satzzeichen:
   a) Sie fragte Was wünschst du dir denn zum Geburtstag
   b) Willst du mir wirklich etwas schenken fragte er zurück
   c) Zum Geburtstag muss man doch etwas mitbringen sagte sie
   d) Ich hätte gern ein Hörbuch sagte er mit einem spannenden Krimi

ttt **5** Verbinde die Teile folgender Regelsätze:

Steht der **Begleitsatz vor** dem **Redesatz**, …   … dann stehen Frage- und Ausrufezeichen innerhalb der Redezeichen, und der Punkt entfällt.

Steht der **Begleitsatz nach** dem **Redesatz**, …   … dann wird er durch zwei Kommas vom Redesatz abgegrenzt.

Ist der **Begleitsatz** in den **Redesatz eingeschoben**, …   … dann stehen Frage- und Ausrufezeichen und auch der Punkt innerhalb der Redezeichen.

6 Schreibe einen der Witze ab und setze die fehlenden Zeichen ein.

l Ein Radfahrer fährt mit einem laut scheppernden Schutzblech auf dem Radweg. Ein anderer fährt hinter ihm her und ruft *Hallo, dein Schutzblech scheppert* Aber der Radfahrer hört ihn nicht. Da fährt der andere an ihm vorbei. *Hallo, dein Schutzblech scheppert* brüllt er. *Kann nichts verstehen* brüllt der Radfahrer zurück *mein Schutzblech scheppert so*

ll Sag mal fragt Müller kann man dem Schulze eigentlich trauen? Wie meinst du das? fragt Meyer. Na, ist der wohl ehrlich? fragt Müller. Du meine Güte! antwortet Meyer Dem würde ich nie die Hand geben, ohne nachher meine Finger nachzuzählen.

lll Pitt zeigt auf eine Frau und fragt Pott Kannst du mir sagen, was die dort immerzu sucht Pott antwortet Ihr Portmonee natürlich Woher fragt Pitt willst du das eigentlich wissen Na sagt Pott ich hab es gefunden

7 Schreibe den nächsten Witz auf.
Dabei soll der Begleitsatz aber immer nach dem Redesatz stehen.

Die Tochter hört ihren Vater laut schnarchen. Sie sagt zu ihrer Mutter: „Niemals werde ich einen Mann heiraten, der schnarcht." Die Mutter sagt: „Das habe ich in deinem Alter auch gesagt." Die Tochter fragt die Mutter: „Na und? Warum hast du dich nicht daran gehalten?" Die Mutter antwortet: „Als ich es wusste, war es bereits zu spät."

8 Im folgenden Text gibt es Fehler bei der Zeichensetzung zur wörtlichen Rede.
Schreibe die markierten Redesätze mit ihren Begleitsätzen korrigiert auf.

Apfelstrudel

Nepomuk Stingl, der Besitzer eines Gartens, beobachtete, wie Daniel und seine Freundin Luisa Äpfel von seinen Bäumen stahlen. „Was machen die denn dort!" rief er. Die beiden sahen ihn zwar oben an seinem Fenster stehen, aber hörten nicht, was er sagte. Daniel sagte: „Komm, liebste Luisa, lass uns abhauen!"

5 „Ja," sagte Luisa, sonst erwischt er uns noch." Die beiden schleppten den mit Äpfeln gefüllten Korb schnell nach Hause. „Ich freue mich schon auf den schönen Apfelstrudel!", sagte Daniel. „Ja", sagte Luisa, „lass uns gleich anfangen"! Als der Kuchen fertig war, stellten sie ihn zum Abkühlen auf das Fensterbrett. Nepomuk Stingl hatte aber alles beobachtet. „Den hole ich mir! sagte er."

10 Und schwupps, hatte er ihn schon unter dem Arm und lief damit um die Häuserecke. Als Daniel, dem schon das Wasser im Mund zusammenlief, den abgekühlten Apfelstrudel vom Fensterbrett holen wollte, schrie er: „Er ist weg! Einfach verschwunden!" „Wer kann nur so ehrlichen Leuten einen Apfelstrudel stehlen?" rief Luisa. „Ich ahne es," sagte Daniel. Und dann verfolgten sie Nepomuk Stingl.

15 Als sie in sein Haus kamen, sahen sie, wie er gerade in den Apfelstrudel hineinbiss. „Schön, dass Sie kommen, meine Lieben," sagte er. „Meine Äpfel in Ihrem Kuchen! Einfach herrlich! Wollen Sie auch ein Stück haben?" Und dann aßen sie zu dritt den wunderbaren Apfelstrudel.

Zeichensetzung

Die Kommsatzung bei Appositionen

> Besuchen Sie die „Promenaden", das Einkaufsparadies im Leipziger Hauptbahnhof!

> Der Besuch des Tippelmarktes, einer traditionellen Verkaufsmesse in Görlitz, lohnt sich immer.

> Freiberg, die 850-jährige Silberstadt, lädt ein zum Tag der Sachsen.

> Auf zum Sachsenring, dem Ort rasanter Motorradrennen!

1 Lest euch die vier Sätze vor. Achtet dabei darauf, an welchen Stellen ihr eine Sprechpause gemacht habt. Begründet eure Meinung.

2 In jedem der vier Sätze bezieht sich die in Kommas eingeschlossene Wortgruppe (Apposition) auf ein Substantiv.
- Nennt die Substantive (die Bezugswörter).
- Überprüft, in welchem Fall jeweils Bezugswort und Apposition stehen.

Apposition

Eine **Apposition** ist eine Wortgruppe, die sich auf ein vorausgehendes **Substantiv** bezieht. Sie hat die Aufgabe, das Substantiv näher zu bestimmen.
Die Apposition steht im **selben Fall** wie das Bezugswort.
Appositionen werden durch **Kommas** abgegrenzt:

*Der Rektor überreichte **dem Schüler** Tom Ziehe**, dem Sieger im Vorlesewettbewerb,** eine Urkunde.*

↓	↓
Bezugswort	**Apposition**
Dativ	Dativ

3 Lies dir den folgenden Text zunächst einmal ganz durch.

Eiffelturm

a) Der Eiffelturm gehört zum Pflichtprogramm jedes Besuches in der französischen Hauptstadt.
   (das 324 Meter hohe Wahrzeichen von Paris)
b) In 300 Metern Höhe hat man ein unvergessliches Vergnügen.
   (ein unbeschreiblicher Panoramablick über die Stadt)
c) Der Eiffelturm wurde im Jahr 1889 der Öffentlichkeit übergeben.
   (das 100. Jubiläumsjahr der Französischen Revolution)

d) Die ungewöhnliche Stahlkonstruktion von Gustave Eiffel wurde damals von den Einwohnern als ein „Schandfleck der Stadt" bezeichnet.
(ein französischer Ingenieur)

e) Manche Einwohner befürchteten, dass der Turm bei einem starken Sturm umfallen könnte.
(diese gigantische Konstruktion aus 7300 Tonnen Stahl)

ttt f) Doch der Eiffelturm steht heute noch, und viele Besucher genießen den Blick auf Paris aus dem Jules-Verne-Restaurant.
(ein hervorragendes Speiselokal)

g) In den Innenräumen der Stahlkonstruktion kaufen ausländische Touristen vor allem ein Souvenir.
(eine Miniaturausgabe des Eiffelturms)

4 Füge die in Klammern stehende Wortgruppe als Apposition in die Sätze ein.
- Unterstreiche in den Sätzen die Bezugswörter für die Appositionen.
- Achte darauf, dass die Apposition im selben Fall wie das Bezugswort steht.
- Vergiss nicht, die Kommas zu setzen.

Schreibe die Sätze so auf:

a) Der Eiffelturm, das 324 Meter hohe Wahrzeichen von Paris, gehört zum Pflichtprogramm jedes Besuches in der französischen Hauptstadt.

5 Lest euch in Partnerarbeit die folgenden Sätze gegenseitig vor und sprecht die fehlenden Kommas dabei mit.

Bekannte Persönlichkeiten

a) Die Brüder Jacob und Wilhelm Grimm die Herausgeber der Kinder- und Hausmärchen beschäftigten sich auch intensiv mit der Sprachwissenschaft.

b) Robert Koch der bedeutende Arzt und Bakteriologe entdeckte 1882 die Erreger einer weitverbreiteten Krankheit der Tuberkulose.

c) Pöppelmann ein berühmter Architekt in der Barockzeit schuf den weltbekannten Dresdner Zwinger.

d) Die Sammlung *Ich weeß nich, mir isses so gomisch* stammt von Lene Voigt der bekannten sächsischen Schriftstellerin.

e) Manfred von Ardenne der erfolgreiche Forscher auf dem Gebiet der Funk- und Fernsehtechnik ist Ehrenbürger der Stadt Dresden.

6 Sucht euch drei Sätze aus und schreibt sie richtig auf.

ttt **7** Wie viele Personen sind im Großen Garten von Dresden spazieren gegangen? Und wie viele sind zur Burg Stolpen gefahren? Begründe deine Entscheidung.

a) Annika, meine Freundin, sowie Andi, mein Bruder und ich sind im Großen Garten von Dresden spazieren gegangen.

b) Sowohl Tommy, mein Cousin, als auch meine Kusine, mein Onkel, und Peter, mein Bruder, sowie Carl, mein Freund, und meine Tante sind zur Burg Stolpen gefahren.

Recht-
schreibung
und **Zeichen-**
setzung

Die Kommasetzung bei nachgestellten näheren Erläuterungen

> Ich höre gern Musik von Coldplay.

> Ich höre gern Musik, besonders von Coldplay.

> Ich komme zu dir mit dem Bus nach Zittau.

> Ich komme zu dir nach Zittau, und zwar mit dem Bus.

1 Vergleicht jeweils beide Satzpaare miteinander.
- Was hat sich äußerlich im zweiten Satz geändert?
- In welchen Sätzen wird welche Wortgruppe besonders hervorgehoben?

2 Formuliere die folgenden beiden Sätze nach dem Muster aus Aufgabe 1 um.
Du kannst dafür die Wörter *nämlich* und *vor allem* benutzen.
 a) Die mecklenburgisch-vorpommersche Küste beginnt im Westen
   mit der Wismarbucht und dem Salzhaff.
 b) Diese Küste lockt wegen ihrer Formen und schönen Strände viele Touristen an.

INFO

Nachgestellte nähere Erläuterungen

Nachgestellte Wortgruppen können bestimmte Angaben eines Satzes, die dem Schreiber /
der Schreiberin wichtig sind, besonders hervorheben. Solche Wortgruppen nennt man
nachgestellte nähere Erläuterungen.
Diese näheren Erläuterungen können mit solchen Wörtern wie *und zwar, nämlich, also, besonders,*
insbesondere, das heißt (d. h.), unter anderem (u. a.), zum Beispiel (z. B.) eingeleitet werden:
Ich habe heute den ganzen Tag gelernt, besonders für Mathe und Physik.

Nachgestellte nähere Erläuterungen werden immer durch **Kommas** vom übrigen Satz getrennt:
Der Bus verkehrt nur einmal in der Woche, und zwar immer sonntags.
In der nächsten Unterrichtsstunde, also in der Deutschstunde, werden wir über den kommenden
Wandertag sprechen.

3 Schreibe sinnvolle Sätze mit nachgestellten näheren Erläuterungen auf.
Benutze dazu das folgende Wortmaterial. Die Wörter, die diese Erläuterungen
einleiten, findest du im Infokasten. Achte beim Schreiben auf die Kommasetzung.
 a) Ich freue mich auf euren Besuch, besonders auf euren Dackel Tom.

a)	ich mich auf euren Besuch freuen	auf euren Dackel Tom
b)	sich für die Leichtathletik interessieren	für den Sprint
c)	wir einige Städte in Sachsen besuchen	Grimma und Marienberg
d)	ich viel und gern lesen	Fantasy-Romane
e)	ich auch Comics interessant finden	Asterix und Obelix
f)	ich gern früher zu Besuch kommen	schon am Sonntagmorgen
g)	ich bald Geburtstag haben	am 30. Juli

Zeichensetzung

Überprüfe dein Wissen und Können

1   Woran erkennt man einen Nebensatz? Eine Aussage ist richtig.
Einen Nebensatz erkennt man …
a) daran, dass immer ein Komma danach steht.
b) an der Konjunktion oder dem Relativpronomen am Anfang und dem Verb am Schluss.
c) am Verb am Anfang und der Konjunktion am Schluss.

2   Schreibe den folgenden Satz ab. Setze die Kommas. Zeichne das Satzmodell.
Ich komme sobald ich kann zu dir.

3   Schreibe einen Satz auf, in dem auf den Hauptsatz ein Relativsatz folgt.

4   Verbinde die beiden Sätze mit *das* oder *dass*.
Sie lobte ihr Pferd dafür, * es über die Hürde sprang.
Sie lobte ihr Pferd, * über die Hürde sprang.

5   Verbinde jeweils die beiden Sätze in einer Zeile mit Konjunktionen zu einem Satzgefüge.
Drei der Konjunktionen passen: *weil, wenn, als, sodass, ob, obwohl.*
a) Es hatte ein großes Unwetter gegeben. Das Popkonzert begann.
U UU b) Die Zuschauer waren enttäuscht. Das Konzert wurde abgesagt.
UU c) Wird das Konzert wiederholt? Das weiß keiner.

6   Im folgenden Text sind drei Kommas zu wenig und ein Komma zu viel gesetzt.
Schreibe den Text richtig auf.
Weil die Züge oft nicht pünktlich sind, kommen viele Reisende zu spät. Besonders
ärgerlich ist es wenn sie ihre Anschlusszüge verpassen. Zu Verspätungen kann es,
auch wenn die Bahn keine Schuld trifft immer wieder kommen. Häufig führen Unfälle
an Bahnübergängen, dazu dass die Fahrpläne durcheinandergeraten.

7   Die folgenden Sätze sind alle sehr kurz. Mache einen Text daraus, der aus
Haupt- und Nebensätzen mit *weil, als, obwohl, das* besteht.
Ich war heute Morgen müde. Ich bin zu spät ins Bett gegangen. Ich sah auf den Wecker.
Es war schon sieben Uhr. Ich sprang aus dem Bett. Ich war noch gar nicht richtig wach.
Ich packte mein Frühstück in die Tasche. Ich konnte es dann im Schulbus essen.

l U **8**   Schreibe den Witz ab und setze die fehlenden Satzzeichen ein.
Zwei Flöhe haben Lotto gespielt wobei der eine 1000 Euro gewonnen hat.
Was machst du denn jetzt mit dem vielen Geld fragt der eine.
Oh, sagt der andere, ich kauf mir einen Hund ganz für mich allein

UU **9**   Schreibe den Witz mit allen dazugehörigen Satzzeichen auf.
Mimi fragt Lilli Wo kommst du denn her Aus dem Schönheitssalon sagt Lilli Und bist
du nicht drangekommen fragt Mimi Das ist aber schimpft Lilli ein beknackter Witz

Sprache und Sprachgebrauch

Sprachgebrauch
Gesprochene Sprache – geschriebene Sprache

1 Hier haben wir einmal aufgeschrieben, wie jemand mündlich
von einem Erlebnis erzählt.
- Lest euch den Text gegenseitig vor.
- Lest so, dass man hört: Das ist alles **mündlich erzählt** worden.

Was ich erlebt habe

Heut Vormittag, da hab ich – da bin ich mit ʼm Rad am Kiesteich lang –
und da hör ich auf einmal son Gewinsel von fern. Na, ich kuck mich um –
und da is doch – äh da seh ich, wie sich da irgendwas im Wasser
bewegt. Der ganze Teich war zugefroren – also, eigentlich nicht der ganze,
5 in der Mitte, da war nämlich noch ʼn schwarzes Loch. Und da hinten hat
sich was bewegt. Ich steige vom Rad ab und denke: Das guckste dir mal
genauer an. Wow! Da seh ich, wie da ein Hund rumpaddelt. Der bellte –
ähm, jaulte so heiser – nee, eigentlich winselte er nur noch.

Ich rutsche runter ans Ufer vom Teich und schreie: „Na, komm schon! Du
10 schaffst es!" Aber der flutscht immer wieder vom Eis ab und rutscht ins
Wasser. Da kommste nicht ran, dachte ich. Ich also mein Handy raus und
die 112 gewählt und denen verklickert, was hier los ist. Die haben mir
auch gleich gesagt, die kommen sofort. Ich hab noch gedacht: Hoffentlich
ersäuft der nicht, eh die Feuerwehr kommt! Das dauerte und dauerte!

15 Aber dann kamen se endlich doch. Ich winke, und die steigen aus und
sehen sich das an, was da hinten los ist. Sie holten so ein langes Ding –
ähm son Schlitten aus ihrem Wagen raus und haben ein Seil dran
gemacht. Und dann hat sich einer so draufgelegt – so mit ʼm Bauch –
und hat sich mit den Händen aufs Eis raus geschoben. Hinten am Seil
20 haben ihn zwei festgehalten. Erst is das alles – äh, hat das alles nich hinge-
haun – die ganze Rettungsaktion. Aber nach einer halben Ewigkeit hatte
der auf dem Brett den Hund gepackt. Und die hinten haben am Seil
gezogen und den Mann mit dem Hund ans Ufer gezerrt. Manno – der
zitterte vielleicht! Gleich ne Decke drüber und in den Wagen rein! Und
25 da kam auch schon sein Herrchen, der hatte seinen Watzmann – so heißt
er – gesucht. Der eine Mann – der von der Feuerwehr – der hat noch
gesagt: „Wenn der nich so kräftig wäre, dann hätt er nich überlebt." Dann
fragte noch einer: „Wie issn das überhaupt passiert?" Und der Mann
von dem Hund hat gesagt: „Der is einfach ausgebüxt, und ich hab ihn
30 gesucht." Jedenfalls hat der eine von der Feuerwehr gesagt: „Wenn der Junge nicht zufällig vorbeigekommen wäre – bei dem können Sie sich bedanken!" Und das hat der dann auch gemacht.

2 Die Geschichte liegt euch hier in geschriebener Form vor.
Woran merkt ihr aber, dass sie in Wirklichkeit gesprochen worden ist?
Sucht Beispiele dafür heraus:

Wahl der Worte, Umgangssprache: ich kuck mich um …
Aussprache der Wörter: mit 'm Rad …
Wiederholungen: da … und da …
Verbesserungen: da hab ich – da bin ich …
Unvollständige Sätze: Ich also mein Handy raus …

3 In geschriebener Sprache würden manche Sätze anders aussehen.
Nehmt euch in Gruppen- oder Partnerarbeit einzelne Sätze vor und sprecht darüber,
wie ihr sie in einem geschriebenen Text wiedergeben würdet:

Gesprochen:
Heut Vormittag , da hab ich – da
bin ich mit 'm Rad am Kiesteich
lang – und da hör ich auf einmal
son Gewinsel von fern. …

Geschrieben:
Heute Vormittag fuhr ich mit dem
Fahrrad am Kiesteich entlang.
Plötzlich hörte ich von fern ein
Gewinsel. …

4 Schreibe den Text so auf, dass ein Erlebnistext in geschriebener Sprache daraus wird:
I den ersten Absatz, *II* die ersten beiden Absätze, *III* den ganzen Text.

Gesprochene Sprache – geschriebene Sprache

INFO

Die **gesprochene** Sprache ist eine Sprache zum **Hören**.
Der **Sprecher** redet hintereinander weg. Er hat **wenig Zeit** zu überlegen, was er sagt.
Der **Partner**, zu dem er spricht, steht ihm **direkt gegenüber** und kann **nachfragen**,
wenn er etwas nicht verstanden hat. Deswegen kann sich der Sprecher **korrigieren**,
und seine Sätze müssen **nicht immer vollständig** sein.

Die **geschriebene** Sprache ist eine Sprache zum **Lesen**.
Der **Schreiber** hat **viel Zeit** zu überlegen, wie er seine Sätze bilden möchte.
Er kann zwischendurch beim Schreiben Pausen einlegen.
Der **Partner**, für den er schreibt, liest das Geschriebene erst **später**. Er kann **nicht
unmittelbar nachfragen**. Deswegen muss der Schreiber so schreiben, dass seine Sätze
vollständig und **richtig** sind, sonst kann es zu Missverständnissen kommen. Der Leser
kann andererseits den Text **mehrere Male** lesen, wenn er etwas nicht gleich versteht.

5 Macht einmal folgendes Experiment:
In der Tischgruppe erzählt jemand etwas, was sie / er gestern erlebt hat, zum Beispiel:
*Gestern – da war ich – hab ich mit Maria – das ist meine Freundin – da sind wir
zusammen auf die Pferdekoppel – und da haben wir die Pferde gefüttert …*
Schreibt dann auf, was euer Mitschüler / eure Mitschülerin gesagt hat:
*Gestern hat Doro zusammen mit ihrer Freundin Maria auf der Pferdekoppel
die Pferde gefüttert.*

Sprachgebrauch

Standardsprache – Umgangssprache

Bei der Tierärztin

Hi, Andi!

Hi, Alexandra! Was hat'n dein Hund?

Is in'n Dorn reingelatscht. Steckt inner Pfote, vorn, die rechte.

5 Und wie is das passiert?

War'n Vogel im Gebüsch drin.

Isser gleich reingeprescht, wollte den Vogel jagen. Und da hat er sich, da war'n Brombeeren und so, und da hat er sich den Dorn reingejagt.

10 Tut wohl höllisch weh, oder?

Kannste annehm! Is ganz dick die Pfote!

Eh, hättste ihn doch selber rausziehn könn den Dorn.

Hab ich versucht, ehrlich. Is aber abgebrochen.

15 Auweia!

Tschüss, ich muss rein!

Guten Tag, Alexandra. Was hat denn der Kleine?

Guten Tag, Frau Doktor. Er ist in einen Dorn getreten. Vorn in der rechten Pfote

5 steckt er.

Wie konnte das denn geschehen?

Er wollte einen Vogel im Gebüsch jagen. Da war aber alles voller Brombeeren. Und dabei hat er sich verletzt.

10 Na, das wollen wir uns einmal anschauen! Leg ihn mal auf den Tisch!

Ich habe selbst schon versucht, den Dorn rauszuziehen. Das ist mir aber nicht geglückt.

15 O, der steckt ja tief drin! Aber den haben wir gleich! So. Und nun wird noch ein Antiseptikum auftragen!

Kann er jetzt wieder richtig laufen?

Es wird schon bald wieder gehen. Auf

20 Wiedersehn, Alexandra. Und alles Gute!

Auf Wiedersehn. Und danke!

INFO

Standardsprache

Umgangssprache

Die **Standardsprache** oder „Hochsprache" ist diejenige Sprache, die in der Öffentlichkeit, im Unterricht und in den Medien **gesprochen** und **geschrieben** wird.

Die **Umgangssprache** wird im privaten Umgang (z. B. auf dem Schulhof) vor allem **mündlich** verwendet. Sie besteht zum größten Teil aus Wörtern der Standardsprache, enthält jedoch eine große Anzahl umgangssprachlicher Ausdrücke.

In der Regel nehmen wir beim Sprechen **Rollenwechsel** vor. Je nachdem, welchen **Gesprächspartner** wir haben oder in welcher **Situation** wir uns befinden, sprechen wir eher die Standardsprache oder die Umgangssprache.

1 Spielt diese Szene nach. Welche Personen ihr dafür braucht – und was sie sagen, könnt ihr dem Text entnehmen.

2 Alexandra macht in ihrer Sprache etwas, was man „sprachlichen Rollenwechsel" nennt. Erklärt den Begriff, indem ihr euch genauer anschaut – oder anhört, wie Alexandra einerseits mit Andi – und andererseits mit der Tierärztin spricht.

3 Auch ihr sprecht mit verschiedenen Menschen auf unterschiedliche Weise. Gebt Beispiele dafür. Und sprecht darüber, warum ihr das tut.

4 Gebt in eigenen Worten wieder, was das Schaubild im Infokasten zeigt.

Szenesprache – Jugendsprache – Fachsprache

1   Lest diesen Dialog mit verteilten Rollen.

Aus einem Interview mit einer Sängerin

Ich habe gehört, Giulia, du hast früher mal mit den Jungs einer Boygroup gearbeitet.
  Okay. Da hab ich mal als Backgroundsängerin angefangen. War ne echt crazy Group!
  Fancy Boys! Manchmal chatten wir noch.
Und heute? Du arbeitest heute mit Tommy M. zusammen. Stimmt's?
5   *Ja, ich mach die Vocals und er den Soundtrack.*
Und du stehst auf Pop! Oder?
  Nicht wirklich! Am liebsten Ballads und so. Das ist echt mein Sound. I like it!
Dein Job ist ja ziemlich anstrengend. Wie hältst du dich fit?
  Na ja, Body-Styling. Find ich halt ziemlich cool. Am geilsten find ich aber Skaten.
10 Du hetzt ja dauernd von Ort zu Ort, oder?
  Ja, ich trete an verschiedenen Locations auf: Berlin, Hamburg, Kiel.
  Trotzdem wohn ich jetzt wieder auf dem Dorf – really! Da staunst du!
Bist du noch mit diesem Jack zusammen? Ihr wart doch mal …
  Auf keinsten! Dieser Lauch …, voll der Fake! Verstehste?
15 Gestatte noch eine letzte Frage, Giulia: Datest du zurzeit jemanden?
  Jup! Ich bin im Moment an einen Freund vergeben. Genügt das?
Ja. Ich danke dir für dieses Interview.
  Okay! Und ich danke dir, dass du nicht auch noch mein Tattoo checken wolltest!

2   Charakterisiert die Redeweisen der beiden. Wie unterscheidet sich ihre Sprache?

3   Warum verwendet der Popstar wohl so viele Wörter der **Szenesprache**?

Szenesprache – Jugendsprache – Fachsprache

Wenn Jugendliche über Sport, Musik oder andere Hobbys sprechen, verwenden sie oft eine Mischung aus Ausdrücken der **Standardsprache** *(auf dem Dorf, einen Freund …)*, **Szenesprache** *(crazy Group, Body-Styling …)*, **Jugendsprache** *(ziemlich cool, checken …)* und **Fachsprache** *(Vocals, Soundtrack …)*. Viele dieser Wörter übernehmen sie dabei aus dem Englischen, sodass ein Gemisch aus verschiedenen Sprach-Codes entsteht, das oftmals nur verstanden werden kann, wenn man der gleichen Gruppe angehört.

INFO

4   Welche Wörter der Szene- und Fachsprache gebraucht ihr selbst manchmal? Zum Beispiel: beim Fußball, beim Reiten, beim Ballett, in der Musikschule …
Stellt eine kleine Liste zusammen.

5   Welche Wörter in diesem Interview könnte man eher als **eingewanderte Fremdwörter** bezeichnen? Welche sind eher Wörter der **Szenesprache**?

Sprachgebrauch

Sprachliche Missverständnisse

1   Über sprachliche Missverständnisse werden immer wieder Witze gemacht.
Hier sind neun Witze. Lest sie euch vor.

Witz 1

Fragt die Lehrerin in der Grundschule:
„Wer kann mir einige Tiere nennen, die bei uns nicht vorkommen?"
Meldet sich der kleine Janosch: „Dackel!"
Sagt die Lehrerin: „Wieso denn Dackel? Die kommen bei uns doch überall vor!"
Da protestiert Janosch: „Da irren Sie sich aber! Wenn unser Dackel unter dem Bett liegt, da kannst du rufen und rufen, der kommt bei uns nicht vor!"

Witz 2

Sitzt ein Mann in einem Café. Er schaut nervös auf sein Handy und wischt darauf herum.
Kommt der Kellner und fragt: „Was hätten's denn gern?"
Der Mann wischt weiter und murmelt: „Eine Tasse Milchkaffee und zwei Hörnchen!"
Sagt der Kellner: „Leider sind keine Hörnchen mehr da!"
Der Mann wischt konzentriert auf seinem Handy.
„Was?", fragt er. „Dann geben Sie mir einen Tee und zwei Hörnchen!"
Sagt der Kellner: „Ich sagte Ihnen schon, dass wir keine Hörnchen mehr haben."
„Macht nichts!", sagt der Mann und wischt noch immer. „Dann bringen Sie mir einfach nur zwei Hörnchen!"

Witz 3

Ein Mann kurbelt das Autofenster herunter und fragt eine Türkin, die am Straßenrand steht:
„Wo geht es denn hier nach Aldi?"
Sagt die Frau: „Zu – Aldi!"
„Was, schon zu?", sagt der Mann, „Dann versuch ich es morgen noch mal."

Witz 4

„Hast du schon gelesen?", fragt der Mann seine Frau. „Der Müller ist von der Zugspitze abgestürzt."
Die Frau antwortet: „Was hat denn der Müller auch auf einer Lokomotive zu suchen!"

Witz 5

„Wohin geht's denn diesmal in den Urlaub?", fragt die Nachbarin Herrn Sonntag.
„Wir wollen nach Aussicht!"
„Aussicht? Wo liegt denn das?"
„Keine Ahnung!", sagt Herr Sonntag. „Aber in den Wetterberichten heißt es schon seit Tagen: Schönes Wetter in Aussicht."

Witz 6

Im Ozean trifft ein Fisch einen anderen.
„Hi!", ruft er ihm zu.
„Hai?", schreit der andere. „Nix wie weg!"

Witz 7

In Berlin.
Bolle sagt zu seiner Frau auf dem Parkplatz vor dem Supermarkt:
„Du, eben hat mir der Knirschke bejrüßt."
„Mich!", verbessert ihn Frau Bolle.
„Ach dir?", fragt Bolle.
„Nee, mich doch nich, sondern dich!", sagt seine Frau.
„Also doch mir!", sagt Bolle. „Hab ich doch jesagt!"

Witz 8

Ein Engländer reist mit seiner Frau durch Frankreich. Auf
einem Bahnhof geht er zur Fahrkartenausgabe und verlangt
zwei Fahrkarten nach Toulouse:
„Two to Toulouse!"
Der Mann am Schalter fühlt sich veräppelt und schreit zurück:
„Täh-teräh-tähtäh-täh!"

Witz 9

Der Lehrer erklärt den Kindern im Unterricht:
„Bei Menschen, die schlecht sehen oder schwerhörig sind oder
ein anderes Gebrechen haben, sind oft andere Organe umso
besser entwickelt. Habt ihr schon einmal ähnliche Beobachtungen
gemacht?"
Meldet sich Jakob: „Mein großer Bruder hat ein kurzes Bein,
dafür ist aber das andere umso länger."

2 Die Missverständnisse in diesen Witzen kommen auf verschiedene Weise zustande:
    a) Der Hörer versteht ein Wort anders, als es gemeint ist.
    b) Der Sprecher benutzt die falsche Grammatik.
    c) Der Sprecher hat eine falsche Aussprache.
    d) Der Hörer hört nicht richtig zu.
    e) Der Hörer fühlt sich durch eine Aussage verspottet.
    Ordne die Aussagen zu:
    Witz 1: Aussage a); Witz …: Aussage b); …

Missverständnisse

Ein **Missverständnis** kommt dadurch zustande, dass der **Hörer** eine Aussage
anders **versteht**, als der Sprecher sie **gemeint** hat.

So kann der **Sprecher** Missverständnisse erzeugen durch:
• undeutliche Aussprache, das Benutzen schwer verständlicher oder falscher Wörter,
   mangelnde Rücksichtnahme auf das Verständnis des Hörers …

Doch auch der **Hörer** kann Missverständnisse erzeugen durch:
• mangelnde Aufmerksamkeit, unaufmerksames Zuhören, Schwerhörigkeit, ein anderes
   Verständnis von Wörtern oder Sätzen, Vorurteile gegenüber dem Sprecher …

Missverständnisse sind grundsätzlich **unvermeidbar**, da die Wörter unserer Sprache nicht eindeutig
sind. Doch Missverständnisse können nachträglich **aus dem Wege geräumt** werden durch:
• Nachfragen, Rückmeldung geben, Wiederholung der Aussage,
   Erklären eines unverstandenen Wortes …

INFO

3 Auch in eurer Klasse kommt es gelegentlich zu Missverständnissen.
    Sprecht über eure Erfahrungen – und wie ihr mit Missverständnissen fertig werden könnt.

Sprachgebrauch

Beziehungsebene der Sprache: Modalwörter

Was willst du damit sagen?
Was willst du denn jetzt schon wieder damit sagen?
Was willst du eigentlich damit sagen?

1 Sprecht euch diese drei Sätze mehrmals vor.

2 Wer den ersten Satz sagt, möchte etwas wissen.
Wer den zweiten und dritten Satz sagt, möchte das auch.
Er will aber noch etwas anderes zum Ausdruck bringen. Aber was?
Sprecht darüber.

3 Lest den folgenden Dialog mit verteilten Rollen.
Die **fett** gedruckten Wörter sollen dabei betont werden,
die *kursiv* gedruckten bleiben völlig unbetont.

Mit dem Hund vor die Tür

Mutter: Kann *denn wohl* einer von euch mit dem **Hund** *endlich mal* vor die Tür gehen?

Mia: Ich war *doch erst* heute **Morgen** mit ihm draußen!

Mutter: Der muss *aber* **zweimal** am Tag vor die Tür! Der braucht *doch* **Bewegung**!

Mia: Du hast *ja* **recht**, Mama! Aber mir **passt** es jetzt *einfach* nicht.

Mutter: Was heißt *denn* **das** *nun wieder*?

Mia: Du **weißt** *doch*, dass wir morgen eine **Arbeit** schreiben!

Moritz: Ach, **lass** sie *doch*! Ich **mach** das *schon*!

Mutter: Ganz **richtig**! Wer **wollte** *denn* unbedingt einen **Hund** haben?

Mia: **Ich** *eigentlich* **nicht**!

Moritz: *Etwa* ich **allein**? **Du** wolltest ihn *doch* **auch**!

Mutter: Was ist *denn bloß* **los** mit euch? Es **bringt** *einfach* nichts, dass ihr euch jetzt **streitet**!

Moritz: Okay! Okay! Dann will ich es *eben* **tun**! Wenn die große Schwester *schon* keine **Zeit** hat!

Mia: Das ist *aber* **nett** von dir!

Moritz: Was heißt *denn* hier **aber**? Bin ich *vielleicht* nicht **immer** nett zu dir!

Mia: Doch, **doch**! Ich kann mir *wohl* keinen **netteren** Bruder **wünschen**!

Mutter: **So**! Das hört sich *ja* jetzt *schon* **freundlicher** an!
Und nun *einfach* **ab** mit dem Hund!

Moritz: **Komm**, Bello! Lassen wir die beiden **Frauen** *halt* zu **Hause**!
Wir **Männer** sind *eben* lieber unter **uns**!

4 Probiert einmal aus, wie der erste Satz der Mutter klingt, wenn ihr ihn
ohne die *kursiv* gedruckten Wörter lest:
Kann einer von euch mit dem **Hund** *vor die Tür gehen?*
Und wie klingt er, so wie ihn die Mutter sagt?
Kann denn wohl einer von euch mit dem **Hund** *endlich mal vor die Tür gehen?*

5 Bildet aus der sachlichen Frage *Wie heißt du?* eine Frage, in der sich jemand positiv einem anderen zuwendet. Verwendet dabei ein oder zwei Wörter aus dem **WORTSCHATZ** der Modalwörter: *Wie heißt du …?*

Inhaltsebene und Beziehungsebene der Sprache

In einem Gespräch kommen immer Aussagen vor, mit denen sich die Gesprächspartner **sachlich** auf die **Dinge** beziehen, über die sie sprechen. Das nennt man die **Inhaltsebene** der Sprache:

Sachliche Frage: *Was willst du damit sagen?*

Sprache hat darüber hinaus eine **Beziehungsebene**. Hier machen die Gesprächsteilnehmer zusätzlich Aussagen über **sich selbst** und beziehen sich dabei auf ihre **Partner**. Das können **anteilnehmende** oder **vorwurfsvolle** Äußerungen sein.

Für solche Äußerungen stehen uns **Modalwörter** zur Verfügung, mit denen die Informationen positiv oder negativ eingefärbt werden:

Anteilnehmende Frage (positiv): *Was willst du eigentlich damit sagen?*
Vorwurfsvolle Frage (negativ): *Was willst du denn jetzt schon wieder damit sagen?*

WORTSCHATZ

6 Bildet aus der Aufforderung *Komm bitte nicht zu spät nach Hause!* …
 a) eine freundliche Aufforderung mit einem Modalwort aus dem **WORTSCHATZ**:
   Komm … bitte nicht zu spät nach Hause!
 b) eine vorwurfsvolle Aufforderung mit zwei Modalwörtern:
   Komm bitte … nicht … zu spät nach Hause!

7 Lest die Sätze a)–m) vor, indem ihr die **fett** gedruckten Wörter betont.

Sätze mit Modalwörtern

 a) Dein Essen hat mir *aber* **geschmeckt**!
 b) Wo **warst** du *denn schon wieder*?
 c) Das **war** *vielleicht* toll heute!
 d) Du willst *sowieso* immer **recht** haben!
 e) Hör *doch* **auf** damit!
 f) Sehr schön! Das hast du *sicher* **selbst** gemacht!
 g) Kannst du mir *wohl* **sagen**, was du dir dabei *eigentlich* **gedacht** hast?
 h) Ich will dir *doch* nichts **Böses** tun, ich möchte dir *doch nur* **helfen**!
 i) Es zieht! Mach *ja bloß* das **Fenster** zu!
 j) Es zieht! Aber lass *nur ruhig* das Fenster **offen**!
 k) Du hast *doch wohl* nicht **vergessen**, die **Tür** abzuschließen?
 l) Was **möchtest** du *denn schon wieder* von mir?
 m) Dein Referat war *aber* **sehr interessant**!

aber
also
auch
bestimmt
bloß
denn
doch
eben
echt
eigentlich
einfach
einmal
erst
etwa
gerade
gleich
halt
ja
jedenfalls
mal
nämlich
nicht
nur
ruhig
schon
sicher
sowieso
überhaupt
vielleicht
wieder
wohl

8 Entscheidet, ob die **Modalwörter** die Aussage positiv oder negativ einfärben; ob in ihnen eher ein Lob oder ein Vorwurf mitschwingt – oder vielleicht beides? *a) positiv, b) negativ, c) …*

9 Stellt eine Reihe von Alltagssätzen zusammen, in denen ihr Modalwörter gebraucht, wie sie im **WORTSCHATZ** stehen: *Das hast du aber echt super gemacht! …*

Sprachgebrauch

Gutes und richtiges Deutsch

Kurzer Bericht über die Sommerferien

Am ersten Samstag im August sind wir auf der Insel angekommen. Leider konnten wir uns am Strand kaum aufhalten, <u>weil es regnete ständig</u>. In der zweiten Woche war das Wetter noch <u>schlechter wie</u> in der ersten. Wir mussten <u>wegen dem Regen</u> viel im Haus bleiben. Der <u>einzigste</u> Tag, an dem wir baden konnten, war der Freitag.

ll lll Einigemale sind wir im Dorf zum Shoppen gegangen. Ich habe mir einen schönen Schal gekauft. Ich habe es gar nicht glauben gekonnt, dass ich hier so etwas Schönes finden würde. Doch leider ist er vom Regen nass geworden. Ich habe ihn zum Trocknen auf die Leine gehangen. Die Nässe hat ihm zum Glück nicht geschadet.

lll Später habe ich noch ein paar pinkene Turnschuhe gekauft. Und natürlich brauchten wir Regenjacken, da wir schon öfters klitschenass geworden waren. Danach konnte uns das Wetter nichts mehr anhaben. Wir hatten uns schon fast daran gewohnt. Die Leute sagen hier den Spruch: „Nehme es, wie es kommt! Es gibt kein schlechtes Wetter, sondern nur schlechte Kleidung."

1   Im ersten Absatz sind einige Stellen unterstrichen, die du verbessern musst.
- Schau dir zu den unterstrichenen Wörtern die „Hinweise zum richtigen Gebrauch der Sprache" an. Die Wörter sind dort alphabetisch geordnet.
- Berichtige dann die Fehler: *weil es regnete ständig* → 10: *weil …*

ll lll 2   Im zweiten Absatz sind drei Stellen nicht korrekt. Gehe auf die Suche nach ihnen und vergleiche mit den Hinweisen im folgenden Infokasten. Berichtige die Stellen.

lll 3   Im dritten Absatz gibt es fünf weitere Fehler und Unkorrektheiten. Suche sie heraus, vergleiche mit den Hinweisen im folgenden Infokasten und berichtige sie.

Hinweise zum richtigen Gebrauch der Sprache

1. einzig:
Einzig bedeutet, dass etwas nur einmal vorkommt. Deswegen macht es keinen Sinn dieses Wort zu steigern. *Die einzigste Möglichkeit* gilt als umgangssprachlich und ist standardsprachlich nicht korrekt.

2. gewöhnt / gewohnt:
Man verbindet *gewöhnt* in der Regel mit der Präposition *an*: *Die Kinder sind (haben sich) <u>an</u> das Zähneputzen gewöhnt.* Hingegen verbindet man *gewohnt* in der Regel mit einem Infinitiv mit *zu* oder dem reinen Akkusativ: *Die Kinder sind gewohnt, sich die Zähne <u>zu</u> putzen – sie sind das Zähneputzen gewohnt.*
Nicht korrekt ist einerseits: *Sie sind (haben sich) <u>an</u> das Zähneputzen gewohnt.* – Nicht korrekt ist andererseits: *Sie sind gewöhnt, die Zähne <u>zu</u> putzen.*

3. hängen:

Das Verb *hängen* hat zwei Formen: *hängen, hing, gehangen; hängen, hängte, gehängt.*
Ohne Akkusativobjekt heißt es: *Die Wäsche hing auf der Leine – hat auf der Leine gehangen.*
Mit Akkusativobjekt: *Sie hängte die Wäsche auf die Leine – hat die Wäsche auf die Leine gehängt.*
Formen wie *Sie hing die Wäsche auf die Leine* oder *Ich habe die Wäsche aufgehangen* sind falsch.

4. können – gekonnt:

Wird das Wort *können* als Vollverb gebraucht, so lautet das Perfekt: *Ich habe das nicht gekonnt.*
Steht das Modalverb mit einem anderen Verb, so lautet das Perfekt: *Ich habe das nicht tun können.*

5. mal – Mal:

Kleinschreibung: *einmal, zweimal, … keinmal, diesmal, manchmal, ein andermal …*
Großschreibung: *dieses Mal, manches Mal, ein anderes Mal, viele Male, einige Male, nächstes Mal, voriges Mal …*

6. Nimm! Gib! Lies! …

Viele unregelmäßige Verben bilden den Imperativ mit **i/ie**: *Lies! Wirf! Iss! Sprich! Nimm! Erschrick nicht!*
Formen wie *Nehme! Werfe! Esse! Spreche!* sind standardsprachlich nicht korrekt.

7. oft – öfter:

Der Komparativ von *oft* lautet *öfter*. Nicht korrekt sind die Bildungen *öfterst / öfters*, die in der Umgangssprache häufig vorkommen.

8. paar – Paar:

Sind mehrere Dinge gemeint, so heißt es *ein paar Leute, ein paar Cents, in ein paar Tagen …*
Sind zwei zusammengehörige Dinge gemeint, heißt es: *ein glückliches Paar, sich zu Paaren aufstellen, ein Paar Schuhe …*

9. pink – lila – beige:

Einige Farbadjektive werden anders flektiert als normale Adjektive: Normale Flexion: *ein violettes Kleid.*
Ohne Flexionsendung werden gebraucht: *ein lila Kleid.* Bei *beige* und *pink* gelten nebeneinander:
ein beigefarbenes / beiges Kleid; ein pinkfarbenes / pinkes Kleid. Die Bildungen *pinkenes / beigenes / lilanes Kleid* sind unkorrekt.

10. weil:

Mit der Konjunktion *weil* werden Nebensätze eingeleitet, in denen das Verb am Satzende steht:
Er konnte am Spiel nicht teilnehmen, weil er wegen Krankheit verhindert war.
In der gesprochenen Sprache nimmt jedoch der Gebrauch von *weil* mit dem Verb an Hauptsatzstelle zu:
Er konnte am Spiel nicht teilnehmen, weil – er war wegen Krankheit verhindert. Dieser Gebrauch sollte
in der Schriftsprache vermieden werden. Hier steht die Konjunktion *denn* zur Verfügung:
Er konnte am Spiel nicht teilnehmen, denn er war wegen Krankheit verhindert.

11. wegen:

Nach der Präposition *wegen* steht in der Standardsprache der Genitiv: *wegen des Unfalls.* In Regional- und Umgangssprache kommt häufig der Dativ vor: *wegen dem Hund.* Das gilt schriftsprachlich als nicht korrekt.

12. wie / als:

Die Grundform des Adjektivs steht mit dem Vergleichswort *wie*: *Sie ist so alt wie ich.*
Der Komparativ steht mit *als*: *Sie ist älter als ich.* Auch: *anders als ich.*
In einigen Verbindungen gelten *als* und *wie* beide als korrekt: *so bald wie (als) möglich – so wenig wie (als) möglich – doppelt so alt wie (als) ich.* Vergleiche wie *älter als wie ich – älter wie ich* sind unkorrekt.

Sprachgeschichte
Wortgeschichte

Viele Wörter unserer Sprache haben eine lange Geschichte. Man kann das daran erkennen, dass sie schon in uralten Texten vorkommen – wie die Wörter *kalt* und *kühl*.

In anderen Sprachen gibt es Wörter für *kalt*, die ähnlich aussehen: im Lateinischen: *gelidus*, im Englischen: *cold*, im Dänischen: *kold*, im Schwedischen: *kall* usw. Alle diese Wörter haben am Anfang ähnliche Konsonanten wie /k, g, c/, in der Mitte Vokale wie /a, o, e/, danach stets den Konsonanten /l/. Daraus schließt man, dass diese Sprachen auf eine gemeinsame Ursprache zurückgehen, die *Indogermanisch* genannt wird. Wie im Indogermanischen das Wort *kalt* ausgesprochen wurde, wissen wir nicht. Man kann aber rekonstruieren, dass es vor Tausenden von Jahren einen Wortstamm gegeben haben muss, der etwa wie **gel** ausgesprochen worden ist.

Das Indogermanische ist die älteste Sprachfamilie, aus der sich viele Tochtersprachen entwickelt haben: das Lateinische, das heutige Französisch, Englisch – und auch die deutsche Sprache.

1 Verfolgt die Entwicklung der Wörter vom „Urstamm" *gel* bis zu den heutigen Wörtern. Dabei könnt ihr sehen, dass die ähnlich klingenden Konsonanten *g / k / c / ch* am Anfang und der Konsonant *l* am Ende in allen Wörtern enthalten sind.

Die Wortfamilie *kalt*

indogermanisch (Ursprache): *gel-* (kalt, frieren)

althochdeutsch: (bis zum 11. Jahrhundert)	*kalt* (kalt, frieren)	*chuoli* (kühl)	**altenglisch:** *ceald* (kalt)
mittelhochdeutsch: (11. bis 14. Jahrhundert)	*kalt, kelte* (kalt, Kälte)	*küele, küelen* (Kühle, kühlen)	
neuhochdeutsch: (15. Jahrhundert bis heute)	*kalt, Kälte*	*kühl, kühlen*	**englisch:** *cool, cold, chill, to chill*

erkalten	abkühlen	**deutsch als Fremdwörter:**
erkälten	unterkühlen	*uncool*
Erkältung	der Kühler	*chillen*
kaltblütig	Kühlerhaube	
kaltmachen	Kühlschrank	
eiskalt	Kühltruhe	

2 Auch unsere Wörter *Gel, Gelee* und *Gelatine* gehören in diese Wortfamilie hinein. Überlegt, wieso das so ist.

3 Erklärt euch gegenseitig die Bedeutung der folgenden Wörter: *unterkühlt, kaltschnäuzig, kaltmachen, erkalten, erkälten, Gelee, Gelatine, Gelierzucker,* italienisch: *Gelato.*

Cool und chillen

Das Wort *cool* ist in der Jugendsprache von heute ein „Allerweltswort" mit vielerlei Bedeutung geworden. In der deutschen Sprache kann es sogar ins Gegenteil verwandelt werden: *uncool*.
Auch das Wort *chillen* hat Eingang in die Jugendsprache gefunden. Es wird sogar wie ein echtes deutsches Wort gesteigert, konjugiert und kann mit anderen Wörtern zusammengesetzt werden. Hier sind einige Sätze, in denen die beiden Wörter vorkommen.

cool

a) Dort in der Tür – da steht ein cooler Typ!
b) Die Klassenfahrt war cool.
c) Das ist eine coole CD.
d) Der Spieler blieb trotz des Fouls ganz cool.
e) Das ist ein cooles Versteck für unser Geld.
f) Die Musik auf der Party war echt cool.
g) Fünf Euro fürs Kino – das wäre ein cooler Preis!

chillen

a) Nach der Party geh ich erst mal chillen.
b) Ein paar Minuten im Liegestuhl chillen!
c) Am chilligsten ist es am Pool.
d) Ich bin zum Auschillen am Strand.
e) Möchte jemand mit mir abchillen?
f) Ich bin die meiste Zeit echt gechillt.
g) Chill doch mal!

4 Schreibe diese Sätze einmal anders auf. Dabei darfst du die Wörter *cool* und *chillen* **nicht** verwenden, sondern musst sie mit folgenden Wörtern umschreiben:
cool:
die Ruhe bewahren, keine Angst haben, sich nicht aus der Fassung bringen lassen, nicht nervös werden, ohne Emotionen bleiben, sich nicht provozieren lassen, gut aussehen, durchaus annehmbar, wunderbar, ausgezeichnet, lässig, sehr gut, vorzüglich …
chillen:
nichts tun, rumhängen, sich beruhigen, faulenzen, abhängen, rumlungern, entspannen, ausruhen …

5 Lest vor, wie ihr die verschiedenen Bedeutungen von *cool* und *chillen* umschrieben habt.

6 Beschreibt einmal den Unterschied zwischen *kalt* und *kühl*, indem ihr die beiden Wörter in ein und demselben Satz verwendet:
Gestern war es …, heute aber ist es …
Bei dieser Hitze liebe ich … Wasser, aber dieser See ist mir zu …

7 In manchen Redewendungen werden die Wörter *kalt* und *kühl* in übertragener Bedeutung verwendet. Was bedeuten die folgenden Redewendungen?

Das lässt mich kalt. Sie zeigte mir die kalte Schulter. Sie hatte nur ein kühles Lächeln für mich übrig. Er bewahrte einen kühlen Kopf.

ɪ ɪɪ Das wirkte wie eine kalte Dusche. Das ist doch alles kalter Kaffee!
Es läuft mir kalt den Rücken runter!

ɪɪɪ Er regelte das alles auf kaltem Wege. Jemand hat kalte Füße bekommen.

8 Diskutiert: Sollte man Wörter wie *cool* und *chillen* heute auch in Aufsätzen schreiben dürfen?

Sprachgeschichte

Wortfamilien

Die Wortfamilie mit dem Stamm *-fahr-* ist eine der größten und ältesten in unserer Sprachgeschichte. Sprachforscher haben ermittelt, dass der Laut *f* (wie in *fahren*) verwandt ist mit dem Laut *p* (wie in *port*).

Die Wortfamilie *-fahr-*

indogermanisch: *per-* (hinüberbringen, übersetzen)

lateinisch: *portare* (tragen)

althochdeutsch: *faran* (fahren) *fuoren* (bringen)

mittelhochdeutsch: *varn* (fahren) *vüeren* (führen)

neuhochdeutsch: *fahren* *führen*

fuhr	*Führer*	**englisch:** *port* (Hafen), *ferry* (Fähre)
Fahrt	*Führung*	
Fährte	*Aufführung*	
Fuhre	*ausführlich*	
Gefährte	*verführen*	
Fähre	*verführerisch*	

1 Erklärt euch gegenseitig die Wörter *Fährte, Fuhre, Gefährte, Fähre, Führer*.

2 In dieser Wortfamilie kommen Wörter mit ganz unterschiedlichen Vokalen und Konsonanten vor. Welche Laute sind eigentlich immer vorhanden – oder klingen zumindest sehr ähnlich?

3 Der Wortstamm *-fahr-* hat im Neuhochdeutschen verschiedene Varianten. Ordnet die Wörter oben nach ihren Vokalen und sammelt weitere Wörter mit den vier Stämmen:
a) -fahr-: Fahrt …   b) -fähr-: Fährte …   c) …   d) …

4 Auch die Wörter *Gefahr* und *gefährlich* gehören in diese Wortfamilie. Stellt Vermutungen darüber an, was sie mit dem Stamm *-fahr-* zu tun haben könnten.

5 In manchen Redewendungen und umgangssprachlichen Ausdrücken kommen Wörter mit dem Stamm *-fahr- / -führ-* in übertragener Bedeutung vor. Was bedeuten sie?
a) Auf jemanden abfahren.
b) Der Zug ist abgefahren.
c) Sich etwas deutlich vor Augen führen.
d) Sich durch die Haare fahren.
e) Jemanden aufs Glatteis führen.
f) Das ist ein abgefahrener Typ.

INFO

Wortfamilien

Die Wörter einer **Wortfamilie** haben einen gemeinsamen **Stamm** *(-fahr-, -führ-)* und eine gemeinsame **Herkunft**. Viele Wörter kann man bis in die ältesten Zeiten unserer Sprache zurückverfolgen. Im Laufe der Zeit hat man die Wortstämme immer mehr erweitert und mit anderen Wortbausteinen **zusammengesetzt** *(abfahren, Ausfuhr)*, sodass mit ein und demselben Wortstamm eine Fülle von neuen Wörtern entstanden ist. Manche haben dabei eine **andere Bedeutung** angenommen, manche werden in **übertragener Bedeutung** verwendet *(fahrlässig, gefährlich)*. Man nennt so etwas **Bedeutungswandel**.

Auf Fahrt gehen

Wer in früheren Zeiten auf große <u>Fahrt</u> ging, zu Fuß
oder in einem <u>Gefährt</u>, musste zuerst einmal alles
gut vorbereiten und für die Reise <u>fertig</u> machen.
<u>Fahrlässig</u> durfte man nicht sein. Denn oft begab

5 man sich auf einer <u>Fahrt</u> in eine <u>Gefahr</u>. Reisende
unternahmen also etwas, das <u>gefährlich</u> sein konnte.
Manche machten ihre Reise auf einem <u>Gefährt</u>, –
nein, nicht auf einem Fahrrad oder Motorrad, denn
die gab es damals noch nicht, aber zum Beispiel in

10 einem Pferdefuhrwerk. Manche hatten eine ganze
Fuhre mit Proviant bei sich. Viele reisten aber auch
allein. Da war es gut, einen Gefährten zu haben,
einen Begleiter, auf den man sich in gefährlichen
Situationen verlassen konnte, oder einen Führer, der

15 einen an die richtige Stelle brachte. Manchmal war
es auch gut, wenn man Fährten lesen konnte, damit
man sich in der Einsamkeit nicht verirrte. Kam man
an einem Fluss an eine Furt, an eine flache Stelle also,
so konnte man übersetzen, oder ein Fährmann nahm

20 einen auf seiner Fähre mit hinüber. Nach vollendeter
Reise konnte man dann ausführlich berichten, was
einem so alles widerfahren war oder was man im
wörtlichen Sinne „erfahren" hatte.

6 In diesem Text kommen viele Wörter mit dem Wortstamm *-fahr- / -führ-* vor.
Schreibt sie heraus und erklärt sie euch gegenseitig. Einige haben wir schon unterstrichen.

7 Das Wort *fertig* gehört tatsächlich auch in diese Wortfamilie. Was bedeutet es heute?
Bildet Sätze mit diesem Wort.

8 Früher hat *fertig* etwas anderes bedeutet als heute. Hier sind einige Angebote.
Aus der Geschichte geht hervor, in welcher Bedeutung dieses Wort gebraucht wurde.
a) am Ende der Kräfte   d) fahrlässig
b) gefährlich   e) befahrbar
c) zur Fahrt bereit

9 Schreibe selbst einen kurzen Text, in dem möglichst viele Wörter mit dem Wortstamm
-fahr- / -führ- vorkommen.

uu **10** Fast alle Wörter der Wortfamilie *-fahr- / -führ-* haben heute ein Dehnungs-h.
• Zu welcher sprachgeschichtlichen Zeit ist das Dehnungs-h in die Rechtschreibung gelangt?
Überprüft das in der Tabelle auf der linken Seite.
• Und warum enthalten Wörter wie *fertig* und *Furt*, obwohl sie doch auch zur Wortfamilie gehören,
kein Dehnungs-h?

Sprache und **Sprach-gebrauch**

Wortarten
Die sieben Wortarten

Hier könnt ihr euer Wissen über die Wortarten wiederholen.
Denn was man sich merken möchte, muss man immer wieder auffrischen.

1. **Substantive:** *Liebe*
   Ein Substantiv erkennt man daran, dass ein Artikel und
   ein flektiertes <u>Adjektiv</u> davor stehen können:
   Substantiv: *Mit großer Liebe*.

2. **Artikel / Pronomen:** *das, ein, dein, euer*
   Artikel und Pronomen können vor Substantiven stehen:
   Ihre Liebe zu der Musik.

3. **Verben:** *lieben*
   Ein Verb erkennt man daran, dass es Zeitformen
   bilden kann: **Verb:** *lieben*, sie *liebte*, sie hat *geliebt*.

4. **Adjektive:** *lieb*
   Ein Adjektiv erkennt man daran, dass es zwischen Artikel
   und Substantiv stehen kann: **Adjektiv:** *Die lieben Kinder*.

5. **Adverbien:** *gern*
   Adverbien können nicht flektiert (gebeugt) werden.
   Man kann nicht sagen: *die gernen Kinder*.
   Adverbien geben Auskunft über **Zeit** *(jetzt)*, **Ort** *(dort)*,
   Art und Weise *(gern)* und **Grund** *(deshalb)*.
   Viele Adverbien erkennt man an Folgendem:
   Stehen sie am Anfang eines Satzes,
   dann verdrängen sie das <u>Subjekt</u> hinter das Verb:
   Sie würde gern helfen. – Gern würde sie helfen.

6. **Konjunktionen:** *denn*
   Konjunktionen verbinden Wörter und Sätze. Es gibt
   nebenordnende Konjunktionen wie *denn, und …*
   Und es gibt **unterordnende** Konjunktionen
   wie *weil, dass, als …*
   Bei **Konjunktionen** bleibt das <u>Subjekt</u> vor dem Verb
   stehen: *Sie bleibt zu Hause, denn es regnet draußen.*
   Sie bleibt zu Hause, weil es draußen regnet.

7. **Präpositionen:** *durch, zu, trotz …*
   Auf Präpositionen folgt immer ein Nomen im
   Akkusativ, Dativ oder Genitiv:
   durch den Tunnel, zu dem Nachbarn, trotz des Regens.

1 Welche der folgenden Wörter sind
Substantive? Schreibe sie auf:
LUSTIG, WITZ, KOMISCH
𝔲 𝔲𝔲 FRÖHLICH, ÜBERMUT, LÄCHELT
𝔲𝔲𝔲 COMIC, GELÄCHTER, AUSGELACHT

2 Welche Wörter sind Artikel oder Pronomen?
Schreibe sie auf:
der, eine, wenn, mein, unser, lieblich

3 Welche der folgenden Wörter sind Verben?
LACHT, GELÄCHTER, WITZIG
𝔲 𝔲𝔲 SCHREIT, IRONISCH, LÄCHELT
𝔲𝔲𝔲 GRINST, GESPENST, FINSTER

4 Welche der Wörter sind Adjektive?
finster, manchmal, verrückt
𝔲 𝔲𝔲 schlimm, kaputt, entzwei
𝔲𝔲𝔲 heute, heutig, selten

5 Welche der Wörter sind Adverbien?
cool, hier, dort
𝔲 𝔲𝔲 nämlich, glücklich, neulich
𝔲𝔲𝔲 täglich, behilflich, letztlich

6 Welche der Wörter sind Konjunktionen?
jetzt, wenn, als
𝔲 𝔲𝔲 nun, und, obwohl
𝔲𝔲𝔲 danach, weil, ob

7 Welche der Wörter sind Präpositionen?
über, unten, unter
𝔲 𝔲𝔲 wegen, unterhalb, oben
𝔲𝔲𝔲 hinten, hinter, neben

𝔲 𝔲𝔲 **8** Im folgenden Satz kommt jede Wortart mindestens einmal vor.
Schreibe den Satz ab und die Wortarten hinter die einzelnen Wörter:
DORT STEHT DER TYP MIT DER BLAUEN KAPPE UND DEM UNVERSCHÄMTEN GRINSEN!

Wortfelder

INFO

Wortfeld

Ein **Wortfeld** ist eine Gruppe von Wörtern, die sich **in ihrer Bedeutung ähnlich** sind. Die Wörter eines Wortfeldes gehören immer zu einer **Wortart**.

- Wortfeld aus bedeutungsähnlichen **Verben**:   *sprechen, sagen, reden …*
- Wortfeld aus bedeutungsähnlichen **Adjektiven**:   *gut, großartig, klasse …*
- Wortfeld aus bedeutungsähnlichen **Substantiven**: *Furcht, Scheu, Feigheit …*

Wer viele solcher Wörter kennt, kann in seinen Texten **genauer, anschaulicher** und **abwechslungsreicher** schreiben.

1 Sucht gemeinsam zu jedem Wortfeld im Infokasten noch weitere Wörter.

2 Im folgenden Text wird ständig das Wort *essen* wiederholt.
Setzt mündlich dafür aus dem Wortfeld *essen* andere Wörter ein.

Das Essen auf der Party

Was es da auf der Party alles zu **essen**[1)] gab, war wirklich toll! Lenas Vater sagte, wir sollten kräftig **essen**[2)] von der Torte. Am Abend gab es dann Kartoffelsalat. Laura **aß**[3)] sage und schreibe drei große Portionen. Andere **aßen**[4)] allerdings nur vorsichtig davon. Moritz, der Feinschmecker, **aß**[5)] vor allem die verschiedenen Grillwürstchen, und Mary **aß**[6)] an einem Maiskolben herum. Sie **aß**[7)] mal von der einen und mal von der anderen Seite ein paar Körner ab. Alex **aß**[8)] seine Würstchen so laut, dass es alle hören konnten. Er freute sich, dass man von allem etwas **essen**[9)] konnte. Ich warnte ihn noch, er solle nicht so unvorsichtig **essen**[10)], doch da **aß**[11)] er schon wieder einen Chickenwing. Am Schluss hielt er sich den Bauch und stöhnte: „Warum habe ich nur so viel **gegessen**[12)]? Ich bin so voll, dass ich nicht einmal mehr das schöne Eis **essen**[13)] kann." Ich selbst **aß**[14)] davon noch einen großen Becher. Echt cool!

3 Schreibe für die nummerierten Wörter andere passende Wörter aus dem Wortfeld auf: *1) futtern, verspeisen, 2) reinhauen …*

4 In jeder Zeile stehen Verben, die zu einem bestimmten Wortfeld gehören. Aber **ein** Verb gehört nicht in das Wortfeld hinein. Findet es.

lachen: *grinsen, jauchzen, jubeln, lächeln, plärren, schmunzeln, strahlen*
weinen: *flennen, heulen, jammern, kichern, schluchzen, schreien, wimmern*
stehlen: *klauen, poltern, abstauben, entwenden, stibitzen, wegnehmen*
streiten: *sich anlegen, zanken, anbrüllen, rauben, sich verkrachen, aneinandergeraten*

WORTSCHATZ

Wortfeld „essen"

aufessen
beißen
futtern
genießen
herunterschlingen
kauen
knabbern
kosten
lutschen
mampfen
probieren
reinhauen
schlemmen
schlingen
schmatzen
verdrücken
verspeisen
vertilgen
zulangen

Synonyme

Manche Wörter in einem Wortfeld haben nicht nur eine **ähnliche**, sondern
die **genau gleiche** Bedeutung. Solche Wörter nennt man **Synonyme**.
So kommen im Wortfeld *gehen* die beiden Wörter **fliehen** und **flüchten** vor,
die sich in ihrer Bedeutung fast nicht voneinander unterscheiden.

5 Sucht zu folgenden Wörtern jeweils ein Wort (Synonym), das das Gleiche bedeutet:
Traktor: Trecker …
Traktor – Fleischer – Samstag – Fahrstuhl – Streichhölzer – Brötchen –
Apfelsine – Bauer – Fahrkarte – Violine – beginnen – obgleich – super

6 Manche der folgenden Wortpaare bedeuten fast das Gleiche, manche bedeuten
aber Verschiedenes. Sprecht darüber, ob die Wörter Synonyme sind – oder inwiefern
sie sich doch voneinander unterscheiden.

warm – lau	*bunt – vielfarbig*	*lila – violett*	*kriechen – krabbeln*
gehen – rennen	*hinken – humpeln*	*schreien – kreischen*	*stehlen – klauen*

Antonyme

Manche Wörter in einem Wortfeld haben eine **gegensätzliche** Bedeutung.
So kommen im Wortfeld der Farben die Wörter **schwarz** und **weiß** vor.
Solche gegensätzlichen Wortpaare nennt man **Antonyme**.

7 Findet heraus, um welche Gegensatzwörter es sich hier handelt.
Wenn ihr es richtig macht, reimen sie sich.

Das Gegenteil von **jung** ist …   Das Gegenteil von **dunkel** ist …
Das Gegenteil von **warm** ist …   Das Gegenteil von **langsam** ist …
Das Gegenteil von **eiskalt** ist …   Das Gegenteil von **sauber** ist …
Das Gegenteil von **schwarz** ist …   Das Gegenteil von **rund** ist …

8 Findet heraus, welches die Antonyme sind. Sie reimen sich!

Das Gegenteil von **schmal** ist …   Das Gegenteil von **niemals** ist …
Das Gegenteil von **nahe** ist …   Ein Gegenteil von **besser** ist …
Das Gegenteil von **gerade** ist …   Das Gegenteil von **unten** ist …
Das Gegenteil von **klug** ist …   Das Gegenteil von **tadeln** ist …

9 In den folgenden Sätzen stimmt etwas nicht.
Setze für die **fett** gedruckten Wörter Antonyme ein – dann stimmt es!

Ich habe den Bus zur Turnhalle noch erreicht, denn er fuhr los, **bevor** ich angekommen war.
Ich nahm dann am Volleyballtraining teil, **weil** ich mir den Fuß verstaucht hatte.
Ich musste nach einiger Zeit aber **trotz** der Schmerzen, die ich hatte, wieder aufhören.

Wortarten

Die Gruppe der Pronomen

Von den Pronomen habt ihr bisher schon einige kennengelernt. Sie alle stehen entweder *für* Substantive *(die Schule → sie)* oder *vor* Substantiven *(unsere Schule)*. Hier sind die Pronomen, die ihr schon kennt:

Personalpronomen verweisen auf Personen: ich, du, er, sie, es, wir, ihr, sie
Stefan macht gemeinsam mit Julia Hausaufgaben. Stefan hatte Julia gefragt: „Kann Julia Stefan nicht mal erklären, wie das Experiment geht? Stefan hat das Experiment in der Schule nicht verstanden." Julia sagte zu Stefan: „Julia will Stefan das Experiment gern erklären. Julia findet das Experiment nämlich ganz einfach." Und dann zeigte Julia Stefan, wie das Experiment geht.

1 Wenn wir keine Personalpronomen hätten, müssten wir die Substantive und Namen in einem Text ständig wiederholen. Formt den Text in die normale Sprache um, indem ihr Personalpronomen verwendet: *… Er hatte sie gefragt: „Kannst du mir …*

Possessivpronomen verweisen auf Besitzverhältnisse: mein, dein, unser, euer …
Nun konnte Stefan Stefans Hausaufgaben erledigen. Julia sagte zu ihm: „Du scheinst ja Julias Erklärungen gut verstanden zu haben!" Er sagte: „Julias Erklärungen sind immer klasse!" – „Dann können wir ja jetzt Julias und Stefans Fahrräder nehmen und nach dieser Anstrengung ein bisschen umherfahren", sagte Julia. Und dann nahmen sie tatsächlich Julias und Stefans Fahrräder und fuhren eine Runde.

2 Wenn wir keine Possessivpronomen hätten, sähen Texte noch komischer aus. Formt den Text um, sodass er sich normal anhört:
Nun konnte Stefan seine Hausaufgaben erledigen …

Anredepronomen dienen der Anrede von Personen: du, ihr, Sie, Ihr …

> *Liebe Frau Meier,*
> *gestern waren ihre beiden kleinen Kinder bei uns und haben uns zwei Gläser von ihren wunderbaren Marmeladen gebracht, die sie selbst gemacht haben. Ich möchte mich herzlich bei ihnen bedanken. Ich muss sagen, Sie haben uns sehr gut geschmeckt. Die Kinder und ihre Marmeladen sind einfach soo süß!*
> *Mit herzlichem Gruß*
> *ihre Nachbarn*

3 Es hat gute Gründe, die Anredepronomen für Personen, die man mit *Sie* anredet, großzuschreiben. Sonst kann es zu witzigen Verwechslungen kommen.
Schreibt den Brief so auf, dass man weiß, wer angeredet wird, wer die Marmelade gemacht hat – und was eigentlich „gut geschmeckt" hat:
… gestern waren Ihre beiden kleinen Kinder …

Sprache
und Sprach-
gebrauch

Relativpronomen verweisen auf ein **Substantiv, das zuvor genannt** wurde:
der, die, das, welcher, was …

Gestern ist der Kater in unseren Gartenteich gefallen, der einen Frosch fangen wollte. Der Frosch konnte dem Kater entkommen, der sich im Schlamm versteckte. Der Kater sprang in den Teich, der gut schwimmen kann. Später kam das Tier mit nassem Fell in unser Haus, das nur so tropfte. Das arme Tier legte sich in die Sonne auf das Fensterbrett, das vor Schreck zitterte, und leckte sich sauber.

4 Formt die Sätze so um, dass eindeutig wird, worauf sich die Relativpronomen beziehen. Dazu müsst ihr die Relativsätze in die Hauptsätze einschieben:
Gestern ist der Kater, der einen Frosch fangen wollte, in unseren Gartenteich gefallen.

5 Die folgenden Arten von Pronomen sind neu für euch. Obwohl ihr sie ständig verwendet, wisst noch nicht, wie sie heißen. Prägt euch ihre Namen ein.

Fragepronomen (Interrogativpronomen)

Fragepronomen dienen dazu **Ergänzungsfragen** zu stellen, auf die man mit einem Satz oder mit mehreren Wörtern antwortet: ***Wo*** *warst du gestern? – Im Wald.* Oder: *Ich war im Wald.*
Fragepronomen sind: ***wo, wer, wen, was, wie, wann, warum?***

6 Schreibe die folgenden Fragesätze ab und setze dabei passende Fragepronomen ein:
Was ist denn mit eurem Kater los? …

? ist denn mit eurem Kater los?	Dem ist ein kleines Unglück passiert!
? sieht denn der so dreckig aus?	Er hat sich im Schlamm gewälzt!
? ist das Unglück eigentlich passiert?	Heut Vormittag!
? hinein ist der Kater gestürzt?	In den Gartenteich!
? wollte er dort nur fangen?	Einen Frosch wollte er fangen!

Demonstrativpronomen

Demonstrativpronomen weisen nachdrücklich auf etwas hin: ***der, die, das, dieser, jener***. Drei von ihnen sehen genauso aus wie die Artikel *der, die, das*. Doch Demonstrativpronomen stehen meistens **allein** und werden **besonders betont**: *Dás geht nicht!*

7 Im folgenden Text findest du ein Demonstrativpronomen. Es ist unterstrichen. Andere Demonstrativpronomen kannst du durch Umformen der *kursiv* gedruckten Ausdrücke in *der, die, das* selbst in den Text einbauen: *Das glaubst du nicht! …*

Das Ereignis glaubst du nicht! Dieser Kater! Hat *der Kater* doch einen Frosch fangen wollen! Und *der Frosch* ist ihm natürlich entwischt! Und der Kater? *Der Kater* wäre fast ertrunken. Zum Glück kann er schwimmen. Und *das Schwimmen* hat ihn gerettet. Aber wie *der Kater* danach aussah! *Das Aussehen* hätte euch auch leid getan!

Indefinitpronomen

INFO

Indefinitpronomen bezeichnen allgemeine und undefinierbare **Mengen**.
Sie werden verwendet, wenn man etwas nicht genauer bezeichnen möchte:
jemand, niemand, alle, etliche, einige, die einen, die anderen, manche,
kein, mehrere, ein paar, die meisten …

8 Ersetze im folgenden Text die ? durch Indefinitpronomen, wie sie im Infokasten
angegeben sind: … *Einige / Die einen schauten zum Kirchturm hinauf,* …
Verwende möglichst verschiedene von ihnen!

Feuerwehr rettet Katze

Auf dem Kirchplatz hatte sich eine Menschenmenge versammelt.
? schauten zum Kirchturm hinauf, ? sahen der Feuerwehr zu, die gerade
angekommen war. ? waren ziemlich aufgeregt. Nicht ? von ihnen blieben
ruhig. Was ? erkennen konnten: Eine Katze saß oben auf dem Turm.
Das konnte ? ungerührt lassen. Das arme Kätzchen!
? fingen doch tatsächlich an zu schreien. – Natürlich wurde die Katze
mithilfe einer Feuerwehrleiter gerettet. Danach verließen fast ? wieder den Platz.
Nur ? blieben zurück, die sich gar nicht beruhigen konnten.

Reflexivpronomen

INFO

Reflexivpronomen beziehen sich zumeist auf Personen **zurück**, die zuvor genannt
wurden: *ich* → *mich, du* → *dich, er* → *sich, wir* → *uns, ihr* → *euch, sie* → *sich* …
Im **Plural** allerdings ist nicht immer sicher, auf wen sich das Pronomen bezieht:
auf die Einzelnen **selbst** oder auf die Einzelnen **untereinander**:
sie ärgern sich (über sich selbst?) oder *sie ärgern sich (gegenseitig / einander?).*

Sie ärgerten sich

Die Mädchen hatten das Turnier verloren. Sie hatten ? schlecht zugespielt, sie hatten ?
einfach nicht durchgesetzt. Sie ärgerten ? selbst darüber. In der Kabine gerieten sie
dann in Streit, und dabei ärgerten sie ? dann auch noch. Einige schämten ? für ihr
schlechtes Spiel, andere rauften ? gar die Haare. Doch dann duschten sie ? und zogen
? um. Sie trösteten ? . „Ich kämme ? jetzt die Haare und schminke ? “, sagte Maria,
die Spielführerin. „Und ich“, sagte eine von ihnen, „beeile ? , hier wegzukommen!“ Eine
Dritte sagte: „Ihr traut ? wohl gar nicht nach Hause!“ Und eine Vierte: „Ich traue ?
durchaus zu, unsere Niederlage zuzugeben. Wir sollten ? einfach dafür entschuldigen,
dass wir so schlecht gespielt haben.“ Und dann verabschiedeten sie ? .

9 Wie oft wir Reflexivpronomen gebrauchen, könnt ihr in dem Text gut erkennen.
Setzt passende Reflexivpronomen ein. Achtet darauf, ob hier jeweils *sich* oder
sich gegenseitig, einander, sich voneinander gemeint ist.

Wortarten

Die Modalverben

Essensverweigerung

A: Ich möchte heute nicht zu Mittag essen.

B: Warum willst du denn nicht essen?

A: Weil ich das Essen nicht mag.

B: Du solltest es aber essen, es ist gesund.

A: Man muss nicht nur immer Gesundes essen.

B: Aber das kann dir nicht schaden!

A: Ich darf aber nichts essen, hat der Arzt gesagt.

B: Das ist doch nur eine Ausrede. Weil du nicht essen willst!

A: Ja, ja, ja! Ich will nicht, ich mag nicht, und ich muss ja auch nicht!

B: Dann muss ich eben leider alleine essen. Oder soll ich dir etwas anderes anbieten?

1 In dieser Szene kommen außer den Verben *essen, sagen* … in fast jedem Satz noch andere Verben vor, die von einer besonderen Art sind. Nennt sie. Es sind sieben verschiedene: *möchte* …

2 Bildet von diesen Verben den Infinitiv: *möchte – mögen* …

3 Zu jedem Satz links passt ein Satz rechts besonders gut. Manchmal allerdings passen auch zwei Sätze. Schreibe auf: *1) passt zu b), 2) passt zu* …

1) Ich bin nicht in der Lage, das zu tun.   a) Ich darf das nicht tun.

2) Ich bin nicht dazu verpflichtet, das zu tun.   b) Ich kann das nicht tun.

3) Es schreibt mir keiner vor, dass ich das tue.   c) Ich will das nicht tun.

4) Ich bin nicht bereit, das zu tun.   d) Ich möchte das nicht tun.

5) Ich habe keine Lust, das zu tun.   e) Ich muss das nicht tun.

6) Es ist verboten, das zu tun.   f) Ich soll das nicht tun.

4 Schreibe die folgenden Sätze neu auf. Verwende dazu die Verben rechts. Dazu musst du sie etwas umformulieren:

a) Ich kann gut Langstrecken schwimmen. b) Dafür …

a) Ich bin gut im Langstreckenschwimmen.   ***können***

b) Dafür ist es natürlich absolut nötig, viel zu trainieren. ***müssen***

c) Heute bat mich der Trainer, meine Runden allein zu drehen. ***sollen***

𝓁𝓁 𝓁𝓁𝓁 d) Er sagte etwas ironisch: „Du hast meine Erlaubnis!" ***dürfen***

𝓁𝓁 𝓁𝓁𝓁 e) Aber ich habe eigentlich keinen Spaß daran.   ***mögen***

𝓁𝓁𝓁 f) Und ich hatte es auch eigentlich nicht vor.   ***wollen***

Modalverben

Folgende sechs Verben nennt man **Modalverben**: **können** *(ich kann)*, **sollen** *(ich soll)*, **wollen** *(ich will)*, **müssen** *(ich muss)*, **dürfen** *(ich darf)*, **mögen** *(ich möchte / ich mag)*.

Diese Verben bestimmen den Inhalt eines Verbs näher, sie „modifizieren" ihn oder färben ihn ein:

Ich will nicht essen. ist etwas anderes als: *Ich möchte nicht essen, ich darf nicht essen* …

5 Setze die passenden Modalverben in den Text ein. Manchmal passen auch gut die Formen
müsste, sollte, könnte.

Wenn einer früh aufstehen ? , dann ? es passieren, dass er den Wecker nicht hört.
Vielleicht hat er ihn auch nur nicht hören ? . ? ja sein!
Dann ? man sich beeilen, wenn man nicht zu spät kommen ? .
Der Schulbus ? ja schon weg sein. Was ? man dann machen?
Dann ? man halt den nächsten nehmen.
lll Wenn einer verschlafen hat, dann ? er wohl die Aufgaben nachholen.
    Ich denke manchmal: Wenn einer wirklich wach werden ? , dann ? er das auch.
    Man ? sich da nichts vormachen!

Der Gebrauch von Modalverben

Modalverben kann man im **Zusammenhang mit Verben** gebrauchen:
*Ich kann die Aufgabe nicht **lösen**.*
Man kann sie aber auch als **eigenständige Verben** gebrauchen:
*Ich **kann** das nicht.*
Im **Perfekt** unterscheiden sich dabei ihre Formen:
- Mit einem **Verb**: *Ich habe die Aufgabe nicht **lösen können*** (Infinitiv).
- Ohne ein anderes Verb: *Ich habe das nicht **gekonnt*** (Partizip).

6 Ergänzt beim Vorlesen:
*Ich habe dir das einfach
nicht sagen können. – Nein,
ich habe das nicht gekonnt!
…*

Wie heißt es eigentlich?

können:	Ich habe dir das einfach nicht sagen ? .	Nein, ich habe das nicht ? !
wollen:	Ich habe dir nichts Böses tun ? .	Ich habe das nicht ? !
müssen:	Ihr hättet das genauer erklären ? .	Ja, das hättet ihr ? !
sollen:	Ich hätte es dir sagen ? .	Ja, das hätte ich wirklich ? !
dürfen:	Du hättest mich nicht ärgern ? .	Du hast das nicht ? .

7 Schreibe die Sätze ab. Ergänze dabei die Modalverben rechts in der richtigen Form:
    A: Du, ich kann diese Aufgaben nicht lösen. B: …

Hilf mir!

A: Du, ich ? diese Aufgaben nicht lösen.	*können*
B: Was ? denn daran so schwierig sein?	*sollen*
A: Ich habe solche Aufgaben noch nie lösen ? !	*können*
B: Ach Mann! Du hast das doch nur nicht ? !	*wollen*
A: Doch, doch! Aber ich habe das noch nie ? !	*können*
B: Dann ? ich dir wohl dabei helfen, oder?	*sollen*
A: Ja, bitte! Wenn du das ? .	*mögen*
B: Gut, ich ? es probieren.	*wollen*
Aber du ? dir auch Mühe geben!	*müssen*
A: Okay, ich ? es versuchen!	*wollen*
B: Das Ganze ? aber nicht länger als eine Stunde dauern!	*dürfen*
A: Also, dann ? es ja losgehen!	*können*

Wortarten

Überblick über die Wortarten

Wortarten

Wörter, die man **flektieren** (beugen) kann:
Sie haben **Singular** und **Plural**.

Wörter, die man **nicht flektieren** kann:

Diese Wörter kann man **deklinieren** (in Fällen verändern): Nominativ, Akkusativ, Dativ, Genitiv.

Diese Wörter kann man **konjugieren** (in Zeitformen verändern): Präsens, Perfekt …

Diese Wörter verdrängen das Subjekt vom Anfang des Satzes.

Diese Wörter verbinden Wörter und Sätze.

Diese Wörter fordern den Akkusativ oder Dativ.

Diese Wörter können allein mit Artikel stehen.

Diese Wörter können *vor* oder *für* Substantive stehen.

Diese Wörter können zwischen Artikel und Substantiven stehen.

Substantive	Artikel/Pronomen	Adjektive	Verben	Adverbien	Konjunktionen	Präpositionen
Lebewesen: *der Mensch die Blume das Pferd …*	bestimmte Artikel: *der, die, das* unbestimmte Artikel: *ein, eine*	Eigenschaft: *lieb, selten, glatt, rau …*	Tätigkeit: *gehen, lesen, tragen …*	Ort: *dort, hier, drüben …*	nebenordnend: *und, denn, oder …*	mit Akkusativ: *durch* den …, *für* den …, *ohne* den …
Dinge: *der Löffel die Flasche das Haus …*	Personalpronomen: *ich, du, wir …* Possessivpronomen: *mein, dein, euer …*	Bewertung: *klug, toll, dumm …*	Vorgang: *blühen, schlafen …*	Zeit: *jetzt, heute, dann …*	unterordnend: *als, weil, wenn, dass, obwohl …*	mit Dativ: *aus* dem …, *bei* dem …, *zu* dem …
Gedanken, Gefühle: *der Mut die Idee das Glück …*	Anredepronomen: *du, Sie, Ihnen …* Fragepronomen: *wo, wann, wie …* Demonstrativpron.: *dieser, jener …* Indefinitpronomen: *alle, etwas …* Relativpronomen: *der, die, welcher …* Reflexivpronomen: *sich*	Vergleich: *groß, größer, am größten*	Zustand: *sitzen, wohnen …* **Hilfsverben:** *haben, sein, werden* **Modalverben:** *können, sollen, dürfen, wollen, müssen, mögen*	Art und Weise: *gern, so, vielleicht …* Grund: *daher, deswegen, trotzdem …*		mit Dativ und Akkusativ: *an* dem/den …, *auf* dem/den …, *vor* den/dem … mit Genitiv: *wegen* des …, *trotz* des …, *statt* des …

ANGST   DEIN   GUT   ÄRGERN   HEUTE   WENN   UNTER

Ein Wort erraten

l **1** Schaut euch die Tabelle auf Seite 288 an. Stellt euch dann Fragen wie die folgenden:

Lara: Ich habe mir eins der sieben Wörter, die unter der Tabelle stehen, auf einen Zettel geschrieben. Wenn du schlaue Fragen stellst, bekommst du es ganz schnell heraus.

Max: Dann will ich mal schlaue Fragen stellen.
Erste Frage: Lässt sich das Wort flektieren?

Lara: Ja.

Max: Zweite Frage: Lässt es sich deklinieren?

Lara: Nein.

Max: Dann kann es nur das Wort ? sein.

Lara: Sehr gut! Nur zwei Fragen hast du gebraucht!

lll **2** Schaut euch die Tabelle an. Stellt euch dann Fragen wie die folgenden:

Moritz: Ich habe mir eins der sieben Wörter, die unter der Tabelle stehen, auf einen Zettel geschrieben. Wenn du schlaue Fragen stellst, bekommst du es ganz schnell heraus.

Birte: Erste Frage: Lässt sich das Wort flektieren?

Moritz: Nein.

Birte: Zweite Frage: Kann man damit andere Wörter verbinden?

Moritz: Nein.

Birte: Dritte Frage: Verdrängt das Wort das Subjekt vom Anfang des Satzes?

Moritz: Ja.

Birte: Dann kann es nur das Wort ? sein.

Moritz: Mit drei Fragen! Das ist schlau gefragt!

Wortarten-Quiz

3 Beantwortet mithilfe der Wortarten-Tabelle folgende Fragen:
l die Fragen a)–g), *ll* die Fragen a)–k), *lll* die Fragen a)–o).

a) Zu welcher Wortart gehören Wörter wie *sie, euer, wo* und *alle*?
b) Zu welcher Wortart gehören Wörter wie *sollen, können, müssen*?
c) Zu welcher Wortart gehören die Wörter *neben, an, wegen, auf*?
d) Welche Wortarten haben eine Pluralform?
e) Die Wörter welcher Wortart können zwischen Artikel und Substantiv stehen?
f) Welche Wortart kann das Futur bilden?
g) Die Wörter welcher Wortart können *Ort, Zeit* und *Grund* bezeichnen?
h) Mit welcher Wortart können andere Wörter verbunden werden?
i) Die Wörter welcher Wortart können *Vorgänge, Zustände* und *Tätigkeiten* bezeichnen?
j) Nenne ein Wort, mit dem man Vergleiche herstellen kann.
k) Nenne ein Wort, das ein Gefühl bezeichnet.
l) Zu welchen beiden Wortarten gehören die Wörter *lieb* und *gern*?
m) Zu welchen beiden Wortarten gehören die Wörter *dann* und *denn*?
n) Nenne ein Wort, das sich konjugieren lässt.
o) Was haben Substantive und Adjektive gemeinsam?

Wortarten

Überprüfe dein Wissen und Können

Modalwörter

1 Hier sind drei Fragen gestellt:

eine rein **sachliche** Frage, eine **anteilnehmende** Frage, eine **vorwurfsvolle** Frage.

a) Wo warst du denn nur so lange?

b) Wo warst du denn schon wieder so lange?

c) Wo warst du so lange?

Ordne richtig zu: *a) ist eine … Frage, b) ist eine … Frage, c) ist eine … Frage.*

2 Schreibe die Fragen ohne Modalwörter auf:

a) Was willst du eigentlich damit sagen?

b) Wie geht es dir denn?

c) Was möchtest du denn schon wieder von mir?

3 Schreibe die Sätze mit Modalwörtern so auf, dass sie vorwurfsvoll klingen:

a) Mach das Fenster zu!

b) Was möchtest du von mir?

c) Was heißt das?

4 Setze in die folgenden Sätze je ein oder zwei Modalwörter ein:

a) Dir schmeckt es … nicht.

b) Wo bist du … so lange geblieben?

c) Du bist … neidisch auf mich!

d) Ich möchte dich … trösten.

e) Du siehst … heute gut aus!

Wortfamilien

5 Welche fünf Wörter gehören zur Wortfamilie *fahren*? Schreibe sie auf.

Gefahr – gefahren – Fähre – Farm – ausführlich – farbig – Fährte – Fuhre

6 Welche beiden Wörter gehören **nicht** in die Wortfamilie *kalt* hinein? Schreibe sie auf.

Kälte – Kalorien – erkältet – kaltblütig – eiskalt – Kalk – kaltschnäuzig

7 Schreibe einige Wörter auf, die zur Wortfamilie *schreiben* gehören.

8 Welche beiden Aussagen sind richtig? Schreibe die Buchstaben auf.

Eine Wortfamilie besteht …

a) … aus Wörtern, die den gleichen Wortstamm haben.

b) … aus Wörtern, die eine ähnliche Bedeutung haben.

c) … aus Wörtern, die zur selben Wortart gehören.

d) … aus Wörtern, die miteinander verwandt sind.

Wortarten

9 Welche vier Aussagen sind richtig? Schreibe die Buchstaben auf.

a) Verben können Zeitformen bilden.

b) Adverbien kann man steigern.

c) Adjektive können zwischen Artikel und Substantiv stehen.

d) Präpositionen können gesteigert werden.

e) Substantive können vier Fälle bilden.

f) Konjunktionen können Wörter und Sätze verbinden.

g) Pronomen sagen etwas über *Ort* und *Zeit* aus.

10 Ordne die Wörter aus den Beispielsätzen jeweils den richtigen Wortarten zu:

a) GESTERN KAM EIN BEKANNTER ZU BESUCH.

b) ER BEKAM GEBRATENE WÜRSTCHEN UND KETCHUP.

Substantive (4): ..., Adjektiv (1): ..., Verben (2): ..., Artikel (1): ..., Adverb (1): ...,
Personalpronomen (1): ..., Präposition (1): ..., Konjunktion (1): ...

𝓤 𝓤𝓤 c) DOCH ER KONNTE DIESE FETTEN DINGER KAUM VERTRAGEN.

𝓤 𝓤𝓤 d) TROTZDEM HAT ER ZWEI WÜRSTE GEGESSEN.

Substantive (2): ..., Adjektive (2): ..., Verben (2): ..., Hilfsverb (1): ..., Modalverb (1): ...,
Personalpronomen (2): ..., Demonstrativpronomen (1): ..., Adverbien (2): ..., Konjunktion (1): ...

𝓤𝓤 e) AM ABEND HATTE ER SICH FAST SEINEN MAGEN VERDORBEN.

Substantive (2): ..., Verb (1): ..., Hilfsverb (1): ..., Personalpronomen (1): ...,
Possessivpronomen (1): ..., Reflexivpronomen (1): ..., Adverb (1): ..., Präposition (1): ...

11 Notiere jeweils zwei Beispiele für:

Fragepronomen: ...　　　　*Possessivpronomen: ...*

Personalpronomen: ...　　　*Indefinitpronomen: ...*

𝓤 𝓤𝓤 **12** Der folgende Textausschnitt enthält sechs Fehler.
Berichtige die Zeilen, in denen Fehler vorkommen.

Hallo Onkel Theo,

ich habe dir schon immer sagen gewollt,
was ich mir von dein Geburtstagsgeld gekauft habe.
Aber wegen die vielen Klassenarbeiten
bin ich nicht dazu gekommen.
Letzte Woche beim baden ist mir eingefallen,
ich könnte mir doch eine Jahreskarte fürs Schwimmbad kaufen.
Das habe ich denn auch gemacht.
Und jetzt beeile ich mir, das nachzuholen.
Also herzlichen Dank für das Geld!
Deine Kerstin

Sprache und Sprachgebrauch

Wörter und ihre Bedeutung
Synonyme: Wörter, die Gleiches bedeuten

1 Welche dieser 20 Wörter bedeuten etwa das Gleiche? Ordne sie zu Wortpaaren:
ausgezeichnet – sehr gut, …

ausgezeichnet	*bald*	*eigenartig*	*demnächst*
dunkel	*finster*	*Fleischer*	*Geschenk*
hinken	*humpeln*	*merkwürdig*	*melancholisch*
Metzger	*Mitbringsel*	*sagen*	*Samstag*
sehr gut	*Sonnabend*	*sprechen*	*traurig*

2 Die Wörter dieser zehn Wortpaare sind sich in ihrer Bedeutung sehr ähnlich. Sprecht darüber, ob sie sich nicht doch unterscheiden – und wie:
humpeln – hinken, lila – violett, fliehen – flüchten, stehlen – klauen, gehen – rennen, schreien – brüllen, grün – türkis, warm – lau, mailen – posten, kühl – kalt

3 Auch die folgenden Wörter sind sich in ihrer Bedeutung ähnlich. Sie kommen aber an verschiedenen Stellen vor: in der Schriftsprache oder in der Jugendsprache. Stelle sie zu Wortpaaren zusammen:
Schriftsprache: *ausgezeichnet, …*
Jugendsprache: *super, …*

ausgezeichnet	*ausruhen*	*Bekleidung*
checken	*chillen*	*sich fetzen*
Klamotten	*labern*	*sich langweilen*
okay	*reden*	*richtig*
rumöden	*streiten*	*super*
verstehen		

INFO

Synonyme

Synonyme sind Wörter, die das Gleiche oder etwas sehr Ähnliches bedeuten:
merkwürdig – seltsam, sagen – sprechen, dunkel – finster, dann – danach…

Wichtig werden Synonyme beim **Schreiben** eines Textes, wenn man nicht immer dasselbe Wort wie *dann* wiederholen möchte. Man verwendet Synonyme wie *danach, daraufhin*, um den Text abwechslungsreicher und genauer zu gestalten. **Wichtig** werden Synonyme beim **Schreiben** aber auch, wenn man ein **umgangssprachliches** Wort wie *super* gegen ein **schriftsprachliches** austauschen sollte – und dann besser ein Synonym wie *ausgezeichnet* oder *sehr gut* verwendet.

4 Welche der folgenden Wörter sind Synonyme? Stelle sie zu Paaren zusammen.
Einige Wortpaare sind aber keine echten Synonyme. Warum nicht? Sprecht darüber.

Apfelsine	*Artikel*	*Beutegreifer*	*Fleischer*
Freund	*Frühling*	*Frühjahr*	*Geige*
Geschlechtswort	*Kopf*	*Kumpel*	*Nudeln*
Orange	*Raubtier*	*Samstag*	*Schädel*
Sonnabend	*Schlachter*	*Spaghetti*	*Spatz*
Sperling	*Violine*		

5 In manchen Gegenden haben dieselben Dinge andere Namen: In Berlin nennt man es „Schrippe", in der Pfalz isst man „Erdäpfel", in Österreich gibt es „Paradeiser" und „Topfen", in Bayern gibt es „Brezen" und „Bretteln", und in manchen Gegenden isst man gern „Blaukraut" – und besonders gern „Striezel". Wie heißt es **bei euch**: *Brezel, Brötchen, Kartoffeln, Quark, Rotkohl, Skier, Stollen, Tomaten* – oder? Sprecht darüber!

6 Das Wort *komisch* gebrauchen wir gern, wenn uns etwas nicht so vorkommt, wie wir es gewohnt sind. Hier sind einige Sätze, in denen ihr – erst einmal mündlich – für *komisch* andere Wörter einsetzen solltet.

Komisch, komisch!

1. Ich habe gestern einen komischen Pfau beobachtet. Der hatte seine prächtigen Schwanzfedern verloren und machte beim Gehen so komische Bewegungen. Er konnte sein Gleichgewicht nicht mehr halten und fiel bei jedem zweiten Schritt vornüber auf seinen Schnabel. Das sah zwar komisch aus, doch zugleich auch traurig. Komisch war aber, dass er sich immer wieder aufrichtete und torkelnd weiterlief.

2. Ich finde es komisch, was für komische Klamotten sich manche Jungen anziehen. Da sieht man T-Shirts mit komischen Sprüchen darauf, die nichts mit ihnen zu tun haben. Oder sie tragen Sachen in den komischsten Farbkombinationen, die nicht zu ihnen passen. Manche scheuen sich nicht einmal davor, in komischen Frisuren in die Schule zu kommen. Ich finde, dass Mädchen sich nie so komische Sachen anziehen würden.

7 Schreibe einen der beiden Texte ab. Ersetze das Wort *komisch* durch passende Wörter aus dem **WORTSCHATZ**.

8 Lest euch den folgenden Text erst einmal vor.

Rehe an der Autobahn

Als wir auf dem Hügel angekommen waren, *sahen* wir unten auf der Wiese vier Tiere grasen. Wir *sahen*, dass es Rehe waren. Wir *sahen* sie eine Zeitlang, wie sie mit gesenktem Kopf ganz still ihr Futter zu sich nahmen. Dicht neben der Autobahn! Die Tiere mussten die vorbeifahrenden Autos doch sehen! Doch sie schienen sich einig zu sein, dass von ihnen keine Gefahr ausgeht. Plötzlich *sahen* wir, als eines der Tiere den Kopf hob und zu uns *herübersah*, wie sich seine Ohren spitzten. Es hatte uns *gesehen*. Ein anderes Reh *sah* uns dann auch. Ich hatte eine unvorsichtige Bewegung gemacht. Das Reh drehte sich um die eigene Achse und lief davon, die anderen hinterher. Dann *sahen* wir, wie sie im nahen Wald verschwanden. Ich wunderte mich: Da *sehen* sie den Autoverkehr – und das stört sie nicht. Doch dann *sehen* sie eine winzige Bewegung von einem Menschen – und flüchten.

9 In diesem Text über eine Tierbeobachtung wird das Wort *sehen* ständig wiederholt. Das wirkt etwas langweilig. Schreibe den Text neu auf. Setze an manchen (nicht an allen!) Stellen andere Wörter für *sehen* ein, dann klingt er abwechslungsreicher. Natürlich kannst du den Text auch an anderen Stellen so umschreiben, wie du ihn gern haben möchtest. Der **WORTSCHATZ** – Synonyme zu dem Wort *sehen* – hilft dir dabei.

10 Lest euch einige Texte, die ihr geschrieben habt, gegenseitig vor.

WORTSCHATZ

absonderlich
beachtlich
besonders
eigenartig
eigentümlich
erstaunlich
komisch
merkwürdig
neu
seltsam
sonderbar
ulkig
ungewöhnlich
verrückt
witzig

WORTSCHATZ

angucken
bemerken
beobachten
betrachten
blicken
erblicken
erfassen
erkennen
gucken
identifizieren
ins Auge nehmen
schauen
schielen
sehen

Sprache und Sprachgebrauch

11 Stellt euch vor, dass diese kleine Debatte als Beitrag in der Schülerzeitung stehen sollte, als Beispiel für eine Diskussion in der Klasse.

- Lest sie euch durch. Fällt euch etwas auf?
- Was würdet ihr verbessern?

Ein Beispiel für eine Diskussion

Jugendliche diskutieren über die Verschönerung ihres Klassenraums.

a) Paula sagte: „Wir könnten doch mal Blumen auf die Fensterbänke stellen."

b) „Genau!", sagte Henriette. „Das würde alles etwas bunter machen."

c) Niklas sagte: „Bloß das nicht!"

d) Elias sagte: „Blumen! Die müssen wir ja erst kaufen!"

e) Und Moritz sagte: „Genau! Und jeden Tag gießen. Nicht mit mir!"

f) „Wir könnten uns ja in die Aufgabe teilen", sagte Paula.

g) „Genau!", sagte Yasmin.

h) „Ich jedenfalls wäre dabei", sagte Henriette. „Mir macht das Spaß."

i) „Und ich kann Topfblumen nicht ausstehen", sagte Niklas.

j) „Genau!", sagte Moritz. „Ich auch nicht."

k) „Gibt es denn keinen Jungen, der Blumen mag?", sagte Paula.

l) „Ich mag Blumen schon", sagte Thomas, „aber die viele Arbeit damit!"

m) „Genau!", sagte Moritz. „Einkaufen, gießen, trockne Blüten abschneiden …"

n) „Dabei können wir doch auch etwas lernen", sagte Yasmin.

o) „Lernen? Was soll das denn sein?", sagte Moritz.

p) „Na, wie viel Wasser sie brauchen, wann sie verblüht sind, ob sie Früchte tragen? Ob man die Früchte wieder aussäen kann", sagte Paula.

q) Niklas sagte: „Wir lernen doch schon genug in der Schule!"

r) „Genau!", sagte Moritz.

s) „Dann lasst uns darüber abstimmen", sagte Paula.

12 Als mündlichen Text muss man diesen Text akzeptieren.
Wenn man ihn aber anderen in einer Schülerzeitung zum Lesen gibt, müsste er doch etwas verbessert werden. Da wird das Wort *sagte* ständig wiederholt, und manche Schüler sagen ständig *genau, genau*. Schreibt statt *sagte* und *genau* andere Wörter aus dem **WORTSCHATZ** auf:
a) schlug vor, b) ja, bestätigte, c) …

13 Schreibt den Text so auf, wie er in der Schülerzeitung stehen könnte. Verwendet Wörter aus dem **WORTSCHATZ**. Manchmal könntet ihr dabei aber *sagte* und *genau* stehenlassen.

14 Ihr könntet ja einmal selbst darüber abstimmen, wie ein solcher Verschönerungsvorschlag bei euch in der Klasse ankommt.

WORTSCHATZ:

sagen
antworten
einwenden
erwidern
fragen
hinzufügen
meinen
rufen
sagen
sprechen
vorschlagen
widersprechen

WORTSCHATZ:

zustimmen
du sagst es
exakt
genau
ja
klar
richtig
stimmt

Wörter und ihre Bedeutung

Homonyme: Gleiche Wörter, die Verschiedenes bedeuten

Der ? kräht. – Der ? tropft.
Ich reite auf einem ? . – Der ? stinkt.
Das ? ist verrostet. – Das ? hat drei Türme.

1 Wie kann etwas zugleich krähen und tropfen?
Das geht nur dann, wenn ein und dasselbe Wort
gemeint ist, das verschiedene Bedeutungen hat.
Ratet einmal, was hier gemeint sein könnte!
Ihr findet die Wörter im **WORTSCHATZ**.

Der Vater steht oben auf der Leiter und will das
Vogelhäuschen festschrauben. Er sagt zu Jakob:
„Reich mir doch mal die ? rauf!" Jakob antwortet:
„Das geht nicht. Die ? ist gerade einkaufen!"

2 Was hat Jakob falsch verstanden? Setzt das
fehlende Wort aus dem **WORTSCHATZ** ein!

Homonyme

Homonyme sind Wörter, die gleich aussehen
und gleich ausgesprochen werden, aber eine
unterschiedliche Bedeutung (manchmal auch
ein verschiedenes Geschlecht) haben:

Ton 1: *Der Ton ihrer Stimme ist hell und klar.*
Ton 2: *Ein Töpfer macht aus Ton schöne Gefäße.*
Die Kiefer *ist ein immergrüner Nadelbaum.*
Der Kiefer *ist ein Knochen in unserem Gesicht.*

INFO

3 Schreibe die folgenden Sätze ab und ergänze die fehlenden Wörter.

Sätze mit Homonymen

a) Ein ? schützt vor Infektion. Es bedeckt aber auch die Straße.
b) Ein ? kann gut schmecken, aber auch jemanden verurteilen.
c) ? sind Musikinstrumente, aber man kann auch damit fliegen.
d) Auf einem ? kann man reiten – oder es als Frisur tragen.
e) Man kann von einer ? Geld abheben, aber auch darauf sitzen.
f) Der Opa raucht die ?, der Schiedsrichter beendet damit das Spiel.
g) Manche bauen sich ? für Gartengeräte, manche haben sie auf der Haut.
h) Eine ? schmeckt gut – aber sie gibt auch Licht.
i) Eine ? kann aus Brot bestehen, aber sie kann auch hart sein wie Glas.

WORTSCHATZ:

Homonyme
Bank
Bauer
Birne
Flügel
Gericht
Glas
Hahn
Kiefer
Mutter
Nagel
Pfeife
Pflaster
Pony
Schale
Scheibe
Schimmel
Schloss
Schuppen
Zug

4 Man hört das Wort ungern aus Schülermund: *geil*. Doch Jugendliche
verwenden es ganz unschuldig in einer anderen Bedeutung,
als Erwachsene denken. Das Wort hat nämlich drei Bedeutungen.
Ermittle aus den drei Sätzen, welche Bedeutung es haben kann:
wild, brünstig, wunderbar, sehr schön, sexuell erregt.

Das Bild, das du da gemalt hast, ist echt geil!
Der Rosenbusch hat neue Zweige gebildet, doch es sind geile Triebe.
Guck, wie der Rehbock hinter den Rehen herrennt. Der ist geil!

Sprache und **Sprach-gebrauch**

Zeitformen (Tempora)
Zeit und Zeitform (Tempus) sind zweierlei

Das sind die verschiedenen Zeiten:

Vergangenheit (früher):   **Gegenwart** (jetzt):   **Zukunft** (später):

**Das sind die sechs
Zeitformen (Tempora).**

6 Jetzt weiß ich,
dass man eben
früher aus dem
Bett muss.

↑

1 Da fährt mir doch heute Morgen ←   **Präsens**   →   7 Morgen stehe ich
der Bus vor der Nase weg.   pünktlich auf,

2 Ich habe mich schrecklich   ←   **Perfekt**   →   8 gleich, wenn mich der
darüber geärgert.   Wecker geweckt hat.

3 In letzter Sekunde kam ich   ←   **Präteritum**
bei der Haltstelle an,

4 nachdem ich dem Busfahrer noch ←   **Plusquamperfekt**
von Weitem zugewinkt hatte.

                                      Futur I   →   9 So etwas wird mir nicht
                                                                noch einmal passieren!

5 Na ja, der wird mich halt   ←   **Futur II**   →   10 Aber wahrscheinlich
nicht gesehen haben.   werde ich bald alles wieder
                                                                vergessen haben.

Über die Zeitformen habt ihr in den letzten Schuljahren schon eine Menge gelernt.
Diese Seite soll euch noch einmal zeigen, welche Zeitformen es gibt. Sie zeigt auch,
wie die einzelnen Zeitformen in die drei Zeiten sozusagen „hineinleuchten" können.

1 Schaut euch die Seite an. Vervollständigt die folgenden Sätze:
Das Präsens kann in die Gegenwart, … hineinleuchten;
das Perfekt in …
das Präteritum …
das Plusquamperfekt …
das Futur I …
das Futur II …

Zweierlei Kombi

nach einer Anekdote von Rolf Wilhelm Brednich (Text verändert)

Jeden Mittwoch *fuhr* Herr Paulus in seinem blauen Kombi nach Moordorf zum Kegeln.
Stets *ließ* sich der Wirt des Lokals von den Kegelbrüdern die Autoschlüssel geben,
damit, wer etwas *getrunken hatte*, mit dem Taxi nach Haus *fuhr*.
Herr Paulus *hatte* aber *vorgesorgt* und *hatte* sich vorher seinen Zweitschlüssel *eingesteckt*.
5 So *konnte* er, obwohl er ein Bier *getrunken hatte*, in seinem eigenen Auto nach Hause fahren.

Plötzlich *sah* er an einer Unfallstelle das Blaulicht der Polizei.
Da *wird* doch wohl nichts Schlimmes *passiert sein*?, *dachte* er.
Gleich *fuhr* er zur Unfallstelle, *stieg* aus und *fragte* die Polizisten: „Kann ich helfen?"
„Wir *haben* schon das meiste in Ordnung *gebracht*", *sagte* einer der Beamten.
10 „Der Abschleppwagen *wird* gleich *kommen*!"
Herr Paulus *setzte* sich wieder in den Kombi und *fuhr* nach Hause.

Nachdem er zu Hause noch ein Bierchen *getrunken hatte*, legte er sich ins Bett.
Mitten in der Nacht *klingelte* es plötzlich an der Tür.
Draußen *standen* zwei Polizisten. Sie *fragten* höflich:
15 „*Dürfen* wir einmal in Ihre Garage schauen?"
Herr Paulus *schloss* die Garagentür auf.
Und was *sahen* sie da?
Einen Kombi mit Blaulicht!

2 In welcher Zeitform stehen die meisten der Sätze?

3 In dieser Geschichte kommen aber auch alle anderen Zeitformen,
   die ihr schon kennt, mindestens einmal vor. Sucht Beispiele im Text.

Die Zeitformen (Tempora) im Text

In jedem Text werden **Verben** verwendet. Daher kann man **keinen Text** erzählen, **ohne Zeitformen**
zu verwenden. Jeder Text steht in einem **Basistempus (Hauptzeitform)**. Meistens ist es das **Präteritum**
oder **Präsens**. Die einmal gewählte **Zeitform** sollte man möglichst **einhalten** – und nicht willkürlich
wechseln. Darüber hinaus muss man in Texten aber auch manchmal andere Zeitformen verwenden:
*   das **Perfekt** und das **Plusquamperfekt**, wenn etwas erzählt wird, das vorher schon **abgeschlossen** ist,
*   das **Futur I** und **Futur II**, wenn Vermutungen über die **Zukunft** angestellt werden.

INFO

4 Probiert einmal mündlich aus, ob ihr an einigen Stellen im Text oben auch eine andere
   Zeitform verwenden könntet.

5 Gebt die ganze Geschichte mündlich in der Hauptzeitform des Präsens wieder.
   Wenn ihr meint, dass das an einigen Stellen nicht geht, dann wählt eine andere Zeitform.

6 Hier steht dieselbe Geschichte in einer etwas veränderten Fassung. Verfahrt einmal folgendermaßen: Ein Schüler oder eine Schülerin liest diese Fassung hier vor, während die anderen mit den Augen die erste Fassung mitlesen und beim Zuhören darauf achten, was jetzt anders ist.

Zweierlei Kombi

nach einer Anekdote von Rolf Wilhelm Brednich (Text verändert)

Jeden Mittwoch fuhr Herr Paulus in seinem blauen Kombi nach Moordorf zum Kegeln. Stets ließ sich der Wirt des Lokals von den Kegelbrüdern die Autoschlüssel geben, damit, wer etwas getrunken hatte, mit dem Taxi nach Haus fuhr. Herr Paulus hatte aber vorgesorgt und hatte sich vorher seinen Zweitschlüssel eingesteckt. So konnte er,
5 obwohl er ein Bier getrunken hatte, in seinem eigenen Auto nach Hause fahren. Plötzlich sieht er an einer Unfallstelle das Blaulicht der Polizei. Da wird doch wohl nichts Schlimmes passiert sein?, denkt er. Gleich fährt er zur Unfallstelle, steigt aus und fragt die Polizisten: „Kann ich helfen?" „Wir haben schon das meiste in Ordnung gebracht", sagt einer der Beamten. „Der Abschleppwagen wird gleich kommen!" Herr
10 Paulus setzte sich wieder in den Kombi und fuhr nach Hause.
Nachdem er zu Hause noch ein Bierchen getrunken hatte, legte er sich ins Bett. Mitten in der Nacht klingelt es plötzlich an der Tür. Draußen stehen zwei Polizisten. Sie fragen höflich: „Dürfen wir einmal in Ihre Garage schauen?" Herr Paulus schließt die Garagentür auf. Und was sehen sie da? Einen Kombi mit Blaulicht!

7 Sprecht darüber, ob die veränderten Stellen anders auf euch wirken als in der ersten Fassung.

8 Stellt genau fest, worin der Unterschied besteht.

9 In der folgenden Geschichte über ein beinahe geschehenes Unglück sind einige Textstellen markiert. Vermutet einmal, warum. Was bedeuten diese Stellen für den Text?

Beinahe ein Unglück

Eine Frau musste auf ihrem Weg zum Supermarkt mit ihrem Wagen immer einen Bahnübergang überqueren. Jedes Mal, wenn die Schranke geschlossen war, musste sie lange warten. Doch diesmal war der Weg frei. Gerade wollte die Frau die Gleise überqueren, **da blieb ihr Auto plötzlich stehen. Während sie verzweifelt versuchte, die Zündung**
5 **anzustellen, der Motor aber nicht ansprang und der Wagen sich nicht von der Stelle rührte, sah sie im selben Augenblick zu ihrem Entsetzen, dass sich die Schranken schlossen. Die Frau geriet sogleich in Panik, stieg aus dem Wagen und schrie um Hilfe.** Währenddessen hatten zwei Männer zum Glück das Ganze beobachtet. Sofort sprangen sie herbei und schoben das Gefährt auf ein Nebengleis. Im nächsten
10 Augenblick konnte der Zug vorbeifahren. Die Frau kam mit dem Schrecken davon.

10 Formuliert die fett gedruckte Stelle beim Vorlesen ins Präsens um. Was hat sich, außer der Zeitform, in der Wirkung dabei noch geändert?

11 Schreibe den ganzen Text auf. Forme dabei den Mittelteil ins Präsens um.

Das Präteritum als Basistempus (Hauptzeitform) von Erzähltexten

Das **Basistempus** von **Erzähltexten** ist in der Regel das **Präteritum**. Mit ihm wird signalisiert, dass die erzählten Ereignisse **früher** geschehen sind und dass ein gewisser **Abstand** zum Leser besteht. Will der Erzähler aber eine besonders **spannende Szene** wie mit einem Kamerazoom nahe an den Leser heranholen, kann er für eine solche Stelle das **Präsens** wählen. Dieses stilistische Mittel nennt man **szenisches Präsens**.

ι ιι **12** Schreibe diese Anekdote auf: *ι* **Bernhardiner als Retter 1**, *ιι* **Bernhardiner als Retter 2**.
Das **Basistempus** soll das **Präteritum** sein. Die **spannendste Stelle** soll im **Präsens** stehen.

Bernhardiner als Retter 1

In einem Bauernhaus in den Alpen
(wohnen) ein Ehepaar mit seinem Jungen.
Eines Nachts (bellen) plötzlich der Hund.
Aufgeregt (springen) er gegen die Kinder-
5   zimmertür, (zerren) den Jungen aus dem
Bett, (öffnen) die Tür zum Elternschlaf-
zimmer und (kläffen) die Eltern aufgeregt
an. Alle (stürzen) aufgeregt aus dem Haus.
In diesem Augenblick (sehen) sie, dass der
10 Dachstuhl des Hauses (brennen). In letzter
Minute (können) sie noch ihre Sachen
einpacken. Danach (müssen) sie sehen,
wie ihr ganzes Haus in Flammen (stehen).
Sie (fallen) erschöpft neben ihrem Hund
15 nieder, der ihnen das Leben (retten).

Bernhardiner als Retter 2

In einem einsamen Bauernhaus in den
südlichen Alpen (wohnen) ein Ehepaar mit
seinem achtjährigen Jungen. Eines Nachts,
die Familie (schlafen) schon, (fangen) der
5   Hund plötzlich an, aufgeregt zu bellen. Er
(springen) gegen die Tür des Kinderzimmers,
(zerren) den Jungen aus dem Bett, (öffnen)
dann die Tür zum Schlafzimmer, in dem
die Eltern noch (schlafen), und (bellen) die
10 beiden aufgeregt an. Alle (stürzen) sofort in
großer Aufregung aus dem Haus. In diesem
Augenblick (sehen) sie, dass der Dachstuhl
ihres Hauses lichterloh (brennen). In letzter
Minute (können) sie noch ihre Habseligkeiten
15 packen, danach (müssen) sie sehen, wie ihr
Haus (zusammenstürzen). Am Ende (fallen)
sie erschöpft neben ihrem Hund nieder, der
ihnen das Leben (retten).

ιι **13** Gestalte aus den stichwortartigen Notizen einen Erzähltext.
Das **Basistempus** soll das **Präteritum** sein.
Die **spannendste Stelle** soll aber im **szenischen Präsens** stehen.

Bernhardiner als Retter 3

Einsames Bauernhaus in den südlichen Alpen – Bewohner: ein
Ehepaar mit Kind – nachts: Eltern und Kind schlafen – plötzlich
aufgeregtes Bellen – der Hund springt gegen die Tür – zerrt das
Kind aus dem Bett – springt gegen die Klinke der Schlafzimmertür
der Eltern – öffnet sie – alle stürzen aus dem Haus – sie sehen:
der Dachstuhl brennt – sie packen ihre Habseligkeiten – laufen aus
dem Haus – fallen erschöpft neben ihrem Hund nieder – er hat sie
alle gerettet, bevor das Haus zusammenstürzt.

Zeitformen (Tempora)

Wörter für Zeit

Nicht nur mit den **Zeitformen** kann man auf die Zeit hinweisen, in der etwas abläuft. Man kann es auch mit einzelnen **Wörtern** und **Wortkombinationen**. Die meisten von ihnen sind Adverbien oder Adverbiale der Zeit. Im **WORTSCHATZ** findet ihr die wichtigsten Wörter und Wortkombinationen für *Zeit* in alphabetischer Reihenfolge.

1 Manche Ausdrücke haben eine ähnliche Bedeutung: *manchmal, ab und zu …* Schreibe mit einigen dieser Wörter kurze Sätze auf. Ergänze in Klammern Wörter, die eine ähnliche Bedeutung haben:

manchmal: *Er geht (ab und zu …) zum Schwimmen.*

plötzlich: *Ich schaute hinaus auf die Straße, (auf einmal …) gab es einen lauten Knall.*

𝔲 𝔲𝔲 währenddessen: *Sie hörte Musik, (unterdessen …) las ihre Mutter die Zeitung.*

𝔲 𝔲𝔲 dann: *Er spielte noch eine Zeit lang auf seinem Handy, (danach …) ging er ins Bett.*

𝔲𝔲 gleichzeitig: *Die einen schrieben einen Text, (währenddessen …) lasen die anderen eine Geschichte.*

2 Füge in die folgenden Sätze passende Wörter aus dem **WORTSCHATZ** ein. Manchmal passen auch mehrere Wörter!

Sie hatte ? geträumt. ? wurde sie ? wachgerüttelt.
„Steh ? auf!", sagte ihr Vater. „Du musst ? in die Schule!"

𝔲 𝔲𝔲 Doch das Aufstehen fällt ihr ? schwer.
? springt sie aber doch aus dem Bett und wäscht sich.
Sie frühstückt und rennt ? zur Bushaltestelle.

𝔲𝔲 Sie erreicht den Bus ? .
Da hat sie aber ? Glück gehabt!

3 In den Texten „Beinahe ein Unglück" und „Bernhardiner als Retter 2" auf Seite 298 und 299 kommen ähnliche Wörter für Zeit vor. Schreibt sie heraus: *immer, jedes Mal, diesmal …*

298–299

WORTSCHATZ

ab und zu
anfangs
auf einmal
bald
beim letzten Mal
bereits, bisher
da, danach
dann, darauf, daraufhin
davor
demnächst
diesmal
eben, gerade, soeben
endlich
gleich danach
gleichzeitig
hin und wieder
im gleichen Augenblick
im letzten Augenblick
im nächsten Augenblick
immer, immer wieder,
    immerzu, stets
indessen, inzwischen
jetzt
kurz danach
manchmal
meistens
mittlerweile
mitunter
nachher, später
nächstes Mal
noch einmal
nun
öfter
plötzlich
schließlich
schon
sofort
vorher, vorhin
unterdessen, währenddessen
wieder einmal
zeitweise
zur gleichen Zeit
zuvor

So viel Pech!

a) Vorigen Samstag wollten wir *(hin und wieder / wieder einmal / immer wieder)* zu den Großeltern nach Köln fahren.

b) Dabei hatten wir aber nichts als Pech, wie das *(manchmal / ab und zu / immer)* so ist.

c) *(Anfangs / Zuerst / Indessen)* mussten wir unten auf der Straße auf unsere Mutter warten.

d) Dann kam sie *(endlich / gleichzeitig / schließlich)*.

e) *(Wenig später / Danach / Inzwischen)* sahen wir, als wir an die Haltestelle kamen, den Bus nur noch von hinten.

f) Zum Glück kam *(plötzlich / in diesem Augenblick / manchmal)* ein Taxi vorbei, in das wir *(gleich / sofort / daraufhin)* einstiegen.

𝑡𝑡 𝑡𝑡𝑡 g) Aber in der Innenstadt hatte *(ab und zu / gerade / zur selben Zeit)* das Stadtfest begonnen.

𝑡𝑡 𝑡𝑡𝑡 h) So kam das Taxi *(manchmal / hin und wieder / sofort)* nur schrittweise voran.

𝑡𝑡 𝑡𝑡𝑡 i) Wir saßen *(immerzu / währenddessen / endlich)* wie auf heißen Kohlen in den Sitzen; denn der Zug sollte ja *(auf einmal / wenig später / demnächst)* losfahren.

j) *(In dem Augenblick / Gerade / Sofort)* als wir auf den Bahnsteig kamen, fuhr der Zug ab.

k) Also mussten wir *(noch einmal / diesmal / eine Zeit lang)* warten, bis der nächste Zug kam.

𝑡𝑡𝑡 l) Meine Großeltern standen aber *(mittlerweile / soeben / indessen)* in Köln auf dem Bahnsteig und warteten auf uns.

𝑡𝑡𝑡 m) Anrufen konnten wir sie nicht, da *(in diesem Augenblick / unterdessen / meistens)* Mutters Handy den Geist aufgegeben hatte.

n) *(Letzten Endes / Schließlich / Anfangs)* wurde unser Besuch aber doch noch ganz vergnüglich.

4 Wähle von den angebotenen Wörtern in den Klammern diejenigen aus, die dir am besten zu passen scheinen. Schreibe sie auf: *a) wieder einmal, b) …*

5 Lest euch jetzt den ganzen Text mit den ausgewählten Wörtern vor. Vergleicht, welche ihr gewählt habt.

𝑡𝑡 𝑡𝑡𝑡 **6** Der Ausschnitt aus dem Aufsatz rechts enthält eine Reihe von Fehlern oder Mängeln. Überarbeite ihn. Die misslungenen Stellen in den Zeitformen und den Wörtern für Zeit sind bereits unterstrichen.

[…] Wir waren bei meinen Großeltern zu Besuch. Nachdem wir am Abend im Fernsehen eine Sendung über Füchse <u>sahen</u>, gingen wir noch einmal raus in den Wald, weil wir unbedingt einen Fuchs sehen wollten. Während wir so im Wald herum-
5 liefen, wurde es <u>manchmal</u> immer dunkler. Füchse konnten wir <u>dann</u> sowieso nicht mehr sehen. Also suchten wir den Rückweg. Aber den haben wir nicht mehr finden <u>gekonnt</u>. Wir mussten wohl in die falsche Richtung gegangen sein. Jedenfalls haben wir uns immer weiter im Wald verirrt. Das hat wohl mindestens zwei
10 Stunden gedauert. <u>In dem Augenblick</u> dachten wir, dass wir im Wald übernachten <u>mussten</u>. Aber unsere Großeltern hatten uns <u>danach</u> vermisst – und waren mit Nachbarn zusammen auf die Suche nach uns gegangen. […]

𝑡𝑡𝑡 **7** Schreibe auf, wie dieses Erlebnis zu Ende gegangen sein könnte.

Zeitformen (Tempora)

Das Passiv

Sieg der Roten!

In letzter Minute wurde der Gegner doch noch geschlagen.

Der Elfmeterschütze wurde gelobt.

Die Roten wurden gefeiert.

Doch auch die gegnerische Mannschaft wurde mit großem Applaus verabschiedet.

Sieg der Roten!

In letzter Minute schlug unsere Mannschaft den Gegner doch noch.

Der Trainer lobte den Elfmeterschützen.

Das Publikum feierte die Roten.

Doch die Zuschauer verabschiedeten auch die gegnerische Mannschaft mit großem Applaus.

1 Zweimal dieselbe Situation, zweimal fast derselbe Text! In beiden Texten geht es um Menschen, die etwas tun, und um Menschen, mit denen etwas geschieht. Wer wird in den beiden Texten jeweils genannt?

Personen, die etwas tun:
–

Personen, die etwas tun:
unsere Mannschaft …

Personen, mit denen etwas geschieht:
der Gegner …

Personen, mit denen etwas geschieht:
den Gegner …

2 Von wem ist im ersten Text überhaupt nicht die Rede? Warum wird er nicht vermisst? Denkt man ihn trotzdem mit? Sprecht darüber.

3 Schaut euch genauer an, wie sich die einzelnen Sätze jeweils unterscheiden. Stellt sie in verkürzter Form einzeln gegenüber und unterstreicht die Verbformen:

Der Gegner wurde geschlagen.

Der Elfmeterschütze …

Die Roten …

Die gegnerische Mannschaft …

Unsere Mannschaft schlug den Gegner.

Der Trainer …

Das Publikum …

Die Zuschauer …

INFO

Aktiv und Passiv

Die meisten deutschen Sätze stehen im **Aktiv**. Dabei wird oft **dreierlei** genannt:

- einer, der etwas **tut**, ein **Handelnder** im **Subjekt**:   *Der Trainer*
- eine **Tätigkeit** im **Prädikat**:   *lobte*
- einer, mit dem etwas **geschieht**, ein **Betroffener** im **Objekt**:   *den Elfmeterschützen.*

Es gibt aber auch Sätze, in denen nur **zweierlei** vorkommt. Von dem, der etwas **tut**, ist dann nicht mehr die Rede. Solche Sätze stehen im **Passiv**:

- einer, mit dem etwas **geschieht**, ein **Betroffener** im **Subjekt**:   *Der Elfmeterschütze*
- eine **Tätigkeit** im **Prädikat**:   *wurde gelobt.*

Der **Handelnde** kann im Passiv weggelassen – oder auch genannt werden, und zwar in einem Satzglied mit der Präposition **von**:

Der Elfmeterschütze wurde (von dem Trainer) gelobt.

Einbruch

In einem Haus in der Bergstraße wurde ein Einbruch verübt.
Die Terrassentür wurde aufgehebelt.
Der Kühlschrank wurde ausgeräumt und sein Inhalt wurde verspeist.
Doch die hungrigen Räuber wurden dabei von Nachbarn beobachtet.
Sofort wurde die Polizei benachrichtigt.
Die Einbrecher wurden bald danach gefasst.

4 In diesem Text stehen alle Sätze im Passiv.
Was wiederholt sich dabei ständig?
Beschreibt es möglichst genau: *wurde verübt …*

5 Warum werden hier die Personen, die jeweils etwas tun, nicht genannt?
Stellt Vermutungen auf:
Sie werden nicht genannt, weil …

6 Forme einige Sätze des Textes „Einbruch" ins Aktiv um.
Dabei musst du diejenigen, die etwas getan haben, einfügen.
Manchmal ist es klar, wer das ist, manchmal kann man es nur vermuten.
Einbrecher verübten in einem Haus in der Bergstraße einen Einbruch. …

l **7** Wenn man jemanden beruhigen will, dass alles nur halb so schlimm ist,
dann sagt man gern das alte Sprichwort:
Man isst nichts so heiß, wie man es kocht.
In Wirklichkeit steht das Sprichwort aber im Passiv.
Forme es um, indem du *man* weglässt:
Nichts wird …

ll **8** Die folgenden beiden Sätze kannst du oft als Aufforderungen im Passiv hören.
Forme sie um, indem du das *du* weglässt.
Jetzt machst du das Handy aus! Dann gehst du ins Bett!

lll **9** Aus dem folgenden Text wird ein Gedicht mit Reimen, wenn du jeden Satz
ins Passiv umformst. Dabei musst du den, der etwas tut, stets weglassen:
Am Anfang wird man angefeuert …

Fußball

Am Anfang feuert einen das Publikum an,
am Ende feiern alle den Sieg.
Zwischendurch spielt man gut
und erzielt ab und zu ein Tor.
Das Publikum beklatscht die eigene Mannschaft.
Danach tratscht man über das Spiel.
Die Zuschauer loben den Sieger oft sehr,
bei Niederlagen toben alle.

Das Passiv: Wenn der Handelnde selbstverständlich ist

1 Schaut euch an, auf wie viele Arten Sätze in Schulordnungen ausgedrückt werden können:

a) Nach der letzten Stunde stellen wir die Stühle auf die Tische.
b) Nach der letzten Stunde werden die Stühle auf die Tische gestellt.
c) Nach der letzten Stunde sind die Stühle auf die Tische zu stellen.
d) Nach der letzten Stunde müssen die Stühle auf die Tische gestellt werden.

2 Welchen Satz würdet ihr in eurer Schulordnung am liebsten lesen? Begründet.

3 Schulordnungen kann man ganz unterschiedlich formulieren.
Entscheidet auch hier, welche Sorte von Sätzen euch besonders gefällt.

a) in reinen Passivsätzen:
Fahrräder werden an den Fahrradständen abgestellt.

b) in Passivsätzen mit *müssen*:
Fahrräder müssen an den Fahrradständen abgestellt werden.

c) in Infinitivsätzen mit *ist / sind* und *zu*:
Fahrräder sind an den Fahrradständen abzustellen.

d) in Aktivsätzen mit *wir*:
Fahrräder stellen wir an den Fahrradständen ab.

4 In der Regel wechseln diese Formen innerhalb eines solchen Textes ab. Schreibe drei Sätze auf.

Auf dem Schulhof nicht Rad fahren: *Wir dürfen …*
Das Rad über den Schulhof schieben: *Das Rad muss …*
Das Rad am Fahrradstand abstellen: *Das Rad wird …*

5 Stellt fest, wie in eurer eigenen Schulordnung die Sätze formuliert sind.

INFO

Passivsätze

In Passivsätzen kann **derjenige, der etwas tut, weggelassen** werden. Passivsätze kommen
daher meistens in Texten vor, in denen **der Handelnde selbstverständlich** ist:

***Die Schüler** schreiben heute eine Arbeit.*   →   *Heute wird eine Arbeit geschrieben.*
*Danach sammelt **die Lehrerin** die Hefte ein.*   →   *Danach werden die Hefte eingesammelt.*

---

ttt **6** Verfasse aus den folgenden Wortgruppen Sätze für eine Schulordnung. Entscheide dich dabei für
Satzformen von a)–d), wie sie oben angegeben sind. Natürlich kannst du die Formen auch wechseln.
Das Schulgebäude wird zwanzig Minuten …

Schulgebäude – öffnen – zwanzig Minuten vor Unterrichtsbeginn
Stundenausfälle und Raumänderungen – bekannt geben – am schwarzen Brett
Ist die Klasse zehn Minuten nach Unterrichtsbeginn ohne Lehrer – Sekretariat – benachrichtigen
Klassenräume – verlassen – während der großen Pausen
In Fluren und Treppenhäusern – nicht drängeln – niemanden anrempeln

Zeitformen (Tempora)

Der Konjunktiv I

Schulhof der Pestalozzi-Schule wird vergrößert

Auf einem Schulfest sagte der Bürgermeister von Arnsheim unter anderem:

„Liebe Schülerinnen und Schüler der Pestalozzi-Schule,

ich <u>kann</u> euch heute die freudige Mitteilung machen, dass der Ortsrat der Gemeinde Arnsheim am letzten Mittwoch beschlossen <u>hat</u>: Der Schulhof eurer Schule, der ja, wie ihr wisst, für die vielen Schüler viel zu klein geworden ist, <u>wird</u> vergrößert und mit Anpflanzungen von Bäumen und Büschen verschönert. Dafür <u>steht</u> in der Gemeinde der ansehnliche Betrag von 5000 Euro zur Verfügung."

In dem Regionalteil der Zeitung konnte man es so lesen:

Der Bürgermeister sagte den Schülerinnen und Schülern der Pestalozzi-Schule,

er <u>könne</u> ihnen die Mitteilung machen, dass der Gemeinderat von Arnsheim beschlossen <u>habe</u>, der Schulhof der Pestalozzi-Schule <u>werde</u> vergrößert und mit Anpflanzungen verschönert.

Dafür …

1 Zählt zunächst in den markierten Teilen die einzelnen Wörter, die der Bürgermeister tatsächlich gesagt hat. Vergleicht sie dann mit der Anzahl der Wörter, die in der Zeitung stehen.

2 Warum wurde die Rede des Bürgermeisters wohl **nicht wortwörtlich** in der Zeitung abgedruckt? Tauscht euch aus.

a) Der Reporter glaubte dem Bürgermeister nicht alles.
b) Er wusste nicht mehr, was der Bürgermeister genau gesagt hatte.
c) Die Zeitung hatte keinen Platz, die ganze Rede abzudrucken.
d) Der Reporter musste das Wichtigste auf den Punkt bringen.

64

Indirekte Rede

INFO

In der **indirekten** Rede berichtet jemand darüber, was ein **anderer Sprecher** gesagt hat. Er wiederholt aber nicht die direkte Rede des anderen, sondern gibt seine Rede in **Kurzfassung** und im **Konjunktiv I** wieder. Eine solche Redewiedergabe im Konjunktiv I kommt **vor allem in der Schriftsprache** vor, z. B. in Zeitungen, Protokollen und Inhaltsangaben. **In der mündlichen Sprache** wird der Konjunktiv I sehr **selten** verwendet.

In der indirekten Rede verändert sich das Pronomen *ich* zu *er* oder *sie*:
- **Direkte Rede im Indikativ** (wörtlich):
  *Der Bürgermeister sagte: „**Ich kann** euch heute die freudige Mitteilung machen, dass…"*
- **Indirekte Rede im Konjunktiv I** (verkürzt):
  *Der Bürgermeister sagte, **er könne** ihnen die Mitteilung machen, dass …*

Der Konjunktiv I wird aus der **Grundform** (Infinitiv) gebildet – **ohne -*n*** am Ende:
können – er könne, sein – er sei, haben – er habe, werden – er werde, sehen – er sehe …

3 Vergleicht im Text oben die unterstrichenen Verbformen: *kann – könne, hat – …*

4 Füge den letzten Satz des Bürgermeisters in Kurzfassung und indirekter Rede für die Zeitung hinzu: *Dafür …*

Sprache und Sprachgebrauch

5 Überprüft, was im Zeitungsbericht aus der Rede des Bürgermeisters alles weggelassen worden ist.

ttt **6** Der Bürgermeister hat am Schluss noch Folgendes gesagt:
Ich freue mich sehr, dass ich euch diese gute Nachricht heute Morgen überbringen kann.
Damit wird endlich eine langjährige Planung nun doch noch abgeschlossen.

Wie haben die Sätze wohl in der Zeitung gestanden?
Schreibt sie in indirekter Rede und kürzerer Form auf.

Zweifelhaftes Tor

Das Spiel war zu Ende. Die Mädchen der Grünweißen
hatten gewonnen. Doch ob der Sieg verdient war,
darüber habe ich meine Zweifel. Und es gab noch eine
lange Diskussion darüber. Die Gegnerinnen meinten:
5 „Das ist doch nicht mit rechten Dingen zugegangen!"
Anke Polheim hatte nämlich in letzter Minute den Ball
ins gegnerische Tor geköpft und wurde als Match-
winnerin gefeiert. Doch hatte sie den Ball tatsächlich
geköpft – oder war da nicht die Hand im Spiel? Ich bin
10 mir nicht sicher. Als die Torfrau der Roten nach dem
Spiel gefragt wurde, sagte sie böse: „Das war eindeutig
Hand! Die Anke hat doch den Ball gar nicht mit dem
Kopf berührt!" Doch auch Anke selbst wurde gefragt:
„Sag mal ehrlich, hast du das Ding nicht mit der Hand
15 reingemacht?" Sie antwortete darauf nur: „Ich gebe
dazu keine weitere Auskunft. Die Schiedsrichterin hat
nun mal ein Tor gegeben. Und dann ist es auch ein Tor.
Mehr sage ich nicht. Wie auch immer, der Sieg ist auf
jeden Fall verdient!"

i **7** Forme die direkten Reden in indirekte Reden um:
Die Gegnerinnen meinten, das … nicht mit rechten Dingen zugegangen.
Und deren Torfrau gab an, Anke … den Ball gar nicht mit dem Kopf berührt.
Anke Polheim sagte, sie … dazu keine Auskunft.

tt **8** Forme die direkten Reden in indirekte Reden um:
Die Gegnerinnen meinten, das … nicht mit rechten Dingen zugegangen.
Und deren Torfrau gab an, das … eindeutig Hand gewesen.
Anke … den Ball gar nicht mit Kopf berührt.
Anke wurde gefragt, ob sie das Ding nicht mit der Hand reingemacht …
Anke Polheim sagte, sie … dazu keine Auskunft.

ttt **9** Forme den Bericht oben in eine kurze Nachricht um, wie sie in der Zeitung gestanden
haben könnte. Beachte dabei, was im Infokasten zur indirekten Rede steht.

Zeitformen (Tempora)

Verschiedene Formen der indirekten Rede

Die Schiedsrichterin sagte auf Befragung eines Reporters:
„Die Spielerin hat den Ball eindeutig mit dem Kopf berührt,
ein Handspiel ist mir überhaupt nicht aufgefallen.“

In der Zeitung schreibt der Reporter dann etwas verkürzt: *Die Schiedsrichterin sagte,*
die Spielerin habe den Ball mit dem Kopf berührt, ein Handspiel sei ihr nicht aufgefallen.

1 Vergleicht zunächst das, was die Schiedsrichterin wirklich gesagt hat,
mit dem, was der Reporter geschrieben hat. Was ist anders?
- Achtet auf die Formen der Verben.
- Achtet auf das Pronomen.
- Achtet auch darauf, was der Reporter weggelassen hat.

Verschiedene Formen der indirekten Rede

Will man einen Satz, den ein anderer gesagt hat, möglichst **genau** wiedergeben,
dann verwendet man die **wörtliche** Rede: Man **zitiert** den Sprecher und schreibt z. B.:
Anke meinte: „Der Sieg ist, finde ich, auf jeden Fall verdient.“

Möchte man aber das, was ein anderer gesagt hat, nur **kurz wiedergeben**, dann verwendet
man die **indirekte** Rede in **Kurzform**. Dafür gibt es mehrere Möglichkeiten:

a) **Konjunktiv I:** *Anke meinte,* *der Sieg **sei** verdient.*
b) *dass*-**Satz im Konjunktiv I:** *Anke meinte,* ***dass** der Sieg verdient **sei**.*
c) *dass*-**Satz im Indikativ:** *Anke meinte,* ***dass** der Sieg verdient **ist**.*
d) in manchen Fällen auch
Formen des **Konjunktivs II**
mit *hätte*, *wäre* oder *würde*: *Anke meinte,* ***dass** der Sieg verdient **wäre**.*

2 Welche dieser Formen würdet ihr selbst gern wählen, wenn ihr miteinander redet?
Sprecht darüber.

3 Ergänzt die Informationen **...** im folgenden Kasten.
Nehmt dazu die Fachbegriffe aus dem **Infokasten oben** zu Hilfe:

Die indirekte Rede in der gesprochenen und geschriebenen Sprache

Wenn wir **reden**, verwenden wir selten **...**
Hier gebrauchen wir meistens Nebensätze mit der Konjunktion **...**, die im **...** stehen.
Manchmal gebrauchen wir auch Sätze **...**
In der **geschriebenen Sprache** werden aber Sätze im **...** bevorzugt.

Zeitformen (Tempora)

Sätze zum Üben mit dem Konjunktiv I

1 Fertige aus den folgenden Dialogen ein kurzes Protokoll an.
Denke daran, dass in einem Protokoll die indirekten Reden immer kürzer sind
als die wörtlichen Reden.
Fragesätze werden in indirekten Reden mit einem Fragepronomen *(wann, wo, wie …)*
oder mit der Konjunktion *ob* eingeleitet. Beachte die Formen unten im Infokasten.

I Diskussion über einen Ausflug in den Harz

a) Maria: „Ich will auf jeden Fall unbedingt das Silberbergwerk besichtigen."

b) Niklas: „Ach was! Die Tropfsteinhöhle ist doch viel interessanter."

c) Felix: „Silberbergwerk! Tropfsteinhöhle! Ist doch alles Pillepalle! Ich will lieber mit dem Dampfzug auf den Brocken rauffahren."

d) Lena: „Da oben sieht man ja doch nichts. Da ist es meistens neblig."

Maria sagte, sie wolle …

II Befragung zu einem Unfall in der Schule

a) Lehrer zu Alex: „Wie ist der Unfall denn eigentlich passiert?"

b) Alex: „Ich ging gerade die Treppe runter. Da hat mich irgendjemand von hinten geschubst."

c) Lehrer: „Hast du bemerkt, wer dich angestoßen hat?"

d) Alex: „Nein! Das habe ich nicht gesehen."

e) Lehrer: „Tut dir irgendwas weh? Hast du dir vielleicht den Fuß verknackst?"

f) Alex: „Ich bin doch ein Sportler! Ich habe höchstens ein paar blaue Flecken!"

Der Lehrer fragte Alex, wie der Unfall …

III Befragung durch die Polizei

a) Die Polizistin fragte den Schüler: „Was genau hast du denn beobachtet?"

b) Der Junge sagte: „Ich sah, wie der Autofahrer plötzlich rechts abbog und dabei die Radfahrerin streifte. Die ist dann vom Rad gestürzt."

c) Die Polizistin fragte: „Ist die Radfahrerin denn wirklich auf dem Radfahrweg gefahren?"

d) Der Junge antwortete: „Ja, das habe ich genau gesehen."

e) Die Polizistin sagte: „Hast du dir das Kennzeichen des Autos oder den Fahrzeugtyp gemerkt?"

f) Der Junge antwortete: „Nein, das Kennzeichen habe ich mir nicht gemerkt. Aber es war ein blauer Lieferwagen."

INFO

Die Zeitformen des Konjunktivs I

Das **Präsens** der wörtlichen Rede bleibt in der indirekten Rede erhalten:
*Er sagte: „Ich **arbeite** mit dir **zusammen**."*   *Er sagte, er **arbeite** mit ihr **zusammen**.*

Das **Präteritum** und das **Perfekt** der wörtlichen Rede werden beide mit dem **Perfekt** wiedergegeben:
*Er sagte: „Ich **arbeitete** mit dir **zusammen**."*   *Er sagte, er **habe** mit ihr **zusammengearbeitet**.*
*Er sagte: „Ich **habe** mit dir **zusammengearbeitet**."*   *Er sagte, er **habe** mit ihr **zusammengearbeitet**.*

Wenn man die Form des Konjunktivs I in der indirekten Rede nicht erkennen kann,
dann wählt man den **Konjunktiv II** als **Ersatzform**:
*Er sagte: „Wir **haben** gut **zusammengearbeitet**."*   *Er sagte, sie **hätten** gut **zusammengearbeitet**.*

Zeitformen (Tempora)

𝓊𝓊𝓊 Der Konjunktiv II

Die Wirklichkeit – und was man sich wünscht

a) Gestern habe ich Laura eine Mail geschrieben.

b) Wenn ich doch endlich eine Antwort bekäme!

c) Gut, ich habe ihr am Freitag einen Vorwurf gemacht.

d) Aber den müsste sie mir doch nicht so übel nehmen.

e) Sie könnte doch wenigstens auf meine Entschuldigung reagieren.

f) Ich würde sie so gern am Sonntag ins Kino einladen, wenn sie käme.

g) Und dann gäbe ich ihr noch ein großes Eis aus.

h) Nun gut, ich warte halt!

𝓊𝓊𝓊 **1** In diesen Sätzen sagt jemand etwas, was er wirklich getan hat oder tut, und etwas, was er sich innerlich vorstellt und wünscht.
Welche Sätze sagen etwas über die Wirklichkeit?
In welchen Sätzen werden Wünsche und Vorstellungen zum Ausdruck gebracht?
Und woran merkt man das eigentlich? Schreibt auf:
Wirklichkeit: Satz a) …   Wünsche: Satz b) …

𝓊𝓊𝓊 **2** Schreibt die Formen der Verben heraus, an denen man erkennt, dass Wünsche ausgedrückt werden: *b) bekäme, d) …*

𝓊𝓊𝓊 **3** Wie würde man wohl die folgenden Sätze ausdrücken, wenn es nur Wünsche wären? Schreibe sie auf:
a) Ich würde gern eine große Reise machen.
b) Auf dieser Reise hätte ich dann …

a) Ich mache gern eine große Reise.

b) Auf dieser Reise habe ich dann einige Freunde und Freundinnen.

c) Einer von ihnen besitzt ein Segelboot.

d) Mit dem gehen wir dann segeln.

e) Wir fahren auf dem Ammersee umher.

f) Am Abend machen wir am Strand ein Lagerfeuer.

g) Dann gibt es etwas vom Grill.

h) Wir sehen den See unter uns und die Berge darüber.

i) Das kann mir gefallen!

𝓊𝓊𝓊 **4** Vergleicht eure Sätze. Habt ihr die Wünsche immer mit dem Wort *würde* ausgedrückt – oder auch manchmal anders?

Der Konjunktiv II

INFO

Der **Konjunktiv II** ist eine Verbform, die **Wünsche** und **Vorstellungen** ausdrückt. Sie wird vom **Präteritum** der Verben abgeleitet. An die Form des Präteritums wird bei vielen Verben ein **-e** angefügt:
*Ich **schrieb** (Präteritum) ihr eine Mail. Wenn sie mir doch auch eine Mail **schriebe** (Konjunktiv II)!*

Bei anderen Verben wird der Konjunktiv II außerdem mit einem **Umlaut** gebildet:
*Sie **sprach** (Präteritum) nicht mehr mit mir. Wenn sie doch nur wieder mit mir **spräche** (Konjunktiv II)!*

Wenn sich das Präteritum vom Konjunktiv II **nicht unterscheidet**, verwendet man Formen mit **würde**:
*Die beiden **stritten** nicht mehr miteinander. Wenn sie sich doch wenigstens **streiten würden** (statt: stritten)!*

5 Formuliere den Text in den Konjunktiv II um mit Verben wie *hätte, wäre, käme, müsste …*
Dann wird deutlich, dass alles nur Wünsche sind.
Wenn du es richtig aufschreibst, reimt sich der Text:
Ein Schüler träumt in seinem Bette:
Wenn ich den Führerschein schon …

Traum und Wirklichkeit

Ein Schüler träumt in seinem Bette:
Ich habe schon den Führerschein
und bin auch schon 18 Jahre,
dann kommt mir nicht in die Quere,
5   dass ich stets ganz früh aufstehen muss
und manchmal überhaupt nicht weiß,
wer mich mit in die Schule nimmt,
wenn ich den Bus nicht mehr bekomme.
Darüber bin ich sehr froh!
10   Doch leider, leider ist's nicht so!

6 Schreibe einmal auf,
was in Wirklichkeit passiert ist:
a) *Ich bin heute Morgen zu spät aufgewacht*
b) *und ich habe …*
c) *Ich bin …*
d) *und …*
e) *Ich habe …*
f) *und …*

Wenn … dann …

a) Wenn ich heute Morgen nicht zu spät aufgewacht wäre,
b) dann hätte ich nicht in Hektik meine Schultasche gepackt.
c) Wenn ich nicht ganz schnell aus dem Haus gelaufen wäre,
d) dann hätte den Wohnungsschlüssel nicht vergessen.
e) Wenn ich die Schultasche nicht auch noch vergessen hätte,
f) dann hätte ich nicht ohne Schulsachen in die Schule gehen müssen.

7 SDie Geschichte ist leider nicht so ausgegangen, wie es die folgenden Sätze zeigen. In Wahrheit ist das Gegenteil geschehen.
Formt sie in den Konjunktiv II um:
g) *Hätte ich wenigstens mein Handy dabei gehabt!*
h) *Dann …*

g) Ich habe wenigstens mein Handy dabei gehabt.
h) Dann ist es leicht gewesen, meine Mutter anzurufen.
i) Die ist gekommen und hat mir aufgeschlossen.
j) Dann habe ich zumindest zur zweiten Stunde die Schule erreicht.
k) Und ich habe auch die Arbeit noch mitschreiben können.
So aber ist das alles nicht passiert.

Der Konjunktiv II

Der **Konjunktiv II** ist eine Verbform, die auch ausdrücken kann, dass etwas **in Wirklichkeit nicht geschehen** oder **nicht so** ist. Solche Sätze werden oft mit *wenn* gebildet:
Wenn ich doch nur mit ihr **geredet hätte**, *dann* **wäre** *vieles anders* **gekommen.**
Hätte *ich doch nur mit ihr* **geredet**, *dann …*

Sprache und Sprachgebrauch

INFO

Zeitformen (Tempora)

ℳ **Der Gebrauch des Konjunktivs II**

ℳ **1** Junge Leute sind befragt worden, was sie mit einem Lottogewinn anfangen würden. Lest euch die Antworten vor, indem ihr die Verben in Klammern in den Konjunktiv II umformt.

Jackpot

Immer wieder einmal wächst der Lotto-Jackpot in unvorstellbare Dimensionen. Vor Kurzem war es wieder einmal so weit. Ein Reporter hat Jugendlichen auf der Straße die Frage gestellt: „Was würdet ihr tun, wenn ihr den Jackpot mit 35 Millionen Euro geknackt hättet?" Hier einige Antworten:

Karsten: Da ich mir den Lottoschein mit einer Freundin teile, *(müssen)* ich zuerst mal die Hälfte des Gewinns abgeben. Ansonsten *(werden)* ich einen Teil des Geldes spenden, z.B. an ein Tierheim. Außerdem *(können)* ich endlich mal große Reisen machen.

Sarah: In den ersten Tagen danach *(werden)* ich erst mal shoppen gehen. Ich *(werden)* mir mein Zimmer neu einrichten. Und dann *(nehmen)* ich eine Auszeit von der Schule und *(fahren)* ans Meer. Erst dann *(kommen)* wohl die Zeit, in der ich *(überlegen)*, wie ich mit dem Geld vernünftig umgehe.

Julia: Na ja, ich habe drei Geschwister, denen *(abgeben)* ich einen großen Teil – und auch meinen Eltern. Dann *(haben)* die Familie keine Sorgen mehr. Und dann natürlich für mich selber: Ich *(anlegen)* einen Teil des Geldes – für später.

Paul: Im ersten Augenblick *(wissen)* ich überhaupt nichts damit anzufangen. Auf alle Fälle *(weiterleben)* ich so wie bisher. Halt, ich *(kaufen)* mir ein Klavier. Dann *(können)* ich endlich auf einem eigenen Klavier üben. Aber dazu *(müssen)* ich erst mein Zimmer umbauen. Dafür *(reichen)* das Geld ja auch.

ℳ **2** Formuliert die verschiedenen Antworten Abschnitte mündlich in den **Konjunktiv II** um:

Karsten: *Da ich mir den Lottoschein mit einer Freundin teile, müsste ich zuerst …*
Sarah: *In den ersten Tagen danach würde ich …*
Julia: *Na ja, ich habe drei Geschwister, denen gäbe ich …*
Paul: *Im ersten Augenblick wüsste ich …*

ℳ **3** Schreibe eigene Vorstellungen auf. *Was wäre, wenn …*
Wenn ich den Jackpot gewonnen hätte, …

ℳ **4** Schreibe diesen Text so auf, dass die markierten Verben im Konjunktiv II stehen, damit sich die Formen mit *würde* nicht ständig wiederholen. Manchmal kannst du aber auch die *würde*-Form beibehalten.

Wünsche für das Praktikum

Ich würde eine Praktikumsstelle in der Nähe meines Wohnsitzes vorziehen. Ich würde es gut finden, wenn der Arbeitsplatz mit öffentlichen Verkehrsmitteln erreichbar sein würde. Ich würde gern wissen, wann die Arbeitszeit beginnt und endet. Ich würde mich auch in der
5 Lage sehen, eine Stelle im Umkreis von bis zu 40 km anzunehmen. Es würde nichts dagegen sprechen, wenn die Praktikumsstelle nur mit dem Moped erreichbar sein würde. Es würde meinen Interessen entsprechen, wenn ich bei Ihnen eine Praktikumsstelle bekommen würde.

Sprache und Sprachgebrauch

Zeitformen (Tempora)

Überprüfe dein Wissen und Können

Die Zeitformen (Tempora)

Fahrt im Heißluftballon

1) Herr Meier <u>hatte</u> sich zum Geburtstag etwas Besonderes <u>gewünscht</u>.
2) „Ich <u>möchte</u> einmal in einem Heißluftballon fahren!"
3) Zum Geburtstag <u>überreichte</u> ihm seine Frau einen Gutschein.
4) „Das <u>wird</u> dir viel Freude <u>machen</u>!", sagte sie.
5) Am Nachmittag <u>sind</u> sie hinaus zum Abflugplatz <u>gefahren</u>.
6) Dort <u>hatte</u> man den Ballon schon <u>vorbereitet</u>.
7) Der Ballonführer <u>lud</u> die Mitfahrer in die Gondel <u>ein</u>.
8) Und dann *(füllen)* sich der Ballon mit Heißluft.　　Plusquamperfekt
9) Er *(erheben)* sich hoch in den abendlichen Himmel.　　Präteritum
10) Unten auf dem Feld *(klatschen)* die Zuschauer Beifall.　　Präteritum
11) Der Ballon *(steigen)* rasch höher und höher.
12) Die Stadt unter ihnen *(aussehen)* wie ein Bild.
13) Als sie etwa eine Stunde lang *(fahren)*,
14) *(setzen)* der Ballon zur Landung an.
15) Alle *(kommen)* heil aus der Gondel wieder heraus.
16) Sie *(landen)* auf einer Wiese des Stadtfriedhofs.

17) Doch was dann *(kommen)*,　　Präteritum
18) *(überraschen)* alle.　　Perfekt
19) Als die Passagiere den Friedhof verlassen *(wollen)*,　　Präteritum
20) *(finden)* sie die Ausgangstür bereits abgeschlossen.　　Präteritum
21) Es *(dauern)* noch zwei Stunden,　　Perfekt
22) bis ihnen der Friedhofswärter das Tor *(aufschließen)*　　Präteritum
23) und sie das Gelände verlassen *(können)*.　　Präteritum

24) Herr Meier sagte am nächsten Morgen zu seiner Frau:
25) „So eine Fahrt mit dem Heißluftballon ist zwar sehr schön,
26) aber das mit dem Friedhof musste nicht sein!"

1 Schreibe auf, in welchen Zeitformen die unterstrichenen Verben der Sätze 1)–7) stehen.

2 Schreibe die Sätze 8)–10) mit den angegebenen Zeitformen auf.

3 Schreibe die Sätze 11)–16) in Zeitformen auf, die dir am besten zu passen scheinen.

4 Schreibe die Sätze 17)–23) mit den angegebenen Zeitformen auf.

5 Schreibe auf, in welchen Zeitformen die Sätze 24)–26) stehen.

Aktiv und Passiv

6 Schreibe auf, welche der Sätze im Passiv stehen:

Autobahnsperrung

a) Auf der Autobahn muss am Wochenende mit Staus gerechnet werden.

b) Es werden umfangreiche Wartungsarbeiten durchgeführt.

c) Die Verkehrsteilnehmer werden gebeten,

d) die Umleitungsstrecken zu meiden.

7 Forme die Sätze ins Passiv um. Dabei werden die fett gedruckten Wörter zu Subjekten. Die unterstrichenen Wörter werden weggelassen.

Umleitung

a) Auf der A 7 führt <u>eine Firma</u> am Wochenende **Wartungsarbeiten** durch.

ℓℓ ℓℓℓ b) <u>Die Polizei</u> sperrt vorübergehend **die Autobahn**.

ℓℓℓ c) <u>Umleitungsschilder</u> leiten **die Verkehrsteilnehmer** über die U 21.

Konjunktiv I

8 Forme die wörtlichen Reden in verkürzter Form in indirekte Reden mit dem Konjunktiv I um:

→ a) Die Klassensprecherin kündigte an, dass am Freitag …

Klassenfestvorbereitung 1

a) Die Klassensprecherin kündigte an: „Am Freitag findet das Klassenfest statt.

b) Bis dahin muss unbedingt alles super vorbereitet sein.

c) Die Organisation übernehme ich mit großem Vergnügen selbst."

ℓℓ ℓℓℓ **9** Forme die Sätze in indirekte Reden im Konjunktiv I um:

ℓℓ ℓℓℓ Sätze a) und b),

ℓℓℓ Satz c).

→ a) Alexander sagte, er …

Klassenfestvorbereitung 2

a) Alexander sagte: „Ich helfe dir gern dabei.

b) Ich habe so ein Klassenfest schon im 7. Schuljahr organisiert.

c) Und wir beide haben doch schon immer gut zusammengearbeitet."

ℓℓℓ Konjunktiv II

ℓℓℓ **10** Gib die Sätze im Konjunktiv II wieder. Verwende dabei die Verben *hätte, könnte, wäre, würde*.

Klassenfestvorbereitung 3

a) Moritz: Ich trage mit meiner Gruppe gern einen Rap vor.

b) Carla: Ich habe den Wunsch, einige Zaubertricks vorzuführen.

c) Mary: Mir ist am liebsten,

d) wenn ich als Tänzerin auftreten kann.

ℓℓℓ **11** Forme die unterstrichenen Verben in den Konjunktiv II um:

Bewerbung

a) Ich <u>bin</u> Ihnen dankbar, wenn ich bei Ihnen eine Woche lang praktizieren <u>kann</u>.

b) Ich <u>würde</u> am Montag früh zu Ihnen <u>kommen</u>.

c) Gern <u>würde</u> ich noch <u>wissen</u>, ob Ihnen die Zeit gegen neun Uhr recht ist.

d) Dann <u>nehme</u> ich nämlich den Linienbus.

Sprache und Sprachgebrauch

Wortbildung
Präfixe: Wörter mit einer anderen Bedeutung bilden

	ZU-	VER-		-BAR	-IN	-KEIT
AB-	BE-			-ER		-EN
UN-	ZUSAMMEN-		**-SPIEL-**		-END	-ERISCH

Präfixe (Vorsilben)   Wortstamm   Suffixe (Nachsilben)

1   Bilde aus dem Wortstamm *spiel* und den Präfixen (Vorsilben) und Suffixen (Nachsilben) möglichst viele Wörter. Wer findet wohl das längste Wort? Wer die meisten Wörter?

2   Ordnet die gefundenen Wörter nach:
Substantiven: *das Spiel …* **Verben:** *spielen…* **Adjektiven:** *bespielbar…*

3   Schlagt in einem Wörterbuch nach, ob ihr noch andere Wörter mit dem Wortstamm **-spiel-** findet.

4   Setze in den folgenden Text passende Wörter mit dem Wortstamm **-spiel-** ein:

Als wir auf den Fußballplatz kamen, merkten wir, dass der Platz ? war.
Wir mussten erst einiges Unkraut ausrupfen, damit wir darauf überhaupt ? konnten.
Doch als dann alle ? versammelt waren, ging es los.
Wir waren kämpferisch unseren Gegnerinnen überlegen, doch ? waren wir nicht so gut.
5 So verpasste unsere Torwartin ein ? einer Stürmerin, und schon war der Ball im Tor.
Nach und nach klappte bei uns das ? aber immer besser.
Wir schossen auch ein Tor.
Wir haben zwar nicht gewonnen, aber wenigstens auch nicht ? .

5   Lest euch eure Ergebnisse gegenseitig vor.

INFO

Präfixe – Suffixe

Die meisten Wörter unserer Sprache befinden sich in größeren **Wortfamilien**. Sie bestehen aus einem **Wortstamm** und einer Reihe von Verwandten. Das erkennt man daran, dass sie Ähnlichkeiten miteinander haben. So besteht die Wortfamilie *glück* aus Wörtern wie:
das Glück, das Unglück, die Beglückung, beglücken, verunglücken, glücklich, unglücklich…

Die **Vorsilben (Präfixe)** machen dabei aus einem Wort ein anderes mit einer **anderen Bedeutung**: *Glück – Unglück …*

Die **Nachsilben (Suffixe)** machen aus einem Wort ein anderes in einer **anderen Wortart**: *Glück* (Substantiv) – *glücklich* (Adjektiv).

6   Hier ist eine Reihe von Substantiven: *Wunder, Kind, Herr, Furcht, Lust.*
Bilde aus ihnen Adjektive mit den Suffixen (Nachsilben): *-bar, -sam, -lich, -ig, -isch*

Wortbildung

Suffixe: Wörter in einer anderen Wortart bilden

1 Hier ist eine Reihe von **Verben**: *sich erholen, empfinden, erfinden, heilen, lenken.*
Bilde aus ihnen Adjektive mit den Suffixen (Nachsilben): *-bar, -sam, -lich, -ig, -erisch*

2 Hier ist eine Reihe von **Adjektiven**: *ehrlich, schnell, knapp, lebendig, dicht.*
Bilde aus ihnen Substantive mit den Suffixen (Nachsilben): *-ung, -heit, -keit.*

3 Hier ist eine Reihe von **Verben**: *üben, verlieben, zerstören, verrücken, verlegen.*
Bilde aus ihnen Substantive mit den Suffixen (Nachsilben): *-ung, -heit, -keit.*

4 In dieser Tabelle findet ihr die meisten Präfixe und Suffixe, mit denen neue Wörter gebildet
werden können. Bildet einige weitere Wörter mit dem Wortstamm *-ruh-* oder *-geh-/-gang-*

. . . .

WORTSCHATZ: PRÄFIXE UND SUFFIXE

Wortstamm	Wörter mit Präfixen	Wörter mit Suffixen	Wörter mit Prä- und Suffixen
-ruh- **-gang/geh-**	**ausruhen** **ausgehen, Ausgang** ent-, zu-, ver-, vor-, auf-, un-, ab-, be-, an-, über-, aus-, bei-, er-, ge-, zu-, um-	**ruhig** **gangbar, gehend** -sam, -heit, -keit, -lich -ung, -ig, -bar, -en -end, -er, -te	**Beruhigung** **Begehbarkeit, unbegehbar** ver-, ab-, be-, zu-, ent-, an- auf-, aus-, bei-, er-, ge-, um-, ver-, vor-, … -un, -keit, -ig, -lich, -heit -ung, -sam

. . . .

5 Lest euch den Text vor. Ergänzt dabei die fehlenden Präfixe (Vorsilben)
und Suffixe (Nachsilben). Ihr findet sie alle in der Tabelle.

Sprung von der Brücke

*Furcht** oder *ängst** bin ich eigentlich nicht. Doch so *mut** wie die Jungen
und Mädchen, die dort von der hohen Brücke in den Fluss sprangen, war
ich nicht. Ich fand das eigentlich **müt**. Doch dann **mut**te ich mich selbst.
Ich kletterte **sicht** auf das **länd** der Brücke. Ich blickte in den **grund
5 hinunter. Ein kalter *Schau** lief mir über den Rücken. Ich wollte schon
wieder **kehr**. Doch dann hätten mich die anderen ***lacht**. Mein letzter
danke* war noch: Mache ich einen *Köpf oder lasse ich mich mit dem
Hintern **klatsch**? Ich sprang mit krummen, ***zog*** Beinen! Das Wasser
spül mich. Es kam mir wie eine *Ewig** vor, bis ich oben wieder **tauch**.
10 Und **schluckt* hatte ich mich auch noch. Doch alle klatschten mir **fall*.
Ich war **frieden* mit mir. Aber noch einmal springe ich nicht. Man muss
es ja nicht **treib**!

6 Schreibe den Text ab. Ergänze dabei die Präfixe und Suffixe.
Achte auch auf die Großschreibung von Substantiven!

Die Satzglieder
Was ist ein Satzglied?

Was ein Satzglied ist und wie man es ermittelt, das habt ihr in früheren Schuljahren schon gelernt. Auf dieser Seite soll es noch einmal wiederholt werden.

INFO

Satzglieder

Ein **Satz** besteht aus einzelnen **Wörtern**, die mehr oder weniger eng **zusammengehören** und einen **Sinn** ergeben.

Das ist noch **kein** Satz: *Unsere schlafend legt Fensterbank Katze die gern auf sich.*

Das aber **ist** ein Satz: *Unsere Katze legt sich gern schlafend auf die Fensterbank.*

Was ein Satzglied ist, ermittelt man durch **Umstellproben**.

Jedes Wort oder jede Wortfolge, die sich an den **Satzanfang** umstellen lässt, ist ein **Satzglied**:

Unsere Katze / legt sich…

Gern / legt sich …

Auf die Fensterbank / legt sich …

Schlafend / legt sich …

Legt sich / unsere Katze / gern / schlafend / auf die Fensterbank?

Der Satz besteht also aus fünf Satzgliedern.

1 Ermittle durch Umstellproben, aus wie vielen Satzgliedern die Sätze a) – d) jeweils bestehen:

a) Dort scheint ihr die wärmende Sonne auf den Pelz.

b) Ihr Fressen besteht im Wesentlichen aus Katzenfutter.

c) Manchmal klettert sie gern in unseren Kirschbaum.

d) Einmal rettete sie die Feuerwehr von unserem Dach.

2 Und aus wie vielen Satzgliedern besteht dieser lange Satz?

e) Unsere Katze wehrt sich manchmal tapfer gegen aggressive Hunde mit aufgestelltem Buckel.

3 Setze die folgenden alphabetisch geordneten Wörter zu einem sinnvollen Satz zusammen.

den – die – durchstreunt – ganzen – Gärten – Katze – manchmal – nachbarlichen – Tag – über – unsere

4 Ermittle nun die Anzahl der Satzglieder des Satzes aus **Aufgabe 3.** Vergleicht eure Ergebnisse.

5 Sätze können sehr lang sein. Aus wie vielen Satzgliedern besteht der folgende Satz? Ermittle es, indem du mehrere Male eine andere Wortfolge an den Satzanfang verschiebst:

Archäologen / entdeckten …

Im Jahre 2004 / entdeckten …

Den ältesten Fund einer Hauskatze entdeckten Archäologen im Jahre 2004 auf Zypern in einem 9500 Jahre alten Grab neben einem verstorbenen Menschen.

Die Satzglieder

Die Stellung der Satzglieder in Texten

Über die Satzglieder habt ihr in den vergangenen Schuljahren schon vieles gelernt.
Die vier Satzglieder **Subjekt, Prädikat, Adverbiale** und **Objekte** könnt ihr unterscheiden.
Auf den nächsten Seiten soll einiges davon noch einmal wiederholt werden.
Aber es wird auch einiges neu für euch sein.

	Subjekt	Prädikat 1. Teil	Adverbiale	Objekte	Prädikat 2. Teil
1)	Ein Mann	fiel	in einer Schulpause	einem Schüler	auf.
2)	Der Typ	hat sich	sehr genau	die Fahrräder	angeschaut.
3)	Der Schüler	fand	sehr verdächtig	das.	
4)	Er	fragte		den Mann:	
5)	„Sie	suchen	hier	was?"	
6)	Der Mann	schnappte sich	da	ein Fahrrad.	
7)	Er	raste	mit Karacho		davon.
8)	Der Junge	benachrichtigte	sofort	den Hausmeister.	
9)	Der	rief		die Polizei	an.
10)	Die Polizei	traf	wenig später		ein.
11)	Sie	stellten	in der Bergstraße	den Mann.	
12)	Sie	nahm	an Ort und Stelle	ihn	fest.
13)	…				
14)	…				

1 Lest euch die Sätze, so wie sie in der Tabelle stehen, vor.

2 Schaut euch dann die Adverbiale genauer an. Ordnet sie nach:
- Adverbiale der Zeit *(wann?)*: *1) in einer Schulpause, …*
- Adverbiale des Ortes *(wo?)*: …
- Adverbiale der Art und Weise *(wie?)*: …

3 Seht euch dann die Objekte an. Ordnet sie nach:
- Akkusativ-Objekte *(wen oder was?)*: *2) die Fahrräder, …*
- Dativ-Objekt *(wem?)*: …

4 Lest euch nun den Text vor.
Bildet mündlich die Sätze neu. Dabei solltet ihr die Satzglieder einiger Sätze umstellen:
In einer Schulpause fiel einem Schüler ein Mann auf.
oder:
Einem Schüler fiel in einer Schulpause ein Mann auf.

Sprache und Sprachgebrauch

5 Prädikate können aus zwei Teilen bestehen. Das kommt daher,
- dass Verben wie *auffallen* im Satz getrennt werden: *fiel … auf.*
- und dass manche Zeitformen aus Hilfsverb und Verb bestehen: *hat sich … angeschaut.*

Wie heißen die Verben in den zweiteiligen Prädikaten?
Notiert die Infinitive: *1) auffallen, …*  317

6 Schreibe die Sätze nun so auf, dass ein zusammenhängender Text entsteht: 317
In einer Schulpause fiel einem Schüler ein Mann auf …

7 Schreibe die beiden letzten Sätze des Textes so auf, dass sie in die **Tabelle auf Seite 317** passen.
13) Die Polizei lobte den Schüler wegen seiner Beobachtung.
14) Nach der Festnahme des Mannes war die Serie von Fahrraddiebstählen beendet.

INFO

Die Stellung der Satzglieder in Sätzen und Texten

Die normale Satzgliedstellung ist:

Subjekt →	**Prädikat 1. Teil** →	**Adverbiale** →	**Objekte** →	**Prädikat 2. Teil.**
Der Mann	*hat sich*	*sehr genau*	*die Fahrräder*	*angeschaut.*

Oftmals nehmen die Satzglieder aber eine andere Stellung ein. Denn in **Texten** steht dasjenige Satzglied meistens am **Satzanfang**, das einen **Zusammenhang** zum vorausgehenden Satz herstellt:
Der Mann hat sich die Fahrräder sehr genau angeschaut.
← ***Das*** *fand der Schüler sehr verdächtig.*

8 Bildet zunächst mündlich aus den folgenden Satzgliedern einen zusammenhängenden Text:
1) Paula wollte ihre Freundin Julie in Dresden besuchen …

	Subjekte	**Prädikate**	**Adverbiale**	**Objekte**
1)	Paula	wollte besuchen	in Dresden	ihre Freundin Julie
2)	Der Zug	näherte sich	nach zwei Stunden	der Stadt
3)	Er	blieb stehen	plötzlich, kurz vor dem Bahnhof	
4)	Das	dauerte	fast eine halbe Stunde	
5)	Es	ging weiter	endlich	
6)	Der Zug	fuhr ein	langsam, in den Bahnhof	
7)	Pia	sah stehen	auf dem Bahnsteig	Julie
8)	Sie	lief entgegen	mit ausgebreiteten Armen	ihrer Freundin

9 Schreibe die Sätze jetzt so auf, dass ein zusammenhängender Text entsteht. Dabei musst du manche Satzglieder an eine andere Stelle im Satz verschieben.

10 Lest euch eure Texte vor und vergleicht eure Ergebnisse.

Die Satzglieder

Das präpositionale Objekt

1 Auf den folgenden Seiten lernt ihr ein neues Objekt kennen, das ihr so noch nicht kennt,
das ihr aber in vielen Sätzen verwendet. Seht euch die <u>unterstrichenen Objekte</u> genau an.
Mit welchen Wörtern werden sie jeweils eingeleitet?

a) Paula kümmert sich <u>um ihren kleinen Bruder Niki</u>.
b) Sie passt manchmal <u>auf ihn</u> auf.
c) Der aber schimpft <u>über seine große Schwester</u>.
d) Niki stört sich nämlich <u>an ihren Bevormundungen</u>.
e) So etwas passt nicht mehr <u>zu ihm</u>.
f) Doch Paula meint es nur gut <u>mit ihm</u>.

2 Stellt Fragen nach den unterstrichenen Satzgliedern in den Sätzen, z. B. mit **um wen, zu wem, zu was**:
a) Paula kümmert sich <u>um wen</u>?   b) Sie passt <u>auf wen</u> auf?   c) Der schimpft …
d) Niki stört sich …   e) So etwas passt nicht mehr …   f) Sie meint es gut …

INFO

Präpositionale Objekte

Dativ- und Akkusativ-Objekte erfragt man mit den Fragewörtern **wem, wen** oder **was**:
Dativ-Objekt: *Ich helfe* **(wem?) meinem Freund**.
Akkusativ-Objekt: *Ich unterstütze* **(wen?) meinen Freund**.
Präpositionale Objekte erfragt man mit Fragewörtern und einer **Präposition**:
Präpositionalobjekt: *Ich kümmere mich* **(<u>um</u> wen?) <u>um</u> meinen Freund**.

Auf eine Reihe von **Verben** folgen **präpositionale Objekte**:
ich **verlasse** *mich* <u>**auf etwas**</u>*, ich* **ärgere** *mich* <u>**über jemanden**</u>*, ich* **bekenne** *mich* <u>**zu etwas**</u>*,
ich* **sorge** <u>**für jemanden**</u>*, ich* **sehne** *mich* <u>**nach jemandem**</u>*, ich* **schreibe** <u>**an jemanden**</u> …

3 Schreibe mit den Beispielen im Infokasten ganze Sätze auf.
Unterstreiche die präpositionalen Objekte.
Ich verlasse mich <u>auf deine Hilfe</u>. Ich ärgere mich …

4 In welchen sieben Sätzen kommen präpositionale Objekte vor? Schreibe die Buchstaben auf.

a) Morgen muss ich einen kleinen Vortrag halten.
b) Ich referiere über die Vögel in unserem Garten.
c) Dabei berichte ich von meinen Beobachtungen.
d) Ichwerde auf die geringe Zahl der Singvögel hinweisen.
e) Schon seit drei Jahren habe ich die Vögel gezählt.
f) Ich habe nämlich an ihrer Zählung teilgenommen.
g) Die Anzahl der Vögel ist seit damals stets zurückgegangen.
h) Nur die Menge der Tauben hat zugenommen.
i) Ich ärgere mich über diese Tatsache.
j) Leider kann ich wenig zur Veränderung beitragen.
k) Jetzt beginne ich mit der Arbeit.

5 Bildet mündlich Sätze mit Verben aus dem **WORTSCHATZ**.

6 Schreibe fünf Sätze mit präpositionalen Objekten auf.
Wähle dabei Verben aus dem **WORTSCHATZ** aus, z. B.:
Ich achte auf die Rechtschreibung.

I **7** Schreibe den folgenden Text auf und ergänze die fehlenden Präpositionen.
Kontrolliere es mithilfe der Verben im **WORTSCHATZ**.

a) Wir *diskutierten* ? die Unordnung auf unserem Schulhof.
b) Einige *kümmerten* sich nur wenig ? den chaotischen Zustand.
c) Wir *einigten* uns schließlich ? einen Beschluss:
d) Jeder Einzelne hat ? Ordnung auf dem Schulhof zu *sorgen*.

a) Wir diskutierten über ...
b) Einige kümmerten sich nur wenig um ...
c) ...

II **8** Schreibe den folgenden Text auf.
• Ergänze die Präpositionen und Wortendungen.
• Unterstreiche die präpositionalen Objekte.
   Aber Achtung: In einem Satz gibt es **kein** präpositionales Objekt.

a) Manche Sportler *kümmern* sich nicht ? ein** fair** Sport.
b) Dopingsünder *sorgen* ? die Ablehnung einer ganzen Sportart.
c) Ich *plädiere* daher ? ein* Bestrafung von Dopingsündern.
d) Sonst können wir uns im Sport ? kein** Sieger mehr *verlassen*.

III **9** Schreibe den Text **„Traum vom Lottogewinn"** auf.
• Ergänze die Präpositionen und die Wortendungen.
• Unterstreiche die präpositionalen Objekte.
Achtung: In zwei Sätzen stehen aber **Adverbiale**!
Beachte auch, dass Adverbiale und präpositionale Objekte
sehr ähnlich aussehen können!

Traum vom Lottogewinn

a) Mein Onkel träumt ? ein** Lottogewinn.
b) Er wartet immer wieder ? ein** glücklichen Zufall.
c) Er wartet ? jed** Samstag darauf.
d) Ich kann aber ? sein** Wunsch nur lachen.
e) Andererseits denkt er dabei auch ? mich.
f) Er will mich nämlich ? sein** Glück teilhaben lassen
g) und mir ? mein** Geburtstag etwas davon abgeben.
h) Und so träume auch ich ? d** groß** Glück.

WORTSCHATZ

achten auf
angeben mit
sich anlegen mit
sich ärgern über
sich aufregen über
sich bedanken für
beitragen zu
sich bekennen zu
berichten von
sich beschweren über
denken an
diskutieren über
sich drücken vor
sich einigen auf
sich entscheiden für
entstehen aus
erinnern an
erschrecken vor
sich freuen auf
sich fürchten vor
gelegen sein an
sich gewöhnen an
hinweisen auf
sich konzentrieren auf
sich kümmern um
lachen über
nachdenken über
passen zu
protestieren gegen
referieren über
schimpfen auf
schreiben an
sich sehnen nach
sorgen für
stöhnen über
sich stören an
teilnehmen an
sich verlassen auf
verzichten auf
warten auf
sich wundern über
zweifeln an

Die Satzglieder

Das Genitiv-Objekt

Manchmal ist jemand böse auf einen anderen. Dann kann es vorkommen, dass er einfach an ihm vorbeisieht, wenn er ihn auf einer Party trifft.

Man sagt dann: *a) Er würdigte ihn mit keinem Blick.*

Oder: *b) Er würdigte ihn keines Blickes.*

1   Beschreibt einmal, worin der Unterschied zwischen diesen beiden Sätzen besteht. Verwendet dabei Begriffe wie **Subjekt, Akkusativ-Objekt, Präpositionales Objekt, Genitiv**.

Das Genitiv-Objekt

Es gibt heute nur noch sehr wenige Verben, die ein **Genitiv-Objekt** fordern. Früher sagte man noch:

*Ich erinnere mich noch gern **meiner Kindheit**.*

Heute verwendet man dafür lieber ein **präpositionales Objekt**:

*Ich erinnere mich noch gern **an meine Kindheit**.*

Doch in der Fachsprache hat sich das Genitiv-Objekt noch erhalten:

*Der Richter **beschuldigte** den Mann **des Diebstahls**.*

2   Die folgenden Sätze enthalten alle ein Genitiv-Objekt.

Doch diese Objekte sind den Satzanfängen falsch zugeordnet. Schreibe die Sätze richtig auf:

Sie würdigt ihn keines Blickes.

...

Sie würdigt ihn	*eines Besseren*
Er enthält sich	*des Mordes*
Sie belehrt ihn	*seines Amtes*
Man verweist den Flüchtling	*der Lüge*
Der Staat enthebt ihn	*keines Blickes*
Man verdächtigt ihn	*des Landes*
Man beschuldigt ihn	*der Stimme*
Die Trauernden gedenken	*des Ladendiebstahls*
Der Detektiv überführt ihn	*des Verstorbenen*

3   Vergleicht eure Sätze. Manchmal sind auch unterschiedliche Kombinationen möglich.

4   Die folgenden Beispielsätze enthalten Genitive.

Aber **nur zwei** von ihnen sind **Genitiv-Objekte**.

- Schreibe die Sätze ab und unterstreiche die vier Genitive.
- Schreibe dahinter, bei welchen Sätzen es sich um Genitiv-Objekte handelt.

a) Ich habe das Smartphone meines Tischnachbarn in meinem Rucksack gefunden.

b) Erst hat er mich einer Hinterhältigkeit verdächtigt.

c) Und dann beschuldigte er mich auch noch des Diebstahls.

d) Doch er hatte das Ding aus Versehen in ein Fach meines Rucksacks gesteckt.

Die Satzglieder: Übersicht

Diese Tabelle gibt euch einen vollständigen **Überblick über die Satzglieder**.

Die Satzglieder	Wie man sie erfragt	Beispiele
Subjekt	**Wer** oder **was** bildet einen Kreis? **Wer** diskutiert?	*Die Schüler bilden einen Kreis.* *Sie diskutieren.*
Prädikat	Was **tut** der Schüler? Was hat er **getan**?	*Ein Schüler redet.* *Er hat sich aber nicht gemeldet.*
Akkusativ-Objekt	**Wen** ruft Tom auf? **Wen** oder **was** liefert er?	*Tom ruft einen anderen Schüler auf.* *Der liefert oft gute Redebeiträge.*
Dativ-Objekt	**Wem** erteilt er das Wort?	*Der Diskussionsleiter erteilt ihm das Wort.*
Präpositional-objekt	**Für was** plädieren sie? **Mit was** beginnt man?	*Einige plädieren für einen Antrag.* *Man beginnt mit der Abstimmung.*
Genitiv-Objekt	Einige enthalten sich **wessen**?	*Einige enthalten sich der Stimme.*
Adverbiale: **Zeit** **Ort** **Art und Weise** **Grund**	 **Wann** zählen die Schüler **wo** die Stimmen aus? **Wie** warten sie **warum**?	 *Die Schüler zählen danach* *in der Klasse die Stimmen aus.* *Alle warten gespannt wegen ihrer* *Argumente auf das Ergebnis.*

1 Bestimmt die Satzglieder in den folgenden Sätzen.
    l Sätze b)–d), *ll* Sätze b)–f), *lll* Sätze b)–h). Orientiert euch an der Übersicht.
    a) Subjekt – Prädikat 1. Teil – Akkusativ-Objekt – Prädikat 2. Teil.
    b) Subjekt – Prädikat – …
    c) …
    a) Die meisten / hatten / das Ergebnis / erwartet.
    b) Einige / hatten sich / wegen ihrer Unentschiedenheit / der Stimme / enthalten.
    c) Denen / war / alles / egal.
    d) Einigen / passte / das Ergebnis / allerdings nicht.
    e) Andere / freuten sich / über das Resultat.
    f) Manche / stritten sich / noch einige Zeit / über das Abstimmungsverhalten.
    g) Bald / kehrte / Ruhe / in dem Klassenzimmer / ein.
    h) Keiner / machte / danach / einem anderen / einen Vorwurf.

l **2** Bilde einen Satz, in dem ein **Adverbial der Zeit** und ein **Adverbial des Ortes** vorkommen.

ll **3** Bilde einen Satz, in dem ein **Dativ-Objekt** und ein **Akkusativ-Objekt** vorkommen.

lll **4** Bilde einen Satz, in dem ein **präpositionales Objekt** und ein **Adverbial** vorkommen.

Die Satzglieder

Einen Text überarbeiten: Satzglieder umstellen

Laura und Lotte wollen in den Ferien Reitstunden nehmen.
a) Ganz besonders freuen sie sich darauf. Großen Spaß haben sie nämlich daran.
b) Darauf freuen sie sich ganz besonders. Daran haben sie nämlich großen Spaß.

1 Welcher der beiden Sätze – **a)** oder **b)** – passt besser zum ersten Satz? Begründet eure Wahl.

Die Stellung der Satzglieder in Texten

In **Texten** richtet sich die Stellung der Satzglieder nach folgenden Gesichtspunkten:
• Am **Satzanfang** steht meistens etwas, was die Sätze gut miteinander **verbindet**.
• Am **Satzende** steht oft ein Satzglied, das **für die Information** besonders **wichtig** ist.
Bei einer solchen Anordnung lassen sich Sätze in einem Text besser verstehen.

2 Schreibe diese Fabel so um, dass die unterstrichenen Satzglieder am Anfang stehen.

3 Schreibe diese Fabel so um, dass hin und wieder ein **anderes Satzglied** am Anfang steht.

Die Fischer   *Nach Äsop*

Zwei Fischer waren mit ihrem Boot auf Fang
ausgefahren. Sie hatten sich <u>lange</u> geplagt. Sie
hatten nichts <u>gefangen</u>. Sie saßen <u>nun</u> in ihrem
Kahn und ärgerten sich.
5 Ein Thunfisch erschien <u>in diesem Augenblick</u>.
Der war vor einem Hai geflüchtet. Er sprang
<u>wie durch Zufall</u> in ihr Boot hinein.
Die Fischer töteten ihn und brachten ihn in die
Stadt. Sie machten ihn <u>dort</u> zu Geld.
10 Manchmal ist es <u>so</u>: Was das Handwerk nicht
einbringt, das schenkt einem das Glück.

Die Ameise und die Taube   *Nach Äsop*

Eine Ameise wollte an einer Quelle ihren Durst
stillen. Sie wäre aber <u>fast</u> ertrunken <u>dabei</u>. Eine
Taube saß <u>zum Glück</u> auf einem danebenstehen-
den Baum. Diese Taube brach ein Blatt ab. Sie
5 warf <u>das</u> der Ameise zu. Die Ameise konnte sich
<u>auf diese Weise</u> retten.
Ein Vogelfänger kam bald darauf an diesen Ort. Er
wollte mit einem Pfeil die Taube schießen. Er legte gerade den Pfeil auf den Bogen. Die Ameise biss
10 ihn dabei in den nackten Fuß. Der Pfeil verfehlte
dadurch sein Ziel. Die Taube wurde so gerettet.

4 Schreibe die folgende Fabel neu auf. Setze an die Satzanfänge ein Satzglied,
das sich auf den vorausgehenden Satz bezieht. Setze an das Satzende immer ein Satzglied,
in dem das Wichtigste steht. **Beachte:** Die ersten drei Sätze sind bereits so aufgebaut

Die Mäuse und die Katzen   *Nach Äsop*

Die Mäuse führten wieder einmal Krieg gegen die Katzen. Dabei erlitten sie wie gewöhnlich
eine Niederlage. So konnte das auf keinen Fall weitergehen.
Sie / wählten / darum / auf einer Mäusekonferenz / zu Anführern / einige aus ihrer Mitte.
Sie / setzten / denen / auf ihre Köpfe / große Hörner. Sie / sollten / dadurch / den Katzen / Furcht / einjagen.
5 Die Mäuse / führten / eine weitere Schlacht / gegen die Katzen / wenig später.
Diese / haben / sie / auch wieder / natürlich / verloren. Die meisten Mäuse / verschwanden / zwar /
in ihre Löcher. Ihre Anführer / passten / jedoch / nicht hinein / wegen der großen Hörner.
Diese / wurden / so / von den Katzen / verspeist.

Die Satzglieder

Komplexe Satzglieder mit Attributen

Ich dusche mich gern mit Wasser. Aber ich hasse das Duschen mit Wasser.

1 Diese beiden Sätze bilden einen Widerspruch! Diesen Widerspruch könnt ihr auflösen, indem ihr dem „Wasser" Attribute hinzufügt, die genauer sagen, welche Art von Wasser ihr meint: *Ich dusche mich gern mit <u>warmem</u> Wasser. Aber ich hasse das Duschen mit <u>kaltem</u> Wasser.*

2 Macht Vorschläge, wie man genauer sagen kann, was in den folgenden drei Sätzen gemeint sein könnte:
Auf den Straßen ist das Radfahren verboten.
Auf der Straße ist es auch verboten.
Auf den Straßen ist das Radfahren erlaubt.

Attribute

INFO

Manchmal muss man das, was ein Substantiv aussagt, genauer bezeichnen.
Dann erweitert man es durch ein **Attribut**. Dafür stehen vier Möglichkeiten zur Verfügung:

Genitiv-Attribut: Auf den **Straßen** ← der Fußgängerzone ist das Radfahren verboten.
Präpositionales Attribut: Auf der **Straße** ← vor dem Kindergarten ist es auch verboten.
Adverbiales Attribut: Auf der **Straße** ← dort hinten fängt der Radweg an.
Adjektiv-Attribut: Auf den **meisten** → **Straßen** ist das Radfahren erlaubt.

Attribute sind **Beifügungen** zu Substantiven, die **vor** oder **hinter** dem Substantiv stehen.
Attribute sind **keine eigenen Satzglieder**, sondern gehören zusammen mit dem Substantiv zu einem Satzglied.

3 Lest euch die folgenden Sätze vor. Dann merkt ihr, wie widersprüchlich sie sind.

a) Das **Essen** ← … hat mir besser geschmeckt als das → … **Essen**.
b) Mein … → **Hund** ist ein lieber Kerl. Doch der **Hund** ← … ist ein Beißer.
c) Mein … → **Auge** sieht sehr gut. Doch mein **Auge** ← … ist kurzsichtig.
d) Ich liebe … → **Brötchen**. Doch … → **Brötchen** mag ich nicht.
e) **Sendungen** ← … sehe ich nicht. Ich sehe lieber **Sendungen** ← ….
f) Das **Training** ← … machte mir Spaß.
   Doch das … → **Training** nervt mich.
g) **Äpfel** riechen gut. **Äpfel** stinken.

4 Schreibe die Sätze a)–d) auf, indem du den **Substantiven** Attribute hinzufügst.
Der **WORTSCHATZ** hilft dir dabei.

ttt **5** Schreibe alle Sätze auf. Füge dabei den **Substantiven** Attribute hinzu.

WORTSCHATZ

allzu lange
am Nachmittag
auf dem Laptop
eigener
frische
heutige
im Fernsehen
linkes
rechts
trockene
unseres Nachbarn
von gestern

Die Satzglieder

Relativsätze als Attribute

a) Ich sehe gern Tierfilme, die spannend sind. *b) Ich sehe gern spannende Tierfilme..*

1 Worin besteht der Unterschied zwischen den beiden Sätzen? Beschreibt ihn möglichst genau. Verwendet dabei die Begriffe **Verb, Adjektiv, Hauptsatz, Nebensatz**.

2 Welchem Satz – **a)** oder **b)** – entsprechen die folgenden Sätze **c)** und **d)**? Ordnet sie richtig zu.
c) Hunde, die bellen, beißen nicht. *d) Bellende Hunde beißen nicht.*

3 Schreibe den Satz so auf, dass ein Satz nach dem Muster **b)** daraus entsteht:
Auf unserer Erde gibt es Millionen Kinder, die hungern.

4 Schreibe den Satz so auf, dass ein Satz nach dem Muster **a)** daraus entsteht:
Aber es gibt auch viele helfende Menschen.

Relativsätze als Attribute

Relativsätze als Attribute

Adjektiv-Attribute und **Relativsätze** sind miteinander verwandt:
Ein Adjektiv-Attribut besteht aus einem **Adjektiv vor** einem **Substantiv**:
Bellende → *Hunde* beißen nicht.
Ein **Relativsatz** steht dagegen **hinter** dem **Substantiv**, zu dem er gehört:
Hunde, ← *die bellen*, beißen nicht.

INFO

5 Schreibe den Text neu auf. Forme dabei die unterstrichenen Relativsätze in Adjektiv-Attribute um – und setze sie anstelle der Pünktchen ein:
Im Stadtpark entdeckten am Freitag erschrockene Spaziergänger …

Pandabär entwichen

Im Stadtpark entdeckten am Freitag … Spaziergänger, *die erschrocken waren*, einen … Pandabären, *der aus dem Zoo entwichen war*. Tierpfleger brachten das … Tier, *das völlig verstört war,* in sein Gehege zurück.
5 Dort kam ihm schon seine … Partnerin, *die auf ihn wartete*, entgegen.

6 Der Text *Sicherheit in Schulbussen* ist sehr umständlich formuliert. Schreibe ihn zu einem Zeitungsbericht um, indem du die unterstrichenen Relativsätze in andere Attribute umformst.
Unterstreiche die umgeformten Attribute:
Immer wieder kommt es in voll besetzten Schulbussen zu allerdings geringfügigen Verletzungen. …

Sicherheit in Schulbussen

Immer wieder kommt es in Schulbussen, *die voll besetzt sind,* zu Verletzungen, *die allerdings geringfügig sind.* Zwischenfälle gibt es vor allem bei Bussen, *die bremsen.* Schüler, *die stehen,* müssen mindestens eine
5 Hand haben, *die frei ist,* um sich an den Halteschlaufen festhalten zu können. Nach Angaben eines Sprechers, *der zur städtischen Busgesellschaft gehört,* wird jeder Unfall ausgewertet. Die Erkenntnisse, *die ausgewertet wurden,* sollen dann zu Einrichtungen
10 führen, *die besser sind.*

Sprache und Sprachgebrauch

Nebensätze können zu Satzgliedern umgeformt werden

a) Dass sich Jugendliche eine Fahrt in einem Heißluftballon wünschen, ist weit verbreitet.
b) Der Wunsch von Jugendlichen nach einer Fahrt im Heißluftballon ist weit verbreitet.

1   Diese beiden Sätze bedeuten genau dasselbe.
Doch sie unterscheiden sich in ihrem Aufbau.
Ermittelt die Unterschiede. Verwendet dabei die Begriffe
Substantiv, Verb, Hauptsatz, Nebensatz.

2   Forme den folgenden Satz so um, dass ein Satz wie **b)** oben entsteht:
Dass sie sich wünschen, die Stadt einmal von ganz oben zu betrachten,
kann man gut verstehen.

INFO

Nebensätze und Satzglieder

Viele **Nebensätze** können zu **Satzgliedern** umgeformt werden.
Dabei wird aus dem **Verb** im Nebensatz ein **Substantiv** im Hauptsatz:

*Als die Firma ihr Jubiläum **feierte**,*   *hatte sie Jugendliche zu einer Heißluftballonfahrt eingeladen.*
*Die Firma hatte zur **Feier** ihres Jubiläums*   *Jugendliche zu einer Heißluftballonfahrt eingeladen.*
Die Gäste warteten ungeduldig darauf,   *dass der Ballon **startet**.*
Die Gäste warteten ungeduldig   *auf den **Start** des Ballons.*

Fahrt im Heißluftballon

a) Nachdem die heiße Luft **eingelassen** worden war,   *a) Nach dem **Einlassen** heißer*
    stiegen sie in den Korb.   *Luft stiegen sie in den Korb.*
b) Damit sie **aufsteigen** konnten, wurden die Halteseile   *b) Für den **Aufstieg** wurden…*
    losgelassen.
c) Als heiße Luft in den Ballon **einströmte**,   *c) Während des …*
    hob sich der Ballon in die Höhe.
d) Die Ballonfahrer genossen es, dass sie die Stadt   *d) … genossen …*
    von oben **anblicken** konnten. Alles war ganz still.
e) Nur wenn die Brenner **rauschten**, wurde es manchmal laut.   *e) Nur beim …*
f) Nachdem sie lange **gefahren** waren, fand der Ballonführer   *f) Nach …*
    ein geeignetes Feld,
g) auf dem er **landen** konnte.   *g) für …*
h) Als der Ballon unsanft **aufsetzte**, wurden alle   *h) Beim…*
    kräftig durchgeschüttelt.

3   Forme die Sätze a)–h) so um, dass Sätze wie in der rechten Spalte entstehen:
l Sätze **b)–d)**,   *ll* Sätze **b)–f)**,   *lll* **b)–h)**, Sätze.
Dabei soll das Verb in ein Substantiv umgeformt werden. Orientiere dich am Infokasten.

Die Satzglieder

✍ Nominalstil – Verbalstil

a) *Beim Klingeln des Weckers wachte Susann auf.*
b) *Als der Wecker klingelte, wachte Susann auf.*

✍ **1** Worin besteht der Unterschied dieser beiden Sätze?
Sprecht darüber. Verwendet dabei Begriffe wie **Verb** und **Substantiv**.

✍ **2** Forme die folgenden Sätze, die wie der Satz **a)** gebildet sind, in Sätze um,
die wie Satz **b)** aussehen.
Dabei musst du die **fett** gedruckten Substantive in Verben verwandeln.

a) Gleich nach **Anbruch** des Tages begann ihre Radtour.   *Gleich nachdem…*
b) Trotz des **Regens** fuhren sie los.   *Obwohl …*
c) Doch nach wenigen Kilometern **Fahrt** besserte sich das Wetter.   *Doch als sie …*

Verbalstil – Nominalstil

Es gibt Texte, in denen **Relativsätze** und andere **Nebensätze** vorkommen,
die eigene **Verben** haben. Solche Texte stehen im **Verbalstil**:
*Ein **Wagen**, der aus **Coswig kam, schleuderte,** weil sich sein **Fahrer** unaufmerksam
verhalten hatte.* (3 Substantive, 4 Verben)

Es gibt aber auch Texte, in denen die Anzahl der Verben sehr **gering** ist und die
Substantive weit überwiegen. Solche Texte stehen im **Nominalstil**:
*Ein aus **Coswig** kommender **Wagen geriet** wegen **Unaufmerksamkeit** seines
Fahrers ins **Schleudern**.* (5 Substantive, 1 Verb)

✍ **3** Forme den folgenden Text aus dem Nominalstil in den Verbalstil um.
Verwandle dabei die fettgedruckten **Substantive** in Verben:
*Eine Frau **besuchte** einmal einen 20 Kilometer entfernten Badesee.
Als sie dorthin **fuhr** …*

Kater findet nach 20 km sein Zuhause

Eine Frau machte einmal einen **Besuch** an einem 20 Kilometer entfernten Badesee.
Auf der **Fahrt** dorthin nahm sie ihren Kater mit.
Nach dem **Baden** stellte sie das **Verschwinden** ihres kleinen Freundes fest.
Nach tagelangem **Warten** gab die Besitzerin alle Bemühungen
5 des **Suchens** nach ihm auf.
Eines Abends hörte sie ein **Miauen** an ihrer Haustür.
Beim **Öffnen** der Tür sprang ihr das Tier erschöpft in die Arme.
Es hatte nach **Zurücklegung** von 20 Kilometern sein Zuhause wiedergefunden.

Unfall auf der Autobahn

Ein Lastzug, der über die Autobahn **raste**, die **vereist** war, fuhr auf
einen Kombi auf, den ein Mann auf dem Standstreifen **abgestellt** hatte.
Der Kombifahrer wollte gerade das Warndreieck aufstellen, das sich in
seinem Kofferraum **befand**. Da bemerkte er einen Lastzug, der **näher**
5 **kam**. Mit einem Sprung, durch den er sich **rettete**, entkam er einem
Unfall. So blieb es bei einem Totalschaden, der etwa 4000 Euro **betrug**.

ttt **4** Forme den Text aus dem Verbalstil in den Nominalstil um.
Dabei musst du die Verben in Adjektiv-Attribute verwandeln:
Ein über die vereiste Autobahn rasender Lastzug …

ttt **5** Forme den folgenden Text so um, wie er in einer Zeitung stehen könnte:
also aus dem Verbalstil in den Nominalstil.
Dabei werden aus den *kursiv* gedruckten Relativätzen Adjektiv-Attribute.
Aus: *ein Auto, das durch ein Dorf fuhr* – wird also:
ein durch ein Dorf fahrendes Auto.

Donald Duck geblitzt

Bei einer Verkehrskontrolle wurde ein Auto geblitzt, *das mit über 80 km/h*
durch ein Dorf fuhr. Das Foto, *das man später auswertete,* zeigte eine
Person, *die man nicht identifizieren konnte.* Sie ähnelte dem Donald Duck,
der aus Comics bekannt ist. Der Fahrzeughalter, *der von der Polizei er-*
5 *mittelt wurde,* gab glaubwürdig an, dass ihm die Figur, *die auf dem Foto*
abgebildet ist, völlig unbekannt sei. Eine Person, *die ihm fremd sei,* müsse
sein Auto, *das gestohlen wurde,* gefahren haben.

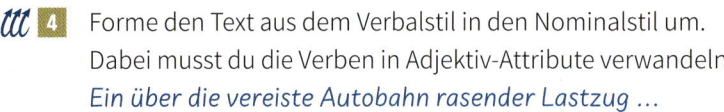

ttt **6** Der folgende Text klingt sehr umständlich. So schreibt man nicht,
wenn man in der Ich-Form erzählen möchte.
- Forme den Text so um, wie **du** ihn erzählen würdest.
- Dabei musst du die unterstrichenen Attribute in Nebensätze verwandeln.
Aus dem mir *direkt gegenüber sitzenden* Mädchen wird also:
→ *ein Mädchen, das mir direkt gegenüber saß.*

Ein merkwürdiges Buch

Heute Morgen beobachtete ich im Bus ein mir <u>direkt gegenüber
sitzendes</u> **Mädchen**. Das Mädchen war in das Lesen eines <u>wahr-
scheinlich besonders ungewöhnlichen</u> **Buches** vertieft. Denn
hin und wieder brach sie in ein <u>durch den ganzen Bus tönendes</u>
5 **Kichern** aus. Dann schlug sie die nächste Seite auf. Auf der las sie
wohl <u>in einer ganz anderen Stimmung stehende</u> **Sätze**. Denn nun
rieb sie sich die <u>mit Tränen gefüllten</u> **Augen** aus und putzte sich
ihre <u>ein wenig triefende</u> **Nase**. Ich kann mir gar nicht vorstellen,
dass es solche <u>zugleich zum Lachen und Weinen bringende</u> **Bücher**
10 gibt. Ich bin da eher ein sachlicher Typ.

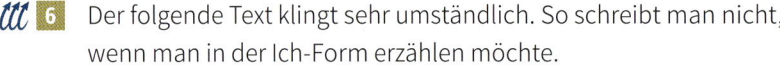

Die Satzglieder

Überprüfe dein Wissen und Können

1 Aus wie vielen Satzgliedern besteht der folgende Satz? Ermittle es durch Umstellproben.
Die Schüler der 8. Klassen planen in diesem Jahr etwas ganz Besonderes.

2 Stelle in den darauffolgenden Sätzen jeweils ein anderes Satzglied an den Satzanfang,
sodass ein besserer Zusammenhang entsteht:
Auf die übliche Jahrgangsfahrt verzichten sie damit.
Sie entwickeln stattdessen einige spannende Projekte.

3 Forme den <u>Nebensatz</u> in ein Satzglied um: *Das Ziel der Projekte ist die …*
Das Ziel der Projekte ist, <u>dass jeder Einzelne seine Kreativität stärkt</u>.

4 Forme das <u>Adjektiv-Attribut</u> in einen Relativsatz um:
Das Projekt ist eine Alternative zu einer <u>meistens langweiligen</u> Klassenfahrt.

5 Schreibe den Satz auf, indem du die passende Präposition einsetzt und die Endungen ergänzt:
Rechnen muss man dabei allerdings ? manch** spannend** Überraschung.
Schreibe anschließend auf, aus welchen Satzgliedern der Satz besteht:
a) Subjekt: …; b) Prädikat: …; c) Adverbial: …; d) …

6 In jeder der folgenden Gruppenbezeichnungen kommt ein Attribut vor. Schreibe die Sätze ab
und unterstreiche die Attribute. Bezeichne die Attribute mit ihren Namen:
Eine Gruppe lernt im Freien das Kochen mit Naturprodukten.
Andere machen eine abenteuerliche Fahrt in den Spreewald.
Wieder andere üben das Bauen eines Unterschlupfs im Wald.

7 Verschiebe in diesen Sätzen jeweils ein anderes Satzglied an den Satzanfang.
Dann wird ein besser zusammenhängender Text daraus:
Nach dem Sinn solcher Unternehmungen haben natürlich alle Betroffenen gefragt.
Manche Zweifel hat es bei den Elternabenden anfangs auch gegeben.
Von dem Vorhaben konnten aber die meisten überzeugt werden.
Von den Projekten waren die Jugendlichen sowieso begeistert.

8 Schreibe diesen Text so auf, dass er als Bericht in der Schülerzeitung stehen könnte.
Dabei musst du die **Verben** in **→ Attribute zu Substantiven** umformen.

Die Jugendlichen der Gruppe „Leben im Wald" suchten lange nach einem Platz, <u>der für ihre Übernachtungen **geeignet war**</u>. Sie entschieden sich für eine Stelle, <u>die am Rande eines Teichs **lag**</u>. Auf Zelte, <u>die bequem **waren**</u>, mussten sie natürlich verzichten. Also bauten sie Behausungen auf, <u>die aus Blätterzweigen **bestanden**</u>. Ein Platz, <u>der für die Nahrungszubereitung geeignet</u>
5 <u>**war**</u>, musste auch gefunden werden. Der fand sich auf der Lichtung, <u>die nahe am Teich **lag**</u>. Zum Glück war das Wetter, <u>das während ihres Aufenthalts **herrschte**</u>, gut. Sogar mit Pilzen und Himbeeren, <u>die sie **sammelten**</u>, konnten sie ihre Nahrung bereichern.

Nachschlagen im Register der verwendeten Fachausdrücke

Nehmen wir an, du möchtest wissen, was ein **Begleitsatz** ist. Dann musst du nicht das ganze Inhaltsverzeichnis durchforsten und das ganze Buch durchblättern. Du suchst einfach im Register der Fachausdrücke das Stichwort **Begleitsatz**.

Wenn dir die Informationen unter diesem Stichwort nicht genügen, dann verweisen dich kleine Pfeile auf weitere Stichwörter wie → **Redesatz**, unter denen du noch genauere Informationen über die wörtliche Rede erhältst.

Am Ende jedes Eintrages findest du dann noch einen Verweis auf eine oder mehrere Seiten im Buch selbst: → 260–261. Dort kannst du in den Infokästen nachlesen, wie die Anführungszeichen bei der wörtlichen Rede richtig gesetzt werden.

Begleitsatz: Wer etwas sagt, steht im Begleitsatz der wörtlichen Rede; was einer sagt, steht im → Redesatz. Der Begleitsatz kann dem Redesatz vorausgestellt sein *(Sie rief: „Ich habe keine Lust dazu!")*, er kann nachgestellt sein *(„Ich habe keine Lust dazu!", rief sie)* oder er kann eingeschoben sein *(„Ich habe", rief sie, „keine Lust dazu!")*. → 260–261

Redesatz: Im Redesatz (*siehe auch* → Begleitsatz) steht, was einer sagt. Der Redesatz wird durch → Anführungszeichen (*auch:* Gänsefüßchen) hervorgehoben: *Sie rief: „Das glaube ich nicht!"* → 260–261

Anführungszeichen: Anführungszeichen kennzeichnen den Anfang und das Ende eines wörtlichen → Redesatzes, der von einem → Begleitsatz begleitet wird: *„Wir fahren morgen früh", sagte er, „nach Dresden."* → 260–261

1 Du möchtest wissen, welches die besonderen Merkmale eines Gedichtes sind. Lies unter den beiden Einträgen → **Gedicht** und → **Metapher** nach.

2 Du möchtest überprüfen, was der Begriff → **Metapher** bedeutet. Lies unter dem Stichwort nach und schau dir dann auf Seite → 192 das Beispiel im Buch an.

3 Du möchtest wissen, was man unter der Methode **Galeriegang** versteht. Lies unter dem Stichwort nach. Und dann schau nach, was dazu im Buch auf Seite → 227 steht.

4 Du möchtest wissen, was lineare Texte sind. Lies unter dem Stichwort nach. Taste dich dann weiter voran zu den Stichwörtern → **nicht lineare Texte**, → **Tabellen**, → **Diagramme**, → **Infografiken**.

5 Finde heraus, in welcher **Zeitform** du eine **Inhaltsangabe** schreiben musst.

6 Du möchtest wissen, welches die besonderen Merkmale für das Verfassen eines → **Berichtes** sind? Lies unter dem passenden Stichwort nach.

Register der verwendeten Fachausdrücke

A

Adjektiv: Adjektive können die Eigenschaften von Dingen genauer bezeichnen *(schön, schnell, witzig …)*. Alle Wörter, die zwischen Artikel und Nomen stehen können, sind Adjektive: *das schnelle Auto*. Viele Adjektive können auch an anderen Stellen im Satz stehen: *Das Auto fährt schnell. Das Auto ist rot.* Die meisten Adjektive lassen sich → steigern: *groß, größer, am größten.* → 280

Adverb: Adverbien sind Einzelwörter einer → Wortart. Sie machen Angaben zu Orten wie *oben, links, hinauf, dort …*, zu Zeiten wie *heute, immer, bald, dann …*, zur Art und Weise wie *gern, vielleicht, leider …* und zu Gründen wie *deswegen, trotzdem, meinetwegen …* → 280

Adverbial: Adverbiale sind → Satzglieder. Sie können aus einzelnen → Adverbien, → Adjektiven oder längeren Ausdrücken bestehen. Es gibt 1. Adverbiale der Zeit (wann: *gestern,* seit wann: *seit gestern,* wie lange: *die ganze Zeit*), 2. Adverbiale des Ortes (wo: *auf dem Spielplatz,* wohin: *auf den Spielplatz,* woher: *vom Spielplatz*), 3. Adverbiale der Art und Weise (wie: *mit guter Laune, glücklich*). → 317, 318, 320, 322

Akkusativ-Objekt: Das Akkusativ-Objekt ist ein → Satzglied. Man kann es mit den Fragen *wen?* oder *was?* ermitteln: *Die Lehrerin lobt* (wen?) *den neuen Schüler. Der Spieler trifft* (wen? oder was?) *den Ball.* → 316–318

Allwissender Erzähler: Der Autor eines Textes schlüpft innerhalb der Geschichte in die Rolle eines Erzählers, der in alle anderen Figuren hineinschauen kann, über sie Bescheid weiß und Kommentare zu ihnen abgibt. Dieser Erzähler wird auch auktorialer Erzähler genannt. → 47

Anführungszeichen (Redezeichen): → Wörtliche Reden bestehen aus → Begleitsatz und → Redesatz. Der Redesatz steht in Anführungszeichen. → Punkt, → Frage- und → Ausrufezeichen stehen innerhalb der Anführungszeichen: *Sie sagte: „Ich komme mor-*

gen." – Sie fragte: „Kommst du morgen?" – Er sagte:

„Toll, dass du kommst!" Beim nachgestellten Begleitsatz fällt der Punkt im Redesatz weg: *„Es ist schön, dass du kommst", sagte sie.* → 260

Anredepronomen: Das sind Pronomen, mit denen man jemanden anredet: *Ich mag dich. Ich grüße Sie.* Wenn man einen Menschen mit *Sie* anredet, werden die Pronomen großgeschrieben *(Ich danke Ihnen. Ich grüße Sie herzlich).* → 283

Anschreiben: Das Anschreiben ist ein Teil der Bewerbungsunterlagen. Es ist ein offizieller Brief und deshalb muss man beim Schreiben bestimmte Formen einhalten. → Lebenslauf → 107, 114–115

Antonyme: Antonyme (Gegensatzwörter) sind Wörter, die zu anderen Wörtern im Gegensatz stehen: *krank – gesund, Mut – Angst, groß – klein …* → 282

Argument: In einer → Diskussion oder → Argumentation braucht man Argumente, um andere von seiner Meinung zu überzeugen. Argumente bestehen aus Behauptungen und Begründungen: *Ein Piercing kann krankmachen, wenn sich die Stichwunde entzündet.* Manchmal kann auch noch ein anschauliches Beispiel hinzugefügt werden: *Das kenne ich von meiner Schwester. Nach einiger Zeit hat die Wunde geeitert und sehr wehgetan.* → 14–19

Argumentationskette: Die schlüssige Abfolge von → Argumenten und Beispielen in einer → Argumentation bezeichnet man als Argumentationskette.

Artikel: Substantive haben einen Artikel. Man unterscheidet den → bestimmten Artikel *(der, die, das)* und den → unbestimmten Artikel *(ein, eine)*. Die Artikel geben an, ob ein Substantiv Maskulinum *(der Löffel)*, Femininum *(die Gabel)* oder Neutrum *(das Messer)* ist. → 280

Attribut: Attribute sind Beifügungen zu → Substantiven. Die wichtigsten von ihnen sind das → Adjektiv-Attribut: *das benachbarte Haus*; das → Genitiv-Attribut: *das Haus des Nachbarn*; das → präpositionale Attribut: *das Haus vom Nachbarn*. → 324–325

Auktorialer Erzähler: → allwissender Erzähler → 47

B

Basistempus: Die Hauptzeitform, in der ein Text steht, nennt man Basistempus. So ist z. B. das Basistempus eines Erzähltextes das → Präteritum. Es ist aber niemals die einzige, sondern nur die wichtigste Zeitform, denn innerhalb eines solchen Textes können auch andere Zeitformen vorkommen.

Begleitsatz: Der Begleitsatz ist Teil einer → wörtlichen Rede. Im Begleitsatz steht, wer etwas sagt. Im → Redesatz steht, was einer sagt. Der Begleitsatz kann vor oder nach dem Redesatz stehen oder in ihn eingefügt sein. Nach dem *vorangestellten* Begleitsatz steht ein Doppelpunkt *(Sie sagte: „Du bist meine beste Freundin.")*. Der *eingeschobene* und *nachgestellte* Begleitsatz werden durch Kommas von der wörtlichen Rede abgetrennt *(„Du bist meine beste Freundin", sagte sie. – „Du bist", sagte sie, „meine beste Freundin.")*. → 260–261

Bericht: Über Ereignisse und Erlebnisse kann man in mündlicher oder schriftlicher Form berichten. Es gibt unterschiedliche Berichte, z. B. → Praktikumsberichte, → Zeitungsberichte … Mit Berichten will man andere genau informieren. Deshalb enthalten sie viele **Fakten** und beantworten die **W-Fragen**: **Was** ist geschehen? **Wann** ist es geschehen? **Wo** ist es geschehen? **Wer** hat etwas getan? **Warum** ist es geschehen? **Wie** ist das Ganze ausgegangen? Da alles, was man berichtet, schon geschehen ist, stehen Berichte meistens im → Präteritum. → 110–113, → 128–129

Bestimmter Artikel: Der bestimmte Artikel gibt im Gegensatz zum → unbestimmten Artikel in einem Text an, dass etwas Bestimmtes gemeint ist und dass das zu ihm gehörende Substantiv bereits bekannt oder schon einmal genannt worden ist: *Vor*

der Tür steht das Taxi, auf das wir gewartet haben. → 280

Bewerbung: → Anschreiben, → Lebenslauf, → Telefonat → 94–115

C

Charakterisierung: Die Charakterisierung ist ein beschreibender, aber auch ein interpretierender Text, der eine literarische Figur umfassend vorstellt. Dabei werden neben äußeren Merkmalen der Figur auch die soziale Situation, das Verhalten sowie die Gedanken und Gefühle der literarischen Figur beschrieben.

D

Dativ-Objekt: Das Dativ-Objekt ist ein → Satzglied. Man kann es mit der Frage *wem?* ermitteln. → 317

Demonstrativpronomen: Die Demonstrativpronomen wie *dieses, jenes …* weisen mit Nachdruck auf etwas hin: *Dieser Text ist von mir.* → 284

Diagramm: Diagramme stellen Zahlen in bildlicher Form dar. Es gibt verschiedene Formen, z. B. Säulendiagramme, Balkendiagramme oder Kreisdiagramme. → 118

Dialekt: Als Dialekt bezeichnet man eine Variante der Sprache, die in einer bestimmten Landschaft oder Region vor allem mündlich gesprochen wird. Dialekte haben eigene Wörter, eigene Aussprachen und eine eigene Grammatik. → 220–225

Diskussion: Sachliches Gespräch mehrerer Personen über ein bestimmtes Thema oder über mehrere Themen. Dabei haben die Gesprächsteilnehmer meist unterschiedliche Meinungen und versuchen, die anderen mit → Argumenten von ihrer Meinung zu überzeugen. Eine Diskussion sollte sachlich und höflich durchgeführt werden, damit sie sich nicht zu einem Streit entwickelt. Um an einer Diskussion erfolgreich teilzunehmen, sind bestimmte Gesprächsregeln notwendig. → 8–19

Drei-Schritt-Lesemethode: Mit der Drei-Schritt-Lesemethode kann man sich → nicht lineare Texte, wie → Tabellen, → Diagramme, → Infografiken, besser erschließen. Im ersten Schritt orientiert man sich, im zweiten Schritt wird der Inhalt erfasst und im dritten Schritt gibt man die Ergebnisse wieder.

E

Enjambement: (von franz. *enjamber* = überspringen, überschreiten) Das Enjambement ist ein Stilmittel in der lyrischen Dichtung. Bei einem Enjambement geht ein Satz oder eine Sinneinheit über das Zeilenende eines Verses hinaus und gleitet in den nächsten Vers hinein. Das Ende eines Gedankens oder Satzes und das Ende des Verses fallen nicht zusammen. Beim Vortrag sollte man dort eine ganz kleine Pause machen, ohne die Stimme abzusenken. Denn Enjambements sind immer kleine Spannungssignale. → 191

Erörterung: In einer Erörterung setzt man sich argumentierend mit einer Problemfrage auseinander. Mit verschiedenen Argumenten zum Thema versucht man, andere von seiner Meinung zu überzeugen. Eine Erörterung besteht aus mehreren Argumenten. In der linearen Erörterung wird nur eine Position diskutiert, d.h., dass sich der Schreiber für die Pro- oder Contra-Argumentation entscheidet. → 20–39

Erzähler: Im Gegensatz zum Autor ist der Erzähler eine Figur, die innerhalb des Textes selbst vorkommt und die Geschichte erzählt, manchmal als → Ich-Erzähler, als → Allwissender Erzähler oder als → Personaler Erzähler. → 47

Er-/Sie-Erzähler: → personaler Erzähler → 47

Erzählperspektive: Der → Erzähler eines Textes ist in der Regel ein anderer als der Autor / die Autorin. Der Autor / Die Autorin schreibt zwar die Geschichte, aber er / sie schlüpft dabei in Erzähler-Rollen hinein und erzählt aus unterschiedlichen Perspektiven. Man unterscheidet den → allwissenden (auktorialen) Erzähler, den → Ich-Erzähler und den → personalen Erzähler. In Gedichten spricht man vom → lyrischen Ich. → 47

Erzählung: In einer Erzählung wird mündlich oder schriftlich der Verlauf von Geschehnissen dargestellt, die tatsächlich passiert oder aber erdacht sind. Auch der Akt des Erzählens an sich wird als „Erzählung" bezeichnet. → 47

F

Fabel: Fabeln sind kurze Erzählungen, in denen zumeist Tiere menschliche Eigenschaften verkörpern. Fabeln bestehen in der Regel aus einem *Erzählteil*, der kurz in die Situation oder in den Konflikt einführt. Meist enthalten Fabeln auch einen *Dialogteil*, in dem die Tiere miteinander sprechen. Fabeln enthalten an ihrem Ende häufig eine *Lehre*. Durch die Lehre wird Kritik am Verhalten einzelner Menschen oder an der ganzen Gesellschaft ausgedrückt. → 62

Fachwort: In allen Sachgebieten, wie z.B. Technik, Kochen, Mode oder Sport, gibt es eigene Fachausdrücke. Viele Fachwörter finden sich z.B. in → Sachtexten. Fachwörter benötigt man auch für genaue Beschreibungen, z.B. von Experimenten: *verdunsten, aufblähen, Luftdruck, Schwerkraft.* Oftmals handelt es sich auch um → Fremdwörter: *kondensieren, kristallieren, Temperatur, Molekül.* → 269

Figur: Figuren nennt man die Personen, die in literarischen Texten vorkommen. Man nennt sie Figuren, da es sich bei ihnen um *erfundene Personen*, oft auch um Tiere (wie in → Fabeln) oder um Hexen und Geister (wie in Märchen) handelt. → 42, 44, 46, 50, 169

Figurenkarte: Auf einer Figurenkarte hält man in Stichwörtern die wichtigsten Informationen zu einer literarischen Figur fest: zum Namen, Aussehen, Charakter und Verhalten. → 155, 169

Fragesatz: Ein Fragesatz ist ein Satz, den der Sprecher oder Schreiber als Frage meint. Man unterscheidet: → Entscheidungsfragen *(Arbeitest du heute?)* und → Ergänzungsfragen *(Wann arbeitest du?).* Beim Sprechen hört man heraus, ob der Sprecher eine Frage stellt; beim Schreiben setzt man ein → Fragezeichen.

Fremdwort: Fremdwörter stammen aus anderen Sprachen, dem Griechischen, dem Lateinischen, dem Englischen, Französischen usw. Viele von ihnen haben ihr fremdsprachliches Aussehen oder ihre Aussprache beibehalten: *Theater, Jeans, T-Shirt, Portemonnaie …*

Futur I: Das Futur I verwenden wir manchmal, wenn wir über die Zukunft reden und schreiben. Es wird mit dem Hilfsverb *werden* und dem → Infinitiv gebildet: *Das werden wir morgen schon schaffen!* → 296

Futur II: Das Futur II verwenden wir manchmal, wenn etwas in der Zukunft schon abgeschlossen ist. Es wird mit den Hilfsverben *werden* und *haben/sein* und dem → Partizip Perfekt gebildet: *Das werden wir bald geschafft haben.* → 296

G

Galeriegang: Der *Galeriegang* ist eine Methode, um verschiedene Gruppenarbeitsergebnisse auszustellen und zu präsentieren. Man geht von „Werk" zu „Werk" und darf als „Betrachter" Fragen stellen und Anregungen geben. → 227

Gedankenrede: Im Gegensatz zu → wörtlichen Reden, in denen die Figuren miteinander sprechen, bringen in Texten die Figuren oft auch ihre Gedanken zum Ausdruck, von denen nur die Leser etwas erfahren: *Es fiel ihm ein, dass er sich irren könnte, aber er glaubte es nicht.* → 41

Gedicht: Ein Gedicht ist ein Text mit einem besonderen äußeren Aussehen: Die Zeilen sind in Versen und die Absätze oft in Strophen voneinander abgesetzt. Ein weiteres Merkmal von Gedichten ist ihre „verdichtete" Sprache. Was gesagt wird, ist auf engsten Raum begrenzt. Manchmal bestehen Verse sogar nur aus einzelnen Wörtern. Viele Gedichte haben auch besondere Klänge und Reime oder einprägsame Metaphern und → Personifikationen. → 180, 182, 183, 185, 186, 188–209

Gegenargument: Ein Gegenargument ist ein → Argument, das nicht dem eigenen Standpunkt entspricht. Man führt es in → Diskussionen und schrift-

lichen → Argumentationen an, um es anschließend zu entkräften. → 27

Genitiv-Attribut: → Attribut, das als Genitiv-Beifügung hinter einem → Substantiv steht: *das Haus des Nachbarn.* → 324

Geschriebene Sprache: Die geschriebene Sprache besteht im Gegensatz zur → gesprochenen Sprache im Wesentlichen aus vollständigen Sätzen und aus Ausdrücken, die treffend ausgewählt sind; der Schreiber hat hinreichend Zeit für seine Formulierungen. → 266–267

Gesprochene Sprache: Die gesprochene Sprache ist im Gegensatz zur → geschriebenen Sprache von unvollständigen Sätzen, Wiederholungen, Unterbrechungen und spontan verwendeten Ausdrücken bestimmt. Der Sprecher hat im Gegensatz zur geschriebenen Sprache weniger Zeit für seine Formulierungen. → 266–267

Getrenntschreibung: Zwei Wörter, die in enger Beziehung stehen, werden manchmal getrennt und manchmal zusammengeschrieben: *Die beiden Wörter muss man zusammenschreiben.* Aber: *Wir beide wollen eine Geschichte zusammen schreiben.* Diese zum Teil schwierigen Verhältnisse sind durch Regeln der Rechtschreibung bestimmt. Im Zweifelsfall sollte immer ein Wörterbuch zu Hilfe genommen werden. → 242–245

Großschreibung: Großgeschrieben werden Namen, Substantive und das erste Wort in einem Satz: *Der kleine Felix ist ein großer Angeber.* Welche Wörter großgeschrieben werden, kann man meistens an → Signalwörtern sehen: → Artikel (*das Glück*), → versteckte Artikel (*zum Glück*), → Adjektive (*großes Glück*), → Pronomen (*dein Glück*) und an bestimmten Endungen (*Fröhlichkeit, Gesundheit, Verwandtschaft, Zeichnung, Ärgernis, Eigentum*). → 234–241

H

Homonyme: Homonyme sind Wörter, die gleich aussehen und gleich ausgesprochen werden, aber eine unterschiedliche Bedeutung (manchmal auch ein verschiedenes Geschlecht) haben: *Der **Ton** ihrer Stimme ist hell. Die Frau macht aus **Ton** schöne Gefäße.* → 295

I

Ich-Erzähler: Der Autor einer → Erzählung oder eines Romans schlüpft beim Erzählen in die Rolle eines erzählenden Ichs hinein. Dieses Ich erzählt aus seiner Perspektive, was es erlebt, was es sieht und was es von den anderen Figuren hört. Es kann aber auch erzählen, was es selbst dabei denkt und fühlt. → 47

Impressum: Ein Impressum ist eine gesetzlich vorgeschriebene Herkunftsangabe. Das Impressum nennt z. B. in Zeitungen, Zeitschriften oder auf Internetseiten die Namen von Personen und Organisationen, die für die Inhalte verantwortlich sind. → 119

Indirekte Rede: Die indirekte Rede gibt eine → wörtliche Rede *(Er sagte: „Ich bin sehr müde.")* in verkürzter Form wieder. Sie kann in verschiedenen Formen auftreten: im Konjunktiv I: *Er sagte, er sei müde.*; in *dass*-Sätzen: *Er sagte, dass er müde sei.* → 64

Infografik: Eine Infografik ist ein Schaubild, das Daten und Fakten anschaulich darstellt. Infografiken findet man vor allem in Zeitungen, Zeitschriften, Fachbüchern und in Schulbüchern. → 118

Inhaltsangabe: Mit einer Inhaltsangabe informiert man knapp und ohne Spannung über den Inhalt eines Textes. Dazu wird das Wichtigste kurz zusammengefasst. → Wörtliche Reden werden mithilfe zusammenfassender Verben oder der → indirekten Rede wiedergegeben. Inhaltsangaben erzählen <u>nicht</u> nach und stehen deshalb im → Basistempus → Präsens. → 60–73

Innerer Monolog: Ein Mittel, um in einem Text die Gedanken und Gefühle einer literarischen Figur auszudrücken. Eine solche → Gedankenrede in der Ich-Form wird nicht durch → Anführungszeichen hervorgehoben, sondern unauffällig in den Text eingeflochten: *Hört sich an wie vorhin, dachte er.* (Gedankenrede) <u>*Hört sich an wie vorhin, als ich die Breite des Wagens nicht richtig eingeschätzt hatte.*</u> (Innerer Monolog) → 41

J

Jugendsprache: Die Jugendsprache ist Teil der → Standardsprache. Jugendliche bedienen sich aber gern bestimmter Ausdrücke, mit denen sie sich von Erwachsenen absetzen und ihre Zugehörigkeit zu bestimmten Gruppen hervorheben wollen. Sie sagen dann nicht: *Das war sehr gut.* – sondern vielleicht: *Das war <u>hammergeil</u>.* → 269

K

Komma: Ein Komma steht in Aufzählungen zwischen Wörtern und Wortgruppen *(Sie lachte, jubelte, klatschte in ihre Hände.)* und zwischen ganzen Sätzen, wenn sie in einem Zusammenhang stehen *(Sie lachte, sie jubelte, sie klatschte in ihre Hände.)*. Ein Komma steht auch in → Satzgefügen zwischen Haupt- und Nebensatz *(Sie jubelte, wobei sie in ihre Hände klatschte.)*. → 246–259, 262–265

Kommentar: In einem mündlichen oder schriftlichen Kommentar teilt man anderen seine Meinung zu einem bestimmten Thema mit und möchte sie mit → Argumenten überzeugen. Kommentare können sachlich, persönlich oder witzig sein, aber beleidigend dürfen sie nicht sein. Veröffentlicht werden Kommentare vor allem in Zeitungen, Zeitschriften und in den sozialen Netzwerken im Internet. Kommentare von Zeitungslesern nennt man auch → Leserbriefe. → 141–145

Konjunktion: Mit Konjunktionen werden einzelne Wörter oder ganze Sätze verbunden. Man unterscheidet nebenordnende Konjunktionen wie *und, oder, denn …* und unterordnende Konjunktionen wie *als, weil, dass, wenn*: *Lotte <u>und</u> Tina können sich gut leiden, <u>weil</u> sie viel gemeinsam haben.* Konjunktionen sind oft → Signalwörter, vor denen ein → Komma steht. → 254–255, 280–281, 288

Konjunktiv I: Der Konjunktiv I ist die Form der → indirekten Rede. Er wird aus dem → Infinitiv der Verben ohne *-n* gebildet: *haben – er habe, sein – er sei, werden – er werde, müssen – sie müsse, kommen – sie komme.* → 305–308

Konjunktiv II: Der Konjunktiv II ist vor allem die Form von Wunschsätzen. Er wird aus dem → Präteritum von Verben gebildet, denen man ein *-e* anfügt: *er ging – er ginge, sie lief – sie liefe.* Viele Verben werden mit einem → Umlaut gebildet: *er musste – er müsste, sie hatte – sie hätte, er war – er wäre, sie fand – sie fände.* → 309–311

Kreuzreim: Der Kreuzreim ist eine bestimmte Form des → Reimes. Beim Kreuzreim reimen die Wörter überkreuz miteinander: Der erste → Vers reimt mit dem dritten Vers, der zweite Vers reimt mit dem vierten usw. Die Reimfolge beim Kreuzreim ist: a – b – a – b.

Kurzgeschichte: Eine Kurzgeschichte ist eine kurze Erzählung, oft mit direktem Einstieg in die Handlung (keine Einleitung) sowie offenem, abruptem Ende. Es gibt keine Nebenhandlung und die – meist wenigen – Figuren werden nicht ausführlich beschrieben. Die Handlung kann wie eine Momentaufnahme einen Ausschnitt aus dem alltäglichen Leben zeigen. Der Erzähler wirkt kühl und distanziert, als schildere er das Geschehen aus der Sicht eines Außenstehenden oder Unbeteiligten. → 40–59

L

Layout: Das Layout ist die äußere Gestaltung eines Schriftstücks. Bei modernen Textverarbeitungsprogrammen haben die Schreiber die Wahl unter unzähligen Möglichkeiten, wie sie ihre Texte gestalten. Wichtig ist, dass das Layout zur Art des Textes passt. Ein sinnvolles Layout hilft den Lesern, den Text besser zu verstehen und zu nutzen. → 119, 121, 226

Leserbrief: → Kommentar → 141–145

Lebenslauf: Der Lebenslauf ist ein wichtiger Bestandteil einer schriftlichen Bewerbung. Er wird zumeist in tabellarischer Form geschrieben und enthält Angaben zur Person, zu praktischen Erfahrungen, zur Schulbildung und zu persönlichen Fähigkeiten und Kompetenzen. Im Gegensatz zum → Anschreiben ist der Lebenslauf kein Brief. → 100–103

Lineare Texte: Die meisten Texte sind lineare Texte. Ein linearer Text ist fortlaufend geschrieben und wird – wie üblich – „von links nach rechts und von oben nach unten" gelesen. Im Gegensatz dazu stehen die → nicht linearen Texte, wie → Tabellen, → Diagramme und → Infografiken.

Literarisches Gespräch: Im literarischen Gespräch kann man frei und ungezwungen seine Eindrücke zu einem Text äußern. Wichtig ist der gemeinsame Austausch über das Gelesene und die Möglichkeit, Fragen dazu zu stellen. → 79

Lyrisches Ich: Der Begriff „Lyrisches Ich" bezeichnet in Gedichten denjenigen, der *Ich* sagt. Das lyrische Ich erlebt, empfindet und schildert Geschehnisse, Gedanken und Gefühle aus seiner subjektiven Sicht (Perspektive): *Ein Eckensteher möchte ich sein, / der steht / und sich Wind um die Nase blasen lässt.* (Fritz Deppert). Das lyrische Ich kann jemand ganz anderes sein als der Dichter: ein Kind, ein Junge, ein Mädchen, ein Mann oder eine Frau …, aber auch ein Baum, ein Tier, eine Blume, eine Jahreszeit, ein Gegenstand. → 188

M

Medien: Im Singular heißt das Wort Medium (*lat.* die Mitte oder das Mittel). Das Pluralwort *Medien* ist ein Sammelbegriff. Damit werden Hilfsmittel aller Art bezeichnet, mit denen Informationen weitergegeben werden: *Fernsehen, Zeitung, Radio, Filme, E-Mails, E-Books, MP3-Dateien, Apps …* Druckerzeugnisse auf Papier nennt man *Printmedien* (*englisch:* to print – drucken). Bei elektronischen Hilfsmitteln spricht man von *digitalen Medien* oder von *Online-Medien*, wenn sie im Internet verfügbar sind.

Meldung: Als Meldung bezeichnet man in Zeitungen meist einspaltige → Nachrichten in Kurzform.

Auch Meldungen folgen wie ausführliche → Zeitungsberichte dem Prinzip „Das Wichtigste zuerst". →126–127

Metapher: Wörter oder Sätze, die man in übertragender oder bildlicher Form verwendet. Durch Metaphern werden insbesondere lyrische Texte sehr bildhaft und anschaulich. *Da kommt er/wirft Luftlappen ins Gesicht* (Rose Ausländer). → Personifikation, → Vergleich →193

Metrum: Rhythmisches Versmaß in einem Gedicht, bei dem die Anzahl und Abfolge von Silben und deren Betonung innerhalb eines Verses festgelegt ist. Man unterscheidet z. B. bei der Abfolge von betonten und unbetonten Silben *Jambus* (unbetont – betont) und *Trochäus* (betont – unbetont). → 195

Modalverben: Unsere Sprache kennt sechs Modalverben: *dürfen, können, mögen, müssen, sollen, wollen.* Mit Modalverben werden die Inhalte von → Verben modifiziert: *Ich will das nicht essen. – Ich darf das nicht essen. – Ich mag das nicht essen …* → 286–287

Modalwörter: Modalwörter sind kleine Wörter, mit denen wir (besonders in der mündlichen Rede) Aussagen verstärken oder abschwächen: *aber, bloß, denn, eben, nur …: Wo warst du denn nur so lange?* → 272–273

Monolog: Ein Selbstgespräch, das vor allem im → Drama verwendet wird.

N

Nachrichten: Nachrichten sind die wichtigste Textsorte in Zeitungen (→ Zeitungsbericht). Sie geben Informationen zu neuen, wichtigen und interessanten Themen. Sie sind möglichst sachlich formuliert und beantworten die W-Fragen. Eine Nachricht in Kurzform nennt man → Meldung. → 124

Nachsilbe (Suffix): → Wortbildung → 315

Nebensatz: Den untergeordneten Teil eines → Satzgefüges nennt man Nebensatz. Viele Nebensätze werden durch → Konjunktionen eingeleitet. Nebensätze können vor dem → Hauptsatz stehen (*Weil ich krank war*, *konnte ich nicht kommen.*), sie können nach dem Hauptsatz stehen (*Ich konnte nicht kommen, weil ich krank war.*), sie können auch in den Hauptsatz eingeschoben sein (*Ich konnte, weil ich krank war, nicht kommen*). Nebensätze werden von Hauptsätzen durch → Kommas abgetrennt. → 246–249

Nicht lineare Texte: Zu den nicht linearen Texten gehören → Tabellen, → Diagramme und → Infografiken. Es handelt sich dabei um → Sachtexte, die man im Gegensatz zu den → linearen (fortlaufenden) Texten wegen ihrer äußeren Form „nicht linear" nennt. Man liest sie in der Regel nicht wie üblich „von links nach rechts und von oben nach unten", sondern man springt beim Lesen hin und her. Als Lesemethode für nicht lineare Texte empfiehlt sich die → Drei-Schritt-Lesemethode. → 28, 35, 36, 118

Substantiv: Mit *Substantiv* bezeichnet man Lebewesen (*Kind, Affe, Baum*), Dinge (*Hammer, Haus, Buch*), Gedanken und Gefühle (*Wut, Idee, Glück*) und Zeitangaben (*Sommer, Ferien, Abend*). Substantive haben einen → Artikel, an dem das → Geschlecht zu erkennen ist (*der Hammer, das Haus, die Langeweile*). Substantive können in den vier → Fällen gebraucht werden (*der Hund, des Hundes, dem Hund, den Hund*). Weil die Substantive die wichtigste Wortart sind, schreibt man sie groß. → 280–281

Nominalstil: Ein Text steht im Nominalstil, wenn er vor allem von → Hauptsätzen bestimmt ist, in denen wenige → Verben vorkommen. Der Gegensatz nennt sich → Verbalstil. → 327–328

O

Objekt: Objekte sind → Satzglieder. Sie können aus einem oder mehreren Wörtern bestehen: *Sie füttert ihn. Sie füttert den Kater. Sie hilft dem kleinen Kind.* Man unterscheidet das → Akkusativ-Objekt: *Sie füttert* (wen?) *ihren Kater.*, das → Dativ-Objekt: *Sie gibt* (wem?) *ihm zu fressen.*, und das → präpositionale Objekt: *Ich kümmere mich* (um wen?) *um meine kleine Schwester.* → 316–322

P

Partizip Perfekt: Das Partizip Perfekt wird in der Regel mit der Vorsilbe *ge-* gebildet: *laufen: gelaufen, gewinnen: gewonnen.* → 296

Passiv: Ein Passivsatz ist der Gegensatz zu einem Satz im → Aktiv. Im Passiv wird im → Subjekt jemand oder etwas genannt, auf den sich eine Handlung richtet: *Der Schüler wird (von der Lehrerin) gelobt.* Wer etwas tut (z. B. *die Lehrerin*), kann weggelassen werden. → 302–304

Perfekt: Das Perfekt ist eine → Zeitform der Vergangenheit. Sie setzt sich aus den Hilfsverben *haben* oder *sein* und dem → Partizip Perfekt zusammen: *gewinnen: er hat gewonnen, laufen: er ist gelaufen.* → 296–297

Personaler Erzähler: Der Erzähler einer Geschichte erzählt im Gegensatz zum → Ich-Erzähler und zum → allwissenden Erzähler die Begebenheiten in der Er- oder Sie-Form. Der personale Erzähler ist eine Figur des Textes, die alle Ereignisse aus ihrer Perspektive sieht. Sie kann nur sagen, was sie selbst fühlt und denkt – aber nicht, was die anderen Figuren denken. → 47

Personalpronomen: Personalpronomen können anstelle von Substantiven stehen: *Lara spielt mit dem Hund. Sie tobt gern mit ihm herum.* Personalpronomen sind: *ich, du, er, sie, es, wir, ihr, sie* und die dazugehörigen Formen im Dativ *(mir, dir, ihm, ihr, uns, euch, ihnen)* und Akkusativ *(mich, dich, ihn, ihr, uns, euch, sie).* → 283

Personifikation: Der Begriff „Personifikation" bedeutet, dass in → Gedichten Dinge, Tiere oder Naturerscheinungen etwas tun, was eigentlich nur Menschen tun können. Die Dinge, Tiere oder Naturerscheinungen treten wie Personen auf und fühlen und handeln wie Menschen: *Frühling lässt sein blaues Band / Wieder flattern durch die Lüfte* (Eduard Mörike). → 192–193

Plusquamperfekt: Das Plusquamperfekt ist eine → Zeitform der Vergangenheit. Sie setzt sich aus den Vergangenheitsformen der Hilfsverben *haben* oder *sein* und dem → Partizip Perfekt zusammen: *sie hatte gewonnen, er war gelaufen.* → 296–297

Positiv (Grundform): Die Grundform des Adjektivs ist im Vergleich zum → Komparativ und → Superlativ die einfache Form des Adjektivs *(groß).* Sie wird mit dem Vergleichswort *wie* gebildet: *Sie ist genauso groß wie ich.*

Possessivpronomen: Die Possessivpronomen geben an, was zu wem gehört: *Das ist mein Fahrrad, das ist deine Meinung, das ist sein Glück, das ist unser Haus, das ist euer Sieg, das ist ihr Pech.* Possessivpronomen sind: *mein, dein, sein, ihr, unser, euer.* → 283

Prädikat: Das Prädikat ist neben dem → Subjekt das wichtigste → Satzglied. Es ist der Mittelpunkt oder Kern des Satzes. Es besteht aus einem gebeugten → Verb: *Die Mädchen lachten.* Manchmal besteht es auch aus einem 1. und einem 2. Teil: *Die Mädchen haben laut gelacht. Sie lachten die Jungen an.* → 316–317

Präfix (Vorsilbe): → Wortbildung → 314

Präposition: Präpositionen sind Wörter wie *an, auf, in, durch, zu …* Nach Präpositionen steht das → Nomen im → Genitiv *(wegen des Wetters)*, im → Dativ *(zu dem Nachbarn)* oder im → Akkusativ *(durch den Tunnel)*. Einige von ihnen können zwei verschiedene Fälle nach sich ziehen (Dativ: Wo? *auf dem Teller*, Akkusativ: Wohin? *auf den Teller*). → 280

Präpositionales Attribut: → Attribut, das mit einer → Präposition hinter ein → Substantiv gefügt wird: *das Haus vom Nachbarn.* → 324

Präpositionales Objekt: Präpositionale Objekte werden mit einer → Präposition eingeleitet, die zum → Verb gehört. Solche Verben sind: *sich freuen über, danken für, aufpassen auf, sich verlieben in …*: *Ich **kümmere** mich **um** meine kleine Schwester.* → 319–320

Präsens: Mit der → Zeitform Präsens (Gegenwartsform) weist man auf etwas hin, das in der Gegenwart abläuft: *Ich lese gerade. Das Buch gefällt mir gut.* Oft weist man mit dem Präsens auch auf etwas hin, das erst in der Zukunft geschieht: *Morgen erzähle ich dir alles* (Alternative zum → Futur). Auch Allgemeingültiges drückt man im Präsens aus: *Bücher sind wichtige Informationsquellen* (zeitübergreifend). → 296–297

Präteritum: Das Präteritum ist, wie das → Perfekt, eine → Zeitform der Vergangenheit. Mit dem Präteritum weist man auf etwas hin, das vergangen ist: *Gestern spielten wir unentschieden.* Das Präteritum verwenden wir besonders in der → geschriebenen Sprache. → 296–299

Pressefotos: Diese Fotos sind speziell für die Veröffentlichung in der Presse hergestellt worden. Sie gehören zumeist zu einem Textbeitrag (→ Zeitungsbericht). Der Bildtext (Bildunterschrift / Bildzeile) informiert darüber, wer oder was auf dem Bild zu sehen ist. → 134

Pronomen: Pronomen stehen entweder <u>vor</u> einem → Substantiv wie die → Possessivpronomen *(mein Fahrrad)*, oder sie stehen <u>anstelle</u> eines Substantivs wie die → Personalpronomen *(Lena kommt zu Besuch. – <u>Sie</u> kommt zu Besuch.),* oder sie stehen <u>nach</u> einem Substantiv wie die → Relativpronomen *(Hunde, <u>die</u> bellen, beißen nicht.)* → Anredepronomen, → Demonstrativpronomen, → Fragepronomen, → Indefinitpronomen, → Reflexivpronomen. → 283–285

Punkt: Der Punkt ist ein → Satzschlusszeichen. Er steht in der Regel dort, wo ein → Aussagesatz zu Ende ist und ein neuer Gedanke beginnt. Nach dem Punkt wird großgeschrieben.

Q

Quelle, Quellenangabe: In einer Quellenangabe wird die Herkunft (die Quelle) von Texten, Bildern oder Daten angegeben. So steht z. B. auf → Tabellen, → Diagrammen oder → Infografiken ein Hinweis zur Datenquelle, oder es gibt in Fachbüchern, wie hier im Schulbuch, ein Verzeichnis mit den Quellen der verwendeten Texte und Fotos.

R

Recherche: Als Recherche bezeichnet man die gezielte Suche nach Informationen. Man kann z. B. in Bibliotheken recherchieren: in Fachbüchern, Fachzeitschriften und Lexika findet man meist zuverlässige Informationen. Bei der Recherche im Internet sollte man auf vertrauenswürdige Seiten mit zuverlässigen Informationen achten: z. B. im → Impressum prüfen, wer für die Seiten verantwortlich ist.

Recht am eigenen Bild: Dieses Recht besagt, dass man Bilder von Personen nur mit deren Einverständnis veröffentlichen darf. → 229

Redesatz: Im Redesatz einer → wörtlichen Rede steht, was einer sagt. Im → Begleitsatz steht, wer etwas sagt. Der Redesatz steht in Anführungszeichen: *Sie sagte: „Da hast du aber großes Glück gehabt!"* → 260–261

Reflexivpronomen: Die Reflexivpronomen (rückbezügliche Pronomen) *mir, mich, dir, dich, sich …* beziehen sich auf ein anderes Wort im Satz zurück: **Wir** haben <u>uns</u> gelangweilt. **Die meisten** langweilten <u>sich</u>. → 285

Reim: Der Begriff „Reim" bezeichnet den Gleichklang von zwei oder mehreren Wörtern vom letzten betonten Vokal an: *<u>Haus</u> – hin<u>aus</u>, s<u>inken</u> – tr<u>inken</u>.* In → Gedichten kommen der → Paarreim, der → Kreuzreim oder der → umarmende Reim vor.

Relativpronomen: Relativpronomen sind Wörter, die Beziehungen (Relationen) herstellen. Sie beziehen sich zurück auf → Substantive oder → Pronomen, die vorher bereits genannt sind. Relativpronomen leiten → Relativsätze ein: *Hunde, ← <u>die</u> bellen, beißen nicht. Sie, ← <u>die</u> so laut sind, sind manchmal feige.* → 284

Relativsatz: Ein Relativsatz ist ein → Nebensatz, der mit einem → Relativpronomen eingeleitet wird: *Dort stand ein Straßenmusiker, <u>der auf der Posaune spielte</u>.* → 250

Reportage: Eine Reportage ist ein tatsachenbezogener Erlebnisbericht, der viele Sachinformationen enthält. Im Gegensatz zu anderen → Zeitungsberichten werden in Reportagen die Fakten durch persönliche Eindrücke ergänzt, sodass das Geschehen für den Leser „herangezoomt" wird. Dieser Effekt wird durch das → Basistempus → Präsens verstärkt. → 136–140

S

Sachtext: Ein Sachtext soll den Lesern vor allem Fakten liefern und sie über Dinge und Sachverhalte informieren. Zu den linearen Sachtexten (→ lineare Texte) gehören z. B. → Zeitungsberichte, Beschreibungen von Experimenten oder Lexikonartikel. Auch → Tabellen, → Diagramme oder → Infografiken gehören zu den Sachtexten, sie zählen zu den → nicht linearen Texten.

Satz: Ein Satz ist die sprachliche Form eines abgeschlossenen Gedankens. Ein Satz hat eine Bedeutung und einen Aufbau. Er besteht in der Regel mindestens aus → Subjekt und → Prädikat: *Die Schüler / warteten. Der Bus / kam. Er / fuhr los.*

Satzgefüge: Ein Satzgefüge ist ein Gefüge aus → Hauptsatz und → Nebensatz. Im Hauptsatz steht das gebeugte → Verb an zweiter Stelle, im Nebensatz steht es an letzter Stelle: *Sie schossen viele Tore, sodass sie das Spiel gewannen.* Hauptsatz und Nebensatz werden durch → Komma abgetrennt. → 246–249

Satzglied: Teil eines Satzes, den man an den Satzanfang umstellen kann. Ein Satzglied kann aus einem oder aus mehreren Wörtern bestehen: Satzgliedarten sind → Subjekt, → Prädikat, → Adverbial, → Objekt. Dies ist auch die Normalstellung der Satzglieder im deutschen Satz: *Ich | aß | gestern | eine Currywurst. Sie | hat | mir | aber | nicht | geschmeckt.* In Texten verändert sich die Satzgliedstellung. Am Satzanfang steht dann meistens ein Satzglied, das die Beziehung vom vorausgegangenen Satz aufnimmt (informative Stellung): *Aber sie hat mir nicht geschmeckt.* Oder es steht dort ein Satzglied, das emotional betont werden soll: *Geschmeckt hat sie mir aber nicht!* → 316–329

Satzreihe: Eine Satzreihe ist eine Kombination mehrerer → Hauptsätze, die zusammengehören. Die einzelnen Teile der Reihe werden durch → Kommas abgetrennt: *Die Schüler spielten, sie schossen aufs Tor, sie haben gewonnen.*

Satzschlusszeichen: Satzschlusszeichen sind Zeichen, mit denen man einen → Satz abschließt: → Punkt, → Ausrufezeichen, → Fragezeichen.

Schreibgespräch: → 89

Schreibkonferenz: In einer Schreibkonferenz nimmt eine Schülergruppe Texte unter die Lupe (→ Textlupe), die in der Klasse geschrieben worden sind. Die Partner geben sich gegenseitig Tipps für die → Überarbeitung der Texte. → 36

Sechs-Schritt-Lesemethode: Mit der Sechs-Schritt-Lesemethode kann man sich auch umfangreiche und schwierige → lineare Sachtexte erschließen: 1. Überfliegend lesen: Was steht in dem Text ungefähr drin? 2. Gründlich lesen: Was steht in den einzelnen Absätzen ganz genau? 3. Unverstandenes klären: Was verstehe ich nicht? 4. Zwischenüberschriften formulieren: Wörter, einen kurzen Satz oder eine Frage aufschreiben. 5. Informationen festhalten: Zu den Zwischenüberschriften weitere Stichwörter aufschreiben. 6. Inhalt wiedergeben: Den Inhalt zusammenfassen und mit eigenen Worten wiedergeben. → 178

Silbe: Beim deutlichen und langsamen Sprechen kann man durch kleine Pausen Wörter in ihre Silben zerlegen. Ein Wort kann aus einer Silbe *(Hund)*, aus zwei Silben *(Kat / ze)* oder aus mehreren Silben *(Ja / gu / ar)* bestehen. Immer *eine* Silbe im Wort ist betont, im Deutschen meistens die erste *(Am / sel, Nach / ti / gall, Spat / zen / nes / ter)*. Beim Schreiben trennt man die Silben durch Silbenstriche voneinander ab *(Spat-zen-nes-ter)*. → Geschlossene Silbe, → Offene Silbe.

Silbengelenk: Silbengelenk nennt man die Stelle zwischen zwei Silben, von denen die erste mit demselben Konsonanten endet, mit dem die zweite Silbe beginnt: *kom-men, fal-len …* Der Konsonant im Silbengelenk wird nur einmal gesprochen, aber beim Schreiben verdoppelt.

Singular (Einzahl): Der Singular von → Substantiven zeigt im Gegensatz zum → Plural an, dass nur ein einziges Exemplar von etwas gemeint ist. Er ist an den → Artikeln *der, die, das, ein, eine* zu erkennen: *der Apfel, ein Apfel …*

Standardsprache: Die Sprache, in der wir schreiben und in richtigem Hochdeutsch sprechen, nennt man Standardsprache. Sie steht im Gegensatz zur → Umgangssprache. → 268

Standbild: Ein Standbild ist mit einem Foto vergleichbar. Man „friert" dabei sozusagen eine besondere Szene eines literarischen Textes „ein": Dazu verharrt man für einen Moment in einer bestimmten Position oder Körperhaltung. So können Gefühle, Situationen oder Beziehungen anschaulich dargestellt werden.

Steigerung: Die meisten → Adjektive lassen sich steigern. Mithilfe der Steigerung kann man Dinge vergleichen. Die einzelnen Vergleichsformen sind: → Grundform (Positiv): *so groß wie …,* → Steigerungsform (Komparativ): *größer als …,* → Höchstform (Superlativ): *am größten.*

Steigerungsform: → Komparativ

Strophe: Als Strophe bezeichnet man die einzelnen Absätze eines → Gedichtes.

Subjekt: Das Subjekt ist ein → Satzglied. Fast jeder Satz enthält ein Subjekt. Es steht meistens am Anfang eines Satzes. Mit ihm wird gesagt, wer etwas tut, von wem eine Handlung ausgeht. Das Subjekt wird mit den Fragen *wer?* oder *was?* ermittelt. Es kann aus einem → Nomen, → Pronomen oder mehreren Wörtern bestehen, die zu dem Nomen gehören: *Jakob geht in die 8. Klasse. Er geht in die 8. Klasse. Der aufgeweckte Schüler Jakob geht in die 8. Klasse.* → 316–318

Suffix (Nachsilbe): → Wortbildung → 315

Superlativ (Höchstform): Der Superlativ eines → Adjektivs ist die höchste Steigerungsform. Sie zeigt an, dass etwas *am größten, am höchsten …* ist.

Synonyme: Synonyme (Ähnlichkeitswörter) sind Wörter, die eine ähnliche Bedeutung haben wie andere Wörter: *krank, kränklich, schlapp …* Reine Synonyme sind Wörter mit völlig gleicher Bedeutung: *Traktor – Trecker, Samstag – Sonnabend …* Der Gegensatz der Synonyme sind → Antonyme. → 282, 292–294

Szenesprache: Die Szenesprache wird in manchen Situationen von Menschen gesprochen, die zu einer bestimmten Szene (Rapper, Sportler, Computerslang, Straßenmilieu …) gehören. Sie bedienen sich bestimmter Ausdrücke, die außerhalb der Szene nicht immer verstanden werden: *Loser, Freestyle, Rave, Kickboard, Hardware …* → 269

Szenisches Präsens: Das szenische Präsens verwendet man in Texten, die im → Präteritum stehen, zur Hervorhebung eines besonderen Ereignisses und der Erzeugung von Spannung: *Als wir so durch die Stadt bummelten, läuft mir plötzlich ein Bekannter über den Weg. Wir begrüßten uns.*

T

Tabelle: Tabellen gehören zu den → nicht linearen Texten. Sie bestehen aus waagerechten Zeilen (—) und senkrechten Spalten (|) und können sehr viele Informationen enthalten. Die übersichtliche Tabellenform erleichtert beim Lesen den Überblick und das Auffinden von Einzelinformationen.

Think! – Pair! – Share!: Diese dreiteilige Methode verknüpft Einzel- (Think!), Partner- (Pair!) und Gruppenarbeit (Share!). So kann man verschiedene Aufgabenstellungen und Texte in einem vorgegebenen zeitlichen Rahmen erst einzeln und dann im Austausch miteinander erarbeiten. → 55

U

Überarbeitung: Ein erster aufgeschriebener Text (→ Entwurf) bedarf einer Überarbeitung. Hier werden vor allem Rechtschreib- und Kommafehler korrigiert. Manchmal werden auch Satzglieder umgestellt und umgangssprachliche Ausdrücke verbessert. → Textlupen und → Schreibkonferenzen können Hilfen für eine Überarbeitung geben.

Umarmender Reim: Der umarmende Reim ist eine bestimmte Form des → Reimes. Beim umarmenden Reim wird ein Reimpaar von einem anderen umschlossen. Die Reimfolge beim umarmenden Reim ist: a – b – b – a.

Umgangssprache: Die Sprache, in der wir locker miteinander reden, nennt man Umgangssprache: *Das hab ich echt nicht geschnallt.* Sie unterscheidet sich besonders in manchen Wörtern von der → Standardsprache oder Hochsprache: *Das habe ich wirklich nicht verstanden.* → 268

Umlaut: Die Umlaute gehören zu den Vokalen. Ihr Name kommt daher, dass Wörter mit *a, o, u* in anderen Formen zu *ä, ö, ü* umgelautet werden: *Garten – Gärten, Ton – Töne, Fluss – Flüsse.*

Umstellprobe: Die Umstellprobe dient zur Ermittlung der → Satzglieder. Einzelne Wörter oder Wortgruppen, die man an den Satzanfang umstellen kann, ohne dass sich der Sinn verändert, sind Satzglieder. Die Umstellprobe dient auch zur Verbesserung von Texten: *Er | hatte | heute | keinen Appetit.* → *Heute | hatte | er | keinen Appetit.* → 316–318

Unbestimmter Artikel: Der unbestimmte Artikel gibt, im Gegensatz zum → bestimmten Artikel, an, dass das Substantiv, zu dem er gehört, vorher noch nicht genannt oder noch unbekannt ist: *Vor dem Haus steht ein Taxi. Auf wen wartet es nur?*

Urheberrecht: Das Urheberrecht schützt die Rechte an einem Werk, das von einem Urheber geschaffen wurde. Das kann zum Beispiel ein Bild sein, das ein Künstler gemalt hat, oder ein Gedicht, das ein Dichter verfasst hat. Der Urheber besitzt das Recht, darüber zu entscheiden, wie seine Arbeit genutzt wird, ob sie verbreitet, vervielfältigt oder verändert werden darf.

V

Verb (Zeitwort): Verben bezeichnen, was einer tut oder was geschieht: *Der Wind weht. Der Regen prasselt. Die Kinder frieren.* Verben können in verschiedenen → Zeitformen gebraucht werden *(lügen, log, hat gelogen)*. Verben bilden das → Prädikat eines Satzes. → 280, 288–289

Verbalstil: Ein Text steht im Verbalstil, wenn er aus → Haupt- und → Nebensätzen besteht, die von vielen → Verben bestimmt sind. Der Gegensatz nennt sich → Nominalstil. → 327–328

Vergleich: Sprachliches Mittel, das zwei Elemente miteinander gleichsetzt. Durch einen Vergleich wird eine Aussage anschaulich und eindringlich: *Schnee / Er schwindet dahin wie Milch / in einer Katzenschüssel.* (Christine Busta) → 193

Vergleichsformen: → Steigerung

Vers: Als Vers bezeichnet man die einzelne Zeile eines Gedichtes. Ein Vers ist eine Sinneinheit, nach der man in der Regel eine kleine Sprechpause macht.

Versteckter Artikel: Artikel können mit manchen → Präpositionen zusammenwachsen: *bei dem – beim, zu dem – zum, in dem – im, von dem – vom, in das – ins …* Der Artikel ist sozusagen in der Präposition „versteckt". Nach Präpositionen mit verstecktem Artikel wird das folgende Wort in der Regel großgeschrieben *(beim Turnen, zum Essen …).*

Vokal: Vokale sind Selbstlaute. Die Selbstlaute sind: *a, e, i, o, u.* → Umlaut → Zwielaut (Diphthong)

Vorsilbe (Präfix): → Wortbildung → 314

W

Wortart: In der deutschen Sprache gibt es sieben Wortarten: 1. → Substantive, 2. → Artikel und → Pronomen, 3. → Adjektive, 4. → Verben, 5. → Adverbien, 6. → Konjunktionen, 7. → Präpositionen. → 280–291

Wortbildung: Aus einem Wortstamm wie *-spiel-* können weitere Wörter gebildet werden, indem man Wortbausteine, also Präfixe (Vorsilben), Suffixe (Nachsilben) oder ganze Wörter an sie anfügt: *verspielen, zuspielen, spielerisch, bespielbar, Endspiel, Spielball* … Dadurch erweitert sich der Wortbestand unserer Sprache. → 314–315

Wortfamilie: Eine Wortfamilie besteht aus Wörtern, die den gleichen → Wortstamm *(fahr – fähr – fuhr)* haben: *fahren, Fahrt, wegfahren, gefährlich, Fährte, Fähre* … → 278–279

Wortfeld: Ein Wortfeld besteht aus Wörtern, die eine ähnliche Bedeutung haben. Wortfeld *gehen*: *laufen, rennen, stapfen, rasen, marschieren* …; Wortfeld *komisch*: *lächerlich, lustig, ausgeflippt, ulkig, verrückt* … → 281–282

Wörtliche Rede: Wörtliche Reden bestehen aus dem → Begleitsatz und dem → Redesatz. Weitere Zeichen der wörtlichen Rede sind → Doppelpunkt und → Anführungszeichen: *Sie sagte: „Da hast du aber großes Glück gehabt!"* → 260–261

Wortschatz: Der Wortschatz besteht aus Wörtern, die man versteht (Verstehenswortschatz) und Wörtern, die man verwendet (Gebrauchswortschatz). Je umfangreicher der Wortschatz eines Schülers ist, umso mehr kann er verstehen und umso bessere Texte kann er schreiben. In vielen Kapiteln dieses Sprachbuches befinden sich **WORTSCHATZ**-Angebote als Hilfe für das Schreiben von Texten.

Wortstamm: → Wortbildung

Z

Zeitform (Tempus): Die Zeitformen sind Formen des → Verbs, mit denen man ein Geschehen als gegenwärtig, vergangen und zukünftig darstellen kann. → Präsens, → Perfekt, → Präteritum, → Plusquamperfekt, → Futur I, → Futur II. → 296–313

Zeitungsbericht: Zeitungsberichte informieren ausführlich über Nachrichten, die für viele Leser interessant sind. Die typischen Merkmale sind die Schlagzeile, Dachzeile, Untertitel, der fettgedruckte Vorspann (Lead) und der mehrspaltige Fließtext. Oft gehört auch ein Foto als → Eyecatcher dazu. Zeitungsberichte folgen dem Prinzip „Das Wichtigste zuerst", das heißt, die wichtigsten Informationen stehen bereits in der Überschrift und im Vorspann. Die Sprache von Zeitungsberichten ist insgesamt sachlich. → 128–129

Lösungen: Überprüfe dein Wissen und Können

Seite 39: Erörtern
Aufgabe 1:
Satz 1: Standpunkt, **Satz 2:** Argument,
Satz 3: Thema, **Satz 4:** entfalten,
Satz 5: Argumentationskette, **Satz 6:** entkräften
Aufgabe 3:
Streitfrage: „Sollten Jugendliche an einem Tanzkurs teilnehmen?"
Standpunkt: Ja, Jugendliche sollten einen Tanzkurs besuchen.

Aufgabe 4 (mögliche Lösung):
1. Argument: Das Beherrschen von Standardtänzen ist ein Vorteil.
1. Beispiel: Dann fühlt man sich auf Festen und Feiern wohler.
2. Argument: Man taucht beim Tanzkurs in eine andere Welt ein.
2. Beispiel: Jugendliche ziehen sich schick an und lernen etwas über gutes Benehmen.
3. Argument: Tanzkurse machen großen Spaß.

3. Beispiel: Eigener Bruder hat Tanzen als Hobby.

Aufgabe 5 (mögliche Lösung):

Meiner Ansicht nach …, Außerdem …, Ferner darf man nicht vergessen, dass …

Aufgabe 6:

Wer möchte nicht auf dem Parkett eine gute Figur machen?

Aufgabe 7 (Lösungsbeispiele):

Andererseits muss man aber auch zugeben, dass …

- ein Tanzkurs ziemlich viel Freizeit in Anspruch nimmt.
- ein Tanzkurs nicht gerade billig ist.
- es Überwindung kostet, sich für einen Tanzkurs anzumelden, weil Freunde es peinlich finden könnten.

Seite 73: Inhaltsangabe

Aufgabe 1:

Richtig sind die Aussagen a), c), d), e) und f).

Aufgabe 2: Richtig sind die Aussagen b) und c).

Aufgabe 3 (mögliche Lösung):

Sie fragt ihn, ob er damals die Wahrheit gesagt habe. Er antwortet, dass sei die Wahrheit gewesen. / Er bestätigt das.

Aufgabe 4 (mögliche Lösung):

Otto kommt spät und schmutzig zurück. Seine Mutter schimpft ihn aus. Er sagt nicht, was geschehen ist.

Aufgabe 5:

Zur **Geschichte** gehören die Sätze a), c), d), f) und g). Zur **Inhaltsangabe** gehören die Sätze b), e) und h).

Aufgabe 6:

Alle Sätze, die nicht in die Inhaltsangabe gehören, erzeugen Spannung, stehen im Präteritum und enthalten zum Teil wörtliche Reden.

Textwerkstatt
Seite 74–75:

Originalschluss zu:

Franz Hohler: **Ein erschreckender Anblick**

[…] er so nicht gehen konnte. Sein Anzug war durch und durch nass, und unter dem Hemd spürte er einen brennenden Schmerz, der langsam stärker wurde.

Originalschluss zu:

Franz Hohler: **Die Nachricht vom Kellner**

[…], wie sehr ich die Nachricht vom Kellner vermisste, der dem Kind seinen vergessenen Stoffseehund zurückgebracht hatte.

Originalschluss zu:

Antoine de Saint-Exupéry:

Der kleine Prinz und der Händler

„[…] ganz gemächlich zu einem Brunnen laufen …"

Originalschluss zu:

Italo Svevo: **Der kleine Vogel**

[…] machte kehrt. Kurz darauf sah er mit Befriedigung, wie sich das Türchen wieder schloss, das seine Freiheit besiegelte.

Seite 88–89:

Originalschluss zu:

Johanna und Günter Braun:

Herrn Morphs Konsequenz

[…] schickte das Geld zurück und schrieb dazu: Es bleibt dabei, unsere Freundschaft ist beendet. Ich habe das Geld gefunden. Damit ist bewiesen, dass ich der Freundschaft nicht wert bin.

Seite 125: Zeitungen lesen und untersuchen

Aufgabe 1: 1.h), 2.a), 3. i), 4.g), 5.b), 6.c), 7.e), 8.d), 9.f)

Aufgabe 2:

1 Zeitungsname
2 Zeitungskopf
3 Aufmacherbild
4 Aufmacher
5 Unterzeile
6 Spalten
7 Schlagzeile
8 Strichcode

Aufgabe 3: Ressort **Lokales**, da im Text zum Aufmacherfoto ausdrücklich von Leipzig gesprochen wird.

Seite 147: Materialgestützt journalistisch schreiben

Aufgabe 1: Zu den journalistischen Textsorten gehören die **Meldung**, der **Bericht**, die Reportage. Aber auch Leserbriefe oder Kommentare werden in Zeitungen gedruckt. Ihrer Funktion nach unterscheidet man informierende und appellierende Texte in den Zeitungen und Onlineausgaben. Eine Reportage ist eher ein **informierender** Text. Ein Leserbrief gehört zu den **appellierenden** Texten. Die längste journalistische Textsorte ist die **Reportage**. Hier wird umfangreich über ein **Thema** berichtet. Unterstützt werden die Aussagen mit anschaulichen **Pressefotos**. Die kürzeste Form einer **Zeitungsnachricht** ist die Meldung. Bericht und Meldung haben die Beantwortung der **W-Fragen** zur Grundlage.

Aufgabe 3: Schlagzeile, Lead, Quelle (Nachrichtenagentur)

Aufgabe 4: Bei dem Text handelt es sich um einen Bericht, denn er ist sachlich formuliert. Es werden viele Substantive und informierende Sätze verwendet. Die Schreibweise ist nicht emotional oder erzählend. Das Wichtigste steht im Text zuerst. In der Schlagzeile wird bereits das Anliegen formuliert, dass die Zeitumstellung abgeschafft werde soll. Informationen im zusammenfassenden Vorspann (Lead) geben weitere Details. Der Text gibt Antworten auf die W-Fragen.

- **Wer?:** Mehrheit der deutschen Bevölkerung
- **Was?:** Meinung zur Abschaffung der Zeitumstellung
- **Wann?:** 27. März 2023
- **Wo?:** Deutschland
- **Warum?:** zweimal im Jahr Beschwerden über die Zeitumstellung

In der Quelle, am Ende des Textes, wird die Nachrichtenagentur dpa angegeben.

Aufgabe 5 (mögliche Lösung):

Mehrheit gegen Zeitumstellung

Im Frühjahr und im Herbst wird in Deutschland jedes Jahr die Zeit umgestellt. 72 Prozent der Deutschen sind laut einer repräsentativen Forsa-Umfrage im Auftrag der Krankenkasse DAK für eine Abschaffung der Zeitumstellung. Nur 23 Prozent der Befragten halten sie generell für sinnvoll. Allerdings glauben lediglich 25 Prozent, dass die Zeitumstellung in absehbarer Zeit abgeschafft wird.

Seite 198: Gedichtewerkstatt

Arno Holz
Die Diele knackt!

Mir graut
vor meinem Schatten.

Es hat einen dicken Krötenbauch,
Geierkrallen,
lange schlenkernde Affenarme und Schweinsaugen …
Ich leuchte in alle Winkel.

Staub,
abgeblätterter Kalk, tote Fliegen und Spinnweben.

Wie ich mich endlich unter das Bett bücke,
die Haare sträuben sich mir, das Licht schlottert,
in eine Ecke geklemmt,
sitzt das Biest da.

Aus seinem Maul,
halb zerkaut,
hängt mein Pantoffel.

Entsetzt
stieren wir uns an.

Leise,
hin und her,
ringelt sich sein Rattenschwanz.

(Arno Holz: Die Diele knackt! Aus: Ders.: Phantasus. © 1968 Philipp Reclam jun. GmbH & Co., Stuttgart. Bibliografisch ergänzte Ausgabe 1984. Stuttgart: Reclam 1995)

Seite 245: Groß- und Kleinschreibung – Getrennt- und Zusammenschreibung

Aufgabe 1:

1): heftiges Poltern, 2): am Weiterschlafen, 3): lautes Rauschen, 4): der Duscherei, 5): nichts Besseres, 6): zu schminken, 7): im Stehen, 8): ein Wilder, 9): nichts Auffälliges, 10): beim Erreichen, 11): der Ausfall, 12): seine Hetzerei

Aufgabe 2: Richtig geschrieben sind: a), c), f) und g).

Aufgabe 3:

b) Das <u>Beste</u> wäre, wenn du erst morgen kommst.

d) Dieser Junge ist der <u>beste</u> von allen Schwimmern.

e) Mir ist <u>angst</u> und <u>bange</u>.

h) Am <u>tollsten</u> war aber, wie Emma alles rübergebracht hatte.

Aufgabe 4 (Lösungsbeispiele):

a) Ich werde gleich <u>Klavier spielen</u>, <u>Gassi gehen</u> …

b) Ich möchte noch <u>schreiben lernen</u>, <u>einkaufen gehen</u> …

Aufgabe 5 (mögliche Lösung):

Die beiden Wörter muss man <u>zusammenschreiben</u>.

Wir wollen eine Geschichte <u>zusammen schreiben</u>.

Aufgabe 6 (mögliche Lösung):

Wir haben Paulas Brille <u>zusammen gefunden</u>.

Wir haben uns zu einer Gruppe <u>zusammengefunden</u>.

Aufgabe 7 (mögliche Lösung):

a) Die beiden Äste sind <u>zusammengewachsen</u>.

b) Wir haben daran <u>zusammen gearbeitet</u>.

Aufgabe 8:

ein anderes Mal, auf einmal, mehrere Male, noch einmal, beim nächsten Mal

Seite 265: Zeichensetzung

Aufgabe 1: Richtig ist Aussage b).

Aufgabe 2:

Ich komme**,** sobald ich kann**,** zu dir.

Aufgabe 3 (Lösungsbeispiel):

Sie zeigte auf das Haus, <u>das</u> dort stand.

Aufgabe 4:

Sie lobte ihr Pferd dafür, <u>dass</u> es über die Hürde sprang.

Sie lobte ihr Pferd, <u>das</u> über die Hürde sprang.

Aufgabe 5:

a) Es hatte ein großes Unwetter gegeben**,** <u>als</u> das Popkonzert begann.

b) Die Zuschauer waren enttäuscht**,** <u>weil</u> das Konzert abgesagt wurde.

c) <u>Ob</u> das Konzert wiederholt wird**,** das weiß keiner.

Aufgabe 6:

Weil die Züge oft nicht pünktlich sind, kommen viele Reisende zu spät. Besonders ärgerlich ist es**,** wenn sie ihre Anschlusszüge verpassen. Zu Verspätungen kann es, auch wenn die Bahn keine Schuld trifft**,** immer wieder kommen. Häufig führen Unfälle an Bahnübergängen *(kein Komma!)* dazu**,** dass die Fahrpläne durcheinandergeraten.

Aufgabe 7:

Ich war heute Morgen müde**,** <u>weil</u> ich zu spät ins Bett gegangen bin. Ich sah auf den Wecker**,** <u>als</u> es schon sieben Uhr war. Ich sprang aus dem Bett**,** <u>obwohl</u> ich noch gar nicht richtig wach war. Ich packte mein Frühstück in die Tasche**,** <u>das</u> ich dann im Schulbus essen konnte.

Aufgabe 8:

Zwei Flöhe haben Lotto gespielt**,** wobei der eine 1000 Euro gewonnen hat.

„Was machst du denn jetzt mit dem vielen Geld**?"**, fragt der eine.

„Oh", sagt der andere, „ich kauf mir einen Hund ganz für mich allein.**"**

Aufgabe 9:

Mimi fragt Lilli**:** „Wo kommst du denn her**?"**

„Aus dem Schönheitssalon"**,** sagt Lilli**.**

„Und bist du nicht drangekommen**?"**, fragt Mimi**.**

„Das ist aber"**,** schimpft Lilli**,** „ein beknackter Witz**!"**

Seite 290–291: Wortarten

Aufgabe 1:

a) ist eine <u>anteilnehmende</u> Frage,

b) ist eine <u>vorwurfsvolle</u> Frage,

c) ist eine rein <u>sachliche</u> Frage.

Aufgabe 2:

a) Was willst du damit sagen?

b) Wie geht es dir?

c) Was möchtest du von mir?

Aufgabe 3 (Lösungsbeispiele):

a) Mach <u>doch / einfach / mal</u> das Fenster zu!

b) Was möchtest du <u>denn / schon wieder / eigentlich</u> von mir?

c) Was heißt <u>denn / wohl</u> das <u>schon wieder</u>?

Aufgabe 4 (Lösungsbeispiele):

a) Dir schmeckt es <u>wohl</u> nicht.

b) Wo bist du <u>denn / schon wieder / nur</u> so lange geblieben?

c) Du bist <u>doch nur / bestimmt / einfach / doch nicht / sowieso nur</u> neidisch auf mich!

d) Ich möchte dich <u>doch / nur / bloß / halt</u> trösten.

e) Du siehst <u>aber / vielleicht / einfach / jedenfalls</u> heute gut aus!

Aufgabe 5:

Gefahr, gefahren, Fähre, Fährte, Fuhre

Aufgabe 6: Kalorien, Kalk

Aufgabe 7 (Lösungsbeispiele):

schreiben: schrieb, geschrieben, abschreiben, Schrift, schriftlich …

Aufgabe 8: Richtig sind die Aussagen a) und d).

Aufgabe 9: Richtig sind die Aussagen a), c), e) und f).

Aufgabe 10:

a) und b):

Substantive: Bekannter, Besuch, Würstchen, Ketchup; **Adjektiv:** gebratene; **Verben:** kam, bekam; **Artikel:** ein; **Adverb:** gestern; **Personalpronomen:** er; **Präposition:** zu; **Konjunktion:** und.

c) und d):

Substantive: Dinger, Würste; **Adjektive:** fetten, zwei; **Verben:** vertragen, gegessen; **Hilfsverb:** hat; **Modalverb:** konnte; **Personalpronomen:** er (2x); **Demonstrativpronomen:** diese; **Adverbien:** kaum, trotzdem; **Konjunktion:** doch.

e):

Substantive: Abend, Magen; **Verb:** verdorben; **Hilfsverb:** hatte; **Personalpronomen:** er; **Possessivpronomen:** seinen; **Reflexivpronomen:** sich; **Adverb:** fast; **Präposition:** am.

Aufgabe 11 (Lösungsbeispiele):

Fragepronomen: wer, wie, was …

Personalpronomen: ich, du, er, sie, es …

Possessivpronomen: mein, dein, unser, euer …

Indefinitpronomen: etwas, mancher, keiner, alle …

Aufgabe 12:

Hallo Onkel Theo,

ich habe dir schon immer sagen <u>wollen</u>, was ich mir von <u>deinem</u> Geburtstagsgeld gekauft habe. Aber wegen <u>der</u> vielen Klassenarbeiten bin ich nicht dazu gekommen. Letzte Woche beim <u>Baden</u> ist mir eingefallen, ich könnte mir doch eine Jahreskarte fürs Schwimmbad kaufen. Das habe ich <u>dann</u> auch gemacht. Und jetzt beeile ich <u>mich</u>, das nachzuholen. Also herzlichen Dank für das Geld!

Deine Kerstin

Seite 312–313: Zeitformen (Tempora)

Aufgabe 1:

1) Plusquamperfekt, 2) Präsens, 3) Präteritum, 4) Futur I, 5) Perfekt, 6) Plusquamperfekt, 7) Präteritum.

Aufgabe 2:

8) Und dann <u>hatte</u> sich der Ballon mit Heißluft <u>gefüllt</u>.

9) Er <u>erhob</u> sich hoch in den abendlichen Himmel.

10) Unten auf dem Feld <u>klatschten</u> die Zuschauer Beifall.

Aufgabe 3 (mögliche Lösung):

11) Der Ballon <u>stieg</u> rasch höher und höher. (Präteritum)

12) Die Stadt unter ihnen <u>sah</u> wie ein Bild <u>aus</u>. (Präteritum)

13) Als sie etwa eine Stunde lang <u>gefahren waren</u>, (Plusquamperfekt)

14) <u>setzte</u> der Ballon zur Landung <u>an</u>. (Präteritum)

15) Alle <u>sind / waren / kamen</u> heil aus der Gondel wieder <u>herausgekommen / heraus</u>. (Perfekt, Plusquamperfekt oder Präteritum)

16) Sie <u>waren / sind / landeten</u> auf einer Wiese des Stadtfriedhofs <u>gelandet</u>. (Plusquamperfekt, Perfekt oder Präteritum)

Aufgabe 4:

17) Doch was dann <u>kam</u>,

18) <u>hat</u> alle überrascht.

19) Als die Passagiere den Friedhof verlassen <u>wollten</u>,

20) <u>fanden</u> sie die Ausgangstür bereits abgeschlossen.

21) Es <u>hat</u> noch zwei Stunden <u>gedauert</u>,

22) bis ihnen der Friedhofswärter das Tor <u>aufschloss</u>

23) und sie das Gelände verlassen <u>konnten</u>.

Aufgabe 5:

24) Präteritum, 25) Präsens, 26) Präteritum

Aufgabe 6:

Die Sätze a), b) und c) stehen im Passiv.

Aufgabe 7:

a) Auf der A 7 werden am Wochenende Wartungsarbeiten durchgeführt.

b) Die Autobahn wird vorübergehend gesperrt.

c) Die Verkehrsteilnehmer werden über die U 21 geleitet.

Aufgabe 8:

a) Die Klassensprecherin kündigte an, dass am Freitag das Klassenfest <u>stattfinde</u>.

b) Bis dahin <u>müsse</u> alles vorbereitet sein.

c) Die Organisation <u>übernehme sie</u> selbst.

Aufgabe 9:

a) Alexander sagte, <u>er helfe ihr</u> gern dabei.

b) <u>Er habe</u> so ein Klassenfest schon im 7. Schuljahr organisiert.

c) Und <u>sie</u> beide <u>hätten</u> doch schon immer gut zusammengearbeitet.

Aufgabe 10:

a) Moritz: Ich <u>würde</u> mit meiner Gruppe gern einen Rap vortragen.

b) Carla: Ich <u>hätte</u> den Wunsch, einige Zaubertricks vorzuführen.

c) Mary: Mir <u>wäre</u> am liebsten,

d) wenn ich als Tänzerin auftreten <u>könnte</u>.

Aufgabe 11:

a) Ich <u>wäre</u> Ihnen dankbar, wenn ich bei Ihnen eine Woche lang praktizieren <u>könnte</u>.

b) Ich <u>käme</u> am Montag früh zu Ihnen.

c) Gern <u>wüsste</u> ich noch, ob Ihnen die Zeit gegen neun Uhr recht ist.

d) Dann <u>nähme</u> ich nämlich den Linienbus.

Seite 329: Die Satzglieder

Aufgabe 1:

Der Satz besteht aus **vier** Satzgliedern:

Die Schüler der 8. Klassen / planen / in diesem Jahr / etwas ganz Besonderes.

Aufgabe 2:

<u>*Damit*</u> verzichten sie auf die übliche Jahrgangsfahrt. <u>*Stattdessen*</u> entwickeln sie einige spannende Projekte.

Aufgabe 3:

Das Ziel der Projekte ist <u>*die Stärkung der Kreativität jedes Einzelnen*</u>.

Aufgabe 4:

Das Projekt ist eine Alternative zu einer Klassenfahrt, <u>*die meistens langweilig ist.*</u>

Aufgabe 5:

Rechnen muss man allerdings <u>mit</u> mancher spannen<u>den</u> Überraschung.

Aufgabe 6:

Rechnen muss (Prädikat) / *man* (Subjekt) / *allerdings* (Adverbial) / *mit mancher spannenden Überraschung* (präpositionales Objekt).

Aufgabe 7:

Eine Gruppe lernt im Freien das Kochen <u>mit Naturprodukten</u> (präpositionales Attribut). *Andere machen eine <u>abenteuerliche</u>* (Adjektiv-Attribut) *Fahrt in den Spreewald. Wieder andere üben das Bauen <u>eines Unterschlupfs</u>* (Genitiv-Attribut) *im Wald.*

Aufgabe 8:

<u>*Natürlich*</u> *haben alle Betroffenen nach dem Sinn solcher Unternehmungen gefragt.* <u>*Anfangs*</u> *hat es bei den Elternabenden auch manchen Zweifel gegeben. Aber die meisten konnten von dem Vorhaben überzeugt werden. Die Jugendlichen waren von den Projekten sowieso begeistert.*

Aufgabe 9:

Die Jugendlichen der Gruppe „Leben im Wald" suchten lange nach einem <u>geeigneten Platz für ihre Übernachtungen</u>. Sie entschieden sich <u>für eine am Rande eines Teiches liegende Stelle.</u>

Auf <u>bequeme Zelte</u> mussten sie natürlich verzichten. Also bauten sie <u>aus Blätterzweigen</u> <u>bestehende</u> Behausungen auf.

Ein <u>für die Nahrungszubereitung</u> <u>geeigneter</u> Platz musste auch gefunden werden.

Der fand sich auf <u>der nahe am Teich liegenden Lichtung</u>.

Zum Glück war das <u>während ihres Aufenthalts herrschende Wetter</u> gut. Sogar <u>mit gesammelten Pilzen und Himbeeren</u> konnten sie ihre Nahrung bereichern.

Quellen

Texte

Seite 21–22: „Zoos können einen wichtigen Beitrag zum Artenschutz leisten". Interview mit Dr. Arnulf Köhncke, Fachbereichsleiter Artenschutz beim WWF Deutschland. Veröffentlicht am 18.06.2006. https://www.wwf.de/spenden-helfen/wwf-zoo-kooperationen/interview-zoos-koennen-wichtigen-beitrag-zum-artenschutz-leisten (Zugriff: 16.03.2023)

Seite 23–25: Susanne Wagner und Christian Görzel: Kritik an Zoos. Planet Wissen, SWR, Stuttgart, 19.07.2019. https://www.planet-wissen.de/natur/ tier_und_mensch/zoos/pwiekritikanzoos100.html (Zugriff: 16.03.2023) (veräbdert)

Seite 29: Bundesministerium für Ernährung und Landwirtschaft: Ist meine Zeit mir dir schon abgelaufen?, Berlin, Juli 2022. https://www.bmel.de/SharedDocs/Downloads/DE/Broschueren/Flyer-Poster/Flyer-MHD.pdf?__blob=publicationFile&v=11 (Zugriff: 11.05.2023)

Seite 30: Anne-Catrin Hummel: Lebensmittelverschwendung – Ursachen & Fakten. Deutsche Welthungerhilfe e.V., Bonn, o.ED. https://www.welthungerhilfe.de/lebensmittelverschwendung (Zugriff: 11.05.2023)

Seite 34: Text „Ein Medienpädagoge": Zitat von Stefan Aufenanger. Aus: Titus Arnu: Kinder am Computer – Spielen erlaubt! (verändert). In: sz.de. © Süddeutsche Zeitung Digitale Medien GmbH / Süddeutsche Zeitung GmbH. München. Artikel veröffentlicht am: 21.05.2010. http://www.sueddeutsche.de/digital/kinder-am-computer-spielen-erlaubt-1.834015

Seite 34: Text „Ein Kindertherapeut": Zitat von Wolfgang Bergmann. Aus: Susanne Pahler: Computerspiele: „Kinder brauchen Magie" (verändert). In: FOCUS Online. FOCUS Magazin Verlag GmbH. München o. ED. https://www.focus.de/familie/kinderspiele/kinder-brauchen-magie-computerspiele_id_2501376.html

Seite 34: Text „Ein Medienberater": Zitat nach Marco Fileccia. Aus: Welche positiven Seiten hat das Spielen am Computer aus pägagogischer Sicht?. In: lehrer-online.de. Eduversum GmbH. Wiesbaden o. ED. http://www.lehrer-online.de/computerspiele-das-schoene.php?sid=63617080035908536731331153115850. Download am 14.08.2011 (Text ist aktuell nicht mehr abrufbar)

Seite 37–38: Katrin Blawat: Das Ende der Tinte (verändert). Aus: Süddeutsche Zeitung Nr. 58 Samstag/Sonntag, 10./11.03.2018, S. 40. © Süddeutsche Zeitung GmbH. München

Seite 40–41: Wolfgang Rudelius: Auch eine Liebesgeschichte. Aus: Die Erde ist mein Haus. 8. Jahrbuch der Kinderliteratur. Hrsg. von Hans-Joachim Gelberg. © 1988 Beltz-Verlag, Weinheim und Basel. Programm Beltz & Gelberg, Weinheim

Seite 45–46: Günter Kunert: Mann über Bord. Aus: Ders.: Tagträume in Berlin und andernorts. Kleine Prosa, Erzählungen, Aufsätze. München und Wien: Carl Hanser Verlag 1972

Seite 48–49: William M. Harg: Der Retter. Aus: Erzähler von drüben. Band 1: Amerikaner. Hrsg. und aus dem Amerikanischen übersetzt von Hans B. Wagenseil. Wiesbaden: Limes Verlag 1946

Seite 51–54: Siegfried Lenz: Die Nacht im Hotel (Der Text folgt aus urheberrechtlichen Gründen den Regeln der alten Rechtschreibung.). Aus: Ders.: Jäger des Spotts. Geschichten aus dieser Zeit. München: Deutscher Taschenbuch Verlag GmbH & Co. KG 1965

Seite 56–58: Wolfgang Borchert: Nachts schlafen die Ratten doch. Aus: Ders.: Das Gesamtwerk. Hrsg. von Michael Töteberg unter Mitarbeit von Irmgard Schindler. Reinbek bei Hamburg: Rowohlt 2009

Seite 59: Wolfgang Borchert. Originalbeitrag von Regina Nußbaum

Seite 60: Rocky in Lebensgefahr. Originalbeitrag von Regina Nußbaum

Seite 62: Der Löwe und die Stiere. Originalbeitrag von Wolfgang Menzel. Nacherzählt nach Johann Gottfried Herder

Seite 65: Ein gefährlicher Bootsausflug. Originalbeitrag von Regina Nußbaum

Seite 66–67: Karola Heidenreich: Mikaels Fußball. Aus: Glücksvogel. Geschichten, Gedichte und Bilder. Hrsg. von Hans-Joachim Gelberg. © 2013 Beltz & Gelberg. In der Verlagsgruppe Beltz. Weinheim und Basel, S. 120–121

Seite 69–70: Angelika Ehret: Der Hund. Aus: Glücksvogel. Geschichten, Gedichte und Bilder. Hrsg. von Hans-Joachim Gelberg. © 2013 Beltz & Gelberg. In der Verlagsgruppe Beltz. Weinheim und Basel, S. 212–213

Seite 71: Janosch: Der Fundevogel. Aus: Ders. Janosch erzählt Grimm's Märchen. 50 ausgewählte Märchen, neu erzählt für Kinder von heute. Verlag Beltz & Gelberg. Weinheim und Basel 1972. © Programm Beltz & Gelberg, Weinheim, S. 156–157

Seite 74 und 344: Franz Hohler: Ein erschreckender Anblick (Auszug). Aus: Ders.: Die Karawane am Boden des Milchkrugs. Groteske Geschichten. München: © 2003 Luchterhand Literaturverlag

Seite 74–75 und 344: Franz Hohler: Die Nachricht vom Kellner (Auszug). Aus: Ders.: Das Ende eines ganz normalen Tages. München: btb Verlag in der Verlagsgruppe Random House GmbH 2010. München: © 2008 by Luchterhand Literaturverlag, einem Unternehmen der Verlagsgruppe Random House

Seite 75 und 344: Antoine de Saint-Exupéry: Der kleine Prinz und der Händler (Auszug). Aus: Ders.: Der kleine Prinz. Ins Deutsche übertragen von Grete und Josef Leitgeb. Düsseldorf: ©1956 by Karl Rauch Verlag KG

Seite 75 und 344: Italo Svevo: Der kleine Vogel (Auszug). Aus: Ders.: Autobiographisches Profil. © für die deutsche Übersetzung von Ragni Maria Gschwendt. Reinbek bei Hamburg: © 1986 by Rowohlt Taschenbuch Verlag GmbH

Seite 76–79: Gina Ruck-Pauquèt: Heinrich. Aus: Jutta Modler (Hrsg.): Brücken bauen. Freiburg, Basel und Wien: Herder Verlag 1987

Seite 81–82: Max Frisch: Vorkommnis. Aus: Ders.: Tagebuch 1966–1971. Frankfurt am Main: Suhrkamp 1972

Seite 84–86: Peter Härtling: Die Möhre (Der Text ist an die neue Rechtschreibung angepasst.). Aus: Ders.: Geschichten für Kinder. © 1988, 1998 Beltz Verlag, Weinheim und Basel. Programm Beltz & Gelberg, Weinheim

Seite 88–89 und 344: Johanna und Günter Braun: Herrn Morphs Konsequenz (Auszug). Aus: Johanna und Günter Braun: 52 Geschichten. Frankfurt am Main: Insel 1998

Seite 90–92: Günther Weisenborn: Zwei Männer. Aus: Wolfgang Weyrauch (Hrsg.): Tausend Gramm. Ein deutsches Bekenntnis in dreißig Geschichten aus dem Jahr 1949. Reinbek: Rowohlt 1989

Seite 124: dpa: Aktuelle Schlagzeilen. Zeit online, Hamburg, 20.11.2022. https://www.zeit.de/news/index (Zugriff: 20.11.2022)

Seite 126: wgr/©dpa: Winterdienst auf den Autobahnen beginnt am 1. November. Volksstimme, Magdeburg, 29.10.2022.

Seite 126: Waschbär und Staudenknöterich – SPD fordert Strategie in Leipzig gegen invasive Arten. Leipziger Volkszeitung, Leipzig, 29.10.2022. (verändert)

Seite 126: wgr/©dpa: Daimler Truck: Aufbau von Elektro-Infrastruktur zu langsam. Zeit Online, Hamburg, 25.10.2022. www.zeit.de/news/2022-10/25/daimler-truck-aufbau-von-elektro-infrastruktur-zu-langsam?utm_referrer=https%3A%2F%2Fwww.google.com%2F (Zugriff: 16.03.2023)

Seite 126: wgr/©dpa: Mondrian-Bild hängt seit Jahrzehnten auf dem Kopf. Süddeutsche Zeitung, München, 27.10.2022. www.sueddeutsche.de/kultur/kunst-duesseldorf-mondrian-bild-haengt-seit-jahrzehnten-auf-dem-kopf-dpa.urn-newsml-dpa-com-20090101-221027-99-283673 (Zugriff: 16.03.2023) (verändert)

Seite 128–129: Markus Reutter: Museum dreht an 80 Zeigern. Schwarzwälder Bote Mediengesellschaft mbH, Oberndorf a.Neckar, 25.03.2022

Seite 130-131: Sven Penszuk und Stefan Mothes: Interview. von Schellbach & Mothes - Agentur und Verlag, Dresden o.ED. www.pulstreiber.de/interviews-lesen/interview-sven-penszuk-112.html (Zugriff: 16.03.2023)

Seite 136–139: Kristin Palitza/dpa: Per Flieger nach Botswana: Rettungsaktion für Nashörner. OT: Per Flieger nach Botsuana: Rettungsaktion für Nashörner. © dpa/wgr. Artikel veröffentlicht am 02.04.2017 um 08:00 Uhr.

Seite 141: Kommentar 1: Hendrik Groth: Das Handy-Verbot ist die einzige Lösung (verändert). In: schwäbische.de/Schwäbische Zeitung. Schwäbischer Verlag GmbH & Co. KG. Ravensburg. Artikel veröffentlicht am 31.07.2018. https://www.schwaebische.de/ueberregional/politik_artikel,-kommentar-das-handy-verbot-ist-die-einzige-l%C3%B6sung-_arid,10911287.html

Seite 142: Kommentar 2: Heike Klovert: Handy nutzen, nicht verbieten! (verändert). In: Spiegel Online. Spiegel Online GmbH & Co. KG. Hamburg. Artikel veröffentlicht am 04.11.2015 um 15:07 Uhr. http://www.spiegel.de/lebenundlernen/schule/handys-an-schulen-verbieten-oder-nutzen-a-1052554.html

Seite 147: wgr/©dpa: Mehrheit in Deutschland für Abschaffung der Zeitumstellung. T-Online.de, Stroer Content Group. 19.03.2022. www.t-online.de/nachrichten/deutschland/gesellschaft/id_91860726/umfrage-mehrheit-will-zeitumstellung-abschaffen.html (Zugriff: 13.03.2023)

Seite 150–151: Sandra Grimm: Selbstmord mit Regenschirm?. Aus: Dies.: Black Mysteries. Angriff der Killererbsen. Bindlach: Loewe Verlag 2010, S. 20–25

Seite 154–160: Rudi Müllenbach: Hahnenkampf. Aus: Kathrin Heinrichs/Walter Wehner (Hrsg.): Im Mordfall Iserlohn. Kurzkrimis aus dem Sauerland. Köln: Emons Verlag 2021, S. 193–203

Seite 162: Julie Clark: Der Tausch. München: Heyne Verlag 2021, S. 7–9. Übersetzerinnen: Gabriele Burkhardt, Astrid Gravert

Seite 162: Luca D'Andrea: Der Tod so kalt. München: DVA 2017, S. 7–8. Übersetzerin: Verena von Koskull

Seite 162: Jane Harper: Hitze. Hamburg: Rowohlt Taschenbuch Verlag 2018, S. 7–8 . Übersetzer: Ulrike Wasel, Klaus Timmermann

Seite 163: Val McDermid: Die Erfinder des Todes. München: Süddeutsche Zeitung Kriminalbibliothek (Sonderausgabe) 2006, S. 6–8 . Übersetzerin: Doris Styron

Seite 164: Arthur Conan Doyle: Studie in Scharlachrot. Münster: Coppenrath Verlag (Sonderausgabe),

2021, S. 50 (Zitat 1), S. 42 (Zitat 2), S.79 (Zitat 3), S. 83 (Zitat 4)

Seite 180: Alfred Wolfenstein: Städter (1914). Aus: Ders.: Die gottlosen Jahre. S. Fischer Verlag. Berlin 1914

Seite 182: Alfred Lichtenstein: Die Stadt (1913). In: Die Aktion : Wochenschrift für Politik, Literatur, Kunst. 3. Jg., Nr. 40, Sp. 945. Verlag Die Aktion. Berlin 1913

Seite 183: Jakob van Hoddis: Weltende (1911). In: „Der Demokrat" (Zeitschrift) vom 11.01.1911

Seite 185: Else Lasker-Schüler: Weltende. Aus: Dies.: Der siebente Tag. Verlag des Vereins für Kunst. Berlin 1905

Seite 186: Wilhelm Klemm: Schlacht am Nachmittag. Aus: Ders.: Ich lag in fremder Stube. Gesammelte Gedichte. Herausgegeben und mit einem Nachwort versehen von Hanns-Josef Ortheil. © 1981 Carl Hanser Verlag München Wien

Seite 187: Fritz von Unruh: Stücke. Auszug […]. Aus: Ahnung und Aufbruch. Expressionistische Prosa. Herausgegeben und eingeleitet von Karl Otten. © 1957, 1977 by Hermann Luchterhand Verlag GmbH & Co KG. Darmstadt und Neuwied

Seite 188 und 189: Fritz Deppert: Was ich sein möchte. Aus: Die Erde ist mein Haus. 8. Jahrbuch der Kinderliteratur. Hrsg. von Hans-Joachim Gelberg. © 1988 Beltz Verlag, Weinheim und Basel. Programm Beltz & Gelberg, Weinheim

Seite 190 und 191: Günter Bruno Fuchs: Gestern. Aus: Ders.: Das Lesebuch des Günter Bruno Fuchs. München: Carl Hanser Verlag 1979

Seite 192: Rose Ausländer: April. Aus: Dies.: Im Atemhaus wohnen. Frankfurt am Main: Fischer Taschenbuch Verlag 1992, S. 13

Seite 194: Christine Busta: Die Frühlingssonne. Aus: Dies.: Die Zauberin Frau Zappelzeh. Gereimtes und Ungereimtes für Kinder und ihre Freunde. Mit Bildern von Hilde Leiter. Salzburg: Otto Müller Verlagsgesellschaft 1991

Seite 195: Eugen Roth: Zu fällen einen schönen Baum (verändert). Aus: Ders.: Von Mensch zu Mensch. Klagenfurt: Kaiser Verlag 1992

Seite 196: Christian Morgenstern: Novembertag (Auszug). Aus: Ders.: Sämtliche Werke in einem Band. 8. Auflage. München und Zürich: Piper 2003

Seite 196: Ludwig Christoph Heinrich Hölty: Frühlingslied (Auszug). In: Echtermeyer: Deutsche Gedichte. Düsseldorf: Cornelsen 1990

Seite 196: Wilhelm Busch: Frühlingslied (Auszug). Aus: Ders.: Gesammelte Werke. Hamburg: Xenos Verlagsgesellschaft 1986

Seite 196: Hannes Wader: Heute hier, morgen dort (Auszug). Aus: Hannes Wader: Album: 7 Lieder, auf: Philips Phonographische Industrie 1972. © Westpark Music Publishing Ulrich Hetscher, Köln

Seite 196: Johann Wolfgang von Goethe: Glückliche Fahrt (Auszug). Aus: Goethes Werke. Bd. 1. Gedichte und Versepen. Ausgewählt von Walter Höllerer. Frankfurt am Main: Insel Verlag 1966

Seite 196: Friedrich Leopold zu Stolberg: Lied auf dem Wasser zu singen (Auszug). In: Echtermeyer: Deutsche Gedichte. Düsseldorf: Cornelsen 1990

Seite 197: Heinrich Heine: Ein Jüngling liebt ein Mädchen. Aus: Heinrich Heine. Sämtliche Schriften. Hrsg. von Klaus Briegleb. Bd. 1. München: Deutscher Taschenbuch Verlag 1997

Seite 198 und 345: Arno Holz: Die Diele knackt! (verändert). Aus: Ders.: Phantasus. © 1968 Phillipp Reclam jun. GmbH & Co., Stuttgart. Bibliografisch ergänzte Ausgabe 1984. Stuttgart: Reclam 1995

Seite 199: Eduard Mörike: Er ist's. Aus: Deutsche Lyrik vom Barock bis zur Gegenwart. Hrsg. von Gerhard Hay und Sibylle von Steinsdorff. München: © Deutscher Taschenbuch Verlag GmbH & Co. KG 1992

Seite 200: Rainer Maria Rilke: Der Panther. Im Jardin des Plantes, Paris. Aus: Ders.: Sämtliche Werke. Hrsg. von E. Zinn. Frankfurt am Main: Insel Verlag 1975

Seite 202: Josef Guggenmos: Glück. Aus: Ders.: Oh, Verzeihung sagte die Ameise. Mit Bildern von Nikolaus Heidelbach. Gulliver von Beltz & Gelberg. Einmalige Sonderausgabe © 1990, 2008 Beltz & Gelberg in der Verlagsgruppe Beltz. Weinheim, Basel

Seite 203: Christian Morgenstern: Wintermondnacht. OT: Wintermondnächte I–III. Aus: Weihnachten mit Christian Morgenstern. Ausgewählt und mit einem Nachwort versehen von Ute Maack. © Insel Verlag Berlin 2010, S. 38–39

Seite 204: Bertolt Brecht: Der Pflaumenbaum (Der Text folgt aus urheberrechtlichen Gründen den Regeln der alten Rechtschreibung.). Aus: Die Gedichte von Bertolt Brecht in einem Band. Hrsg. vom Suhrkamp Verlag für die Gedichte 1 bis 3 in Zusammenarbeit mit Elisabeth Hauptmann. © für diese Ausgabe Suhrkamp Verlag Frankfurt am Main 1981

Seite 206–208: Bertolt Brecht: Kinderkreuzzug (Der Text folgt aus urheberrechtlichen Gründen der alten Rechtschreibung). Aus: Die Gedichte von Bertolt Brecht in einem Band. Hrsg. vom Suhrkamp Verlag für die Gedichte 1 bis 3 in Zusammenarbeit mit Elisabeth Hauptmann. © für diese Ausgabe Suhrkamp Verlag Frankfurt am Main 1981

Seite 210–211: Mörder! Originalbeitrag von Cindy Bittner

Seite 225: Wilhelm Busch: Max und Moritz (Vorwort). Aus: Max und Moritz. Eine Bubengeschichte in sieben Streichen. In deutschen Dialekten, Mittelhochdeutsch und Jiddisch. Hrsg. von Manfred Gör-

lach. Ins Badisch-Pfälzische übersetzt von Rudolf Lehr. Ins Fränkische übersetzt von Willi R. Reichert. Ins Schwäbische übersetzt von Michael Spohn. Hamburg: Buske Helmut Verlag GmbH 1982

Seite 234: Das Unerwartete ist immer am überraschendsten. Originalbeitrag von Wolfgang Menzel nach einer wahren Begebenheit

Seite 266: Was ich erlebt habe. Originalbeitrag von Wolfgang Menzel

Seite 297 und 298: Zweierlei Kombi. Nach: Rolf Wilhelm Brednich: Zweierlei Passat. Aus: Ders.: Die Spinne in der Yucca-Palme. Sagenhafte Geschichten von heute. München: C. H. Beck Verlag 1990

Seite 323: Die Fischer, Die Ameise und die Taube, Die Mäuse und die Katzen. Originalbeiträge von Wolfgang Menzel nach Äsop

Bilder